신용보증기금&
기술보증기금

NCS + 전공 + 최종점검 모의고사 3회

SD에듀
㈜시대고시기획

2024 최신판 SD에듀 신용보증기금&기술보증기금
NCS + 전공 + 모의고사 3회 + 무료NCS특강

Always with you

사람의 인연은 길에서 우연하게 만나거나 함께 살아가는 것만을 의미하지는 않습니다.
책을 펴내는 출판사와 그 책을 읽는 독자의 만남도 소중한 인연입니다.
SD에듀는 항상 독자의 마음을 헤아리기 위해 노력하고 있습니다. 늘 독자와 함께하겠습니다.

PREFACE 머리말

신용보증기금과 기술보증기금은 2024년에 신입직원을 채용할 예정이다. 신용보증기금의 채용절차는 「입사지원서 접수 ➔ 서류전형 ➔ 필기전형 ➔ 면접전형 ➔ 신체검사 및 신원조회 ➔ 최종합격자 발표」 순서로 이루어진다. 필기전형은 일반전형의 경우 직업기초능력, 직무전공, 논술로 진행하며, 특별전형의 경우 직업기초능력, 논술로 진행한다. 그중 직업기초능력은 의사소통능력, 수리능력, 문제해결능력 총 3개의 영역을 평가하고, 직무전공은 분야별 내용이 다르므로 반드시 확정된 채용공고를 확인해야 한다. 또한, 논술은 직무분야 전공 및 직무 수행과 연관하여 평가한다.

기술보증기금의 채용절차는 「입사지원서 접수 ➔ 서류전형 ➔ 필기전형 ➔ 1차 면접 ➔ 2차 면접 ➔ 신체검사 및 신원 조회 ➔ 최종 합격자 발표」 순서로 이어진다. 필기전형은 직업기초능력평가와 직무수행능력평가로 진행한다. 그중 직업기초능력평가는 의사소통능력, 수리능력, 문제해결능력, 정보능력, 조직이해능력 총 5개의 영역을 평가한다. 또한, 직무수행능력평가는 부문별 내용이 다르므로 반드시 확정된 채용공고를 확인해야 한다.

신용보증기금&기술보증기금 합격을 위해 SD에듀에서는 신용보증기금&기술보증기금 판매량 1위의 출간 경험을 토대로 다음과 같은 특징을 가진 도서를 출간하였다.

도서의 특징

❶ **기출복원문제를 통한 출제 유형 확인!**
• 2023년 주요 공기업 NCS&전공 기출문제를 복원하여 공기업별 출제 유형을 파악할 수 있도록 하였다.

❷ **신용보증기금&기술보증기금 필기전형 출제 영역 맞춤 기출예상문제를 통한 실력 상승!**
• 직업기초능력 모듈이론&대표유형&기출예상문제를 수록하여 효과적으로 학습할 수 있도록 하였다.
• 직무수행능력 기출예상문제를 수록하여 필기전형에 완벽히 대비할 수 있도록 하였다.

❸ **최종점검 모의고사를 통한 완벽한 실전 대비!**
• 철저한 분석을 통해 실제 유형과 유사하게 구성된 최종점검 모의고사를 수록하여 자신의 실력을 최종 점검할 수 있도록 하였다.

❹ **다양한 콘텐츠로 최종 합격까지!**
• 신용보증기금&기술보증기금 채용 가이드와 면접 기출질문을 수록하여 채용을 준비하는 데 부족함이 없도록 하였다.
• 온라인 모의고사와 AI면접 응시 쿠폰을 무료로 제공하여 채용 전반에 대비할 수 있도록 하였다.

끝으로 본 도서를 통해 신용보증기금&기술보증기금 채용을 준비하는 모든 수험생 여러분이 합격의 기쁨을 누리기를 진심으로 기원한다.

SDC(Sidae Data Center) 씀

미션

> 기업의 **미래 성장동력 확충과 국민경제 균형발전에** 기여

비전

> **기업의 도전과 성장에 힘이 되는 동반자**
> Beyond Guarantee

핵심가치

고객 고객요소	금융 사각지대 해소를 위한 고객 우선의 정책역할 수행
성장 사업영역	수요자 중심의 종합솔루션을 제공하여 기업과 함께 성장
혁신 사업구조	환경변화에 대한 적극적인 대응과 끊임없는 혁신 추구
협력 기관역할	민간 · 공공 · 글로벌 협력을 통해 기업지원 역량 강화

◎ 경영방침

행복한 일터
조직운영
> ● 신보인의 행복한 직장 만들기
> ● 조직에 에너지 · 활력 · 영감을 제공하고 상생협력의 노사문화 구축

고객과 함께
고객관계
> ● 신뢰를 바탕으로 고객인 중소기업과 함께 성장
> ● 기업의 성장단계별 맞춤형 지원이 가능한 기업 금융지원 플랫폼

DDP혁신
사업구조
> ● 끊임없는 혁신으로 미래가치 창출
> ● 디지털(Digital), 데이터(Data), 플랫폼(Platform) 혁신

글로벌 리더
기관역할
> ● 신용보증 분야의 세계리더로서 나눔과 협력 실천
> ● 일하는 방식을 선진화하고 지역사회 및 국제사회와 협력

◎ 인재상

공기업인으로서의 **기본인품**과 금융인으로서의 **성장자질**을 갖추고
신보의 **미래가치**를 창출하며 **사회적 책임**을 다하는 인재

기본인품
● 기본예절　　● 공인정신
● 애사심　　　● 책임감 · 열정
● 적응력 · 인내심

성장자질
● 혁신 · 소통의지　　● 논리적 사고력
● 직관적 통찰력　　　● 문제해결능력
● 통섭능력 · 확장가능성

신입 채용 안내 INFORMATION

지원자격(공통)

❶ 학력 · 연령 · 성별 · 전공 : 제한 없음[단, 정년(만 60세)을 초과한 자는 지원 불가]
❷ 채용 확정 후 전일근무가 가능한 자
❸ 남성의 경우 병역필 또는 면제자
❹ 신용보증기금 내부 규정상 채용 제한사유에 해당되지 않는 자

전형절차

입사지원서 접수   서류전형   필기전형   면접전형   신체검사 및 신원조회   최종 합격자 발표

필기전형

전형	구분	분야		내용
일반 전형	직업기초능력	전 분야		의사소통능력, 문제해결능력, 수리능력
	직무전공	금융사무	법(공통)	민상법
			경영(선택)	경영학, 재무관리, 회계학
			경제(선택)	미 · 거시경제학, 국제경제학, 화폐금융론, 계량경제학
		ICT · 데이터		전산학 일반 및 빅데이터 구축 · 분석
	논술	전 분야		직무 분야 전공 및 직무 수행과 연관
특별 전형	직업기초능력	전 분야		의사소통능력, 문제해결능력, 수리능력
	논술	전 분야		직무 분야 전공 및 직무 수행과 연관

❖ 위 채용안내는 2023년 채용공고를 기준으로 작성하였으므로 세부내용은 반드시 확정된 채용공고를 확인하기 바랍니다.

총평

2023년 신용보증기금의 필기시험은 이전 시험들과 마찬가지로 수리능력과 전공이 전체적인 난이도를 높였다. 상반기 시험의 수리능력에는 자료해석 없이 응용수리 유형의 문제만 출제되었지만, 하반기에는 반대로 자료해석 유형의 문제만 출제되었다. 전공의 경우, 계산기 사용이 가능했음에도 불구하고 숫자가 깔끔하게 떨어지지 않아 시간이 부족했다는 후기가 대부분이었다.

의사소통능력

출제 특징	• 속담 문제가 출제됨 • 나열하기 문제가 출제됨
출제 키워드	• 호미, 산하해적 등

문제해결능력

출제 특징	• 참 · 거짓 논증 문제가 출제됨 • 공정 관리 문제가 출제됨
출제 키워드	• 점수, 여행지 등

수리능력

출제 특징	• 상반기의 경우, 응용수리 문제가 출제됨 • 하반기의 경우, 자료해석 문제가 출제됨
출제 키워드	• 물의 높이, 경우의 수, 부채꼴 넓이, 학생 수 등

전공 출제 키워드

경영	• 기본 탄력성, 정부보조금 회계처리, 휴리스틱기법, 백워데이션, 채권, 선물 등
경제	• 채권 이자율 구조, 무역론 등
법	• 상법 등

기술보증기금 이야기 INTRODUCE

미션

> 중소 · 벤처기업을 위한
> 기술금융과 혁신지원 활성화를 통해 **지역균형과 국민경제 발전**에 기여

비전

> 기술기업의 **Start up**부터 **Scale up**까지 함께하는 **혁신성장플랫폼**

핵심가치

공정	청렴하고 균형 있는 마음가짐, 높은 업무전문성을 바탕으로 공정하게 업무를 수행하여 사회적 책임 완수 및 국민 신뢰를 확보
성장	미래지향적인 사고와 열정을 바탕으로 국민 · 고객과 함께 혁신을 추진하여 기관의 경쟁력과 국민 삶의 질을 제고
혁신	민간 · 공공과의 연대를 통해 도전하고 개방하여 실질적인 성과(실용)와 미래가치를 창출하고 기술기업의 동반성장과 상생을 실현

◎ 경영방침

미래지향 혁신경영 ▶	디지털 전환, 기관 업 관련 신사업 발굴 등 다가올 미래를 선도하기 위해 기관 전반에서의 창의적인 혁신을 추진
국민감동 신뢰경영 ▶	기관의 존립 기반인 고객과 국민이 체감하고 신뢰할 수 있도록 업무 전 과정을 공정하게 처리하고 지속가능한 발전을 추구
실용기반 효율경영 ▶	실직적인 성과(실용) 창출을 위해 구성원 간, 기금과 이해관계자 간 소통하고 상호연대하여 지원의 효율성을 제고

◎ 인재상

**기금 직무를 성공적으로 수행하기 위해 필요한
이공계, 상경계, 법학적 직무능력을 갖춘 융합형 인재**

이공계적 직무능력 기술성 평가 ▶	기업이 보유한 기술을 전문적으로 평가하기 위한 이공계적 직무능력
상경계적 직무능력 사업성 평가 ▶	기업의 재무구조 및 시업신용분석을 위한 상경계적 직무능력
법학적 직무능력 구상채권 회수 ▶	채무자에게 구상권을 행사하여 채권회수를 위한 법학적 직무능력

지원자격(공통)

❶ 학력 · 연령 · 성별 : 제한 없음[단, 정년(만 60세 이상)을 초과한 자는 지원 불가]
❷ 채용 확정 후 즉시 근무가능한 자
❸ 남성의 경우 군필자 또는 병역 면제자
❹ 기술보증기금 인사규정상 채용 제한사유에 해당되지 않는 자

전형절차

| 입사지원서 접수 | 서류전형 | 필기전형 | 1차 면접 | 2차 면접 | 신체검사 및 신원조회 | 최종 합격자 발표 |

필기전형

구분	부문			내용
직업기초능력평가	전 부문			의사소통능력, 수리능력, 문제해결능력, 정보능력, 조직이해능력
직무수행능력평가	기술보증 및 기술평가	일반	경제	미시경제학, 거시경제학, 계량경제학
			경영	중급회계, 재무관리, 경영학
		보훈		직무상황 논술평가
		이공계		
		박사		
	전산			

❖ 위 채용안내는 2023년 채용공고를 기준으로 작성하였으므로 세부내용은 반드시 확정된 채용공고를 확인하기 바랍니다.

2023 기출분석 ANALYSIS

총평

2023년 기술보증기금의 필기시험은 문항 수에 시험 시간이 짧았기 때문에 시간이 촉박했다는 후기가 많았다. NCS의 경우, 기술보증기금 보도자료에서 출제된 문제들이 눈에 띄었으며, 전체적으로 평이한 수준이었다. 반면 전공의 경우, 쉬운 유형부터 고난도의 문제까지 혼재되어 출제되었다.

의사소통능력

출제 특징	• 주제찾기 문제가 출제됨 • 나열하기 문제가 출제됨
출제 키워드	• 기술보증기금 사업, 기사 등

수리능력

출제 특징	• 자료해석 문제가 다수 출제됨 • 경우의 수 문제가 출제됨
출제 키워드	• 테이블, 가격 등

정보능력

출제 특징	• 5문항으로 적게 출제됨 • 알고리즘 문제가 출제됨
출제 키워드	• 비밀번호 등

전공 출제 키워드

경제	• 종량세, 위험프리미엄, 확실성 대등액, 혼합전략 내쉬균형, 약공리, 실업률, 리카도 대등정리, 신고전파 투자모형, 소비이론 등
경영	• 확률표본추출, PLC, 산업구조분석, 자본구조이론, NVP, IRR, 질적특성, 반품매출, 무형자산, 현금흐름, 신주인수권부사채 등

NCS 문제 유형 소개 NCS TYPES

PSAT형

※ 다음은 K공단의 국내 출장비 지급 기준에 대한 자료이다. 이어지는 질문에 답하시오. [15~16]

〈국내 출장비 지급 기준〉

① 근무지로부터 편도 100km 미만의 출장은 공단 차량 이용을 원칙으로 하며, 다음 각호에 따라 "별표 1"에 해당하는 여비를 지급한다.
　⊙ 일비
　　ⓐ 근무시간 4시간 이상 : 전액
　　ⓑ 근무시간 4시간 미만 : 1일분의 2분의 1
　⊙ 식비 : 명령권자가 근무시간이 모두 소요되는 1일 출장으로 인정한 경우에는 1일분의 3분의 1 범위 내에서 지급
　⊙ 숙박비 : 편도 50km 이상의 출장 중 출장일수가 2일 이상으로 숙박이 필요할 경우, 증빙자료 제출 시 숙박비 지급
② 제1항에도 불구하고 공단 차량을 이용할 수 없어 개인 소유 차량으로 업무를 수행한 경우에는 일비를 지급하지 않고 이사장이 따로 정하는 바에 따라 교통비를 지급한다.
③ 근무지로부터 100km 이상의 출장은 "별표 1"에 따라 교통비 및 일비는 전액을, 식비는 1일분의 3분의 2 해당액을 지급한다. 다만, 업무 형편상 숙박이 필요하다고 인정할 경우에는 출장기간에 대하여 숙박비, 일비, 식비 전액을 지급할 수 있다.

〈별표 1〉

구분	교통비				일비 (1일)	숙박비 (1박)	식비 (1일)
	철도임	선임	항공임	자동차임			
임원 및 본부장	1등급	1등급	실비	실비	30,000원	실비	45,000원
1, 2급 부서장	1등급	2등급	실비	실비	25,000원	실비	35,000원
2, 3, 4급 부장	1등급	2등급	실비	실비	20,000원	실비	30,000원
4급 이하 팀원	2등급	2등급	실비	실비	20,000원	실비	30,000원

1. 교통비는 실비를 기준으로 하되, 실비 정산은 국토해양부장관 또는 특별시장·광역시장·도지사·특별자치도지사 등이 인허한 요금을 기준으로 한다.
2. 선임 구분표 중 1등급 해당자는 특등, 2등급 해당자는 1등을 적용한다.
3. 철도임 구분표 중 1등급은 고속철도 특실, 2등급은 고속철도 일반실을 적용한다.
4. 임원 및 본부장의 식비가 위 정액을 초과하였을 경우 실비를 지급할 수 있다.
5. 운임 및 숙박비의 할인이 가능한 경우에는 할인 요금으로 지급한다.
6. 자동차임 실비 지급은 연료비와 실제 통행료를 지급한다.
　(연료비)=[여행거리(km)]×(유가)÷(연비)
7. 임원 및 본부장을 제외한 직원의 숙박비는 70,000원을 한도로 실비를 정산할 수 있다.

 특징 ▶ 대부분 의사소통능력, 수리능력, 문제해결능력을 중심으로 출제(일부 기업의 경우 자원관리능력, 조직이해능력을 출제)
　　　　　 ▶ 자료에 대한 추론 및 해석 능력을 요구

대행사 ▶ 엑스퍼트컨설팅, 커리어넷, 태드솔루션, 한국행동과학연구소(행과연), 휴노 등

모듈형

| 대인관계능력

60 다음 자료는 갈등해결을 위한 6단계 프로세스이다. 3단계에 해당하는 대화의 예로 가장 적절한 것은?

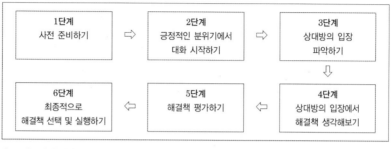

| 1단계 사전 준비하기 | ⇨ | 2단계 긍정적인 분위기에서 대화 시작하기 | ⇨ | 3단계 상대방의 입장 파악하기 |
| 6단계 최종적으로 해결책 선택 및 실행하기 | ⇦ | 5단계 해결책 평가하기 | ⇦ | 4단계 상대방의 입장에서 해결책 생각해보기 |

① 그럼 A씨의 생각대로 진행해 보시죠.

특징
▶ 이론 및 개념을 활용하여 푸는 유형
▶ 채용 기업 및 직무에 따라 NCS 직업기초능력평가 10개 영역 중 선발하여 출제
▶ 기업의 특성을 고려한 직무 관련 문제를 출제
▶ 주어진 상황에 대한 판단 및 이론 적용을 요구

대행사
▶ 인트로맨, 휴스테이션, ORP연구소 등

피듈형(PSAT형 + 모듈형)

| 문제해결능력

60 P회사는 직원 20명에게 나눠 줄 추석 선물 품목을 조사하였다. 다음은 유통업체별 품목 가격과 직원들의 품목 선호도를 나타낸 자료이다. 이를 참고하여 P회사에서 구매하는 물품과 업체를 바르게 연결한 것은?

〈업체별 품목 금액〉

구분		1세트당 가격	혜택
A업체	돼지고기	37,000원	10세트 이상 주문 시 배송 무료
	건어물	25,000원	
B업체	소고기	62,000원	20세트 주문 시 10% 할인
	참치	31,000원	
C업체	스팸	47,000원	50만 원 이상 주문 시 배송 무료
	김	15,000원	

〈구성원 품목 선호도〉

특징
▶ 기초 및 응용 모듈을 구분하여 푸는 유형
▶ 기초인지모듈과 응용업무모듈로 구분하여 출제
▶ PSAT형보다 난도가 낮은 편
▶ 유형이 정형화되어 있고, 유사한 유형의 문제를 세트로 출제

대행사
▶ 사람인, 스카우트, 인크루트, 커리어케어, 트리피, 한국사회능력개발원 등

신용보증기금

공정 관리 ▶ 유형

15 다음은 R대리가 부산 출장을 갔다 올 때 선택할 수 있는 교통편에 대한 자료이다. R대리가 모바일로 교통편 하나를 선택하여 왕복티켓으로 예매하려고 할 때, 가장 저렴한 교통편은 무엇인가?

〈출장 시 이용가능한 교통편 현황〉

교통편	종류	비용	기타
버스	일반버스	24,000원	–
	우등버스	32,000원	모바일 예매 1% 할인
기차	무궁화호	28,000원	왕복 예매 시 15% 할인
	새마을호	36,000원	왕복 예매 시 20% 할인
	KTX	58,000원	1+1 이벤트 (편도 금액으로 왕복 예매 가능)

① 일반버스
② 우등버스
③ 무궁화호
④ 새마을호
⑤ KTX

참 거짓 논증 ▶ 유형

13 S회사의 마케팅 부서 직원 A ~ H가 원탁에 앉아서 회의를 하려고 한다. 다음 〈조건〉을 참고할 때, 항상 참인 것은?(단, 서로 이웃해 있는 직원 간의 사이는 모두 동일하다)

조건
• A와 C는 가장 멀리 떨어져 있다.
• A 옆에는 G가 앉는다.
• B와 F는 서로 마주보고 있다.
• D는 E 옆에 앉는다.
• H는 B 옆에 앉지 않는다.

① 가능한 모든 경우의 수는 4가지이다.
② A와 B 사이에는 항상 누군가 앉아 있다.
③ C 옆에는 항상 E가 있다.
④ E와 G는 항상 마주 본다.
⑤ G의 오른쪽 옆에는 항상 H가 있다.

기술보증기금

경청 ▶ 유형

03 다음 중 경청하는 태도로 적절하지 않은 것은?

> 김사원 : 직원교육시간이요. 조금 귀찮기는 하지만 다양한 주제에 대해서 들을 수 있어서 좋은 것 같아요.
>
> 한사원 : 그렇죠? 이번 주 강의도 전 꽤 마음에 들더라고요. 그리고 보면 어떻게 하면 말을 잘 할지는 생각해볼 수 있지만 잘 듣는 방법에는 소홀하기 쉬운 것 같아요.
>
> 김사원 : 맞아요. 잘 듣는 것이 대화에서 큰 의미를 가지는데도 그렇죠. 오늘 강의에서 들은 내용대로 노력하면 상대방이 전달하는 메시지를 제대로 이해하는 데 문제가 없을 것 같아요.

① 상대방의 이야기를 들으면서 동시에 그 내용을 머릿속으로 정리한다.

② 선입견이 개입되면 안 되기 때문에 나의 경험은 이야기와 연결 짓지 않는다.

③ 상대방의 이야기를 들을 때 상대가 다음에 무슨 말을 할지 예상해본다.

④ 이야기를 듣기만 하는 것이 아니라 대화 내용에 대해 적극적으로 질문한다.

⑤ 내용뿐만 아니라 말하는 사람의 모든 것에 집중해서 듣는다.

금액 계산 ▶ 유형

02 종욱이는 25,000원짜리 피자 두 판과 8,000원짜리 샐러드 세 개를 주문했다. 통신사 멤버십 혜택으로 피자는 15%, 샐러드는 25% 할인받을 수 있고, 깜짝 할인으로 할인된 전체 금액의 10%를 추가 할인받았다고 한다. 총 할인된 금액은 얼마인가?

① 12,150원

② 13,500원

③ 18,600원

④ 19,550원

⑤ 20,850원

주요 공기업 적중 문제 TEST CHECK

가중치 계산 ▶ 유형

55 국민건강보험공단은 직원들의 여가를 위해 하반기 동안 다양한 프로그램을 운영하고자 한다. 운영할 프로그램은 수요도 조사 결과를 통해 결정된다. 다음 〈조건〉에 따라 프로그램을 선정할 때, 운영될 프로그램으로 바르게 짝지어진 것은?

〈프로그램 후보별 수요도 조사 결과〉

분야	프로그램명	인기 점수	필요성 점수
운동	강변 자전거 타기	6	5
진로	나만의 책 쓰기	5	7
여가	자수 교실	4	2
운동	필라테스	7	6
교양	독서 토론	6	4
여가	볼링 모임	8	3

※ 수요도 조사에는 전 직원이 참여하였다.

조건
- 수요도는 인기 점수와 필요성 점수에 가점을 적용한 후 2 : 1의 가중치에 따라 합산하여 판단한다.
- 각 프로그램의 인기 점수와 필요성 점수는 10점 만점으로 하여 전 직원이 부여한 점수의 평균값이다.
- 운영 분야에 하나의 프로그램만 있는 경우, 그 프로그램의 필요성 점수에 2점을 가산한다.
- 운영 분야에 복수의 프로그램이 있는 경우, 분야별로 필요성 점수가 가장 낮은 프로그램은 후보에서 탈락한다.
- 수요도 점수가 동점일 경우, 인기 점수가 높은 프로그램을 우선시한다.
- 수요도 점수가 가장 높은 2개의 프로그램을 선정한다.

① 강변 자전거 타기, 볼링 모임

문단 배열 ▶ 유형

※ 다음 내용을 논리적 순서대로 바르게 나열한 것을 고르시오. **[1~2]**

01

어떤 문화의 변동은 결코 외래문화의 압도적 영향이나 이식에 의해 일방적으로 이루어지는 것이 아니라 수용 주체의 창조적·능동적 측면과 관련되어 이루어지는 매우 복합적인 성격의 것이다.

(가) 그리하여 외래문화 중에서 이러한 결핍 부분의 충족에 유용한 부분만을 선별해서 선택적으로 수용하게 된다.

(나) 이러한 수용 주체의 창조적·능동적 측면은 문화 수용과 변동에서 무엇보다도 우선하는 것인데, 이것이 외래문화 요소의 수용을 결정짓는다.

(다) 즉, 어떤 문화의 내부에 결핍 요인이 있을 때 그 문화의 창조적·능동적 측면은 이를 자체적으로 극복하려 노력하지만, 이러한 극복이 내부에서 성취될 수 없을 때 그것은 외래 요소의 수용을 통해 이를 이루고자 한다.

다시 말해 외래문화는 수용 주체의 내부 요인에 따라 수용 또는 거부되는 것이다.

① (가) – (나) – (다)　　　　② (가) – (다) – (나)
③ (나) – (가) – (다)　　　　④ (나) – (다) – (가)

건강보험심사평가원

원가 ▶ 키워드

07 전자제품을 판매하는 K대리점에서는 노트북 한 종류를 2주 동안 정가의 20%를 할인하여 판매하는 행사를 하고 있다. 이 기간 중 원가의 8%만큼 이익이 남았다면, 정가는 원가에 몇 % 이익을 붙여야 하는가?

① 25%

② 30%

③ 35%

④ 40%

⑤ 45%

주제 찾기 ▶ 유형

01 다음 기사문의 주제로 가장 적절한 것은?

> 정부는 조직 구성원의 다양성 확보와 포용 사회 구현을 위해 지난 2017년 11월 공공부문 여성 대표성 제고 5개년 계획을 수립하고, 2022년까지 고위공무원 여성의 비율 10%, 공공기관 임원 여성의 비율 20% 달성 등 각 분야의 목표치를 설정하였다.
> 12개 분야 가운데 고위공무원단은 지난해 목표치인 6.8%에 못 미쳤으나, 나머지 11개 분야는 2018년 목표치를 달성했다. 국가직 고위공무원단 여성 비율은 2017년 6.5%에서 2018년 6.7%로 상승했다. 국가직 본부 과장급 공무원 여성 비율은 같은 기간에 14.8%에서 17.5%로, 공공기관 임원은 11.8%에서 17.9%로 확대됐다. 여성 국립대 교수는 15.8%에서 16.6%로, 여성 교장 · 교감은 40.6%에서 42.7%로 늘었다. 또한, 여성군인 간부 비율은 5.5%에서 6.2%로 상승했으며, 일반 경찰 중 여성 비율은 10.9%에서 11.7%로, 해경은 11.3%에서 12.0%로 늘었다. 정부위원회 위촉직 여성 참여율은 41.9%까지 높아졌다.
> 정부는 올해 여성 고위공무원이 없는 중앙부처에 1명 이상의 임용을 추진하고, 범정부 균형 인사 추진계획을 마련할 예정이다. 또한, 여성 임원이 없는 공공기관에 여성 임원을 최소 1인 이상 선임하도록 독려할 방침이다. 여성 관리직 목표제 적용 대상은 300인 이상 기업에서 전체 지방공기업으로 확대된다. 국립대 교수 성별 현황 조사를 위한 양성평등 실태조사의 법적 근거를 마련하고, 여성군인 · 경찰 신규 채용을 늘릴 계획이다. 헌법기관 · 중앙행정기관 위원회 성별 참여 조사 결과도 처음으로 공표한다. 그 외 여성의 실질적인 의사결정 권한 정도가 측정되도록 정부 혁신평가 지표를 개선하고 자문단 운영, 성 평등 교육도 계속 시행한다.
> 여성가족부 장관은 "의사결정 영역에서의 성별 균형적 참여는 결과적으로 조직의 경쟁력 제고에 도움이 된다."라며, "이에 대해 공감대를 갖고 자율적으로 조직 내 성별 균형성을 확보해 나가려는 민간부문에 대해서도 지원할 계획이다."라고 말했다.

① 여성 고위관리직 확대를 위한 노력

② 유리천장, 여성들의 승진을 가로막는 장애물

③ 고위공무원단의 여성 비율이 낮은 이유

④ 성차별 없는 블라인드 채용

⑤ 취업난 해결을 위한 정부 정책의 문제점

도서 200% 활용하기 STRUCTURES

1 기출복원문제로 출제 경향 파악

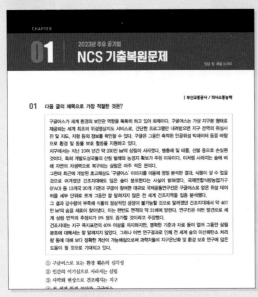

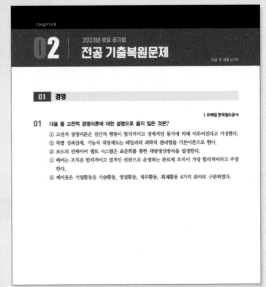

▸ 2023년 주요 공기업 NCS&전공 기출문제를 복원하여 공기업별 필기 유형을 파악할 수 있도록 하였다.

2 모듈이론 + 대표유형 + 기출예상문제로 NCS 완벽 대비

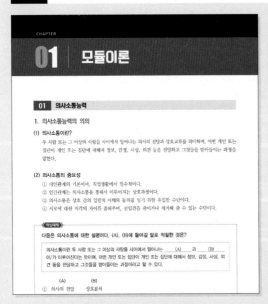

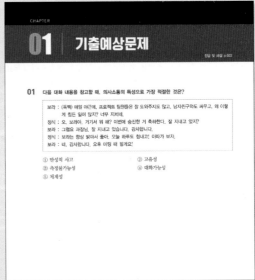

▸ NCS 출제 영역에 대한 모듈이론과 대표유형 및 기출예상문제를 수록하여 NCS 문제에 대한 접근 전략을 익히고 점검할 수 있도록 하였다.

3 기출예상문제로 전공까지 완벽 대비

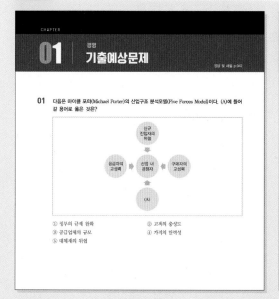

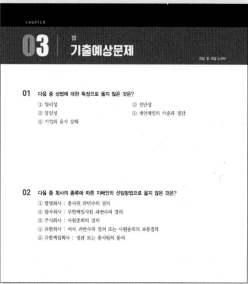

▸ 전공(경영 · 경제 · 법) 기출예상문제를 수록하여 전공까지 효과적으로 학습할 수 있도록 하였다.

4 최종점검 모의고사 + OMR을 활용한 실전 연습

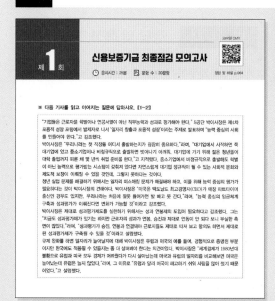

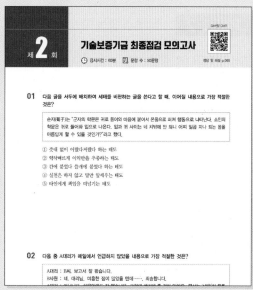

▸ 최종점검 모의고사와 OMR 답안카드를 수록하여 실제로 시험을 보는 것처럼 최종 마무리 연습을 할 수 있도록 하였다.
▸ 모바일 OMR 답안채점/성적분석 서비스를 통해 필기시험에 대비할 수 있도록 하였다.

이 책의 차례 CONTENTS

Add+

특별부록

01 | 2023년 주요 공기업 NCS 기출복원문제

정답 및 해설 p.002

│ 부산교통공사 / 의사소통능력

01 다음 글의 제목으로 가장 적절한 것은?

> 구글어스가 세계 환경의 보안관 역할을 톡톡히 하고 있어 화제이다. 구글어스는 가상 지구본 형태로 제공되는 세계 최초의 위성영상지도 서비스로, 간단한 프로그램만 내려받으면 지구 전역의 위성사진 및 지도, 지형 등의 정보를 확인할 수 있다. 구글은 그동안 축적된 인공위성 빅데이터 등을 바탕으로 환경 및 동물 보호 활동을 지원하고 있다.
>
> 지구에서는 지난 10여 년간 약 230만 km^2의 삼림이 사라졌다. 병충해 및 태풍, 산불 등으로 손실된 것이다. 특히 개발도상국들의 산림 벌채와 농경지 확보가 주된 이유이다. 이처럼 사라지는 숲에 비해 자연의 자생력으로 복구되는 삼림은 아주 적은 편이다.
>
> 그런데 최근에 개발된 초고해상도 구글어스 이미지를 이용해 정밀 분석한 결과, 식물이 살 수 없을 것으로 여겨졌던 건조지대에도 많은 숲이 분포한다는 사실이 밝혀졌다. 국제연합식량농업기구(FAO) 등 13개국 20개 기관과 구글이 참여한 대규모 국제공동연구진은 구글어스로 얻은 위성 데이터를 세부 단위로 쪼개 그동안 잘 알려지지 않은 전 세계 건조지역을 집중 분석했다.
>
> 그 결과 강수량이 부족해 식물의 정상적인 성장이 불가능할 것으로 알려졌던 건조지대에서 약 467만 m^2의 숲을 새로이 찾아냈다. 이는 한반도 면적의 약 21배에 달한다. 연구진은 이번 발견으로 세계 삼림 면적의 추정치가 9% 정도 증가할 것이라고 주장했다.
>
> 건조지대는 지구 육지표면의 40% 이상을 차지하지만, 명확한 기준과 자료 등이 없어 그동안 삼림 분포에 대해서는 잘 알려지지 않았다. 그러나 이번 연구결과로 인해 전 세계 숲의 이산화탄소 처리량 등에 대해 보다 정확한 계산이 가능해짐으로써 과학자들의 지구온난화 및 환경 보호 연구에 많은 도움이 될 것으로 기대되고 있다.

① 구글어스로 보는 환경 훼손의 심각성

② 인간의 이기심으로 사라지는 삼림

③ 사막화 현상으로 건조해지는 지구

④ 전 세계 환경 보안관, 구글어스

02 다음 그림과 같이 한 대각선의 길이가 6으로 같은 마름모 2개가 겹쳐져 있다. 다른 대각선의 길이가 각각 4, 9일 때, 두 마름모의 넓이의 차는?

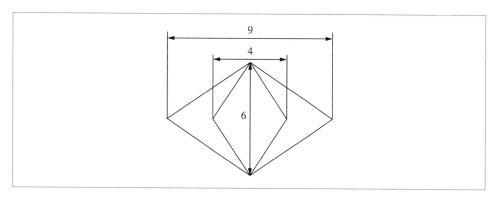

① 9

② 12

③ 15

④ 24

03 숫자 0, 1, 2, 3, 4가 적힌 5장의 카드에서 2장을 뽑아 두 자리 정수를 만들 때, 그 수가 짝수일 확률은?

① $\dfrac{3}{8}$

② $\dfrac{1}{2}$

③ $\dfrac{5}{8}$

④ $\dfrac{3}{4}$

04 다음과 같은 특징을 가지고 있는 창의적 사고 개발 방법은?

> 일정한 주제에 대하여 회의를 하고, 참가하는 인원이 자유발언을 통해 아이디어를 제시하는 것으로, 다른 사람의 발언에 비판하지 않는다.

① 스캠퍼 기법

② 여섯 가지 색깔 모자

③ 브레인스토밍

④ TRIZ

05 B공사 직원인 A씨는 휴가철을 맞아 가족여행을 가고자 한다. B공사는 직원들의 복리증진을 위하여 휴가철 항공료를 일부 지원해 주고 있다. 다음 자료와 〈조건〉을 토대로 A씨가 선택할 여행지와 여행기간을 바르게 짝지은 것은?

〈여행지별 항공료와 지원율〉

구분	1인당 편도 항공료	항공료 지원율
중국	130,000원	10%
일본	125,000원	30%
싱가포르	180,000원	35%

※ 갈 때와 올 때 편도 항공료는 동일하다.

〈8월 달력〉

일	월	화	수	목	금	토
			1	2	3	4
5	6	7	8	9	10	11
12	13	14	15	16	17	18
19	20	21	22	23	24	25
26	27	28	29	30	31	

※ 8월 3 ~ 4일은 현장답사로 휴가가 불가능하다.
※ 8월 15일은 광복절, 24일은 창립기념일로 휴일이다.

조건
- A씨는 아내와 단둘이 여행할 예정이다.
- A씨는 여행경비 중 항공료로 최대 450,000원을 쓸 수 있다.
- B공사의 항공료 지원은 동반한 직계가족까지 모두 적용된다.

	여행지	여행기간
①	중국	9 ~ 11일
②	일본	3 ~ 6일
③	일본	16 ~ 19일
④	싱가포르	15 ~ 18일

06 다음 글의 빈칸에 공통으로 들어갈 단어로 가장 적절한 것은?

> _____은/는 '언제 어디에나 존재한다.'는 뜻의 라틴어로, 사용자가 컴퓨터나 네트워크를 의식하지 않고 장소에 상관없이 자유롭게 네트워크에 접속할 수 있는 환경을 말한다. 그리고 컴퓨터 관련 기술이 생활 구석구석에 스며들어 있음을 뜻하는 '퍼베이시브 컴퓨팅(Pervasive Computing)'과 같은 개념이다.
> _____화가 이루어지면 가정·자동차는 물론, 심지어 산 꼭대기에서도 정보기술을 활용할 수 있고, 네트워크에 연결되는 컴퓨터 사용자의 수도 늘어나 정보기술산업의 규모와 범위도 그만큼 커지게 된다. 그러나 _____ 네트워크가 이루어지기 위해서는 광대역통신과 컨버전스 기술의 일반화, 정보기술 기기의 저가격화 등 정보기술의 고도화가 전제되어야 한다. 그러나 _____은/는 휴대성과 편의성뿐 아니라 시간과 장소에 구애받지 않고도 네트워크에 접속할 수 있는 장점 때문에 현재 세계적인 개발 경쟁이 일고 있다.

① 유비쿼터스(Ubiquitous) 　　　　② AI(Artificial Intelligence)
③ 딥 러닝(Deep Learning) 　　　　④ 블록체인(Block Chain)

07 다음 중 인터넷 이용 예절에 대한 설명으로 옳지 않은 것은?

① 인터넷 이용 예절을 가리키는 용어인 '네티켓'은 네트워크와 에티켓의 합성어이다.
② 전자우편(E-mail)을 사용할 때는 정확한 전달을 위해 최대한 구체적으로 사안에 대한 설명을 나열하여야 한다.
③ 온라인 대화(채팅)를 광고, 홍보 등의 목적으로 악용해서는 안 된다.
④ '네티켓'은 네티즌이 사이버 공간에서 지켜야 할 비공식적인 규약에 해당한다.

08 다음 글의 내용으로 가장 적절한 것은?

> 한국철도공사는 철도시설물 점검 자동화에 '스마트 글라스'를 활용하겠다고 밝혔다. 스마트 글라스란 안경처럼 착용하는 스마트 기기로, 검사와 판독, 데이터 송수신과 보고서 작성까지 모든 동작이 음성인식을 바탕으로 작동한다. 이를 활용하여 작업자는 스마트 글라스 액정에 표시된 내용에 따라 철도시설물을 점검하고, 음성 명령을 통해 시설물의 사진을 촬영한 후 해당 정보와 검사 결과를 전송해 보고서로 작성한다.
> 작업자들은 스마트 글라스의 사용을 통해 직접 자료를 조사하고 측정한 내용을 바탕으로 시스템 속에서 여러 단계를 거쳐 수기 입력하던 기존 방식으로부터 벗어날 수 있게 되었고, 이 일련의 과정들을 중앙 서버를 통해 한 번에 처리할 수 있게 되었다.
> 이와 같은 스마트 기기의 도입은 중앙 서버의 효율적 종합 관리를 가능하게 할 뿐만 아니라 작업자의 안전성 향상에도 크게 기여하였다. 이는 작업자들이 음성인식이 가능한 스마트 글라스를 사용함으로써 두 손이 자유로워져 추락 사고를 방지할 수 있게 되었기 때문이며, 스마트 글라스 내부 센서가 충격과 기울기를 감지할 수 있어 작업자에게 위험한 상황이 발생하면 지정된 컴퓨터에 위험 상황을 바로 통보하는 시스템을 갖추었기 때문이다.
> 한국철도공사는 주요 거점 현장을 시작으로 스마트 글라스를 보급하여 성과 분석을 거치고 내년부터는 보급 현장을 확대하겠다고 밝혔으며, 국내 철도 환경에 맞춰 스마트 글라스 시스템을 개선하기 위해 현장 검증을 진행하고 스마트 글라스를 통해 측정된 데이터를 총괄 제어할 수 있도록 안전점검 플랫폼망도 마련할 예정이다.
> 이와 더불어 스마트 글라스를 통해 기존의 인력 중심 시설점검을 간소화하여 효율성과 안전성을 향상시키고, 나아가 철도 맞춤형 스마트 기술을 도입하여 시설물 점검뿐만 아니라 유지보수 작업도 가능하도록 철도기술 고도화에 힘쓰겠다고 전했다.

① 작업자의 음성인식을 통해 철도시설물의 점검 및 보수 작업이 가능해졌다.
② 스마트 글라스의 도입으로 철도시설물 점검의 무인작업이 가능해졌다.
③ 스마트 글라스의 도입으로 철도시설물 점검 작업 시 안전사고 발생 횟수가 감소하였다.
④ 스마트 글라스의 도입으로 철도시설물 작업 시간 및 인력이 감소하고 있다.
⑤ 스마트 글라스의 도입으로 작업자의 안전사고 발생을 바로 파악할 수 있게 되었다.

09 다음 글에 대한 설명으로 적절하지 않은 것은?

2016년 4월 27일 오전 7시 20분경 임실역에서 익산으로 향하던 열차가 전기 공급 중단으로 멈추는 사고가 발생해 약 50분간 열차 운행이 중단되었다. 바로 전차선에 지어진 까치집 때문이었는데, 까치가 집을 지을 때 사용하는 젖은 나뭇가지나 철사 등이 전선과 닿거나 차로에 떨어져 합선과 단전을 일으킨 것이다.

비록 이번 사고는 단전에서 끝났지만, 고압 전류가 흐르는 전차선인 만큼 철사와 젖은 나뭇가지만으로도 자칫하면 폭발사고로 이어질 우려가 있다. 지난 5년간 까치집으로 인한 단전사고는 한 해 평균 3 ~ 4건 발생해 왔으며, 한국철도공사는 사고방지를 위해 까치집 방지 설비를 설치하고 설비가 없는 구간은 작업자가 육안으로 까치집 생성 여부를 확인해 제거하고 있는데, 이렇게 제거해 온 까치집 수가 연평균 8,000개에 달한다. 하지만 까치집은 빠르면 불과 4시간 만에 완성되어 작업자들에게 큰 곤욕을 주고 있다.

이에 한국철도공사는 전차선로 주변 까치집 제거의 효율성과 신속성을 높이기 위해 인공지능(AI)과 사물인터넷(IoT) 등 첨단 기술을 활용하기에 이르렀다. 열차 운전실에 영상 장비를 설치해 달리는 열차에서 전차선을 촬영한 화상 정보를 인공지능으로 분석함으로써 까치집 등의 위험 요인을 찾아 해당 위치와 현장 이미지를 작업자에게 실시간으로 전송하는 '실시간 까치집 자동 검출 시스템'을 개발한 것이다. 하지만 시속 150km로 빠르게 달리는 열차에서 까치집 등의 위험 요인을 실시간으로 판단해 전송하는 것이다 보니 그 정확도는 65%에 불과했다.

이에 한국철도공사는 전차선과 까치집을 정확하게 식별하기 위해 인공지능이 스스로 학습하는 '딥러닝' 방식을 도입했고, 전차선을 구성하는 복잡한 구조 및 까치집과 유사한 형태를 빅데이터로 분석해 이미지를 구분하는 학습을 실시한 결과 까치집 검출 정확도는 95%까지 상승했다. 또한 해당 이미지를 실시간 문자메시지로 작업자에게 전송해 위험 요소와 위치를 인지시켜 현장에 적용할 수 있다는 사실도 확인했다. 현재는 이와 더불어 정기열차가 운행하지 않거나 작업자가 접근하기 쉽지 않은 차량 정비 시설 등에 드론을 띄워 전차선의 까치집을 발견 및 제거하는 기술도 시범 운영하고 있다.

① 인공지능도 학습을 통해 그 정확도를 향상시킬 수 있다.
② 빠른 속도에서 인공지능의 사물 식별 정확도는 낮아진다.
③ 사람의 접근이 불가능한 곳에 위치한 까치집의 제거도 가능해졌다.
④ 까치집 자동 검출 시스템을 통해 실시간으로 까치집 제거가 가능해졌다.
⑤ 인공지능 등의 스마트 기술 도입으로 까치집 생성의 감소를 기대할 수 있다.

10 다음 글을 이해한 내용으로 적절하지 않은 것은?

> 열차 내에서의 범죄가 급격하게 증가함에 따라 한국철도공사는 열차 내 범죄 예방과 안전 확보를 위해 2023년까지 현재 운행하고 있는 열차의 모든 객실에 CCTV를 설치하고, 모든 열차 승무원에게 바디캠을 지급하겠다고 밝혔다.
>
> CCTV는 열차 종류에 따라 운전실에서 비상시 실시간으로 상황을 파악할 수 있는 '네트워크 방식'과 각 객실에서의 영상을 저장하는 '개별 독립 방식'이라는 2가지 방식으로 사용 및 설치가 진행될 예정이며, 객실에는 사각지대를 없애기 위해 4대가량의 CCTV가 설치된다. 이 중 2대는 휴대 물품 도난 방지 등을 위해 휴대 물품 보관대 주변에 위치하게 된다.
>
> 이에 따라 한국철도공사는 CCTV 제품 품평회를 가져 제품의 형태와 색상, 재질 등에 대한 의견을 나누고 각 제품이 실제로 열차 운행 시 진동과 충격 등에 적합한지 시험을 거친 후 도입할 예정이다.

① 현재는 모든 열차의 객실 전부에 CCTV가 설치되어 있진 않을 것이다.

② 과거에 비해 승무원에 대한 승객의 범죄행위 증거 취득이 유리해질 것이다.

③ CCTV 설치를 통해 인적 피해와 물적 피해 모두 예방할 수 있을 것이다.

④ CCTV 설치를 통해 실시간으로 모든 객실을 모니터링할 수 있을 것이다.

⑤ CCTV의 내구성뿐만 아니라 외적인 디자인도 제품 선택에 영향을 줄 수 있을 것이다.

11 작년 K대학교에 재학 중인 학생 수는 6,800명이었고 남학생과 여학생의 비는 8 : 9였다. 올해 남학생 수와 여학생 수의 비가 12 : 13만큼 줄어들어 7 : 8이 되었다고 할 때, 올해 K대학교의 전체 재학생 수는?

① 4,440명   ② 4,560명

③ 4,680명   ④ 4,800명

⑤ 4,920명

12 다음 자료에 대한 설명으로 가장 적절한 것은?

- **KTX 마일리지 적립**
  - KTX 이용 시 결제금액의 5%가 기본 마일리지로 적립됩니다.
  - 더블적립(×2) 열차로 지정된 열차는 추가로 5%가 적립됩니다(결제금액의 총 10%).
    ※ 더블적립 열차는 홈페이지 및 코레일톡 애플리케이션에서만 승차권 구매 가능
  - 선불형 교통카드 Rail+(레일플러스)로 승차권을 결제하는 경우 1% 보너스 적립도 제공되어 최대 11% 적립이 가능합니다.
  - 마일리지를 적립받고자 하는 회원은 승차권을 발급받기 전에 코레일 멤버십카드 제시 또는 회원번호 및 비밀번호 등을 입력해야 합니다.
  - 해당 열차 출발 후에는 마일리지를 적립받을 수 없습니다.
- **회원 등급 구분**

구분	등급 조건	제공 혜택
VVIP	• 반기별 승차권 구입 시 적립하는 마일리지가 8만 점 이상인 고객 또는 기준일부터 1년간 16만 점 이상 고객 중 매년 반기 익월 선정	• 비즈니스 회원 혜택 기본 제공 • KTX 특실 무료 업그레이드 쿠폰 6매 제공 • 승차권 나중에 결제하기 서비스 (열차 출발 3시간 전까지)
VIP	• 반기별 승차권 구입 시 적립하는 마일리지가 4만 점 이상인 고객 또는 기준일부터 1년간 8만 점 이상인 고객 중 매년 반기 익월 선정	• 비즈니스 회원 혜택 기본 제공 • KTX 특실 무료 업그레이드 쿠폰 2매 제공
비즈니스	• 철도 회원으로 가입한 고객 중 최근 1년간 온라인에서 로그인한 기록이 있거나, 회원으로 구매실적이 있는 고객	• 마일리지 적립 및 사용 가능 • 회원 전용 프로모션 참가 가능 • 열차 할인상품 이용 등 기본서비스와 멤버십 제휴서비스 등 부가서비스 이용
패밀리	• 철도 회원으로 가입한 고객 중 최근 1년간 온라인에서 로그인한 기록이 없거나, 회원으로 구매실적이 없는 고객	• 멤버십 제휴서비스 및 코레일 멤버십 라운지 이용 등의 부가서비스 이용 제한 • 휴면 회원으로 분류 시 별도 관리하며, 본인 인증 절차로 비즈니스 회원으로 전환 가능

  - 마일리지는 열차 승차 다음 날 적립되며, 지연료를 마일리지로 적립하신 실적은 등급 산정에 포함되지 않습니다.
  - KTX 특실 무료 업그레이드 쿠폰 유효기간은 6개월이며, 반기별 익월 10일 이내에 지급됩니다.
  - 실적의 연간 적립 기준일은 7월 지급의 경우 전년도 7월 1일부터 당해 연도 6월 30일까지 실적이며, 1월 지급은 전년도 1월 1일부터 전년도 12월 31일까지의 실적입니다.
  - 코레일에서 지정한 추석 및 설 명절 특별수송기간의 승차권은 실적 적립 대상에서 제외됩니다.
  - 회원 등급 조건 및 제공 혜택은 사전 공지 없이 변경될 수 있습니다.
  - 승차권 나중에 결제하기 서비스는 총편도 2건 이내에서 제공되며, 3회 자동 취소 발생(열차 출발 전 3시간 내 미결제) 시 서비스가 중지됩니다. 리무진+승차권 결합 발권은 2건으로 간주되며, 정기권, 특가상품 등은 나중에 결제하기 서비스 대상에서 제외됩니다.

① 코레일에서 운행하는 모든 열차는 이용 때마다 결제금액의 최소 5%가 KTX 마일리지로 적립된다.
② 회원 등급이 높아져도 열차 탑승 시 적립되는 마일리지는 동일하다.
③ 비즈니스 등급은 기업회원을 구분하는 명칭이다.
④ 6개월간 마일리지 4만 점을 적립하더라도 VIP 등급을 부여받지 못할 수 있다.
⑤ 회원 등급이 높아도 승차권을 정가보다 저렴하게 구매할 수 있는 방법은 없다.

〈2023년 한국의 국립공원 기념주화 예약 접수〉

- 우리나라 자연환경의 아름다움과 생태 보전의 중요성을 널리 알리기 위해 K공사는 한국의 국립공원 기념주화 3종(설악산, 치악산, 월출산)을 발행할 예정임
- 예약 접수일 : 3월 2일(목) ~ 3월 17일(금)
- 배부 시기 : 2023년 4월 28일(금)부터 예약자가 신청한 방법으로 배부
- 기념주화 상세

구분	앞면	뒷면
은화Ⅰ - 설악산		
은화Ⅱ - 치악산		
은화Ⅲ - 월출산		

- 발행량 : 화종별 10,000장씩 총 30,000장
- 신청 수량 : 단품 및 3종 세트로 구분되며 단품과 세트에 중복신청 가능
  - 단품 : 1인당 화종별 최대 3장
  - 3종 세트 : 1인당 최대 3세트
- 판매 가격 : 액면금액에 판매 부대비용(케이스, 포장비, 위탁판매수수료 등)을 부가한 가격
  - 단품 : 각 63,000원(액면가 50,000원＋케이스 등 부대비용 13,000원)
  - 3종 세트 : 186,000원(액면가 150,000원＋케이스 등 부대비용 36,000원)
- 접수 기관 : W은행, N은행, K공사
- 예약 방법 : 창구 및 인터넷 접수
  - 창구 접수
    신분증[주민등록증, 운전면허증, 여권(내국인), 외국인등록증(외국인)]을 지참하고 W·N은행 영업점을 방문하여 신청
  - 인터넷 접수
    ① W·N은행의 계좌를 보유한 고객은 개시일 9시부터 마감일 23시까지 홈페이지에서 신청
    ② K공사 온라인 쇼핑몰에서는 가상계좌 방식으로 개시일 9시부터 마감일 23시까지 신청
- 구입 시 유의사항
  - 수령자 및 수령지 등 접수 정보가 중복될 경우 단품별 10장, 3종 세트 10세트만 추첨 명단에 등록
  - 비정상적인 경로나 방법으로 접수할 경우 당첨을 취소하거나 배송을 제한

13 다음 중 한국의 국립공원 기념주화 발행 사업의 내용으로 옳은 것은?

① 국민들을 대상으로 예약 판매를 실시하며, 외국인에게는 판매하지 않는다.

② 1인당 구매 가능한 최대 주화 수는 10장이다.

③ 기념주화를 구입하기 위해서는 W·N은행 계좌를 사전에 개설해 두어야 한다.

④ 사전예약을 받은 뒤, 예약 주문량에 맞추어 제한된 수량만 생산한다.

⑤ K공사를 통한 예약 접수는 온라인에서만 가능하다.

14 외국인 A씨는 이번에 발행되는 기념주화를 예약 주문하려고 한다. 다음 상황을 참고했을 때 A씨가 기념주화 구매 예약을 할 수 있는 방법으로 옳은 것은?

〈외국인 A씨의 상황〉

• A씨는 국내 거주 외국인으로 등록된 사람이다.

• A씨의 명의로 국내은행에 개설된 계좌는 총 2개로, S은행, C은행에 1개씩이다.

• A씨는 W은행이나 N은행과는 거래이력이 없다.

① 여권을 지참하고 W은행이나 N은행 지점을 방문한다.

② K공사 온라인 쇼핑몰에서 신용카드를 사용한다.

③ 계좌를 보유한 S은행이나 C은행의 홈페이지를 통해 신청한다.

④ 외국인등록증을 지참하고 W은행이나 N은행 지점을 방문한다.

⑤ W은행이나 N은행의 홈페이지에서 신청한다.

15 다음은 기념주화를 예약한 A ~ E 5명의 신청내역이다. 가장 많은 금액을 지불한 사람의 구매 금액은?

〈기념주화 예약 신청내역〉

(단위 : 세트, 장)

구분	3종 세트	단품		
		은화Ⅰ - 설악산	은화Ⅱ - 치악산	은화Ⅲ - 월출산
A	2	1	-	-
B	-	2	3	3
C	2	1	1	-
D	3	-	-	-
E	1	-	2	2

① 558,000원

② 561,000원

③ 563,000원

④ 564,000원

⑤ 567,000원

척추는 신체를 지탱하고, 뇌로부터 이어지는 중추신경인 척수를 보호하는 중요한 뼈 구조물이다. 보통 사람들은 허리에 심한 통증이 느껴지면 허리디스크(추간판탈출증)를 떠올리는데, 디스크 이외에도 통증을 유발하는 척추 질환은 다양하다. 특히 노인 인구가 증가하면서 척추관협착증(요추관협착증)의 발병 또한 늘어나고 있다. 허리디스크와 척추관협착증은 사람들이 혼동하기 쉬운 척추 질환으로, 발병 원인과 치료법이 다르기 때문에 두 질환의 차이를 이해하고 통증 발생 시 질환에 맞춰 적절하게 대응할 필요가 있다.

허리디스크는 척추 뼈 사이에 쿠션처럼 완충 역할을 해주는 디스크(추간판)에 문제가 생겨 발생한다. 디스크는 찐득찐득한 수핵과 이를 둘러싸는 섬유륜으로 구성되는데, 나이가 들어 탄력이 떨어지거나, 젊은 나이에도 급격한 충격에 의해서 섬유륜에 균열이 생기면 속의 수핵이 빠져나오면서 주변 신경을 압박하거나 염증을 유발한다. 허리디스크가 발병하면 초기에는 허리 통증으로 시작되어 점차 허벅지에서 발까지 찌릿하게 저리는 방사통을 유발하고, 디스크에서 수핵이 흘러나오는 상황이기 때문에 허리를 굽히거나 앉아 있으면 디스크에 가해지는 압력이 높아져 통증이 더욱 심해진다. 허리디스크는 통증이 심한 질환이지만, 흘러나온 수핵은 대부분 대식세포에 의해 제거되고, 자연치유가 가능하기 때문에 병원에서는 주로 통증을 줄이고, 안정을 취하는 방법으로 보존치료를 진행한다. 하지만 염증이 심해져 중앙 척수를 건드리게 되면 하반신 마비 등의 증세가 나타날 수 있는데, 이러한 경우에는 탈출된 디스크 조각을 물리적으로 제거하는 수술이 필요하다.

반면, 척추관협착증은 대표적인 척추 퇴행성 질환으로 주변 인대(황색 인대)가 척추관을 압박하여 발생한다. 척추관은 척추 가운데 신경 다발이 지나갈 수 있도록 속이 빈 공간인데, 나이가 들면서 척추가 흔들리게 되면 흔들리는 척추를 붙들기 위해 인대가 점차 두꺼워지고, 척추 뼈에 변형이 생겨 결과적으로 척추관이 좁아지게 된다. 이렇게 오랜 기간 동안 변형된 척추 뼈와 인대가 척추관 속의 신경을 눌러 발생하는 것이 척추관협착증이다. 척추관 속의 신경이 눌리게 되면 통증과 함께 저리거나 당기게 되어 보행이 힘들어지며, 지속적으로 압박받을 경우 척추 신경이 경색되어 하반신 마비 증세로 악화될 수 있다. 일반적으로 서 있을 경우보다 허리를 구부렸을 때 척추관이 더 넓어지므로 허리디스크 환자와 달리 앉아 있을 때 통증이 완화된다. 척추관협착증은 자연치유가 되지 않고 척추관이 다시 넓어지지 않으므로 발병 초기를 제외하면 일반적으로 변형된 부분을 제거하는 수술을 하게 된다.

이와 같이 허리디스크와 척추관협착증은 똑같이 허리 통증을 유발하지만 원인과 증상, 치료법이 서로 상이하다. 비교적 고령인 60대 이상의 사람이 만성적으로 서 있을 때 통증이 나타난다면 ___㉠___ 을/를 의심해야 하며, 비교적 젊은 20 ~ 50대의 사람이 앉아 있을 때 통증이 급작스럽게 나타날 때는 ___㉡___ 을/를 의심해야 한다. 척추는 우리의 몸을 지탱하는 중요한 골격이며, 신경계와 밀접한 관련이 있으므로 통증이 발생한다면 자신의 몸 상태를 잘 파악하고, 초기에 치료를 받는 것이 중요하다.

┃ 국민건강보험공단 / 의사소통능력

16 다음 중 윗글의 내용으로 적절하지 않은 것은?

① 일반적으로 허리디스크는 척추관협착증에 비해 급작스럽게 증상이 나타난다.

② 허리디스크는 서 있을 때 통증이 더 심해진다.

③ 허리디스크에 비해 척추관협착증은 외과적 수술 빈도가 높다.

④ 허리디스크와 척추관협착증 모두 증세가 심해지면 하반신 마비의 가능성이 있다.

17 다음 중 빈칸 ㉠과 ㉡에 들어갈 단어가 바르게 연결된 것은?

	㉠	㉡
①	허리디스크	추간판탈출증
②	허리디스크	척추관협착증
③	척추관협착증	요추관협착증
④	척추관협착증	허리디스크

18 다음 문단을 논리적 순서대로 바르게 나열한 것은?

(가) 주장애관리는 장애정도가 심한 장애인이 의원뿐만 아니라 병원 및 종합병원급에서 장애유형별 전문의에게 전문적인 장애관리를 받을 수 있는 서비스이다. 이전에는 대상 관리 유형이 지체장애, 시각장애, 뇌병변장애로 제한되어 있었으나, 3단계부터는 지적장애, 정신장애, 자폐성 장애까지 확대되어 더 많은 중증장애인들이 장애관리를 받을 수 있게 되었다.

(나) 이와 같이 3단계 장애인 건강주치의 시범사업은 기존 1·2단계 시범사업보다 더욱 확대되어 많은 중증장애인들의 참여를 예상하고 있다. 장애인 건강주치의 시범사업에 신청하기 위해서는 국민건강보험공단 홈페이지의 건강IN에서 장애인 건강주치의 의료기관을 찾은 후 해당 의료기관에 방문하여 장애인 건강주치의 이용 신청사실 통지서를 작성하면 신청할 수 있다.

(다) 장애인 건강주치의 제도가 제공하는 서비스는 일반건강관리, 주(主)장애관리, 통합관리로 나누어진다. 일반건강관리 서비스는 모든 유형의 중증장애인이 만성질환 등 전반적인 건강관리를 받을 수 있는 서비스로, 의원급에서 원하는 의사를 선택하여 참여할 수 있다. 1·2단계까지의 사업에서는 만성질환관리를 위해 장애인 본인이 검사비용의 30%를 부담해야 했지만, 3단계부터는 본인부담금 없이 질환별 검사바우처로 제공한다.

(라) 마지막으로 통합관리는 일반건강관리와 주장애관리를 동시에 받을 수 있는 서비스로, 동네에 있는 의원급 의료기관에 속한 지체·뇌병변·시각·지적·정신·자폐성 장애를 진단하는 전문의가 주장애관리와 만성질환관리를 모두 제공한다. 이 3가지 서비스들은 거동이 불편한 환자를 위해 의사나 간호사가 직접 집으로 방문하는 방문 서비스를 제공하고 있으며 기존까지는 연 12회였으나, 3단계 시범사업부터 연 18회로 증대되었다.

(마) 보건복지부와 국민건강보험공단은 2021년 9월부터 3단계 장애인 건강주치의 시범사업을 진행하였다. 장애인 건강주치의 제도는 중증장애인이 인근 지역에서 주치의로 등록 신청한 의사 중 원하는 의사를 선택하여 장애로 인한 건강문제, 만성질환 등 건강상태를 포괄적이고 지속적으로 관리받을 수 있는 제도로, 2018년 5월 1단계 시범사업을 시작으로 2단계 시범사업까지 완료되었다.

① (다) - (가) - (라) - (마) - (나)
② (다) - (마) - (가) - (나) - (라)
③ (마) - (가) - (라) - (나) - (다)
④ (마) - (다) - (가) - (라) - (나)

19 다음은 K지역의 연도별 건강보험금 부과액 및 징수액에 대한 자료이다. 직장가입자 건강보험금 징수율이 가장 높은 해와 지역가입자의 건강보험금 징수율이 가장 높은 해를 바르게 짝지은 것은?

〈건강보험금 부과액 및 징수액〉

(단위 : 백만 원)

구분		2019년	2020년	2021년	2022년
직장가입자	부과액	6,706,712	5,087,163	7,763,135	8,376,138
	징수액	6,698,187	4,898,775	7,536,187	8,368,972
지역가입자	부과액	923,663	1,003,637	1,256,137	1,178,572
	징수액	886,396	973,681	1,138,763	1,058,943

※ [징수율(%)] = $\frac{(징수액)}{(부과액)} \times 100$

	직장가입자	지역가입자
①	2022년	2020년
②	2022년	2019년
③	2021년	2020년
④	2021년	2019년

20 다음은 K병원의 하루 평균 이뇨제, 지사제, 진통제 사용량에 대한 자료이다. 이에 대한 설명으로 옳지 않은 것은?

〈하루 평균 이뇨제, 지사제, 진통제 사용량〉

구분	2018년	2019년	2020년	2021년	2022년	1인 1일 투여량
이뇨제	3,000mL	3,480mL	3,360mL	4,200mL	3,720mL	60mL/일
지사제	30정	42정	48정	40정	44정	2정/일
진통제	6,720mg	6,960mg	6,840mg	7,200mg	7,080mg	60mg/일

※ 모든 의약품은 1인 1일 투여량을 준수하여 투여했다.

① 전년 대비 2022년 사용량 감소율이 가장 큰 의약품은 이뇨제이다.

② 5년 동안 지사제를 투여한 환자 수의 평균은 18명 이상이다.

③ 이뇨제 사용량은 증가와 감소를 반복하였다.

④ 매년 진통제를 투여한 환자 수는 이뇨제를 투여한 환자 수의 2배 이하이다.

21 다음은 분기별 상급병원, 종합병원, 요양병원의 보건인력 현황에 대한 자료이다. 분기별 전체 보건인력 중 전체 사회복지사 인력의 비율로 옳지 않은 것은?

〈상급병원, 종합병원, 요양병원의 보건인력 현황〉

(단위 : 명)

구분		2022년 3분기	2022년 4분기	2023년 1분기	2023년 2분기
상급병원	의사	20,002	21,073	22,735	24,871
	약사	2,351	2,468	2,526	2,280
	사회복지사	391	385	370	375
종합병원	의사	32,765	33,084	34,778	33,071
	약사	1,941	1,988	2,001	2,006
	사회복지사	670	695	700	720
요양병원	의사	19,382	19,503	19,761	19,982
	약사	1,439	1,484	1,501	1,540
	사회복지사	1,887	1,902	1,864	1,862
합계		80,828	82,582	86,236	86,707

※ 보건인력은 의사, 약사, 사회복지사 인력 모두를 포함한다.

① 2022년 3분기 : 약 3.65%

② 2022년 4분기 : 약 3.61%

③ 2023년 1분기 : 약 3.88%

④ 2023년 2분기 : 약 3.41%

22 다음은 건강생활실천지원금제에 대한 자료이다. 〈보기〉의 신청자 A ~ I 9명 중 예방형과 관리형에 해당하는 사람을 바르게 분류한 것은?

〈건강생활실천지원금제〉

- 사업설명 : 참여자 스스로 실천한 건강생활 노력 및 건강개선 결과에 따라 지원금을 지급하는 제도
- 시범지역

구분	예방형	관리형
서울	노원구	중랑구
경기·인천	안산시, 부천시	인천 부평구, 남양주시, 고양 일산(동구, 서구)
충청권	대전 대덕구, 충주시, 충남 청양군(부여군)	대전 동구
전라권	광주 광산구, 전남 완도군, 전주시(완주군)	광주 서구, 순천시
경상권	부산 중구, 대구 남구, 김해시, 대구 달성군	대구 동구, 부산 북구
강원·제주권	원주시, 제주시	원주시

- 참여대상 : 주민등록상 주소지가 시범지역에 해당되는 사람 중 아래에 해당하는 사람

구분	조건
예방형	만 20 ~ 64세인 건강보험 가입자(피부양자 포함) 중 국민건강보험공단에서 주관하는 일반건강검진 결과 건강관리가 필요한 사람*
관리형	고혈압·당뇨병 환자

*건강관리가 필요한 사람 : 다음에 모두 해당하거나 ①, ② 또는 ①, ③에 해당하는 사람

① 체질량지수(BMI) $25kg/m^2$ 이상
② 수축기 혈압 120mmHg 이상 또는 이완기 혈압 80mmHg 이상
③ 공복혈당 100mg/dL 이상

보기

〈건강생활실천지원금 신청 현황〉

구분	주민등록상 주소지	체질량지수	수축기 혈압 / 이완기 혈압	공복혈당	기저질환
A	서울 강북구	$22kg/m^2$	117mmHg / 78mmHg	128mg/dL	-
B	서울 중랑구	$28kg/m^2$	125mmHg / 85mmHg	95mg/dL	-
C	경기 안산시	$26kg/m^2$	142mmHg / 92mmHg	99mg/dL	고혈압
D	인천 부평구	$23kg/m^2$	145mmHg / 95mmHg	107mg/dL	고혈압
E	광주 광산구	$28kg/m^2$	119mmHg / 78mmHg	135mg/dL	당뇨병
F	광주 북구	$26kg/m^2$	116mmHg / 89mmHg	144mg/dL	당뇨병
G	부산 북구	$27kg/m^2$	118mmHg / 75mmHg	132mg/dL	당뇨병
H	강원 철원군	$28kg/m^2$	143mmHg / 96mmHg	115mg/dL	고혈압
I	제주 제주시	$24kg/m^2$	129mmHg / 83mmHg	108mg/dL	-

※ 단, 모든 신청자는 만 20 ~ 64세이며, 건강보험에 가입하였다.

	예방형	관리형		예방형	관리형
①	A, E	C, D	②	B, E	F, I
③	C, E	D, G	④	F, I	C, H

23 K동에서는 임신한 주민에게 출산장려금을 지원하고자 한다. 출산장려금 지급 기준 및 K동에 거주하는 임산부에 대한 정보가 다음과 같을 때, 출산장려금을 가장 먼저 받을 수 있는 사람은?

〈K동 출산장려금 지급 기준〉

• 출산장려금 지급액은 모두 같으나, 지급 시기는 모두 다르다.
• 지급 순서 기준은 임신일, 자녀 수, 소득 수준 순서이다.
• 임신일이 길수록, 자녀가 많을수록, 소득 수준이 낮을수록 먼저 받는다(단, 자녀는 만 19세 미만의 아동 및 청소년으로 제한한다).
• 임신일, 자녀 수, 소득 수준이 모두 같으면 같은 날에 지급한다.

〈K동 거주 임산부 정보〉

구분	임신일	자녀	소득 수준
A임산부	150일	만 1세	하
B임산부	200일	만 3세	상
C임산부	100일	만 10세, 만 6세, 만 5세, 만 4세	상
D임산부	200일	만 7세, 만 5세, 만 3세	중
E임산부	200일	만 20세, 만 16세, 만 14세, 만 10세	상

① A임산부
② B임산부
③ D임산부
④ E임산부

24 다음 글의 주제로 가장 적절한 것은?

현재 우리나라의 진료비 지불제도 중 가장 주도적으로 시행되는 지불제도는 행위별수가제이다. 행위별수가제는 의료기관에서 의료인이 제공한 의료서비스(행위, 약제, 치료 재료 등)에 대해 서비스별로 가격(수가)을 정하여 사용량과 가격에 의해 진료비를 지불하는 제도로, 의료보험 도입 당시부터 채택하고 있는 지불제도이다. 그러나 최근 관련 전문가들로부터 이러한 지불제도를 개선해야 한다는 목소리가 많이 나오고 있다.

조사에 의하면 우리나라의 국민의료비를 증대시키는 주요 원인은 고령화로 인한 진료비 증가와 행위별수가제로 인한 비용의 무한 증식이다. 현재 우리나라의 국민의료비는 OECD 회원국 중 최상위를 기록하고 있으며 앞으로 더욱 심화될 것으로 예측된다. 특히 행위별수가제는 의료행위를 할수록 지불되는 진료비가 증가하므로 CT, MRI 등 영상검사를 중심으로 의료 남용이나 과다 이용 문제가 발생하고 있고, 병원의 이익 증대를 위하여 환자에게는 의료비 부담을, 의사에게는 업무 부담을, 건강보험에는 재정 부담을 증대시키고 있다.

이러한 행위별수가제의 문제점을 개선하기 위해 일부 질병군에서는 환자가 입원해서 퇴원할 때까지 발생하는 진료에 대하여 질병마다 미리 정해진 금액을 내는 제도인 포괄수가제를 시행 중이며, 요양병원, 보건기관에서는 입원 환자의 질병, 기능 상태에 따라 입원 1일당 정액수가를 적용하는 정액수가제를 병행하여 실시하고 있지만 비용 산정의 경직성, 의사 비용과 병원 비용의 비분리 등 여러 가지 문제점이 있어 현실적으로 효과를 내지 못하고 있다는 지적이 나오고 있다.

기획재정부와 보건복지부는 시간이 지날수록 건강보험 적자가 계속 증대되어 머지않아 고갈될 위기에 있다고 발표하였다. 당장 행위별수가제를 전면적으로 폐지할 수는 없으므로 기존의 다른 수가제의 문제점을 개선하여 확대하는 등 의료비 지불방식의 다변화가 구조적으로 진행되어야 할 것이다.

① 신포괄수가제의 정의
② 행위별수가제의 한계점
③ 의료비 지불제도의 역할
④ 건강보험의 재정 상황
⑤ 다양한 의료비 지불제도 소개

25 다음 중 제시된 단어와 그 뜻이 바르게 연결되지 않은 것은?

① 당위(當爲) : 마땅히 그렇게 하거나 되어야 하는 것

② 구상(求償) : 자연적인 재해나 사회적인 피해를 당하여 어려운 처지에 있는 사람을 도와줌

③ 명문(明文) : 글로 명백히 기록된 문구 또는 그런 조문

④ 유기(遺棄) : 어떤 사람이 종래의 보호를 거부하여 그를 보호받지 못하는 상태에 두는 일

⑤ 추계(推計) : 일부를 가지고 전체를 미루어 계산함

26 질량이 2kg인 공을 지표면으로부터 높이가 50cm인 지점에서 지표면을 향해 수직으로 4m/s의 속력으로 던져 공이 튀어 올랐다. 다음 〈조건〉을 보고 가장 높은 지점에서 공의 위치에너지를 구하면?(단, 에너지 손실은 없으며, 중력가속도는 10m/s^2으로 가정한다)

> **조건**
>
> • (운동에너지)$=\left[\dfrac{1}{2}\times(\text{질량})\times(\text{속력})^2\right]$J
> • (위치에너지)$=[(\text{질량})\times(\text{중력가속도})\times(\text{높이})]$J
> • (역학적 에너지)$=[(\text{운동에너지})+(\text{위치에너지})]$J
> • 에너지 손실이 없다면 역학적 에너지는 어떠한 경우에도 변하지 않는다.
> • 공이 지표면에 도달할 때 위치에너지는 0이고, 운동에너지는 역학적 에너지와 같다.
> • 공이 튀어 오른 후 가장 높은 지점에서 운동에너지는 0이고, 위치에너지는 역학적 에너지와 같다.
> • 운동에너지와 위치에너지를 구하는 식에 대입하는 질량의 단위는 kg, 속력의 단위는 m/s, 중력가속도의 단위는 m/s^2, 높이의 단위는 m이다.

① 26J

② 28J

③ 30J

④ 32J

⑤ 34J

27 A부장이 시속 200km의 속력으로 달리는 기차로 1시간 30분 걸리는 출장지에 자가용을 타고 출장을 갔다. 시속 60km의 속력으로 가고 있는데, 속력을 유지한 채 가면 약속시간보다 1시간 늦게 도착할 수 있어 도중에 시속 90km의 속력으로 달려 약속시간보다 30분 일찍 도착하였다. A부장이 시속 90km의 속력으로 달린 거리는?(단, 달리는 동안 속력은 시속 60km로 달리는 도중에 시속 90km로 바뀌는 경우를 제외하고는 그 속력을 유지하는 것으로 가정한다)

① 180km

② 210km

③ 240km

④ 270km

⑤ 300km

28 A ~ G 7명은 일렬로 배치된 의자에 다음 〈조건〉과 같이 앉는다. 이때 가능한 앉는 방법의 경우의 수는?

> **조건**
> • A는 양 끝에 앉지 않는다.
> • G는 가운데에 앉는다.
> • B는 G의 바로 옆에 앉는다.

① 60가지

② 72가지

③ 144가지

④ 288가지

⑤ 366가지

29 S공장은 어떤 상품을 원가에 23%의 이익을 남겨 판매하였으나, 잘 팔리지 않아 판매가에서 1,300원 할인하여 판매하였다. 이때 얻은 이익이 원가의 10%일 때, 상품의 원가는?

① 10,000원

② 11,500원

③ 13,000원

④ 14,500원

⑤ 16,000원

30 S유치원에 다니는 아이 11명의 평균 키는 113cm이다. 키가 107cm인 원생이 유치원을 나가게 되어 원생이 10명이 되었을 때, 남은 유치원생 10명의 평균 키는?

① 113cm

② 113.6cm

③ 114.2cm

④ 114.8cm

⑤ 115.4cm

31 다음 글과 같이 한자어 및 외래어를 순화한 내용으로 적절하지 않은 것은?

> 열차를 타다 보면 한 번쯤은 다음과 같은 안내방송을 들어 봤을 것이다.
> "○○역 인근 '공중사상사고' 발생으로 KTX 열차가 지연되고 있습니다."
> 이때 들리는 안내방송 중 한자어인 '공중사상사고'를 한 번에 알아듣기란 일반적으로 쉽지 않다. 실제로 S교통공사 관계자는 승객들로부터 안내방송 문구가 적절하지 않다는 지적을 받아 왔다고 밝혔으며, 이에 S교통공사는 국토교통부와 협의를 거쳐 보다 이해하기 쉬운 안내방송을 전달하기 위해 문구를 바꾸는 작업에 착수하기로 결정하였다고 전했다.
> 우선 가장 먼저 수정하기로 한 것은 한자어 및 외래어로 표기된 철도 용어이다. 그중 대표적인 것이 '공중사상사고'이다. S교통공사 관계자는 이를 '일반인의 사상사고'나 '열차 운행 중 인명사고' 등과 같이 이해하기 쉬운 말로 바꿀 예정이라고 밝혔다. 이 외에도 열차 지연 예상 시간, 사고복구 현황 등 열차 내 안내방송을 승객에게 좀 더 알기 쉽고 상세하게 전달할 것이라고 전했다.

① 열차시격 → 배차간격

② 전차선 단전 → 선로 전기 공급 중단

③ 우회수송 → 우측 선로로 변경

④ 핸드레일(Handrail) → 안전손잡이

⑤ 키스 앤 라이드(Kiss and Ride) → 환승정차구역

32 다음 글에서 언급되지 않은 내용은?

> 전 세계적인 과제로 탄소중립이 대두되자 친환경적 운송 수단인 철도가 주목받고 있다. 특히 국제에너지기구는 철도를 에너지 효율이 가장 높은 운송 수단으로 꼽으며, 철도 수송을 확대하면 세계 수송 부문에서 온실가스 배출량이 그렇지 않을 때보다 약 6억 톤이 줄어들 수 있다고 하였다.
>
> 특히 철도의 에너지 소비량은 도로의 22분의 1이고, 온실가스 배출량은 9분의 1에 불과해, 탄소 배출이 높은 도로 운행의 수요를 친환경 수단인 철도로 전환한다면 수송 부문 총배출량이 획기적으로 감소될 것이라 전망하고 있다.
>
> 이에 발맞춰 우리나라의 S철도공단도 '녹색교통'인 철도 중심 교통체계를 구축하기 위해 박차를 가하고 있으며, 정부 역시 '2050 탄소중립 실현' 목표에 발맞춰 저탄소 철도 인프라 건설·관리로 탄소를 지속적으로 감축하고자 노력하고 있다.
>
> S철도공단은 철도 인프라 생애주기 관점에서 탄소를 감축하기 위해 먼저 철도 건설 단계에서부터 친환경·저탄소 자재를 적용해 탄소 배출을 줄이고 있다. 실제로 중앙선 안동 ~ 영천 간 궤도 설계 당시 철근 대신에 저탄소 자재인 유리섬유 보강근을 콘크리트 궤도에 적용했으며, 이를 통한 탄소 감축효과는 약 6,000톤으로 추정된다. 이 밖에도 저탄소 철도 건축물 구축을 위해 2025년부터 모든 철도건축물을 에너지 자립률 60% 이상(3등급)으로 설계하기로 결정했으며, 도심의 철도 용지는 지자체와 협업을 통해 도심 속 철길 숲 등 탄소 흡수원이자 지역민의 휴식처로 철도부지 특성에 맞게 조성되고 있다.
>
> S철도공단은 이와 같은 철도로의 수송 전환으로 약 20%의 탄소 감축 목표를 내세웠으며, 이를 위해서는 정부의 노력도 필요하다고 강조하였다. 특히 수송 수단 간 공정한 가격 경쟁이 이루어질 수 있도록 도로 차량에 집중된 보조금 제도를 화물차의 탄소배출을 줄이기 위한 철도 전환교통 보조금으로 확대하는 등 실질적인 방안의 필요성을 제기하고 있다.

① 녹색교통으로 철도 수송이 대두된 배경
② 철도 수송 확대를 통해 기대할 수 있는 효과
③ 국내의 탄소 감축 방안이 적용된 설계 사례
④ 정부의 철도 중심 교통체계 구축을 위해 시행된 조치
⑤ S철도공단의 철도 중심 교통체계 구축을 위한 방안

33 다음 글의 주제로 가장 적절한 것은?

> 지난 5월 아이슬란드에 각종 파이프와 열교환기, 화학물질 저장탱크, 압축기로 이루어져 있는 '조지올라 재생가능 메탄올 공장'이 등장했다. 이곳은 이산화탄소로 메탄올을 만드는 첨단 시설로, 과거 2011년 아이슬란드 기업 '카본리사이클링인터내셔널(CRI)'이 탄소 포집·활용(CCU) 기술의 실험을 위해서 지은 곳이다.
>
> 이곳에서는 인근 지열발전소에서 발생하는 적은 양의 이산화탄소(CO_2)를 포집한 뒤 물을 분해해 조달한 수소(H_2)와 결합시켜 재생 메탄올(CH_3OH)을 제조하였으며, 이때 필요한 열과 냉각수 역시 지열발전소의 부산물을 이용했다. 이렇게 만들어진 메탄올은 자동차, 선박, 항공 연료는 물론 플라스틱 제조 원료로 활용되는 등 여러 곳에서 활용되었다.
>
> 하지만 이렇게 메탄올을 만드는 것이 미래 원료 문제의 근본적인 해결책이 될 수는 없었다. 왜냐하면 메탄올이 만드는 에너지보다 메탄올을 만드는 데 들어가는 에너지가 더 필요하다는 문제점에 더하여 액화천연가스(LNG)를 메탄올로 변환할 경우 이전보다 오히려 탄소배출량이 증가하고, 탄소배출량을 감소시키기 위해서는 태양광과 에너지 저장장치를 활용해 메탄올 제조에 필요한 에너지를 모두 조달해야만 하기 때문이다.
>
> 또한 탄소를 포집해 지하에 영구 저장하는 탄소포집 저장방식과 달리, 탄소를 포집해 만든 연료나 제품은 사용 중에 탄소를 다시 배출할 가능성이 있어 이에 대한 논의가 분분한 상황이다.

① 탄소 재활용의 득과 실
② 재생 에너지 메탄올의 다양한 활용
③ 지열발전소에서 탄생한 재활용 원료
④ 탄소 재활용을 통한 미래 원료의 개발
⑤ 미래의 에너지 원료로 주목받는 재활용 원료, 메탄올

34 다음은 세 개의 철도사 A ~ C의 연도별 차량 수 및 승차인원에 대한 자료이다. 이에 대한 설명으로 옳지 않은 것은?

〈철도사별 차량 수 및 승차인원〉

(단위 : 량, 천 명 / 년)

구분	2020년			2021년			2022년		
	A	B	C	A	B	C	A	B	C
차량 수(량)	2,751	103	185	2,731	111	185	2,710	113	185
승차인원	775,386	26,350	35,650	768,776	24,746	33,130	755,376	23,686	34,179

① C철도사가 운영하는 차량 수는 변동이 없다.

② 3년간 전체 승차인원 중 A철도사 철도를 이용하는 승차인원의 비율이 가장 높다.

③ A ~ C철도사의 철도를 이용하는 연간 전체 승차인원 수는 매년 감소하였다.

④ 3년간 차량 1량당 연간 평균 승차인원 수는 B철도사가 가장 적다.

⑤ C철도사의 차량 1량당 연간 승차인원 수는 200천 명 미만이다.

35 다음은 8개의 국가 A ~ H의 연도별 석유 생산량에 대한 자료이다. 이에 대한 설명으로 옳은 것은?

〈연도별 석유 생산량〉

(단위 : bbl/day)

구분	2018년	2019년	2020년	2021년	2022년
A	10,356,185	10,387,665	10,430,235	10,487,336	10,556,259
B	8,251,052	8,297,702	8,310,856	8,356,337	8,567,173
C	4,102,396	4,123,963	4,137,857	4,156,121	4,025,936
D	5,321,753	5,370,256	5,393,104	5,386,239	5,422,103
E	258,963	273,819	298,351	303,875	335,371
F	2,874,632	2,633,087	2,601,813	2,538,776	2,480,221
G	1,312,561	1,335,089	1,305,176	1,325,182	1,336,597
H	100,731	101,586	102,856	103,756	104,902

① 석유 생산량이 매년 증가한 국가의 수는 6개이다.

② 2018년 대비 2022년에 석유 생산량 증가량이 가장 많은 국가는 A이다.

③ 매년 E국가의 석유 생산량은 H국가 석유 생산량의 3배 미만이다.

④ 연도별 석유 생산량 상위 2개 국가의 생산량 차이는 매년 감소한다.

⑤ 2018년 대비 2022년에 석유 생산량 감소율이 가장 큰 국가는 F이다.

36 A씨는 최근 승진한 공무원 친구에게 선물로 개당 12만 원인 수석을 보내고자 한다. 다음 부정청탁 및 금품 등 수수의 금지에 관한 법률에 따라 선물을 보낼 때, 최대한 많이 보낼 수 있는 수석의 수는?(단, A씨는 공무원인 친구와 직무 연관성이 없는 일반인이며, 선물은 한 번만 보낸다)

> **금품 등의 수수 금지(부정청탁 및 금품 등 수수의 금지에 관한 법률 제8조 제1항)**
> 공직자 등은 직무 관련 여부 및 기부·후원·증여 등 그 명목에 관계없이 동일인으로부터 1회에 100만 원 또는 매 회계연도에 300만 원을 초과하는 금품 등을 받거나 요구 또는 약속해서는 아니 된다.

① 7개　　　　　　　　　　　　　　② 8개
③ 9개　　　　　　　　　　　　　　④ 10개
⑤ 11개

37 S대리는 업무 진행을 위해 본사에서 거래처로 외근을 가고자 한다. 본사에서 거래처까지 가는 길이 다음과 같을 때, 본사에서 출발하여 C와 G를 거쳐 거래처로 간다면 S대리의 최소 이동거리는?(단, 어떤 곳을 먼저 가도 무관하다)

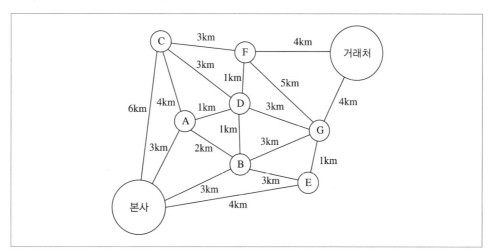

① 8km　　　　　　　　　　　　　　② 9km
③ 13km　　　　　　　　　　　　　④ 16km
⑤ 18km

38 총무부에 근무하는 A사원은 각 부서에 필요한 사무용품을 조사한 결과, 볼펜 30자루, 수정테이프 8개, 연필 20자루, 지우개 5개가 필요하다고 한다. 다음 〈조건〉에 따라 비품을 구매할 때, 지불할 수 있는 가장 저렴한 금액은?(단, 필요한 비품 수를 초과하여 구매할 수 있고, 지불하는 금액은 배송료를 포함한다)

조건

• 볼펜, 수정테이프, 연필, 지우개의 판매 금액은 다음과 같다(단, 모든 품목은 낱개로 판매한다).

구분	가격(원/1EA)	비고
볼펜	1,000	20자루 이상 구매 시 개당 200원 할인
수정테이프	2,500	10개 이상 구매 시 개당 1,000원 할인
연필	400	12자루 이상 구매 시 연필 전체 가격의 25% 할인
지우개	300	10개 이상 구매 시 개당 100원 할인

• 품목당 할인을 적용한 금액의 합이 3만 원을 초과할 경우, 전체 금액의 10% 할인이 추가로 적용된다.
• 전체 금액의 10% 할인 적용 전 금액이 5만 원 초과 시 배송료는 무료이다.
• 전체 금액의 10% 할인 적용 전 금액이 5만 원 이하 시 배송료 5,000원이 별도로 적용된다.

---

① 51,500원
② 51,350원
③ 46,350원
④ 45,090원
⑤ 42,370원

39 S사는 개발 상품 매출 순이익에 기여한 직원에게 성과급을 지급하고자 한다. 기여도에 따른 성과급 지급 기준과 〈보기〉를 참고하여 성과급을 차등지급할 때, 가장 많은 성과급을 지급받는 직원은? (단, 팀장에게 지급하는 성과급은 기준 금액의 1.2배이다)

〈기여도에 따른 성과급 지급 기준〉

매출 순이익	개발 기여도			
	1% 이상 5% 미만	5% 이상 10% 미만	10% 이상 20% 미만	20% 이상
1천만 원 미만	-	-	매출 순이익의 1%	매출 순이익의 2%
1천만 원 이상 3천만 원 미만	5만 원	매출 순이익의 1%	매출 순이익의 2%	매출 순이익의 5%
3천만 원 이상 5천만 원 미만	매출 순이익의 1%	매출 순이익의 2%	매출 순이익의 3%	매출 순이익의 5%
5천만 원 이상 1억 원 미만	매출 순이익의 1%	매출 순이익의 3%	매출 순이익의 5%	매출 순이익의 7.5%
1억 원 이상	매출 순이익의 1%	매출 순이익의 3%	매출 순이익의 5%	매출 순이익의 10%

보기

구분	직책	매출 순이익	개발 기여도
A직원	팀장	4,000만 원	25%
B직원	팀장	2,500만 원	12%
C직원	팀원	1억 2,500만 원	3%
D직원	팀원	7,500만 원	7%
E직원	팀원	800만 원	6%

① A직원
② B직원
③ C직원
④ D직원
⑤ E직원

〈N사 인근 전철 노선도〉

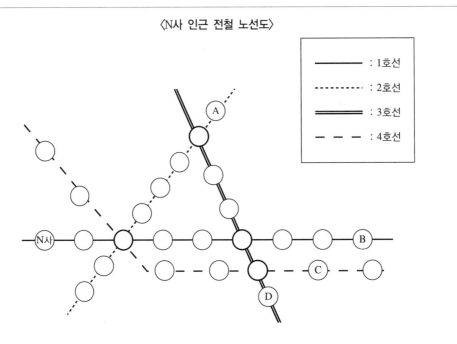

〈N사 인근 전철 관련 정보〉

• 역 간 거리 및 부과요금은 다음과 같다.

구분	역 간 거리	기본요금	거리비례 추가요금
1호선	900m	1,200원	5km 초과 시 500m마다 50원 추가
2호선	950m	1,500원	5km 초과 시 1km마다 100원 추가
3호선	1,000m	1,800원	5km 초과 시 500m마다 100원 추가
4호선	1,300m	2,000원	5km 초과 시 1.5km마다 150원 추가

• 모든 노선에서 다음 역으로 이동하는 데 걸리는 시간은 2분이다.
• 모든 노선에서 환승하는 데 걸리는 시간은 3분이다.
• 기본요금이 더 비싼 열차로 환승할 때에는 부족한 기본요금을 추가로 부과하며, 기본요금이 더 저렴한 열차로 환승할 때에는 요금을 추가로 부과하거나 공제하지 않는다.
• 1회 이상 환승할 때의 거리비례 추가요금은 이용한 열차 중 기본요금이 가장 비싼 열차를 기준으로 적용한다.
　[예] 1호선으로 3,600m 이동 후 3호선으로 환승하여 3,000m 더 이동했다면, 기본요금 및 거리비례 추가요금은 3호선 기준이 적용되어 1,800+300=2,100원이다.

40 다음 중 N사와 A지점을 왕복하는 데 걸리는 최소 이동시간은?

① 28분　　　　　　　　　　② 34분

③ 40분　　　　　　　　　　④ 46분

41 다음 중 N사로부터 이동거리가 가장 짧은 지점은?

① A지점　　　　　　　　　② B지점

③ C지점　　　　　　　　　④ D지점

42 다음 중 N사에서 이동하는 데 드는 비용이 가장 적은 지점은?

① A지점　　　　　　　　　② B지점

③ C지점　　　　　　　　　④ D지점

SF 영화나 드라마에서만 나오던 3D 푸드 프린터를 통해 음식을 인쇄하여 소비하는 모습은 더 이상 먼 미래의 모습이 아니게 되었다. 2023년 3월 21일 미국의 컬럼비아 대학교에서는 3D 푸드 프린터와 땅콩버터, 누텔라, 딸기잼 등 7가지의 반죽형 식용 카트리지로 7겹 치즈케이크를 만들었다고 국제학술지 'NPJ 식품과학'에 소개하였다. (가) 특히 이 치즈케이크는 베이킹 기능이 있는 레이저와 식물성 원료를 사용한 비건식 식용 카트리지를 통해 만들어졌다. ㉠ 그래서 이번 발표는 대체육과 같은 다른 관련 산업에서도 많은 주목을 받게 되었다.

3D 푸드 프린터는 산업 현장에서 사용되는 일반적인 3D 프린터가 사용자가 원하는 대로 3차원의 물체를 만드는 것처럼 사람이 섭취가 가능한 페이스트, 반죽, 분말 등을 카트리지로 사용하여 사용자가 원하는 디자인으로 압출·성형하여 음식을 만들어 내는 것이다. (나) 현재 3D 푸드 프린터는 산업용 3D 프린터처럼 페이스트를 층층이 쌓아서 만드는 FDM(Fused Deposition Modeling) 방식, 분말형태로 된 재료를 접착제로 굳혀 찍어내는 PBF(Powder Bed Fusion), 레이저로 굳혀 찍어내는 SLS(Selective Laser Sintering) 방식이 주로 사용된다.

(다) 3D 푸드 프린터는 아직 대중화되지 않았지만, 많은 장점을 가지고 있어 미래에 활용가치가 아주 높을 것으로 예상되고 있다. ㉡ 예를 들어 증가하는 노령인구에 맞춰 쉽고 삼키는 것이 어려운 사람을 위해 질감과 맛을 조정하거나, 개인별로 필요한 영양소를 첨가하는 등 사용자의 건강관리를 수월하게 해 준다. ㉢ 또한 우주 등 음식을 조리하기 어려운 곳에서 평소 먹던 음식을 섭취할 수 있게 하는 등 활용도는 무궁무진하다. 특히 대체육 부분에서 주목받고 있는데, 3D 푸드 프린터로 육류를 제작하게 된다면 동물을 키우고 도살하여 고기를 얻는 것보다 환경오염을 줄일 수 있다. (라) 대체육은 식물성 원료를 소재로 하는 것이므로 일반적인 고기보다는 맛은 떨어지게 된다. 실제로 대체육 전문 기업인 리디파인 미트(Redefine Meat)에서는 대체육이 축산업에서 발생하는 일반 고기보다 환경오염을 95% 줄일 수 있다고 밝히고 있다.

㉣ 따라서 3D 푸드 프린터는 개발 초기 단계이므로 아직 개선해야 할 점이 많다. 가장 중요한 것은 맛이다. 3D 푸드 프린터에 들어가는 식용 카트리지의 주원료는 식물성 재료이므로 실제 음식의 맛을 내기까지는 아직 많은 노력이 필요하다. (마) 디자인의 영역도 간과할 수 없는데, 길쭉한 필라멘트(3D 프린터에 사용되는 플라스틱 줄) 모양으로 성형된 음식이 '인쇄'라는 인식과 함께 음식을 섭취하는 데 심리적인 거부감을 주는 것도 해결해야 하는 문제이다. ㉤ 게다가 현재 주로 사용하는 방식은 페이스트, 분말을 레이저나 압출로 성형하는 것이므로 만들 수 있는 요리의 종류가 매우 제한적이며, 전력 소모 또한 많다는 것도 해결해야 하는 문제이다.

43 윗글의 내용에 대한 추론으로 적절하지 않은 것은?

① 설탕케이크 장식 제작은 SLS 방식의 3D 푸드 프린터가 적절하다.

② 3D 푸드 프린터는 식감 등으로 발생하는 편식을 줄일 수 있다.

③ 3D 푸드 프린터는 사용자 맞춤 식단을 제공할 수 있다.

④ 현재 3D 푸드 프린터로 제작된 음식은 거부감을 일으킬 수 있다.

⑤ 컬럼비아 대학교에서 만들어 낸 치즈케이크는 PBF 방식으로 제작되었다.

44 윗글의 (가) ~ (마) 중 삭제해야 할 문장으로 가장 적절한 것은?

① (가) ② (나)

③ (다) ④ (라)

⑤ (마)

45 윗글의 접속부사 ㉠ ~ ㉤ 중 문맥상 적절하지 않은 것은?

① ㉠ ② ㉡

③ ㉢ ④ ㉣

⑤ ㉤

46 다음은 S시의 학교폭력 상담 및 신고 건수에 대한 자료이다. 이에 대한 설명으로 옳지 않은 것은?

〈학교폭력 상담 및 신고 건수〉

(단위 : 건)

구분	2022년 7월	2022년 8월	2022년 9월	2022년 10월	2022년 11월	2022년 12월
상담	977	805	3,009	2,526	1,007	871
상담 누계	977	1,782	4,791	7,317	8,324	9,195
신고	486	443	1,501	804	506	496
신고 누계	486	929	2,430	3,234	3,740	4,236
구분	2023년 1월	2023년 2월	2023년 3월	2023년 4월	2023년 5월	2023년 6월
상담	( )	( )	4,370	3,620	1,004	905
상담 누계	9,652	10,109	14,479	18,099	19,103	20,008
신고	305	208	2,781	1,183	557	601
신고 누계	4,541	4,749	7,530	( )	( )	( )

① 2023년 1월과 2023년 2월의 학교폭력 상담 건수는 같다.
② 학교폭력 상담 건수와 신고 건수 모두 2023년 3월에 가장 많다.
③ 전월 대비 학교폭력 상담 건수가 가장 크게 감소한 월과 학교폭력 신고 건수가 가장 크게 감소한 월은 다르다.
④ 전월 대비 학교폭력 상담 건수가 증가한 월은 학교폭력 신고 건수도 같이 증가하였다.
⑤ 2023년 6월까지의 학교폭력 신고 누계 건수는 10,000건 이상이다.

47 다음은 5년 동안 발전원별 발전량 추이에 대한 자료이다. 이에 대한 설명으로 옳지 않은 것은?

<2018 ~ 2022년 발전원별 발전량 추이>

(단위 : GWh)

구분	2018년	2019년	2020년	2021년	2022년
원자력	127,004	138,795	140,806	155,360	179,216
석탄	247,670	226,571	221,730	200,165	198,367
가스	135,072	126,789	138,387	144,976	160,787
신재생	36,905	38,774	44,031	47,831	50,356
유류·양수	6,605	6,371	5,872	5,568	5,232
합계	553,256	537,300	550,826	553,900	593,958

① 매년 원자력 자원 발전량과 신재생 자원 발전량의 증감 추이는 같다.
② 석탄 자원 발전량의 전년 대비 감소폭이 가장 큰 해는 2021년이다.
③ 신재생 자원 발전량 대비 가스 자원 발전량이 가장 큰 해는 2018년이다.
④ 매년 유류·양수 자원 발전량은 전체 발전량의 1% 이상을 차지한다.
⑤ 전체 발전량의 전년 대비 증가폭이 가장 큰 해는 2022년이다.

48 A ~ G 7명은 주말 여행지를 고르기 위해 투표를 진행하였다. 다음 <조건>과 같이 투표를 진행하였을 때, 투표를 하지 않은 사람을 모두 고르면?

조건
• D나 G 중 적어도 1명이 투표하지 않으면, F는 투표한다.
• F가 투표하면, E는 투표하지 않는다.
• B나 E 중 적어도 1명이 투표하지 않으면, A는 투표하지 않는다.
• A를 포함하여 투표한 사람은 모두 5명이다.

① B, E   ② B, F
③ C, D   ④ C, F
⑤ F, G

49 다음과 같이 G마트에서 파는 물건을 상품코드와 크기에 따라 엑셀 프로그램으로 정리하였다. 상품코드가 S3310897이고, 크기가 '중'인 물건의 가격을 구하는 함수로 옳은 것은?

	A	B	C	D	E	F
1						
2		상품코드	소	중	대	
3		S3001287	18,000	20,000	25,000	
4		S3001289	15,000	18,000	20,000	
5		S3001320	20,000	22,000	25,000	
6		S3310887	12,000	16,000	20,000	
7		S3310897	20,000	23,000	25,000	
8		S3311097	10,000	15,000	20,000	
9						

① =HLOOKUP(S3310897,$B$2:$E$8,6,0)

② =HLOOKUP("S3310897",$B$2:$E$8,6,0)

③ =VLOOKUP("S3310897",$B$2:$E$8,2,0)

④ =VLOOKUP("S3310897",$B$2:$E$8,6,0)

⑤ =VLOOKUP("S3310897",$B$2:$E$8,3,0)

50 다음 중 Windows Game Bar 녹화 기능에 대한 설명으로 옳지 않은 것은?

① ⟨Windows 로고 키⟩+⟨Alt⟩+⟨G⟩를 통해 백그라운드 녹화 기능을 사용할 수 있다.

② 백그라운드 녹화 시간은 변경할 수 있다.

③ 녹화한 영상의 저장 위치는 변경할 수 없다.

④ 각 메뉴의 단축키는 본인이 원하는 키 조합에 맞추어 변경할 수 있다.

⑤ 게임 성능에 영향을 줄 수 있다.

02 | 2023년 주요 공기업 전공 기출복원문제

정답 및 해설 p.016

01 경영

| 코레일 한국철도공사

01 다음 중 고전적 경영이론에 대한 설명으로 옳지 않은 것은?

① 고전적 경영이론은 인간의 행동이 합리적이고 경제적인 동기에 의해 이루어진다고 가정한다.

② 차별 성과급제, 기능식 직장제도는 테일러의 과학적 관리법을 기본이론으로 한다.

③ 포드의 컨베이어 벨트 시스템은 표준화를 통한 대량생산방식을 설명한다.

④ 베버는 조직을 합리적이고 법적인 권한으로 운영하는 관료제 조직이 가장 합리적이라고 주장한다.

⑤ 페이욜은 기업활동을 기술활동, 영업활동, 재무활동, 회계활동 4가지 분야로 구분하였다.

| 코레일 한국철도공사

02 다음 중 광고의 소구 방법에 대한 설명으로 옳지 않은 것은?

① 감성적 소구는 브랜드에 대한 긍정적 느낌 등 이미지 향상을 목표로 하는 방법이다.

② 감성적 소구는 논리적인 자료 제시를 통해 높은 제품 이해도를 이끌어 낼 수 있다.

③ 유머 소구, 공포 소구 등이 감성적 소구 방법에 해당한다.

④ 이성적 소구는 정보제공형 광고에 사용하는 방법이다.

⑤ 이성적 소구는 구매 시 위험이 따르는 내구재나 신제품 등에 많이 활용된다.

03 다음 중 마이클 포터의 가치사슬에 대한 설명으로 옳지 않은 것은?

① 가치사슬은 거시경제학을 기반으로 하는 분석 도구이다.

② 기업의 수행활동을 제품설계, 생산, 마케팅, 유통 등 개별적 활동으로 나눈다.

③ 구매, 제조, 물류, 판매, 서비스 등을 기업의 본원적 활동으로 정의한다.

④ 기술개발, 조달활동 등을 기업의 지원적 활동으로 정의한다.

⑤ 가치사슬에서 말하는 이윤은 수입에서 가치창출을 위해 발생한 모든 비용을 제외한 값이다.

04 다음 〈보기〉 중 JIT시스템의 장점으로 옳지 않은 것을 모두 고르면?

> **보기**
>
> ㉠ 현장 낭비 제거를 통한 생산성 향상
> ㉡ 다기능공 활용을 통한 작업자 노동부담 경감
> ㉢ 소 LOT 생산을 통한 재고율 감소
> ㉣ 단일 생산을 통한 설비 이용률 향상

① ㉠, ㉡   ② ㉠, ㉢

③ ㉡, ㉢   ④ ㉡, ㉣

⑤ ㉢, ㉣

05 다음 중 주식회사의 특징으로 옳지 않은 것은?

① 구성원인 주주와 별개의 법인격이 부여된다.

② 주주는 회사에 대한 주식의 인수가액을 한도로 출자의무를 부담한다.

③ 주주는 자신이 보유한 지분을 자유롭게 양도할 수 있다.

④ 설립 시 발기인은 최소 2인 이상을 필요로 한다.

⑤ 소유와 경영을 분리하여 이사회로 경영권을 위임한다.

06 다음 중 주식 관련 상품에 대한 설명으로 옳지 않은 것은?

① ELS : 주가지수 또는 종목의 주가 움직임에 따라 수익률이 결정되며, 만기가 없는 증권이다.

② ELB : 채권, 양도성 예금증서 등 안전자산에 주로 투자하며, 원리금이 보장된다.

③ ELD : 수익률이 코스피200지수에 연동되는 예금으로, 주로 정기예금 형태로 판매한다.

④ ELT : ELS를 특정금전신탁 계좌에 편입하는 신탁상품으로, 투자자의 의사에 따라 운영한다.

⑤ ELF : ELS와 ELD의 중간 형태로, ELS를 기초 자산으로 하는 펀드를 말한다.

07 다음 중 인사와 관련된 이론에 대한 설명으로 옳지 않은 것은?

① 허즈버그는 욕구를 동기요인과 위생요인으로 나누었으며, 동기요인에는 인정감, 성취, 성장 가능성, 승진, 책임감, 직무 자체가 해당되고, 위생요인에는 보수, 대인관계, 감독, 직무안정성, 근무환경, 회사의 정책 및 관리가 해당된다.

② 블룸은 동기 부여에 대해 기대이론을 적용하여 기대감, 적합성, 신뢰성을 통해 구성원의 직무에 대한 동기 부여를 결정한다고 주장하였다.

③ 매슬로는 욕구의 위계를 생리적 욕구, 안전의 욕구, 애정과 공감의 욕구, 존경의 욕구, 자아실현의 욕구로 나누어 단계별로 욕구가 작용한다고 설명하였다.

④ 맥그리거는 인간의 본성에 대해 부정적인 관점인 X이론과 긍정적인 관점인 Y이론이 있으며, 경영자는 조직목표 달성을 위해 근로자의 본성(X, Y)을 파악해야 한다고 주장하였다.

⑤ 로크는 인간이 합리적으로 행동한다는 가정하에 개인이 의식적으로 얻으려고 설정한 목표가 동기와 행동에 영향을 미친다고 주장하였다.

08 다음 글에 해당하는 마케팅 STP 단계는 무엇인가?

> • 서로 다른 욕구를 가지고 있는 다양한 고객들을 하나의 동질적인 고객집단으로 나눈다.
> • 인구, 지역, 사회, 심리 등을 기준으로 활용한다.
> • 전체시장을 동질적인 몇 개의 하위시장으로 구분하여 시장별로 차별화된 마케팅을 실행한다.

① 시장세분화   ② 시장매력도 평가

③ 표적시장 선정   ④ 포지셔닝

⑤ 재포지셔닝

09 다음 K기업 재무회계 자료를 참고할 때, 기초부채를 계산하면 얼마인가?

> • 기초자산 : 100억 원
> • 기말자본 : 65억 원
> • 총수익 : 35억 원
> • 총비용 : 20억 원

① 35억 원   ② 40억 원
③ 50억 원   ④ 60억 원

10 다음 중 ERG 이론에 대한 설명으로 옳지 않은 것은?

① 매슬로의 욕구 5단계설을 발전시켜 주장한 이론이다.
② 인간의 욕구를 중요도 순으로 계층화하여 정의하였다.
③ 인간의 욕구를 존재욕구, 관계욕구, 성장욕구의 3단계로 나누었다.
④ 상위에 있는 욕구를 충족시키지 못하면 하위에 있는 욕구는 더욱 크게 감소한다.

11 다음 중 기업이 사업 다각화를 추진하는 목적으로 볼 수 없는 것은?

① 기업의 지속적인 성장 추구
② 사업위험 분산
③ 유휴자원의 활용
④ 기업의 수익성 강화

12 다음 중 종단분석과 횡단분석을 비교한 내용으로 옳지 않은 것은?

구분	종단분석	횡단분석
방법	시간적	공간적
목표	특성이나 현상의 변화	집단의 특성 또는 차이
표본 규모	큼	작음
횟수	반복	1회

① 방법
② 목표
③ 표본 규모
④ 횟수

13 다음 중 향후 채권이자율이 시장이자율보다 높아질 것으로 예상될 때 나타날 수 있는 현상으로 옳은 것은?

① 별도의 이자 지급 없이 채권 발행 시 이자금액을 공제하는 방식을 선호하게 된다.

② 1년 만기 은행채, 장기신용채 등의 발행이 늘어난다.

③ 만기에 가까워질수록 채권가격 상승에 따른 이익을 얻을 수 있다.

④ 채권가격이 액면가보다 높은 가격에 거래되는 할증채 발행이 증가한다.

14 다음 중 BCG 매트릭스에 대한 설명으로 옳은 것은?

① 스타(Star) 사업 : 높은 시장점유율로 현금창출은 양호하나, 성장 가능성은 낮은 사업이다.

② 현금젖소(Cash Cow) 사업 : 성장률과 시장점유율이 모두 낮아 철수가 필요한 사업이다.

③ 개(Dog) 사업 : 성장률과 시장점유율이 모두 높아서 계속 투자가 필요한 유망 사업이다.

④ 물음표(Question Mark) 사업 : 신규 사업 또는 현재 시장점유율은 낮으나, 향후 성장 가능성이 높은 사업이다.

15 다음 중 테일러의 과학적 관리법의 특징에 대한 설명으로 옳지 않은 것은?

① 작업능률을 최대로 높이기 위하여 노동의 표준량을 정한다.

② 작업에 사용하는 도구 등을 개별 용도에 따라 다양하게 제작하여 성과를 높인다.

③ 작업량에 따라 임금을 차등하여 지급한다.

④ 관리에 대한 전문화를 통해 노동자의 태업을 사전에 방지한다.

| 서울교통공사

01 다음 중 수요의 가격탄력성에 대한 설명으로 옳지 않은 것은?

① 수요의 가격탄력성은 가격의 변화에 따른 수요의 변화를 의미한다.

② 분모는 상품 가격의 변화량을 상품 가격으로 나눈 값이다.

③ 대체재가 많을수록 수요의 가격탄력성은 탄력적이다.

④ 가격이 1% 상승할 때 수요가 2% 감소하였으면 수요의 가격탄력성은 2이다.

⑤ 가격탄력성이 0보다 크면 탄력적이라고 할 수 있다.

| 서울교통공사

02 다음 중 대표적인 물가지수인 GDP 디플레이터를 구하는 계산식으로 옳은 것은?

① (실질 GDP)÷(명목 GDP)×100

② (명목 GDP)÷(실질 GDP)×100

③ (실질 GDP)+(명목 GDP)÷2

④ (명목 GDP)−(실질 GDP)÷2

⑤ (실질 GDP)÷(명목 GDP)×2

| 서울교통공사

03 다음 〈조건〉을 참고할 때, 한계소비성향(MPC) 변화에 따른 현재 소비자들의 소비 변화폭은?

> 조건
> • 기존 소비자들의 연간 소득은 3,000만 원이며, 한계소비성향은 0.6을 나타내었다.
> • 현재 소비자들의 연간 소득은 4,000만 원이며, 한계소비성향은 0.7을 나타내었다.

① 700 ② 1,100

③ 1,800 ④ 2,500

⑤ 3,700

04 다음 글의 빈칸에 들어갈 단어가 바르게 나열된 것은?

> • 환율이 ___㉠___ 하면 순수출이 증가한다.
> • 국내이자율이 높아지면 환율은 ___㉡___ 한다.
> • 국내물가가 오르면 환율은 ___㉢___ 한다.

	㉠	㉡	㉢
①	하락	상승	하락
②	하락	상승	상승
③	하락	하락	하락
④	상승	하락	상승
⑤	상승	하락	하락

05 다음 중 독점적 경쟁시장에 대한 설명으로 옳지 않은 것은?

① 독점적 경쟁시장은 완전경쟁시장과 독점시장의 중간 형태이다.
② 대체성이 높은 제품의 공급자가 시장에 다수 존재한다.
③ 시장진입과 퇴출이 자유롭다.
④ 독점적 경쟁기업의 수요곡선은 우하향하는 형태를 나타낸다.
⑤ 가격경쟁이 비가격경쟁보다 활발히 진행된다.

06 다음 중 고전학파와 케인스학파에 대한 설명으로 옳지 않은 것은?

① 케인스학파는 경기가 침체할 경우, 정부의 적극적 개입이 바람직하지 않다고 주장하였다.
② 고전학파는 임금이 매우 신축적이어서 노동시장이 항상 균형상태에 이르게 된다고 주장하였다.
③ 케인스학파는 저축과 투자가 국민총생산의 변화를 통해 같아지게 된다고 주장하였다.
④ 고전학파는 실물경제와 화폐를 분리하여 설명한다.
⑤ 케인스학파는 단기적으로 화폐의 중립성이 성립하지 않는다고 주장하였다.

07 다음 사례에서 나타나는 현상으로 옳은 것은?

> • 물은 사용 가치가 크지만 교환 가치가 작은 반면, 다이아몬드는 사용 가치가 작지만 교환 가치는 크게 나타난다.
> • 한계효용이 작을수록 교환 가치가 작으며, 한계효용이 클수록 교환 가치가 크다.

① 매몰비용의 오류　　　　　　　② 감각적 소비

③ 보이지 않는 손　　　　　　　　④ 가치의 역설

⑤ 희소성

08 다음 자료를 참고하여 실업률을 구하면 얼마인가?

> • 생산가능인구 : 50,000명
> • 취업자 : 20,000명
> • 실업자 : 5,000명

① 10%　　　　　　　　　　　　② 15%

③ 20%　　　　　　　　　　　　④ 25%

⑤ 30%

09 J기업이 다음 〈조건〉과 같이 생산량을 늘린다고 할 때, 한계비용은 얼마인가?

> **조건**
> • J기업의 제품 1단위당 노동가격은 4, 자본가격은 6이다.
> • J기업은 제품 생산량을 50개에서 100개로 늘리려고 한다.
> • 평균비용 $P=2L+K+\dfrac{100}{Q}$ (L : 노동가격, K : 자본가격, Q : 생산량)

① 10　　　　　　　　　　　　　② 12

③ 14　　　　　　　　　　　　　④ 16

10 다음은 A국과 B국이 노트북 1대와 TV 1대를 생산하는 데 필요한 작업 시간을 나타낸 자료이다. A국과 B국의 비교우위에 대한 설명으로 옳은 것은?

구분	노트북	TV
A국	6시간	8시간
B국	10시간	8시간

① A국이 노트북, TV 생산 모두 비교우위에 있다.
② B국이 노트북, TV 생산 모두 비교우위에 있다.
③ A국은 노트북 생산, B국은 TV 생산에 비교우위가 있다.
④ A국은 TV 생산, B국은 노트북 생산에 비교우위가 있다.

11 다음 중 다이내믹 프라이싱에 대한 설명으로 옳지 않은 것은?

① 동일한 제품과 서비스에 대한 가격을 시장 상황에 따라 변화시켜 적용하는 전략이다.
② 호텔, 항공 등의 가격을 성수기 때 인상하고, 비수기 때 인하하는 것이 대표적인 예이다.
③ 기업은 소비자별 맞춤형 가격을 통해 수익을 극대화할 수 있다.
④ 소비자 후생이 증가해 소비자의 만족도가 높아진다.

12 다음 〈보기〉 중 빅맥 지수에 대한 설명으로 옳은 것을 모두 고르면?

> **보기**
> ㉠ 빅맥 지수를 최초로 고안한 나라는 미국이다.
> ㉡ 각 나라의 물가수준을 비교하기 위해 고안된 지수로, 구매력 평가설을 근거로 한다.
> ㉢ 맥도날드 빅맥 가격을 기준으로 한 이유는 전 세계에서 가장 동질적으로 판매되고 있는 상품이기 때문이다.
> ㉣ 빅맥 지수를 구할 때 빅맥 가격은 제품 가격과 서비스 가격의 합으로 계산한다.

① ㉠, ㉡   ② ㉠, ㉢
③ ㉡, ㉢   ④ ㉡, ㉣

13 다음 중 확장적 통화정책의 영향으로 옳은 것은?

① 건강보험료가 인상되어 정부의 세금 수입이 늘어난다.

② 이자율이 하락하고, 소비 및 투자가 감소한다.

③ 이자율이 상승하고, 환율이 하락한다.

④ 은행이 채무불이행 위험을 줄이기 위해 더 높은 이자율과 담보 비율을 요구한다.

14 다음 중 노동의 수요공급곡선에 대한 설명으로 옳지 않은 것은?

① 노동 수요는 파생수요라는 점에서 재화시장의 수요와 차이가 있다.

② 상품 가격이 상승하면 노동 수요곡선은 오른쪽으로 이동한다.

③ 토지, 설비 등이 부족하면 노동 수요곡선은 오른쪽으로 이동한다.

④ 노동에 대한 인식이 긍정적으로 변화하면 노동 공급곡선은 오른쪽으로 이동한다.

15 다음 〈조건〉에 따라 S씨가 할 수 있는 최선의 선택은?

> **조건**
> • S씨는 퇴근 후 할 운동으로 헬스, 수영, 자전거, 달리기 중 하나를 고르려고 한다.
> • 각 운동이 주는 만족도(이득)는 헬스 5만 원, 수영 7만 원, 자전거 8만 원, 달리기 4만 원이다.
> • 각 운동에 소요되는 비용은 헬스 3만 원, 수영 2만 원, 자전거 5만 원, 달리기 3만 원이다.

① 헬스   ② 수영

③ 자전거   ④ 달리기

┃ 서울교통공사

01 다음 중 노동법의 성질이 다른 하나는?

① 산업안전보건법
② 남녀고용평등법
③ 산업재해보상보험법
④ 근로자참여 및 협력증진에 관한 법
⑤ 고용보험법

┃ 서울교통공사

02 다음 〈보기〉 중 용익물권에 해당하는 것을 모두 고르면?

> **보기**
>
> 가. 지상권 　　　　　　　　　　 나. 점유권
> 다. 지역권 　　　　　　　　　　 라. 유치권
> 마. 전세권 　　　　　　　　　　 바. 저당권

① 가, 다, 마 　　　　　　　　　 ② 가, 라, 바
③ 나, 라, 바 　　　　　　　　　 ④ 다, 라, 마
⑤ 라, 마, 바

03 다음 중 선고유예와 집행유예의 내용에 대한 분류가 옳지 않은 것은?

구분	선고유예	집행유예
실효	유예한 형을 선고	유예선고의 효력 상실
요건	1년 이하 징역·금고, 자격정지, 벌금	3년 이하 징역·금고, 500만 원 이하의 벌금형
유예기간	1년 이상 5년 이하	2년
효과	면소	형의 선고 효력 상실

① 실효
② 요건
③ 유예기간
④ 효과
⑤ 없음

04 다음 〈보기〉 중 형법상 몰수가 되는 것은 모두 몇 개인가?

> **보기**
> • 범죄행위에 제공한 물건
> • 범죄행위에 제공하려고 한 물건
> • 범죄행위로 인하여 생긴 물건
> • 범죄행위로 인하여 취득한 물건
> • 범죄행위의 대가로 취득한 물건

① 1개
② 2개
③ 3개
④ 4개
⑤ 5개

05 다음 중 상법상 법원이 아닌 것은?

① 판례
② 조례
③ 상관습법
④ 상사자치법
⑤ 보통거래약관

06 다음 글의 빈칸에 들어갈 연령이 바르게 연결된 것은?

> • 촉법소년 : 형벌 법령에 저촉되는 행위를 한 10세 이상 ___㉠___ 미만인 소년
> • 우범소년 : 성격이나 환경에 비추어 앞으로 형벌 법령에 저촉되는 행위를 할 우려가 있는 10세
>   이상 ___㉡___ 미만인 소년

	㉠	㉡		㉠	㉡
①	13세	13세	②	13세	14세
③	14세	14세	④	14세	19세
⑤	19세	19세			

07 다음 중 국민에게만 적용되는 기본 의무가 아닌 것은?

① 근로의 의무
② 납세의 의무
③ 교육의 의무
④ 환경보전의 의무
⑤ 국방의 의무

08 다음 중 헌법재판소의 역할로 옳지 않은 것은?

① 행정청의 처분의 효력 유무 또는 존재 여부 심판
② 탄핵의 심판
③ 국가기관 상호 간, 국가기관과 지방자치단체 간 및 지방자치단체 상호 간의 권한쟁의에 관한 심판
④ 정당의 해산 심판
⑤ 법원의 제청에 의한 법률의 위헌 여부 심판

09 다음 중 민법상 채권을 몇 년 동안 행사하지 아니하면 소멸시효가 완성되는가?

① 2년
② 5년
③ 10년
④ 15년
⑤ 20년

만약 우리가 할 수 있는 일을 모두 한다면,
우리들은 우리 자신에 깜짝 놀랄 것이다.

- 에디슨 -

PART 1

직업기초능력

CHAPTER 01
의사소통능력

합격 CHEAT KEY

의사소통능력은 평가하지 않는 공사·공단이 없을 만큼 필기시험에서 중요도가 높은 영역이다. 또한, 의사소통능력의 문제 출제 비중은 가장 높은 편이다. 이러한 점을 볼 때, 의사소통능력은 NCS를 준비하는 수험생이라면 반드시 정복해야 하는 과목이다.

국가직무능력표준에 따르면 의사소통능력의 세부 유형은 문서이해, 문서작성, 의사표현, 경청, 기초외국어로 나눌 수 있다. 문서이해·문서작성과 같은 제시문에 대한 주제, 일치 문제의 출제 비중이 높으며, 공문서·기획서·보고서·설명서 등 문서의 특성을 파악하는 문제도 출제되고 있다. 따라서 이러한 분석을 바탕으로 전략을 세우는 것이 매우 중요하다.

01 문제에서 요구하는 바를 먼저 파악하라!

의사소통능력에서 가장 중요한 것은 제한된 시간 안에 빠르고 정확하게 답을 찾아내는 것이다. 그러기 위해서는 우리가 의사소통능력을 공부하는 이유를 잊지 말아야 한다. 우리는 지식을 쌓기 위해 의사소통능력 지문을 보는 것이 아니다. 의사소통능력에서는 지문이 아니라 문제가 주인공이다! 지문을 보기 전에 문제를 먼저 파악해야 한다. 주제찾기 문제라면 첫 문장과 마지막 문장 또는 접속어를 주목하자! 내용일치 문제라면 지문과 문항의 일치/불일치 여부만 파악한 뒤 빠져나오자! 지문에 빠져드는 순간 소중한 시험 시간은 속절없이 흘러 버린다!

02 잠재되어 있는 언어능력을 발휘하라!

의사소통능력에는 끝이 없다! 의사소통의 방대함에 포기한 적이 있는가? 세상에 글은 많고 우리가 학습할 수 있는 시간은 한정적이다. 이를 극복할 수 있는 방법은 다양한 글을 접하는 것이다. 실제 시험장에서 어떤 내용의 지문이 나올지 아무도 예측할 수 없다. 따라서 평소에 신문, 소설, 보고서 등 여러 글을 접하는 것이 필요하다. 잠재되어 있는 글에 대한 안목이 시험장에서 빛을 발할 것이다.

03 상황을 가정하라!

업무 수행에 있어 상황에 따른 언어 표현은 중요하다. 같은 말이라도 상황에 따라 다르게 해석될 수 있기 때문이다. 그런 의미에서 자신의 의견을 효과적으로 전달할 수 있는 능력을 평가하는 것은 당연하다. 따라서 다양한 상황에서의 언어표현능력을 함양하기 위한 연습의 과정이 요구된다. 업무를 수행하면서 발생할 수 있는 여러 상황을 가정하고 그에 따른 올바른 언어표현을 정리하는 것이 필요하다. 의사표현 영역의 경우 출제 빈도가 높지는 않지만 상황에 따른 판단력을 평가하는 문항인 만큼 대비하는 것이 필요하다.

04 말하는 이의 입장에서 생각하라!

잘 듣는 것 또한 하나의 능력이다. 상대방의 이야기에 귀 기울이고 공감하는 태도는 업무를 수행하는 관계 속에서 필요한 요소이다. 그런 의미에서 다양한 상황에서의 듣는 능력을 평가하는 것이다. 말하는 이가 요구하는 듣는 이의 태도를 파악하고, 이에 따른 판단을 할 수 있도록 언제나 말하는 사람의 입장이 되는 연습이 필요하다.

05 반복만이 살길이다!

학창 시절 외국어를 공부하던 때를 떠올려 보자! 셀 수 없이 많은 표현들을 익히기 위해 얼마나 많은 반복의 과정을 거쳤는가? 의사소통능력 역시 그러하다. 하나의 문제 유형을 마스터하기 위해 가장 중요한 것은 바로 여러 번, 많이 풀어 보는 것이다.

01 │ 모듈이론

01 의사소통능력

1. 의사소통능력의 의의

(1) 의사소통이란?

두 사람 또는 그 이상의 사람들 사이에서 일어나는 의사의 전달과 상호교류를 의미하며, 어떤 개인 또는 집단이 개인 또는 집단에 대해서 정보, 감정, 사상, 의견 등을 전달하고 그것들을 받아들이는 과정을 말한다.

(2) 의사소통의 중요성

① 대인관계의 기본이며, 직업생활에서 필수적이다.
② 인간관계는 의사소통을 통해서 이루어지는 상호과정이다.
③ 의사소통은 상호 간의 일반적 이해와 동의를 얻기 위한 유일한 수단이다.
④ 서로에 대한 지각의 차이를 좁혀주며, 선입견을 줄이거나 제거해 줄 수 있는 수단이다.

〈 핵심예제 〉

다음은 의사소통에 대한 설명이다. (A), (B)에 들어갈 말로 적절한 것은?

> 의사소통이란 두 사람 또는 그 이상의 사람들 사이에서 일어나는 _____(A)_____ 과 _____(B)_____ 이/가 이루어진다는 뜻이며, 어떤 개인 또는 집단이 개인 또는 집단에 대해서 정보, 감정, 사상, 의견 등을 전달하고 그것들을 받아들이는 과정이라고 할 수 있다.

	(A)	(B)
①	의사의 전달	상호분석
②	의사의 이행	상호분석
③	의사의 전달	상호교류
④	의사의 이행	상호교류

> 의사소통이란 기계적으로 무조건적인 정보의 전달이 아니라 두 사람 또는 그 이상의 사람들 사이에서 '의사의 전달'과 '상호교류'가 이루어진다는 뜻이며, 어떤 개인 또는 집단에 대해서 정보, 감정, 사상, 의견 등을 전달하고 그것들을 받아들이는 과정이다.
>
> 정답 ③

---

(3) 성공적인 의사소통의 조건

내가 가진 정보를 상대방이 이해하기 쉽게 표현

＋

상대방이 어떻게 받아들일 것인가에 대한 고려

∥

일방적인 말하기가 아닌 의사소통의 정확한 목적을 알고, 의견을 나누는 자세

2. 의사소통능력의 종류

(1) 문서적인 의사소통능력

문서이해능력	업무와 관련된 다양한 문서를 읽고 핵심을 이해, 정보를 획득하고, 수집·종합하는 능력
문서작성능력	목적과 상황에 적합하도록 정보를 전달할 수 있는 문서를 작성하는 능력

(2) 언어적인 의사소통능력

경청능력	원활한 의사소통을 위해 상대의 이야기를 집중하여 듣는 능력
의사표현능력	자신의 의사를 목적과 상황에 맞게 설득력을 가지고 표현하는 능력

(3) 특징

구분	문서적인 의사소통능력	언어적인 의사소통능력
장점	권위감, 정확성, 전달성, 보존성 높음	유동성 높음
단점	의미의 곡해	정확성 낮음

(4) 기초외국어능력

외국어로 된 간단한 자료를 이해하거나, 외국인과의 전화응대와 간단한 대화 등 외국인의 의사표현을 이해하고, 자신의 의사를 기초외국어로써 표현할 수 있는 능력을 말한다.

3. 의사소통의 저해요인

(1) 의사소통 기법의 미숙, 표현 능력의 부족, 이해 능력의 부족

'일방적으로 말하고', '일방적으로 듣는' 무책임한 태도

(2) 복잡한 메시지, 경쟁적인 메시지

너무 복잡한 표현, 모순되는 메시지 등 잘못된 정보 전달

(3) 의사소통에 대한 잘못된 선입견

'말하지 않아도 아는 문화'에 안주하는 태도

(4) 기타요인

정보의 과다, 메시지의 복잡성, 메시지의 경쟁, 상이한 직위와 과업지향성, 신뢰의 부족, 의사소통을 위한 구조상의 권한, 잘못된 의사소통 매체의 선택, 폐쇄적인 의사소통 분위기

◀ **핵심예제** ▶

다음 중 의사소통의 저해요인에 해당하지 않는 것은?

① 표현능력의 부족
② 평가적이며 판단적인 태도
③ 상대방을 배려하는 마음가짐
④ 선입견과 고정관념

의사소통 시 상대방을 배려하는 마음가짐은 성공적인 대화를 위해 필수적으로 갖춰야 하는 요소이다. 그러므로 의사소통의 저해요인이 될 수 없다.

정답 ③

---

4. 키슬러의 대인관계 의사소통 유형

유형	특징	제안
지배형	자신감이 있고 지도력이 있으나, 논쟁적이고 독단이 강하여 대인 갈등을 겪을 수 있음	타인의 의견을 경청하고 수용하는 자세 필요
실리형	이해관계에 예민하고 성취지향적으로, 경쟁적이며 자기중심적임	타인의 입장을 배려하고 관심을 갖는 자세 필요
냉담형	이성적인 의지력이 강하고 타인의 감정에 무관심하며 피상적인 대인관계를 유지함	타인의 감정상태에 관심을 가지고 긍정적 감정을 표현하는 것이 필요
고립형	혼자 있는 것을 선호하고 사회적 상황을 회피하며 지나치게 자신의 감정을 억제함	대인관계의 중요성을 인식하고 타인에 대한 비현실적인 두려움의 근원을 성찰하는 것이 필요
복종형	수동적이고 의존적이며 자신감이 없음	적극적인 자기표현과 주장이 필요
순박형	단순하고 솔직하며 자기주관이 부족함	자기주장을 적극적으로 표현하는 것이 필요
친화형	따뜻하고 인정이 많고 자기희생적으로 타인의 요구를 거절하지 못함	타인과의 정서적인 거리를 유지하는 노력이 필요
사교형	외향적이고 인정욕구가 강하며 타인에 대한 관심이 많고 쉽게 흥분함	심리적으로 안정을 취할 필요가 있으며 지나친 인정욕구에 대한 성찰 필요

5. 의사소통능력의 개발

(1) 사후검토와 피드백의 활용

직접 말로 물어보거나 표정, 기타 표시 등을 통해 정확한 반응을 살핀다.

(2) 언어의 단순화

명확하고 쉽게 이해 가능한 단어를 선택하여 이해도를 높인다.

(3) 적극적인 경청

감정을 이입하여 능동적으로 집중하며 경청한다.

(4) 감정의 억제

감정에 치우쳐 메시지를 곡해하지 않도록 침착하게 의사소통한다.

6. 입장에 따른 의사소통전략

화자의 입장	• 의사소통에 앞서 생각을 명확히 할 것 • 문서를 작성할 때는 주된 생각을 앞에 쓸 것 • 평범한 단어를 쓸 것 • 편견 없는 언어를 사용할 것 • 사실 밑에 깔린 감정을 의사소통할 것 • 어조, 표정 등 비언어적인 행동이 미치는 결과를 이해할 것 • 행동을 하면서 말로 표현할 것 • 피드백을 받을 것
청자의 입장	• 세세한 어휘를 모두 들으려고 노력하기보다는 요점, 즉 의미의 파악에 집중할 것 • 말하고 있는 바에 관한 생각과 사전 정보를 동원하여 말하는 바에 몰입할 것 • 모든 이야기를 듣기 전에 결론에 이르지 말고 전체 생각을 청취할 것 • 말하는 사람의 관점에서 진술을 반복하여 피드백할 것 • 들은 내용을 요약할 것

1. 문서이해능력의 의의

(1) 문서이해능력이란?

다양한 종류의 문서에서 전달하고자 하는 핵심 내용을 요약·정리하여 이해하고, 문서에서 전달하는 정보의 출처를 파악하고 옳고 그름을 판단하는 능력을 말한다.

(2) 문서이해의 목적

문서이해능력이 부족하면 직업생활에서 본인의 업무를 이해하고 수행하는 데 막대한 지장을 끼친다. 따라서 본인의 업무를 제대로 수행하기 위해 문서이해능력은 필수적이다.

2. 문서의 종류

(1) 공문서

- 정부 행정기관에서 대내적·대외적 공무를 집행하기 위해 작성하는 문서
- 정부 기관이 일반회사, 단체로부터 접수하는 문서 및 일반회사에서 정부 기관을 상대로 사업을 진행할 때 작성하는 문서 포함
- 엄격한 규격과 양식에 따라 정당한 권리를 가진 사람이 작성
- 최종 결재권자의 결재가 있어야 문서로서의 기능 성립

(2) 보고서

특정 업무에 대한 현황이나 진행 상황 또는 연구·검토 결과 등을 보고할 때 작성하는 문서

종류	내용
영업보고서	영업상황을 문장 형식으로 기재해 보고하는 문서
결산보고서	진행됐던 사안의 수입과 지출결과를 보고하는 문서
일일업무보고서	매일의 업무를 보고하는 문서
주간업무보고서	한 주간에 진행된 업무를 보고하는 문서
출장보고서	출장을 다녀와 외부 업무나 그 결과를 보고하는 문서
회의보고서	회의 결과를 정리해 보고하는 문서

(3) 설명서

상품의 특성이나 사물의 성질과 가치, 작동 방법이나 과정을 소비자에게 설명하는 것을 목적으로 작성한 문서

종류	내용
상품소개서	• 일반인들이 친근하게 읽고 내용을 쉽게 이해하도록 하는 문서 • 소비자에게 상품의 특징을 잘 전달해 상품을 구입하도록 유도
제품설명서	• 제품의 특징과 활용도에 대해 세부적으로 언급하는 문서 • 제품의 사용법에 대해 알려주는 것이 주목적

(4) 비즈니스 메모

업무상 필요한 중요한 일이나 앞으로 체크해야 할 일이 있을 때 필요한 내용을 메모형식으로 작성하여 전달하는 글

종류	내용
전화 메모	• 업무적인 내용부터 개인적인 전화의 전달사항들을 간단히 작성하여 당사자에게 전달하는 메모 • 스마트폰의 발달로 현저히 줄어듦
회의 메모	• 회의에 참석하지 못한 구성원에게 회의 내용을 간략하게 적어 전달하거나 참고자료로 남기기 위해 작성한 메모 • 업무 상황 파악 및 업무 추진에 대한 궁금증이 있을 때 핵심적인 역할을 하는 자료
업무 메모	• 개인이 추진하는 업무나 상대의 업무 추진 상황을 메모로 적는 형태

(5) 비즈니스 레터(E-mail)

- 사업상의 이유로 고객이나 단체에 편지를 쓰는 것
- 직장업무나 개인 간의 연락, 직접 방문하기 어려운 고객관리 등을 위해 사용되는 비공식적 문서
- 제안서나 보고서 등 공식적인 문서를 전달하는 데도 사용

(6) 기획서

하나의 프로젝트를 문서형태로 만들어, 상대방에게 기획의 내용을 전달하여 해당 기획안을 시행하도록 설득하는 문서

(7) 기안서

회사의 업무에 대한 협조를 구하거나 의견을 전달할 때 작성하며 흔히 사내 공문서로 불림

(8) 보도자료

정부 기관이나 기업체, 각종 단체 등이 언론을 상대로 하여 자신들의 정보가 기사로 보도되도록 하기 위해 보내는 자료

(9) 자기소개서

개인의 가정환경과 성장과정, 입사 동기와 근무자세 등을 구체적으로 기술하여 자신을 소개하는 문서

3. 문서의 이해

(1) 문서이해의 절차

1. 문서의 목적을 이해하기

2. 이러한 문서가 작성된 배경과 주제를 파악하기

3. 문서에 쓰인 정보를 밝혀내고, 문서가 제시하고 있는 현안을 파악하기

4. 문서를 통해 상대방의 욕구와 의도 및 내게 요구되는 행동에 관한 내용을 분석하기

5. 문서에서 이해한 목적 달성을 위해 취해야 할 행동을 생각하고 결정하기

6. 상대방의 의도를 도표나 그림 등으로 메모하여 요약·정리해 보기

《 핵심예제 》

다음 문서이해를 위한 구체적인 절차 중 가장 먼저 행해져야 할 사항은 무엇인가?

① 문서의 목적을 이해하기
② 문서가 작성된 배경과 주제를 파악하기
③ 현안을 파악하기
④ 내용을 요약하고 정리하기

> 문서를 이해하기 위해 가장 먼저 행해져야 할 것은 문서의 목적을 먼저 이해하는 것이다. 목적을 명확히 해야 문서의 작성 배경과 주제, 현안을 파악할 수 있다. 궁극적으로 문서에서 이해한 목적달성을 위해 취해야 할 행동을 생각하고 결정할 수 있게 된다.
>
> 정답 ①

---

(2) 내용종합능력의 배양

① 주어진 모든 문서를 이해했다 하더라도 그 내용을 모두 기억하기란 불가능하므로 문서내용을 요약하는 문서이해능력에 더해 내용종합능력의 배양이 필요하다.
② 이를 위해서는 다양한 종류의 문서를 읽고, 구체적인 절차에 따라 이해하고, 정리하는 습관을 들여야 한다.

03 문서작성능력

1. 문서작성능력의 의의

(1) 문서작성능력이란?

① 문서의 의미

제안서·보고서·기획서·편지·메모·공지사항 등 문자로 구성된 것을 지칭하며 일상생활뿐만 아니라 직업생활에서도 다양한 문서를 자주 사용한다.

② 문서작성의 목적

치열한 경쟁상황에서 상대를 설득하거나 조직의 의견을 전달하고자 한다.

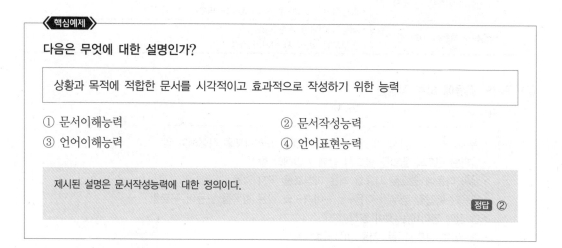

〈 핵심예제 〉

다음은 무엇에 대한 설명인가?

상황과 목적에 적합한 문서를 시각적이고 효과적으로 작성하기 위한 능력

① 문서이해능력   ② 문서작성능력

③ 언어이해능력   ④ 언어표현능력

제시된 설명은 문서작성능력에 대한 정의이다.

정답 ②

(2) 문서작성 시 고려사항

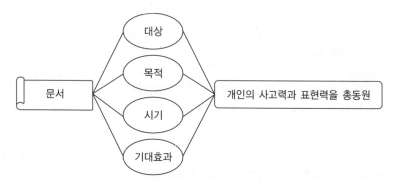

2. 문서작성의 실제

(1) 상황에 따른 문서의 작성

상황	내용
요청이나 확인을 위한 경우	• 공문서 형식 • 일정한 양식과 격식을 갖추어 작성
정보제공을 위한 경우	• 홍보물, 보도자료, 설명서, 안내서 • 시각적인 정보의 활용 • 신속한 정보 제공
명령이나 지시가 필요한 경우	• 업무 지시서 • 명확한 지시사항이 필수적
제안이나 기획을 할 경우	• 제안서, 기획서 • 종합적인 판단과 예견적인 지식이 필요
약속이나 추천을 위한 경우	• 제품의 이용에 대한 정보 • 입사지원, 이직 시 상사가 작성

(2) 문서의 종류에 따른 작성법

① 공문서

> • '누가, 언제, 어디서, 무엇을, 어떻게(왜)'가 드러나도록 작성해야 함
> • 날짜는 연도와 월일을 반드시 함께 기입해야 함
> • 날짜 다음에 괄호를 사용할 때는 마침표를 찍지 않음
> • 내용이 복잡할 경우 '−다음−', '−아래−'와 같은 항목을 만들어 구분함
> • 한 장에 담아내는 것이 원칙
> • 마지막엔 반드시 '끝' 자로 마무리함
> • 대외문서이고 장기간 보관되는 문서이므로 정확하게 기술해야 함

② 설명서

> • 간결하게 작성함
> • 전문용어의 사용은 가급적 삼갈 것
> • 복잡한 내용은 도표화
> • 명령문보다 평서형으로, 동일한 표현보다는 다양한 표현으로 작성함
> • 글의 성격에 맞춰 정확하게 기술해야 함

③ 기획서

> • 무엇을 위한 기획서인지 핵심 메시지가 정확히 도출되었는지 확인
> • 상대가 요구하는 것이 무엇인지 고려하여 작성
> • 글의 내용이 한눈에 파악되도록 목차를 구성
> • 분량이 많으므로 핵심 내용의 표현에 유념할 것
> • 효과적인 내용전달을 위해 표나 그래프를 활용
> • 제출하기 전에 충분히 검토할 것
> • 인용한 자료의 출처가 정확한지 확인

④ 보고서

- 핵심내용을 구체적으로 제시
- 간결하고 핵심적인 내용의 도출이 우선이므로 내용의 중복을 피할 것
- 독자가 궁금한 점을 질문할 것에 대비할 것
- 산뜻하고 간결하게 작성
- 도표나 그림은 적절히 활용
- 참고자료는 정확하게 제시
- 개인의 능력을 평가하는 기본 자료이므로 제출하기 전 최종점검을 할 것

《 핵심예제 》

다음 중 설명서의 올바른 작성법에 해당하지 않는 것은?

① 정확한 내용 전달을 위해 명령문으로 작성한다.
② 상품이나 제품에 대해 설명하는 글의 성격에 맞춰 정확하게 기술한다.
③ 정확한 내용전달을 위해 간결하게 작성한다.
④ 소비자들이 이해하기 어려운 전문용어는 가급적 사용을 삼간다.

설명서는 명령문이 아닌 평서형으로 작성해야 한다.

정답 ①

3. 문서작성의 원칙

(1) 문장 구성 시 주의사항

- 간단한 표제를 붙일 것
- 결론을 먼저 작성
- 상대방이 이해하기 쉽게
- 중요하지 않은 경우 한자의 사용은 자제
- 문장은 짧고, 간결하게
- 문장은 긍정문의 형식으로

(2) 문서작성 시 주의사항

- 문서의 작성 시기를 기입
- 제출 전 반드시 최종점검
- 반드시 필요한 자료만 첨부
- 금액, 수량, 일자는 정확하게 기재

핵심예제

다음 중 문서작성의 원칙으로 적절하지 않은 것은?

① 문장을 짧고, 간결하게 작성하도록 한다.

② 정확한 의미전달을 위해 한자어를 최대한 많이 사용한다.

③ 간단한 표제를 붙인다.

④ 문서의 주요한 내용을 먼저 쓰도록 한다.

> 문서의미의 전달에 그다지 중요하지 않은 경우에는 한자사용을 최대한 자제하도록 하며, 상용한자의 범위 내에서
> 사용하는 것이 상대방의 문서이해에 도움이 될 것이다.
>
> 정답 ②

4. 문서표현의 시각화

(1) 시각화의 구성요소

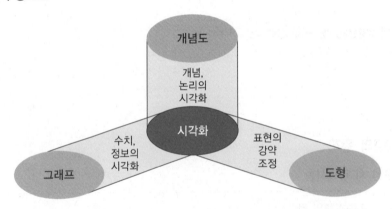

문서의 내용을 시각화하기 위해서는 전하고자 하는 내용의 개념이 명확해야 하고, 수치 등의 정보는 그래프 등을 사용하여 시각화하며, 특히 강조하여 표현하고 싶은 내용은 도형을 이용할 수 있다.

(2) 시각화 방법

① **차트 시각화** : 데이터 정보를 쉽게 이해할 수 있도록 시각적으로 표현하며, 주로 통계 수치 등을 도표나 차트를 통해 명확하고 효과적으로 전달한다.

② **다이어그램 시각화** : 개념이나 주제 등 중요한 정보를 도형, 선, 화살표 등 여러 상징을 사용하여 시각적으로 표현한다.

③ **이미지 시각화** : 전달하고자 하는 내용을 관련 그림이나 사진 등으로 표현한다.

04 경청능력

1. 경청능력의 의의

(1) 경청능력이란?

① 경청의 의미

상대방이 보내는 메시지에 주의를 기울이고 이해를 위해 노력하는 행동으로, 대화의 과정에서 신뢰를 쌓을 수 있는 최고의 방법이다.

② 경청의 효과

대화의 상대방이 본능적으로 안도감을 느끼게 되어 무의식적인 믿음을 갖게 되며, 이 효과로 인해 말과 메시지, 감정이 효과적으로 상대방에게 전달된다.

(2) 경청의 중요성

| 경청을 통해 | + | 대화의 상대방을(의) | ⇨ | • 한 개인으로 존중하게 된다.
• 성실한 마음으로 대하게 된다.
• 입장에 공감하며 이해하게 된다. |

2. 효과적인 경청방법

(1) 적극적 경청과 소극적 경청

① 적극적 경청

상대의 말에 집중하고 있음을 행동을 통해 표현하며 듣는 것으로 질문, 확인, 공감 등으로 표현된다.

② 소극적 경청

상대의 말에 특별한 반응 없이 수동적으로 듣는 것을 말한다.

(2) 적극적 경청을 위한 태도

> • 비판적·충고적인 태도를 버린다.
> • 상대방이 말하고자 하는 의미를 이해한다.
> • 단어 이외에 보여지는 표현에 신경쓴다.
> • 경청하고 있다는 것을 표현한다.
> • 흥분하지 않는다.

(3) 경청의 올바른 자세

> • 상대를 정면으로 마주하여 의논할 준비가 되었음을 알린다.
> • 손이나 다리를 꼬지 않는 개방적 자세를 취한다.
> • 상대를 향해 상체를 기울여 경청하고 있다는 사실을 강조한다.
> • 우호적인 눈빛 교환을 한다.
> • 편안한 자세를 취한다.

(4) 효과적인 경청을 위한 트레이닝

종류	내용
준비	미리 나누어준 계획서 등을 읽어 강연 등에 등장하는 용어에 친숙해질 필요가 있음
집중	말하는 사람의 속도와 말을 이해하는 속도 사이에 발생하는 간격을 메우는 방법을 학습해야 함
예측	대화를 하는 동안 시간 간격이 있으면, 다음에 무엇을 말할 것인가를 추측하려고 노력해야 함
연관	상대방이 전달하려는 메시지가 무엇인가를 생각해보고 자신의 삶, 목적, 경험과 관련지어 보는 습관이 필요함
질문	질문에 대한 답이 즉각적으로 이루어질 수 없다고 하더라도 질문을 하려고 하면 경청하는 데 적극적이 되고 집중력이 높아지게 됨
요약	대화 도중에 주기적으로 대화의 내용을 요약하면 상대방이 전달하려는 메시지를 이해하고, 사상과 정보를 예측하는 데 도움이 됨
반응	상대방에 대한 자신의 지각이 옳았는지 확인할 수 있으며, 상대방에게 자신이 정확하게 의사소통을 하였는가에 대한 정보를 제공함

《 핵심예제 》

다음 중 효과적인 경청방법으로 적절하지 않은 것은?

① 주의를 집중한다.
② 나와 관련지어 생각해 본다.
③ 상대방의 대화에 적절히 반응한다.
④ 상대방의 말을 적당히 걸러내며 듣는다.

경청을 방해하는 요인으로 상대방의 말을 듣기는 하지만 듣는 사람이 임의로 그 내용을 걸러내며 들으면 상대방의 의견을 제대로 이해할 수 없는 경우가 있다. 효과적인 경청자세는 상대방의 말을 전적으로 수용하며 듣는 태도이다.

정답 ④

3. 경청의 방해요인

요인	내용
짐작하기	상대방의 말을 듣고 받아들이기보다 자신의 생각에 들어 맞는 단서들을 찾아 자신의 생각을 확인하는 것
대답할 말 준비하기	자신이 다음에 할 말을 생각하기에 바빠서 상대방이 말하는 것을 잘 듣지 않는 것
걸러내기	상대의 말을 듣기는 하지만 상대방의 메시지를 온전하게 듣지 않는 것
판단하기	상대방에 대한 부정적인 판단 때문에, 또는 상대방을 비판하기 위해 상대방의 말을 듣지 않는 것
다른 생각하기	상대방이 말을 할 때 다른 생각을 하는 것으로, 현실이 불만스럽지만 이러한 상황을 회피하고 있다는 신호임
조언하기	본인이 다른 사람의 문제를 지나치게 해결해 주고자 하는 것을 말하며, 말끝마다 조언하려고 끼어들면 상대방은 제대로 말을 끝맺을 수 없음
언쟁하기	단지 반대하고 논쟁하기 위해서만 상대방의 말에 귀를 기울이는 것
자존심 세우기	자존심이 강한 사람에게서 나타나는 태도로 자신의 부족한 점에 대한 상대방의 말을 듣지 않으려 함
슬쩍 넘어가기	문제를 회피하려 하거나 상대방의 부정적 감정을 회피하기 위해서 유머 등을 사용하는 것으로 이로 인해 상대방의 진정한 고민을 놓치게 됨
비위 맞추기	상대방을 위로하기 위해서 너무 빨리 동의하는 것을 말하며, 상대방에게 자신의 생각이나 감정을 충분히 표현할 시간을 주지 못하게 됨

다음 중 경청을 방해하는 요인에 해당하지 않는 것은?

① 상대방의 말을 짐작하면서 듣기
② 대답할 말을 미리 준비하며 듣기
③ 상대방의 마음상태를 이해하며 듣기
④ 상대방의 말을 판단하며 듣기

상대방의 마음상태를 이해하며 듣는 것은 올바른 경청방법으로, 방해요인에 해당하지 않는다.

정답 ③

4. 경청훈련

(1) 대화법을 통한 경청훈련

① 주의 기울이기

바라보기, 듣기, 따라하기가 이에 해당하며, 산만한 행동은 중단하고 비언어적인 것, 즉 상대방의 얼굴과 몸의 움직임뿐만 아니라 호흡하는 자세까지도 주의하여 관찰해야 한다.

② 상대방의 경험을 인정하고 더 많은 정보 요청하기

화자가 인도하는 방향으로 따라가고 있다는 것을 언어적 · 비언어적인 표현을 통하여 상대방에게 알려주는 것은 상대방이 더 많은 것을 말할 수 있는 수단이 된다.

③ 정확성을 위해 요약하기

상대방에 대한 이해의 정확성을 확인할 수 있게 하며, 자신과 상대방의 메시지를 공유할 수 있도록 한다.

④ 개방적인 질문하기

단답형의 대답이나 반응보다 상대방의 다양한 생각을 이해하고, 상대방으로부터 보다 많은 정보를 얻기 위한 방법이다.

⑤ '왜?'라는 질문 피하기

'왜?'라는 질문은 보통 진술을 가장한 부정적 · 추궁적 · 강압적인 표현이므로 사용하지 않는 것이 좋다.

(2) 경청능력을 높이는 공감하는 태도

① 공감적 태도

성숙된 인간관계를 유지하기 위해서는 서로의 의견을 공감하고 존중하며 의견 조율이 필요하다. 이를 위해 깊이 있는 대화가 필수적이며 이때 중요한 것이 공감적 태도이다. 즉, 공감이란 상대방이 하는 말을 상대방의 관점에서 이해하고 느끼는 것이다.

② 공감적 반응

㉠ 상대방의 이야기를 자신의 관점이 아닌 그의 관점에서 이해한다.
㉡ 상대방의 말 속에 담겨 있는 감정과 생각에 민감하게 반응한다.

1. 의사표현능력의 의의

(1) 의사표현능력이란?

① 의사표현의 의미

말하는 이가 자신의 생각과 감정을 듣는 이에게 음성언어나 신체언어로 표현하는 행위로서 말하는 이의 목적을 달성하는 데 효과가 있다고 생각하는 말하기를 의미한다.

② 의사표현의 종류

종류	내용
공식적 말하기	• 사전에 준비된 내용을 대중을 상대로 하여 말하는 것 • 연설, 토의, 토론 등
의례적 말하기	• 정치적·문화적 행사에서와 같이 의례 절차에 따라 말하는 것 • 식사, 주례, 회의 등
친교적 말하기	• 매우 친근한 사람들 사이에서 이루어지는 것으로 자연스러운 상황에서 떠오르는 대로 주고받는 말하기

(2) 의사표현의 중요성

언어에 의해 그려지는 이미지로 인해 자신의 이미지가 형상화될 수 있다. 즉, 자신이 자주 하는 말로써 자신의 이미지가 결정된다는 것이다.

2. 의사표현에 영향을 미치는 비언어적 요소

(1) 연단공포증

청중 앞에서 이야기를 해야 하는 상황일 때, 정도의 차이는 있지만 누구나 가슴이 두근거리는 등의 현상을 느끼게 된다. 이러한 연단공포증은 소수가 경험하는 심리상태가 아니라 90% 이상의 사람들이 호소하는 불안이므로 이를 걱정할 필요는 없으며, 오히려 이러한 심리현상을 잘 통제하면서 표현을 한다면 청자는 그것을 더 인간다운 것으로 생각하게 된다.

(2) 말

① 장단

표기가 같은 말이라도 소리가 길고 짧음에 따라 전혀 다른 뜻이 되는 단어의 경우 긴 소리와 짧은 소리를 구분하여 정확하게 발음해야 한다.

② 발음

발음이 분명하지 못하면 듣는 이에게 정확하게 의사를 전달하기 어렵다. 천천히 복식호흡을 하며 깊은 소리로 침착하게 이야기하는 습관을 가져야 한다.

③ 속도

발표할 때의 속도는 10분에 200자 원고지 15장 정도가 적당하다. 이보다 빠르면 청중이 내용에 대해 생각할 시간이 부족하고 놓친 메시지가 있다고 느끼며, 말하는 사람이 바쁘고 성의 없는 느낌을 주게 된다. 반대로 느리게 말하면 분위기가 처지게 되어 청중이 내용에 집중을 하지 못한다. 발표에 능숙하게 되면 청중의 반응을 감지하면서 분위기가 처질 경우 좀 더 빠르게, 내용상 중요한 부분을 짚고 넘어가고자 할 경우는 조금 여유 있게 말하는 등의 조절을 할 수 있다.

④ 쉼

의도적으로 쉼을 잘 활용함으로써 논리성, 동질감 등을 확보할 수 있다.

(3) 몸짓

① 몸의 방향

몸의 방향을 통해 대화 상대를 향하는가, 피하는가가 판단된다. 예를 들어 대화 도중에 끼어든 제3자가 있다고 상상했을 때, 말하는 이가 제3자를 불편하게 생각하는 경우 살짝 몸을 돌릴 수 있다. 몸의 방향은 의도적일 수도 있고, 비의도적일 수도 있으나 말하는 이가 그 사람을 '피하고' 있음을 표현하는 방식이 된다.

② 자세

특정 자세를 보고 그 사람의 분노, 슬픔, 행복과 같은 일부 감정들을 맞히는 것은 90% 이상 일치한다는 연구 결과가 있다. 자신뿐 아니라 지금 대화를 나누고 있는 상대방의 자세에 주의를 기울임으로써 우리는 언어적 요소와는 다른 중요한 정보를 얻을 수 있다.

③ 몸짓

몸짓의 가장 흔한 유형은 몸동작으로 화자가 말을 하면서 자연스럽게 동반하는 움직임이다. 누군가 우리에게 길을 물어볼 때 자연스럽게 말과 함께 손가락과 몸짓을 통해 길을 알려준다. 몸동작은 말로 설명하기는 어려운 것들을 설명하는 데 자주 사용되며, 몸동작이 완전히 배제된 의사표현은 때로 어색함을 줄 수 있다. 또 "최고다."라는 긍정적 신호를 보내기 위해 엄지를 들어 올리는 등의 상징적 동작은 말을 동반하지 않아도 의사표현이 가능하게 한다. 상징적 동작은 문화권에 따라 다를 수 있으므로, 다른 문화권의 사람들과 의사소통을 해야 할 경우에는 문화적 차이를 고려해야 한다.

④ 유머

유머는 의사표현을 더욱 풍요롭게 도와준다. 하지만 하루아침에 유머를 포함한 의사표현을 할 수 있는 것은 아니며, 평소 일상생활 속에서 부단히 유머 감각을 훈련하여야만 자연스럽게 상황에 맞는 유머를 즉흥적으로 구사할 수 있다.

3. 효과적인 의사표현법

상황	내용
지적	• 충고나 질책의 형태로 나타난다. • '칭찬 – 질책 – 격려'의 샌드위치 화법을 사용한다. • 충고는 최후의 수단으로 은유적으로 접근한다.
칭찬	• 대화 서두의 분위기 전환용으로 사용한다. • 상대에 어울리는 중요한 내용을 포함한다.
요구	• 부탁 : 상대의 상황을 확인한 후 응하기 쉽도록 구체적으로 부탁하며, 거절을 당해도 싫은 내색을 하지 않는다. • 업무상 지시, 명령 : 강압적 표현보다는 청유식 표현이 효과적이다.
거절	• 거절에 대한 사과와 함께 응할 수 없는 이유를 설명한다. • 요구를 들어주는 것이 불가능할 경우 단호하게 거절하지만, 정색하는 태도는 지양한다.
설득	• 강요는 금물이다. • 문 안에 한 발 들여놓기 기법 • 얼굴 부딪히기 기법

1. 기초외국어능력의 의의

(1) 기초외국어능력이란?

일 경험에 있어 우리만의 언어가 아닌 세계의 언어로 의사소통을 가능하게 하는 능력을 말하며, 일 경험 중에 필요한 문서이해나 문서작성, 의사표현, 경청 등 기초적인 의사소통을 기초적인 외국어로 가능하게 하는 능력을 말한다.

(2) 기초외국어능력의 중요성

외국인들과의 업무가 잦은 특정 직무뿐만 아니라 컴퓨터 활용 및 공장의 기계사용, 외국산 제품의 사용법을 확인하는 경우 등 기초외국어를 모르면 불편한 경우가 많다.

2. 외국인과의 비언어적 의사소통

(1) 표정으로 알아채기

외국인과 마주하여 대화할 때 그들의 감정이나, 생각을 가장 쉽게 알 수 있는 것이 표정이다. 웃는 표정은 행복과 만족, 친절을 표현하는 데 비해, 눈살을 찌푸리는 표정은 불만족과 불쾌를 나타낸다. 또한 눈을 마주 쳐다보는 것은 흥미와 관심이 있음을, 그리고 그렇게 하지 않음은 무관심을 말해준다.

(2) 음성으로 알아채기

어조가 높으면 적대감이나 대립감을 나타내고, 낮으면 만족이나 안심을 나타낸다. 또한 목소리가 커졌으면 내용을 강조하는 것이거나 흥분, 불만족 등의 감정 상태를 표현하는 것이다. 또한 말의 속도와 리듬이 매우 빠르거나 짧게 얘기하면 공포나 노여움을 나타내는 것이며, 너무 자주 말을 멈추면 결정적인 의견이 없음을 의미하거나 긴장 또는 저항을 의미한다.

(3) 외국인과의 의사소통에서 피해야 할 행동

- 상대를 볼 때 흘겨보거나, 아예 보지 않는 것
- 팔이나 다리를 꼬는 것
- 표정이 없는 것
- 다리를 흔들거나 펜을 돌리는 것
- 맞장구를 치지 않거나, 고개를 끄덕이지 않는 것
- 생각 없이 메모하는 것
- 자료만 들여다보는 것
- 바르지 못한 자세로 앉는 것
- 한숨, 하품, 신음을 내는 것
- 다른 일을 하며 듣는 것
- 상대방에게 이름이나 호칭을 어떻게 부를지 묻지 않고 마음대로 부르는 것

다음 중 기초외국어능력을 대하는 마음가짐으로 적절하지 않은 것은?

① 상대방과 목적을 공유하라.

② 외국어를 너무 어렵게만 생각하지 마라.

③ 자신을 극복하라.

④ 자신의 부족한 외국어 실력을 의식하여, 실수하지 않도록 한다.

외국어에 대한 자신감이 부족한 사람들이 가지는 특징은 외국어를 잘 못한다는 지나친 의식, 불명확한 의사표현, 의견정리의 어려움, 표현력의 저하 등이다. 그러므로 이러한 마음상태를 극복하고, 자신만의 기초외국어로의 의사소통 방법을 만들어가는 것도 기초외국어능력을 높이는 좋은 방법이라 할 수 있다.

정답 ④

01 | 문서이해 ①

다음 중 글의 내용을 잘못 이해한 것은?

풀이순서

1) 질문의도
   지문 이해

우리 은하에서 가장 가까이 위치한 은하인 안드로메다은하까지의 거리는 220만 광년이다. 이처럼 엄청난 거리로 떨어져 있는 천체까지의 거리는 어떻게 측정한 것인가?

첫 번째 측정 방법은 삼각 측량법이다. 그러나 피사체가 매우 멀리 있는 경우라면 삼각형의 밑변이 충분히 길 필요가 있다. 지구는 1년에 한 바퀴씩 태양 주변을 공전하는데 우리는 이 공전 궤도 반경을 알고 있기 때문에 이를 밑변으로 삼아 별까지의 거리를 측정할 수 있다. ❸ 그러나 가까이 있는 별까지의 거리도 지구 궤도 반지름에 비하면 엄청나게 커서 연주 시차는 아주 작은 값이 되므로 측정하기가 쉽지 않다. 두 번째 측정 방법은 주기적으로 별의 밝기가 변하는 변광성의 주기와 밝기를 연구하는 과정에서 얻어졌다. 보통 별의 밝기는 거리의 제곱에 반비례해서 어두워지는데, 1등급과 6등급의 별은 100배의 밝기 차이가 있다. ❷ 그러나 밝은 별이 반드시 어두운 별보다 가까이 있는 것은 아니다. ❹ 별의 거리는 밝기의 절대 등급과 겉보기 등급의 비교를 통해 확정되기 때문이다. ❶·❹ 즉, 모든 별이 같은 거리에 놓여 있다고 가정하고, 밝기 등급을 매긴 것을 절대 등급이라 하는데, 만약 이 등급이 낮은(밝은) 별이 겉보기에 어둡다면 이 별은 매우 멀리 있는 것으로 볼 수 있다.

2) 선택지 키워드 찾기

① 절대 등급과 겉보기 등급은 다를 수 있다.
② 별은 항상 같은 밝기를 가지고 있지 않다.
③ 삼각 측량법은 지구의 궤도 반경을 알아야 측정이 가능하다.
☑ 어두운 별은 밝은 별보다 항상 멀리 있기 때문에 밝기에 의해 거리의 차가 있다.

3) 지문독해
   선택지와 비교

4) 정답도출

유형 분석
- 주어진 지문을 읽고 일치하는 선택지를 고르는 전형적인 독해 문제이다.
- 지문은 주로 신문기사(보도자료 등), 업무 보고서, 시사 등이 제시된다.
- 대체로 지문이 긴 경우가 많아 푸는 시간이 많이 소요된다.

응용문제 : 지문의 주제를 찾는 문제나, 지문의 핵심내용을 근거로 추론하는 문제가 출제된다.

풀이 전략
먼저 선택지의 키워드를 체크한 후, 지문의 내용과 비교하며 내용의 일치유무를 신속히 판단한다.

02 | 문서이해 ②

다음 글을 바탕으로 한 추론 으로 옳은 것을 고르면?

> 예술의 각 사조는 특정한 역사적 현실 위에서, 특정한 이데올로기를 표현하기
> 위하여 등장한다. 따라서 특정한 예술 사조를 받아들일 때, 그 예술의 형식 뒤에
> 숨은 이데올로기를 충분히 소화하고 있느냐가 문제가 된다. 그렇지 못한 모방행
> 위는 형식 미학 또는 관념 미학이 갖는 오류에서 벗어나지 못한다. 가령 어느
> 예술가가 인상파의 영향을 받았다면, 동시에 그는 그것의 시대적 한계와 약점까
> 지 추적해야 한다. 그리고 그것을 자신이 사는 시대에 접목하였을 경우 현실의
> 문화적 풍토 위에서 성장할 수 있는가를 가늠해야 한다.

① 모방행위는 예술 사조에 포함되지 않는다.
✔ 예술 사조는 역사적 현실과 불가분의 관계이다.
③ 예술 사조는 현실적 가치만을 반영한다.
④ 예술 사조는 예술가가 현실과 조율한 타협점이다.
⑤ 모든 예술 사조는 오류를 피하고 완벽을 추구한다.

풀이순서

1) 질문의도
   내용추론 → 적용

2) 지문파악

4) 지문독해
   선택지와 비교

3) 선택지 키워드 찾기

5) 정답도출

유형 분석
- 주어진 지문에 대한 이해를 바탕으로 유추할 수 있는 내용을 고르는 문제이다.
- 지문은 주로 업무 보고서, 기획서, 보도자료 등이 제시된다.
- 일반적인 독해 문제와는 달리 선택지의 내용이 애매모호한 경우가 많으므로 꼼꼼히 살펴보아야
  한다.

풀이 전략
주어진 지문이 어떠한 내용을 다루고 있는지 파악한 후 선택지의 키워드를 체크한다. 그리고 나서
지문의 내용에서 도출할 수 있는 내용을 선택지에서 찾아야 한다.

03 | 문서작성 ①

다음 밑줄 친 단어와 유사한 의미를 가진 단어로 적절한 것은?

> 같은 극의 자석이 지니는 동일한 자기적 속성과 그로 인해 발생하는 척력

① 성질 : 사람이 지닌 본바탕
② 성급 : 성질이 급함
③ 성찰 : 자신의 마음을 반성하고 살핌
④ 종속 : 자주성이 없이 주가 되는 것에 딸려 붙음
⑤ 예속 : 다른 사람의 지배 아래 매임

풀이순서

1) 질문의도
   유의어

2) 지문파악
   문맥을 보고 단어의
   뜻 유추

3) 정답도출

유형 분석	• 주어진 지문에서 밑줄 친 단어의 유의어를 찾는 문제이다. • 자료는 지문, 보고서, 약관, 공지 사항 등 다양하게 제시된다. • 다른 문제들에 비해 쉬운 편에 속하지만 실수를 하기 쉽다. 응용문제 : 틀린 단어를 올바르게 고치는 등 맞춤법과 관련된 문제가 출제된다.
풀이 전략	앞뒤 문장을 읽어 문맥을 파악하여 밑줄 친 단어의 의미를 찾는다.

04 | 문서작성 ②

기획안을 작성할 때 유의할 점에 대해 김대리가 조언했을 말로 가장 적절하지 않은 것은?

> 발신인 : 김□□
> 수신인 : 이○○
>
> ○○씨, 김□□ 대리입니다. 기획안 잘 받아봤어요. 검토가 더 필요해서 결과는 시간이 좀 걸릴 것 같고요, 기왕 메일을 드리는 김에 기획안을 쓸 때 지켜야 할 점들에 대해서 말씀드리려고요. 문서는 내용 못지않게 형식을 지키는 것도 매우 중요하니까 다음 기획안을 쓸 때 참고하시면 도움이 될 겁니다.

① 표나 그래프를 활용하는 경우에는 내용이 잘 드러나는지 꼭 점검하세요.
☑ 마지막엔 반드시 '끝'을 붙여 문서의 마지막임을 확실하게 전달해야 해요.
  → 문서의 마지막에 꼭 '끝'을 써야하는 것은 공문서이다.
③ 전체적으로 내용이 많은 만큼 구성에 특히 신경을 써야 합니다.
④ 완벽해야 하기 때문에 꼭 여러 번 검토를 하세요.
⑤ 내용 준비 이전에 상대가 요구하는 것이 무엇인지 고려하는 것부터 해야 합니다.

풀이순서

1) 질문의도
   문서작성 방법

3) 정답도출

2) 선택지 확인
   기획안 작성법

유형 분석	• 실무에서 적용할 수 있는 공문서 작성 방법의 개념을 익히고 있는지 평가하는 문제이다. • 지문은 실제 문서 형식, 조언하는 말하기, 조언하는 대화가 주로 제시된다. 응용문제 : 문서 유형별 문서작성 방법에 대한 내용이 출제된다. 맞고 틀리고의 문제가 아니라 적합한 방법을 묻는 것이기 때문에 구분이 안 되어 있으면 틀리기 쉽다.
풀이 전략	각 문서의 작성법을 익히고 해당 내용이 올바르게 적용되었는지 파악한다.

05 | 경청

대화 상황에서 바람직한 경청의 방법 으로 가장 적절한 것은?

① 상대의 말에 대한 원활한 대답을 위해 상대의 말을 들으면서 미리 대답할 말을 준비한다.

② 대화내용에서 상대방의 잘못이 드러나는 경우, 교정을 위해 즉시 비판적인 조언을 해준다.

☑ 상대의 말을 모두 들은 후에 적절한 행동을 하도록 한다.

④ 상대가 전달할 내용에 대해 미리 짐작하여 대비한다.

⑤ 대화내용이 지나치게 사적이다 싶으면 다른 대화주제를 꺼내 화제를 옮긴다.

풀이순서

1) 질문의도
   경청 방법

2) 선택지 확인
   적절한 경청 방법

3) 정답도출

유형 분석
- 경청 방법에 대해 이해하고 있는지를 묻는 문제이다.
- 경청 방법에 대한 지식이 있어도 대화 상황이나 예가 제시되었을 때 그 자료를 해석하지 못하면 소용이 없다. 지식과 예를 연결 지어 학습해야 한다.

응용문제 : 경청하는 태도와 방법에 대한 질문, 경청을 방해하는 요인 등의 지식을 묻는 문제들이 출제된다.

풀이 전략
경청에 대한 지식을 익히고 문제에 적용한다.

06 | 의사표현

다음 중 김대리의 의사소통을 저해하는 요인으로 가장 적절한 것은?

> 김대리는 업무를 처리할 때 담당자들과 별도의 상의를 하지 않고 스스로 판단해서 업무를 지시한다. 담당자들은 김대리의 지시 내용이 실제 업무 상황에 적합하지 않다고 생각하지만, 김대리는 자신의 판단에 확신을 가지고 자신의 지시 내용에 변화를 주지 않는다.

☑ 의사소통 기법의 미숙
② 잠재적 의도
③ 선입견과 고정관념
④ 평가적이며 판단적인 태도
⑤ 과거의 경험

풀이순서

1) 질문의도
   의사소통 저해요인

2) 지문파악
   '일방적으로 말하고',
   '일방적으로 듣는' 무
   책임한 마음
   → 의사소통 기법의
     미숙

3) 정답도출

유형 분석 • 상황에 적합한 의사표현법에 대한 이해를 묻는 문제이다.
• 의사표현 방법에 대한 지식이 있어도 대화 상황이나 예가 제시되었을 때 그 자료를 해석하지 못하면 소용이 없다. 지식과 예를 연결지어 학습해야 한다.
응용문제 : 의사표현방법, 의사표현을 방해하는 요인 등의 지식을 묻는 문제들이 출제된다.

풀이 전략 의사소통의 저해요인에 대한 지식을 익히고 문제에 적용한다.

01 | 기출예상문제

정답 및 해설 p.022

01 다음 대화 내용을 참고할 때, 의사소통의 특성으로 가장 적절한 것은?

> 보라 : (독백) 매일 야근에, 프로젝트 팀원들은 잘 도와주지도 않고, 남자친구와도 싸우고, 왜 이렇게 힘든 일이 많지? 너무 지치네.
>
> 정식 : 오, 보라야. 거기서 뭐 해? 이번에 승진한 거 축하한다. 잘 지내고 있지?
>
> 보라 : 그럼요 과장님. 잘 지내고 있습니다. 감사합니다.
>
> 정식 : 보라는 항상 밝아서 좋아. 오늘 하루도 힘내고! 이따가 보자.
>
> 보라 : 네, 감사합니다. 오후 미팅 때 뵐게요!

① 반성적 사고
② 고유성
③ 측정불가능성
④ 대화가능성
⑤ 체계성

02 다음 중 인상적인 의사소통에 대한 설명으로 가장 적절한 것은?

① 자신이 전달하고자 하는 내용에 대해 상대가 어느 정도 예측했다는 반응을 나타내 보이도록 하는 것이다.

② 인상적인 의사소통이란 같은 이야기도 상대에 따라 새롭게 받아들일 수 있도록 하는 것을 의미한다.

③ 자신에게 익숙한 말이나 표현을 적극적으로 활용하여 자연스럽고 유연하게 이야기할 수 있도록 해야 한다.

④ 회사 내에서 생활하는 직업인일수록 인상적인 의사소통의 중요성을 크게 인식하게 된다.

⑤ 자신의 의견을 인상적으로 전달하기 위해서는 꾸미지 않고 솔직하고 담백하게 표현해야 한다.

03 다음 중 문서작성의 의미와 중요성에 대한 설명으로 적절하지 않은 것은?

① 문서란 제안서, 보고서, 기획서, 편지, 메모, 공지사항 등이 문자로 구성된 것을 말한다.

② 직장인에게 있어 기획서나 보고서, 공문서 등의 문서를 작성할 수 있는 능력은 중요하다.

③ 문서 내용에는 대상·목적·시기가 포함되어야 하며, 제안서는 경우에 따라 기대효과가 포함되어야 한다.

④ 문서는 한 사안을 한 장의 용지에 작성해야 한다.

⑤ 문서를 작성할 때는 주로 한자를 사용하여 상대방이 쉽게 이해할 수 있도록 한다.

04 다음은 S편집팀의 새로운 도서분야 시장진입을 위한 신간회의 내용이다. 의사결정방법 중 하나인 '브레인스토밍'을 활용할 때, 이에 적절하지 않은 사람을 모두 고르면?

> A사원 : 신문 기사를 보니, 세분화된 취향을 만족시키는 잡지들이 주목받고 있다고 하던데, 저희 팀에서도 소수의 취향을 주제로 한 잡지를 만들어 보는 건 어떨까요?
> B대리 : 그건 수익성은 생각하지 않은 발언인 것 같네요.
> C과장 : 아이디어는 많으면 많을수록 좋죠. 더 이야기해 봐요.
> D주임 : 요새 직장생활에 관한 이야기를 주제로 독자의 공감을 이끌어내는 도서들이 많이 출간되고 있습니다. '연봉'과 관련한 실용서를 만들어 보는 건 어떨까요? 신선하고 공감을 자아내는 글귀와 제목, 유쾌한 일러스트를 표지에 실어서 눈에 띄게 만들어 보는 것도 좋을 것 같습니다.
> E차장 : 두 아이디어 모두 신선하네요. '잡지'의 형식으로 가면서 직장인과 관련된 키워드를 매달 주제로 해 발간하면 어떨까요? 창간호 키워드는 '연봉'이 좋겠군요.

① A사원

② B대리

③ B대리, C과장

④ B대리, E차장

⑤ A사원, D주임, E차장

05 다음 글에서 〈보기〉의 문장이 들어갈 위치로 가장 적절한 곳은?

기억이 착오를 일으키는 프로세스는 인상적인 사물을 받아들이는 단계부터 이미 시작된다. __(가)__ 감각적인 지각의 대부분은 무의식중에 기록되고 오래 유지되지 않는다. __(나)__ 대개는 수 시간 안에 사라져 버리며, 약간의 본질만이 남아 장기 기억이 된다. 무엇이 남을지는 선택에 의해서 그 사람의 견해에 따라서도 달라진다. __(다)__ 분주하고 정신이 없는 장면을 보여 주고, 나중에 그 모습에 대해서 이야기하게 해 보자. __(라)__ 어느 부분에 주목하고, 또 어떻게 그것을 해석했는지에 따라 즐겁기도 하고 무섭기도 하다. __(마)__ 단순히 정신 사나운 장면으로만 보이는 경우도 있다. 기억이란 원래 일어난 일을 단순하게 기록하는 것이 아니다.

> **보기**
>
> 일어난 일에 대한 묘사는 본 사람이 무엇을 중요하게 판단하고, 무엇에 흥미를 가졌느냐에 따라 크게 다르다.

① (가)　　　　　　　　　　　② (나)
③ (다)　　　　　　　　　　　④ (라)
⑤ (마)

06 다음 글의 서술상 특징으로 가장 적절한 것은?

'디드로 효과'는 프랑스의 계몽주의 철학자인 드니 디드로의 이름을 따서 붙여진 것으로, 소비재가 어떤 공통성이나 통일성에 의해 연결되어 있음을 시사하는 개념이다. 디드로는 '나의 옛 실내복과 헤어진 것에 대한 유감'이라는 제목의 에세이에서, 친구로부터 받은 실내복에 관한 이야기를 풀어 놓는다. 그는 '다 헤지고 시시하지만 편안했던 옛 실내복'을 버리고, 친구로부터 받은 새 실내복을 입었다. 그로 인해 또 다른 변화가 일어났다. 그는 한두 주 후 실내복에 어울리게끔 책상을 바꿨고, 이어 서재의 벽에 걸린 장식을 바꿨으며, 결국엔 모든 걸 바꾸고 말았다. 달라진 것은 그것뿐만이 아니었다. 전에는 서재가 초라했지만 사람들이 붐볐고, 그래서 혼잡했지만 잠시 행복함을 느끼기도 했다. 하지만 실내복을 바꾼 이후의 변화를 통해서 우아하고 질서 정연하고 아름답게 꾸며졌지만, 결국 자신은 우울해졌다는 것이다.

① 묘사를 통해 대상을 구체적으로 드러내고 있다.
② 다양한 개념들을 분류의 방식으로 설명하고 있다.
③ 일련의 벌어진 일들을 인과관계에 따라 서술하고 있다.
④ 권위 있는 사람의 말을 인용하여 주장을 뒷받침하고 있다.
⑤ 비교의 방식을 통해 두 가지 개념의 특징을 드러내고 있다.

07 다음 글에서 추론할 수 없는 것은?

> 조선시대의 궁궐은 남쪽에서 북쪽에 걸쳐 외전(外殿), 내전(內殿), 후원(後苑)의 순서로 구성되었다. 공간배치상 가장 앞쪽에 배치된 외전은 왕이 의례, 외교, 연회 등 정치행사를 공식적으로 치르는 공간이며, 그 중심은 정전(正殿) 혹은 법전(法殿)이라고 부르는 건물이었다. 정전은 회랑(回廊)으로 둘러싸여 있는데, 그 회랑으로 둘러싸인 넓은 마당이 엄격한 의미에서 조정(朝庭)이 된다. 내전은 왕과 왕비의 공식 활동과 일상적인 생활이 이루어지는 공간으로서 위치상으로 궁궐의 중앙부를 차지할 뿐만 아니라 그 기능에서도 궁궐의 핵을 이루는 곳이다. 그 가운데서도 왕이 일상적으로 기거하는 연거지소(燕居之所)는 왕이 가장 많은 시간을 보내는 곳이다. 주요 인물들을 만나 정치 현안에 대해 의견을 나누는 곳으로 실질적인 궁궐의 핵심이라 할 수 있다. 왕비의 기거 활동 공간인 중궁전은 중전 또는 중궁이라고도 불렸는데 궁궐 중앙부의 가장 깊숙한 곳에 위치한다. 동궁은 차기 왕위 계승자인 세자의 활동 공간으로 내전의 동편에 위치한다. 세자도 동궁이라 불리기도 하였는데, 그 이유는 다음 왕위를 이을 사람이기에 '떠오르는 해'라는 상징적 의미를 가졌기 때문이다. 내전과 동궁 일대는 왕, 왕비, 세자와 같은 주요 인물의 공간이다. 그들을 시중드는 사람들의 기거 활동 공간은 내전의 뒤편에 배치되었다. 이 공간은 내전의 연장으로 볼 수 있고, 뚜렷한 명칭이 따로 있지는 않았다.
> 후원은 궁궐의 북쪽 산자락에 있는 원유(苑囿)를 가리킨다. 위치 때문에 북원(北苑)으로 부르거나, 아무나 들어갈 수 없는 금단의 구역이기에 금원(禁苑)이라고도 불렀다. 후원은 일차적으로는 휴식 공간이었다. 또한 부차적으로는 내농포(內農圃)라는 소규모 논을 두고 왕이 직접 농사를 체험하며 농민들에게 권농(勸農)의 모범을 보이는 실습장의 기능도 가지고 있었다.

① 내농포는 금원에 배치되었다.
② 내전에서는 국왕의 일상생활과 정치가 병행되었다.
③ 궁궐 남쪽에서 공간적으로 가장 멀리 위치한 곳은 중궁전이다.
④ 외국 사신을 응대하는 국가의 공식 의식은 외전에서 거행되었다.
⑤ 동궁은 세자가 활동하는 공간의 이름이기도 하고 세자를 가리키는 별칭이기도 하였다.

08 K기금에서는 2023년을 맞아 중소기업을 대상으로 열린 강좌를 실시할 예정이다. 담당자인 G대리는 열린 강좌 소개를 위한 안내문을 작성해 A차장의 결재를 기다리는 중이다. 다음 중 안내문을 본 A차장이 할 수 있는 말로 적절하지 않은 것은?

〈2023년 중소기업 대상 열린 강좌 교육 시행〉

중소기업 직원의 역량강화를 위한 무상교육을 아래와 같이 시행하오니 관심 있는 중소기업 임직원 여러분의 많은 참여 바랍니다.

1. **교육과정 및 강사**

일자	교육명	강사
3월 23일(목)	대중문화에서 배우는 경영 전략과 마케팅	E대표

2. **교육 장소** : K기금 본사 1층 소강당

3. **신청기간 및 신청방법**
   가. 신청기간 : 2023년 3월 16일(목) ~ 20일(월)
   나. 신청방법 : 신청서 작성 후 E-mail(Gdr@kibo.or.kr) 신청

4. **기타사항** : 교육 대상 인원 선착순 선발 후 안내 메일 발송

5. **담당자** : K기금 계약팀 G대리
   (E-mail : Gdr@kibo.or.kr / Tel : 061-123-1234)

---

① 해당 강좌가 몇 시간 동안 진행되는지도 적어주는 것이 좋겠군.
② 강사에 대한 정보가 부족하군. 대략적인 경력사항을 첨부하도록 하게.
③ 본사에 오는 방법을 표시한 지도를 첨부하고, 교통편을 안내하는 것이 좋을 것 같네.
④ 모집인원은 얼마나 되는지, 신청자격에 제한이 있는지 자세하게 적게나.
⑤ 만약 궁금한 점이 있으면 누구에게 연락해야 하는지 담당자 연락처를 적어두게.

09 S기금의 사보에는 최근 업무를 통해 쉽게 발생할 수 있는 논리적 오류를 조심하자는 의미로 3가지의 논리적 오류를 소개하였다. 다음 중 3가지 논리적 오류에 해당하지 않는 것은?

> ▶ 권위에 호소하는 오류 : 논지와 직접적인 관련이 없는 권위자의 견해를 신뢰하여 발생하는 오류
> ▶ 인신공격의 오류 : 주장이나 반박을 할 때 관련된 내용을 근거로 제시하지 않고, 성격이나 지적 수준, 사상, 인종 등과 같이 주장과 무관한 내용을 근거로 사용할 때 발생하는 오류
> ▶ 대중에 호소하는 오류 : 많은 사람들이 생각하거나 선택했다는 이유로 자신의 결론이 옳다고 주장할 때 발생하는 오류

① 우리 회사의 세탁기는 최근 조사 결과, 소비자의 80%가 사용하고 있다는 점에서 성능이 매우 뛰어나다는 것을 알 수 있습니다. 주저하지 마시고 우리 회사 세탁기를 구매해 주시기 바랍니다.

② 인사부 최부장님께 의견을 여쭤보았는데, 우리 도서의 다음 디자인은 A안으로 하는 것이 좋겠어.

③ 최근 일본의 예법을 주제로 한 자료를 보면 알 수 있듯이, 일본인들 대부분은 예의가 바르다고 할 수 있습니다. 따라서 우리 회사의 효도상품을 일본 시장에 진출시킬 필요가 있겠습니다.

④ K사원이 제시한 기획서 내용은 잘못되었다고 생각해. K사원은 평소에 이해심이 없기로 유명하거든.

⑤ 최근 많은 사람들이 의학용 대마초가 허용되는 것에 찬성하고 있어. 따라서 우리 회사도 대마초와 관련된 의약개발에 투자를 해야 할 것으로 생각돼.

가격의 변화가 인간의 주관성에 좌우되지 않고 객관적인 근거를 갖는다는 가설이 정통 경제 이론의 핵심이다. 이러한 정통 경제 이론의 입장에서 증권시장을 설명하는 기본 모델은 주가가 기업의 내재적 가치를 반영한다는 가설로부터 출발한다. 기본 모델에서는 기업이 존재하는 동안 이익을 창출할 수 있는 역량, 즉 기업의 내재적 가치를 자본의 가격으로 본다. 기업가는 이 내재적 가치를 보고 투자를 결정한다. 그런데 투자를 통해 거두어들일 수 있는 총 이익, 즉 기본 가치를 측정하는 일은 매우 어렵다. 따라서 이익의 크기를 예측할 때 신뢰할 만한 계산과 정확한 판단이 중요하다.

증권시장은 바로 이 기본 가치에 대해 믿을 만한 예측을 제시할 수 있기 때문에 사회적 유용성을 갖는다. 증권시장은 주가를 통해 경제계에 필요한 정보를 제공하며 자본의 효율적인 배분을 가능하게 한다. 즉, 투자를 유익한 방향으로 유도해 자본이라는 소중한 자원을 낭비하지 않도록 만들어 경제 전체의 효율성까지 높여 준다. 이런 측면에서 볼 때 증권시장은 실물경제의 충실한 반영일 뿐 어떤 자율성도 갖지 않는다.

이러한 기본 모델의 관점은 대단히 논리적이지만 증권시장을 효율적으로 운영하는 방법에 대한 적절한 분석까지 제공하지는 못한다. 증권시장에서 주식의 가격과 그 기업의 기본 가치가 현격하게 차이가 나는 '투기적 거품 현상'이 발생하는 것을 볼 수 있는데, 이러한 현상은 기본 모델로는 설명할 수 없다. 실제로 증권시장에 종사하는 관계자들은 기본 모델이 이러한 가격 변화를 설명해 주지 못하기 때문에 무엇보다 증권시장 자체에 관심을 기울이고 증권시장을 절대적인 기준으로 삼는다.

여기에서 우리는 자기참조 모델을 생각해 볼 수 있다. 자기참조 모델의 중심 내용은 '사람들은 기업의 미래 가치를 읽을 목적으로 실물경제보다 증권시장에 주목하며 증권시장의 여론 변화를 예측하는 데 초점을 맞춘다.'는 것이다. 기본 모델에서 가격은 증권시장 밖의 객관적인 기준인 기본 가치를 근거로 하여 결정되지만, 자기참조 모델에서 가격은 증권시장에 참여한 사람들의 여론에 의해 결정된다. 따라서 투자자들은 증권시장 밖의 객관적인 기준을 분석하기보다는 다른 사람들의 생각을 꿰뚫어 보려고 안간힘을 다할 뿐이다. 기본 가치를 분석했을 때는 주가가 상승할 객관적인 근거가 없어도 투자자들은 증권시장의 여론에 따라 주식을 사는 것이 합리적이라고 생각한다. 이러한 이상한 합리성을 '모방'이라고 한다. 이런 모방 때문에 주가가 변덕스러운 등락을 보이기 쉽다.

그런데 하나의 의견이 투자자 전체의 관심을 꾸준히 끌 수 있는 기준적 해석으로 부각되면 이 '모방'도 안정을 유지할 수 있다. 모방을 통해서 합리적이라 인정되는 다수의 비전인 '묵계'가 제시되어 객관적 기준의 결여라는 단점을 극복한다.

따라서 사람들은 묵계를 통해 미래를 예측하고, 증권시장은 이러한 묵계를 조성하고 유지해 가면서 단순한 실물경제의 반영이 아닌 경제를 자율적으로 평가할 힘을 가질 수 있다.

10 윗글의 전개상 특징으로 가장 적절한 것은?

① 기업과 증권시장의 관계를 분석하고 있다.
② 증권시장의 개념을 단계적으로 규명하고 있다.
③ 사례 분석을 통해 정통 경제 이론의 한계를 지적하고 있다.
④ 주가 변화의 원리를 중심으로 다른 관점을 대비하고 있다.
⑤ 증권시장의 기능을 설명한 후 구체적 사례에 적용하고 있다.

11 윗글의 내용으로 적절하지 않은 것은?

① 증권시장은 객관적인 기준이 인간의 주관성보다 합리적임을 입증한다.
② 정통 경제 이론에서는 가격의 변화가 객관적인 근거를 갖는다고 본다.
③ 기본 모델의 관점은 주가가 자본의 효율적인 배분을 가능하게 한다고 본다.
④ 증권시장의 여론을 모방하려는 경향으로 인해 주가가 변덕스러운 등락을 보이기도 한다.
⑤ 기본 모델은 주가를 예측하기 위해 기업의 내재적 가치에 주목하지만, 자기참조 모델은 증권시장의 여론에 주목한다.

12 윗글을 바탕으로 할 때, 빈칸에 들어갈 내용으로 가장 적절한 것은?

> 자기참조 모델에 따르면 증권시장은 _____

① 합리성과 효율성이라는 경제의 원리가 구현되는 공간이다.
② 기본 가치에 대해 객관적인 평가를 제공하는 금융시장이다.
③ 객관적인 미래 예측 정보를 적극적으로 활용하는 금융시장이다.
④ 기업의 주가와 기업의 내재적 가치를 일치시켜 나가는 공간이다.
⑤ 투자자들이 묵계를 통해 자본의 가격을 산출해 내는 제도적 장치이다.

13 다음 중 밑줄 친 부분의 맞춤법 수정 방안으로 적절하지 않은 것은?

> 옛것을 <u>본받는</u> 사람은 옛 자취에 <u>얽메이는</u> 것이 문제다. 새것을 만드는 사람은 이치에 <u>합당지</u> 않은 것이 걱정이다. 진실로 능히 옛것을 <u>변화할줄</u> 알고, 새것을 만들면서 법도에 <u>맞을수만</u> 있다면 지금 글도 옛글만큼 훌륭하게 쓸 수 있을 것이다.

① 본받는 → 본 받는
② 얽메이는 → 얽매이는
③ 합당지 → 합당치
④ 변화할줄 → 변화할 줄
⑤ 맞을수만 → 맞을 수만

14 다음 글에 대한 비판 내용으로 가장 적절한 것은?

> "향후 은행 서비스(Banking)는 필요하지만 은행(Bank)은 필요 없을 것이다." 최근 4차 산업혁명으로 대변되는 빅데이터, 사물인터넷, AI, 블록체인 등 신기술이 금융업을 강타하면서 빌 게이츠의 20년 전 예언이 화두로 부상했다. 모든 분야에서 초연결화, 초지능화가 진행되고 있는 4차 산업혁명이 데이터 주도 경제를 열어가면서 데이터에 기반을 둔 금융업에도 변화의 물결이 밀려들고 있다. 이미 전통적인 은행, 증권, 보험, 카드업 등 전 분야에서 금융기술기업인 소위 '핀테크(Fintech)'가 출현하면서 금융서비스의 가치 사슬이 해체되기 시작한 것이다. 이전에는 상상조차 하지 못했던 IT 등 이종 업종의 금융업 진출도 활발하게 이루어지면서 전통 금융회사들을 위협하고 있다.
>
> 빅데이터, 사물인터넷, 인공지능, 블록체인 등 새로운 기술로 무장한 4차 산업혁명으로 인해 온라인 플랫폼을 통한 크라우드 펀딩 등 P2P 금융의 출현, 로보어드바이저에 의한 저렴한 자산관리서비스의 등장, 블록체인 기술기반의 송금 등 다양한 가치 거래의 탈중계화가 진행되면서 금융 중계, 재산 관리, 위험 관리, 지급 결제 등 금융의 본질적인 요소들이 변화하고 있는 것은 아닌지 의구심이 일어나고 있는 것이다. 혹자는 이들 변화의 종점에 금융의 정체성(Identity) 상실이 기다리고 있다며 금융업 종사자의 입장에서 보면 우울한 전망마저 내놓고 있다. 금융도 디지털카메라의 등장으로 사라진 필름회사 코닥과 같은 비운을 피하기 어렵다며 금융의 종말(The Demise of Banking), 은행의 해체(Unbundling the Banks), 탈중계화, 플랫폼 혁명(Platform Revolution) 등 다양한 화두가 미디어의 전면에 등장하고 있다.

① 가치 거래의 탈중계화는 금융 거래의 보안성에 심각한 위협 요인으로 작용할 것이다.

② 금융 발전의 미래를 위해 금융업에 있어 인공지능의 도입을 막아야 한다.

③ 기술 발전은 금융업에 있어 효율성 향상이라는 제한적인 틀에서 크게 벗어나지 못했다.

④ 로보어드바이저에 의한 자산관리서비스는 범죄에 악용될 위험이 크다.

⑤ 금융의 종말을 방지하기 위해서라도 핀테크 도입의 법적인 제도 마련이 필요하다.

15 다음 글의 빈칸에 들어갈 내용으로 가장 적절한 것은?

태양은 지구의 생명체가 살아가는 데 필요한 빛과 열을 공급해 준다. 이런 막대한 에너지를 태양은 어떻게 계속 내놓을 수 있을까?

16세기 이전까지는 태양을 포함한 별들이 지구상의 물질을 이루는 네 가지 원소와 다른, 불변의 '제5원소'로 이루어졌다고 생각했다. 하지만 밝기가 변하는 신성(新星)이 별 가운데 하나라는 사실이 알려지면서 별이 불변이라는 통념은 무너지게 되었다. 또한, 태양의 흑점 활동이 관측되면서 태양 역시 불덩어리일지도 모른다고 생각하기 시작했다. 그 후 5,500℃로 가열된 물체에서 노랗게 보이는 빛이 나오는 것을 알게 되면서 유사한 빛을 내는 태양의 온도도 비슷할 것이라고 추측하게 되었다. 19세기에는 에너지 보존법칙이 확립되면서 새로운 에너지 공급이 없다면 태양의 온도가 점차 낮아져야 한다는 결론을 내렸다. 그렇다면 과거에는 태양의 온도가 훨씬 높아야 했고, 지구의 바다가 펄펄 끓어야 했을 것이다. 하지만 실제로는 그렇지 않았고, 사람들은 태양의 온도를 일정하게 유지해 주는 에너지원이 무엇인지에 대해 생각하게 되었다.

20세기 초 방사능이 발견되면서 방사능 물질의 붕괴에서 나오는 핵분열 에너지를 태양의 에너지원으로 생각하였다. 그러나 태양빛의 스펙트럼을 분석한 결과 태양에는 우라늄 등의 방사능 물질 대신 수소와 헬륨이 있다는 것을 알게 되었다. 즉, 방사능 물질의 붕괴에서 나오는 핵분열 에너지가 태양의 에너지원이 아니었던 것이다.

현재 태양의 에너지원은 수소 원자핵 네 개가 헬륨 원자핵 하나로 융합하는 과정의 질량 결손으로 인해 생기는 핵융합 에너지로 알려져 있다. 태양은 엄청난 양의 수소 기체가 중력에 의해 뭉쳐진 것으로, 그 중심으로 갈수록 밀도와 압력, 온도가 증가한다. 태양에서의 핵융합은 1,000만℃ 이상의 온도를 유지하는 중심부에서만 일어난다. 높은 온도에서만 원자핵들은 높은 운동 에너지를 가지게 되며, 그 결과로 원자핵들 사이의 반발력을 극복하고 융합되기에 충분히 가까운 거리로 근접할 수 있기 때문이다. 태양빛이 핵융합을 통해 나온다는 사실은 태양으로부터 온 중성미자가 관측됨으로써 더 확실해졌다.

중심부의 온도가 올라가 핵융합 에너지가 늘어나면 그 에너지로 인한 압력으로 수소를 밖으로 밀어내어 중심부의 밀도와 온도를 낮추게 된다. 이렇게 온도가 낮아지면 방출되는 핵융합 에너지가 줄어들며, 그 결과 압력이 낮아져서 수소가 중심부로 들어오게 되어 중심부의 밀도와 온도를 다시 높인다. 이렇듯 태양 내부에서 중력과 핵융합 반응의 평형 상태가 유지되기 때문에 ＿＿＿＿＿＿＿＿＿＿＿＿＿＿＿＿＿＿＿＿＿＿＿＿＿＿＿＿＿＿ 태양은 이미 50억 년간 빛을 냈고, 앞으로도 50억 년 이상 더 빛날 것이다.

① 태양의 핵융합 에너지가 폭발적으로 증가할 수 있게 된다.
② 태양 외부의 밝기가 내부 상태에 따라 변할 수 있게 된다.
③ 태양이 오랫동안 안정적으로 빛을 낼 수 있게 된다.
④ 태양이 일정한 크기를 유지할 수 있었다.
⑤ 과거와 달리 태양이 일정한 온도를 유지할 수 있게 된다.

16 다음 글의 빈칸에 들어갈 내용을 〈보기〉에서 골라 순서대로 바르게 나열한 것은?

근대와 현대가 이어지는 지점에서, 많은 사상가들은 지식과 이해가 인간의 삶에 미치는 영향, 그리고 그것이 형성되는 과정들을 포착하려고 노력했다. 그러한 입장들은 여러 가지가 있겠지만, 그중 세 가지 정도를 소개하고자 한다.

첫 번째 입장은 다음과 같이 말한다. 진보적 사유라는 가장 포괄적인 의미에서, 계몽은 예로부터 공포를 몰아내고 인간을 주인으로 세운다는 목표를 추구해왔다. 그러나 완전히 계몽된 지구에는 재앙만이 승리를 구가하고 있다. 인간은 더 이상 알지 못하는 것이 없다고 느낄 때 무서울 것이 없다고 생각한다. 이러한 생각이 신화와 계몽주의의 성격을 규정한다. 신화가 죽은 것을 산 것과 동일시한다면, 계몽은 산 것을 죽은 것과 동일시한다. 계몽주의는 신화적 삶이 더욱 더 철저하게 이루어진 것이다. 계몽주의의 최종적 산물인 실증주의의 순수한 내재성은 보편적 금기에 불과한 것이다. _____(가)_____

두 번째 입장은 다음과 같이 말한다. 인간의 이해라는 것은 인간 현존재의 사실성, 즉 우리가 처해 있는 역사적 상황과 문화적 전통의 근원적인 제약 속에 있는 현존재가 부단히 미래의 가능성으로 기획하여 나아가는 자기 이해이다. 따라서 이해는 탈역사적, 비역사적인 것을, 즉 주관 내의 의식적이고 심리적인 과정 또는 이를 벗어나 객관적으로 존재하는 것을 파악하는 사건이 아니다. _____(나)_____ 인간은 시간 속에 놓여 있는 존재로, 그의 이해 역시 전승된 역사와 결별하여 어떤 대상을 순수하게 객관적으로 인식하는 것이 아니라 전통과 권위의 영향 속에서 이루어진다. 따라서 선(先)판단은 이해에 긍정적인 기능을 한다.

세 번째 입장은 다음과 같이 말한다. 우리는 권력의 관계가 중단된 곳에서만 지식이 있을 수 있다는, 그리고 지식은 권력의 명령, 요구, 관심의 밖에서만 발전될 수 있다는 전통적인 생각을 포기해야 한다. 그리고 권력이 사람을 미치도록 만든다고 하여, _____(다)_____ 오히려 권력은 지식을 생산한다는 것을 인정해야 한다. 권력과 지식은 서로를 필요로 하는 관계에 놓여 있다. 결과적으로 인식하는 주체, 인식해야 할 대상, 그리고 인식의 양식들은 모두 '권력, 즉 지식'에 근본적으로 그만큼 연루되어 있다. 따라서 권력에 유용하거나 반항적인 지식을 생산하는 것도 인식 주체의 자발적 활동의 산물이 아니다. 인식의 가능한 영역과 형태를 결정하는 것은 그 주체를 관통하고, 그 주체가 구성되는 투쟁과 과정, 그리고 권력 및 지식이다.

보기

㉠ 이해는 어디까지나 시간과 역사 속에서 가능하며, 진리라는 것도 이미 역사적 진리이다.

㉡ 바로 이 권력을 포기할 경우에만 학자가 될 수 있다는 이와 같은 믿음도 포기해야 한다.

㉢ 내가 알지 못하는 무언가가 바깥에 있다고 하는 것은 바로 공포의 원인이 되기 때문에, 내가 관계하지 못하는 무언가가 바깥에 머물러 있는 상태를 허용할 수 없다.

	(가)	(나)	(다)
①	㉢	㉡	㉠
②	㉢	㉠	㉡
③	㉡	㉠	㉢
④	㉡	㉢	㉠
⑤	㉠	㉡	㉢

17 다음 글의 내용으로 가장 적절한 것은?

휴대전화기를 새 것으로 바꾸기 위해 대리점에 간 소비자가 있다. 대리점에 가면서 휴대전화기 가격으로 30만 원을 예상했다. 그런데 마음에 드는 것을 선택하니 가격이 25만 원이라고 하였다. 소비자는 흔쾌히 구입을 결정했다. 그러면서 뜻밖의 이익이 생겼음에 좋아할지도 모른다. 처음 예상했던 휴대전화기의 가격과 실제 지불한 금액의 차이, 즉 5만 원의 이익을 얻었다고 보는 것이다. 경제학에서는 이것을 '소비자잉여(消費者剩餘)'라고 부른다. 어떤 상품에 대해 소비자가 최대한 지불해도 좋다고 생각하는 가격에서 실제로 지불한 가격을 뺀 차액이 소비자잉여인 셈이다. 결국 낮은 가격으로 상품을 구입하면 할수록 소비자잉여는 커질 수밖에 없다.

휴대전화기를 구입하고 나니, 대리점 직원은 휴대전화의 요금제를 바꾸라고 권유했다. 현재 이용하고 있는 휴대전화 서비스보다 기본요금이 조금 더 비싼 대신 분당 이용료가 싼 요금제로 바꾸는 것이 더 이익이라는 설명도 덧붙였다. 소비자는 지금까지 휴대전화의 요금이 기본요금과 분당 이용료로 나누어져 있는 것을 당연하게 생각해 왔다. 그런데 곰곰이 생각해 보니, 이건 정말 특이한 가격 체계였다. 다른 제품이나 서비스는 보통 한 번만 값을 지불하면 되는데, 왜 휴대전화 요금은 기본요금과 분당 이용료의 이원 체제로 이루어져 있는 것일까?

휴대전화 회사는 기본요금과 분당 이용료의 이원 체제 전략, 즉 '이부가격제(二部價格制)'를 채택하고 있다. 이부가격제는 소비자가 어떤 상품을 사려고 할 때, 우선적으로 그 권리에 상응하는 가치를 값으로 지불하고, 실제 상품을 구입할 때, 그 사용량에 비례하여 또 값을 지불해야 하는 체제를 말한다. 이부가격제를 적용하면 휴대전화 회사는 소비자의 통화량과 관계없이 기본 이윤을 확보할 수 있다.

이부가격제를 적용하는 또 다른 예로 놀이공원을 들 수 있다. 이전에는 놀이공원에 갈 때 저렴한 입장료를 지불했고, 놀이기구를 이용할 때마다 표를 구입했다. 그렇기 때문에 놀이기구를 골라서 이용하여 사용료를 절약할 수 있었고, 구경만 하고 사용료를 지불하지 않는 것도 가능했다. 그러나 요즘의 놀이공원은 입장료를 이전보다 엄청나게 비싸게 하고 놀이기구의 사용료를 상대적으로 낮게 한다. 게다가 '빅3'니 '빅5'니 하는 묶음표를 만들어 놀이기구 이용자로 하여금 가격의 부담이 적은 것처럼 느끼게 만들었다. 결국, 놀이공원의 가격 전략은 사용료를 낮추고, 입장료를 높게 받는 이부가격제로 굳어지고 있는 것이다. 여기서 놀이공원의 입장료는 상품을 살 수 있는 권리를 얻기 위해 지불해야 하는 금액에 해당한다. 그리고 입장료를 내고 들어간 사람들이 놀이기구를 이용할 때마다 내는 요금은 상품의 가격에 해당하는 부분이다. 우리가 모르는 가운데 기업의 이윤 극대화를 위한 모색은 계속되고 있다.

① 놀이공원의 '빅3'나 '빅5' 등의 묶음표는 이용자를 위한 가격제이다.
② 소비자잉여의 크기는 구입한 상품에 대한 소비자의 만족감과 반비례한다.
③ 이부가격제는 이윤 극대화를 위해 기업이 채택할 수 있는 가격 제도이다.
④ 휴대전화 요금제는 기본요금과 분당 이용료가 비쌀수록 소비자에게 유리하다.
⑤ 가정으로 배달되는 우유를 한 달 동안 먹고 지불하는 값에는 이부가격제가 적용됐다.

갑 : 사람이 운전하지 않고 자동차 스스로 운전을 하는 세상이 조만간 현실이 될 거야. 운전 실수로 수많은 사람이 목숨을 잃는 비극은 이제 종말을 맞게 될까?

을 : 기술이 가능하다는 것과 그 기술이 상용화되는 것은 별개의 문제지. 현재까지 자동차 운전이란 인간이 하는 자발적인 행위라고 할 수 있고, 바로 그 때문에 교통사고에서 실수로 사고를 낸 사람에게 그 사고에 대한 책임을 물을 수 있는 것 아니겠어? 자율주행 자동차가 사고를 낸다고 할 때 그 책임을 누구에게 물을 수 있지?

갑 : 모든 기계가 그렇듯 오작동이 있을 수 있지. 만약 오작동으로 인해서 사고가 났는데 그 사고가 제조사의 잘못된 설계 때문이라면 제조사가 그 사고에 대한 책임을 지는 것이 당연하잖아. 자율주행 자동차에 대해서도 똑같이 생각하면 되지 않을까?

을 : 그런데 문제는 자율주행 자동차를 설계하는 과정에서 어떠한 것을 잘못이라고 볼 것인지에 대한 거야. ㉠ 이런 상황을 생각해 봐. 달리고 있는 자율주행 자동차 앞에 갑자기 아이 두 명이 뛰어들었는데 거리가 너무 가까워서 자동차가 아이들 앞에 멈출 수는 없어. 자동차가 직진을 하면 교통 법규는 준수하겠지만 아이들은 목숨을 잃게 되지. 아이들 목숨을 구하기 위해서 교통 법규를 무시하고 왼쪽으로 가면, 자동차는 마주 오는 오토바이와 충돌하여 오토바이에 탄 사람 한 명을 죽게 만들어. 오른쪽으로 가면 교통 법규는 준수하겠지만 정차 중인 트럭과 충돌하여 자율주행 자동차 안에 타고 있는 탑승자 모두 죽게 된다고 해. 자동차가 취할 수 있는 다른 선택은 없고 각 경우에서 언급된 인명 피해 말고 다른 인명 피해는 없다고 할 때, 어떤 결정을 하도록 설계하는 것이 옳다고 할 수 있을까?

갑 : 그건 어느 쪽이 옳다고 단정할 수 없는 문제이기 때문에 오히려 쉬운 문제라고 할 수 있지. 그런 상황에서 최선의 선택은 없으므로 어느 쪽으로 설계하더라도 괜찮다는 거야. 예를 들어, ㉡ 다음 규칙을 어떤 우선순위로 적용할 것인지를 합의하기만 하면 되는 거지. 규칙 1. 자율주행 자동차에 탄 탑승자를 보호하라. 규칙 2. 인명 피해를 최소화하라. 규칙 3. 교통 법규를 준수하라. '규칙 1-2-3'의 우선순위를 따르게 한다면, 규칙 1을 가장 먼저 지키고, 그 다음 규칙 2. 그 다음 규칙 3을 지키는 것이지. 어떤 순위가 더 윤리적으로 옳은지에 대해 사회적으로 합의만 된다면 그에 맞춰 설계한 자율주행 자동차를 받아들일 수 있을 거야.

병 : 지금 당장 도로를 다니는 자동차가 모두 자율주행을 한다면, 훨씬 사고가 줄어들겠지. 자동차끼리 서로 정보를 주고받을 테니 자동차 사고가 일어나더라도 인명 피해를 크게 줄일 수 있을 거야. 하지만 문제는 교통 환경이 그런 완전 자율주행 상태로 가기 전에 사람들이 직접 운전하는 자동차와 자율주행 자동차가 도로에 뒤섞여 있는 상태를 먼저 맞게 된다는 거야. 이런 상황에서 발생할 수 있는 문제를 해결하도록 자율주행 자동차를 설계하는 일은 자율주행 자동차만 도로를 누비는 환경에 적합한 자율주행 자동차를 설계하는 일보다 훨씬 어렵지. 쉬운 문제를 만나기 전에 어려운 문제를 만나게 되는, 이른바 '문지방' 문제가 있는 거야. 그런데 ㉢ 자율주행 자동차를 대하는 사람들의 이율배반적 태도는 이 문지방 문제를 해결하는 데 더 많은 시간이 걸리게 만들어. 이 때문에 완전 자율주행 상태를 실현하기는 매우 어렵다고 봐야지.

18 ㉠에서 ㉡을 고려하여 만들어진 자율주행 자동차가 오른쪽으로 방향을 바꿔 트럭과 충돌하는 사건이 일어났다면, 이 사건이 일어날 수 있는 경우에 해당하는 것은?

① 자율주행 자동차에는 1명이 탑승하고 있었고, 우선순위는 규칙 3-1-2이다.

② 자율주행 자동차에는 2명이 탑승하고 있었고, 우선순위는 규칙 3-2-1이다.

③ 자율주행 자동차에는 1명이 탑승하고 있었고, 우선순위는 규칙 2-3-1이다.

④ 자율주행 자동차에는 2명이 탑승하고 있었고, 우선순위는 규칙 2-3-1이다.

⑤ 자율주행 자동차에는 2명 이상이 탑승하고 있었고, 우선순위는 규칙 3-1-2이다.

PART 1

19 다음 사실이 ㉢을 강화할 때, 빈칸에 들어갈 물음으로 가장 적절한 것은?

> 광범위한 설문 조사 결과 대다수 사람들은 가급적 가까운 미래에 인명 피해를 최소화하도록 설계된 자율주행 자동차가 도로에 많아지는 것을 선호하는 것으로 나타났다. 하지만 '_____ _____'라는 질문을 받으면, 대다수의 사람들은 '아니다'라고 대답했다.

① 자동차 대부분이 자율주행을 한다고 해도 여전히 직접 운전하길 선호하는가?

② 자율주행 자동차가 낸 교통사고에 대한 책임은 그 자동차에 탑승한 사람에게 있는가?

③ 자동차 탑승자의 인명을 희생하더라도 보다 많은 사람의 목숨을 구하도록 설계된 자동차를 살 의향이 있는가?

④ 인명 피해를 최소화하도록 설계된 자율주행 자동차보다 탑승자의 인명을 최우선으로 지키도록 설계된 자율주행 자동차를 선호하는가?

⑤ 탑승자의 인명을 최우선으로 지키도록 설계된 자율주행 자동차보다 교통법규를 최우선으로 준수하도록 설계된 자율주행 자동차를 선호하는가?

20 다음은 로가닉(Rawganic)에 대한 신문기사이다. 이를 이해한 내용으로 적절하지 않은 것은?

> 오늘날 한국 사회는 건강에 대한 관심과 열풍이 그 어느 때보다 증가하고 있다. 이미 우리 사회에서 유기농, 친환경, 웰빙과 같은 단어는 이미 친숙해진 지 오래이다. 제품마다 웰빙이라는 단어를 부여해야만 매출이 상승했던 웰빙 시대를 지나서 사람들은 천연 재료를 추구하는 오가닉(Organic) 시대를 접하였으며, 나아가 오늘날에는 오가닉을 넘어 로가닉(Rawganic)을 추구하기 시작한 것이다. 로가닉이란 '천연상태의 날 것'을 의미하는 'Raw'와 '천연 그대로의 유기농'을 의미하는 'Organic' 의 합성어이다. 즉, 자연에서 재배한 식자재를 가공하지 않고 천연 그대로 사용하는 것을 말하는 것이다. 로가닉은 '천연상태의 날 것'을 유지한다는 점에서 기존의 오가닉과 차이를 가진다. 재료 본연의 맛과 향을 잃지 않는 방식으로 제조되는 것이다. 이러한 로가닉은 오늘날 우리의 식품업계에 직접적으로 영향을 주고 있다. 화학조미료 사용을 줄이고 식재료 본연의 맛과 풍미를 살린 '로가닉 조리법'을 활용한 외식 프랜차이즈 브랜드가 꾸준히 인기를 끌고 있음을 확인할 수 있는 것이다.
> 로가닉은 세 가지의 핵심적인 가치 요소가 포함되어야 한다. 첫째는 날 것 상태인 천연 그대로의 성분을 사용하는 것이고, 둘째는 희소성이며, 셋째는 매력적이고 재미있는 스토리를 가지고 있어야 한다는 것이다.
> 예를 들면, ○○한우 브랜드는 당일 직송된 암소만을 엄선하여 사용함으로써 로가닉의 사고를 지닌 소비자들의 입맛을 사로잡고 있다. 품질이 우수한 식재료의 본연의 맛에서 가장 좋은 요리가 탄생한 다는 로가닉 조리법을 통해 화제가 된 것이다. 또한, 코펜하겐에 위치한 △△레스토랑은 '채집음식' 을 추구함으로써 세계 최고의 레스토랑으로 선정되었다. 채집음식이란 재배한 식물이 아닌 야생에서 자란 음식재료를 활용하여 만든 음식을 의미한다.
> 다음으로 로가닉의 가치 요소인 희소성은 루왁 커피를 예로 들 수 있다. 루왁 커피는 샤향 고양이인 루왁이 커피 열매를 먹고 배설한 배설물을 채집하여 만들어진 커피로, 까다로운 채집과정과 인공의 힘으로 불가능한 생산과정을 거침으로써 높은 희소가치를 지닌 상품으로 각광받고 있는 것이다.
> 마지막으로 로가닉은 매력적이고 재미있는 스토리텔링이 되어야 한다. 로가닉 제품의 채집과정과 효능, 상품 탄생배경 등과 같은 구체적이고 흥미 있는 스토리로 소비자들의 공감을 불러일으켜야 한다. 소비자들이 이러한 스토리텔링에 만족한다면 로가닉 제품의 높은 가격은 더 이상 매출 상승의 장애 요인이 되지 않을 것이다.
> 로가닉은 이처럼 세 가지 핵심적인 가치 요소들을 충족함으로써 한층 더 고급스러워진 소비자들의 욕구를 채워주고 있다.

① 로가닉의 희소성은 어려운 채집과정과 생산과정을 통해 나타난다.
② 직접 재배한 식물로 만들어진 채집음식은 로가닉으로 볼 수 있다.
③ 로가닉은 천연상태의 날 것을 그대로 사용한다는 점에서 오가닉과 다르다.
④ 로가닉 제품의 높은 가격은 스토리텔링을 통해 보완할 수 있다.
⑤ 로가닉 조리법을 활용한 외식업체의 인기가 높음을 알 수 있다.

이들이 답이 있는 질문을 하기 시작하면 그들이 성장하고 있음을 알 수 있다.

- 존 J. 플롬프 -

CHAPTER 02
수리능력

합격 CHEAT KEY

수리능력은 사칙연산·통계·확률의 의미를 정확하게 이해하고 이를 업무에 적용하는 능력으로, 기초연산과 기초통계, 도표분석 및 작성의 문제 유형으로 출제된다. 수리능력 역시 채택하지 않는 공사·공단이 거의 없을 만큼 필기시험에서 중요도가 높은 영역이다.

수리능력은 NCS 기반 채용을 진행한 거의 모든 기업에서 다루었으며, 문항 수는 전체의 평균 16% 정도로 많이 출제되었다. 특히, 난이도가 높은 공사·공단의 시험에서는 도표분석, 즉 자료해석 유형의 문제가 많이 출제되고 있고, 응용수리 역시 꾸준히 출제하는 공사·공단이 많기 때문에 기초연산과 기초통계에 대한 공식의 암기와 자료해석능력을 기를 수 있는 꾸준한 연습이 필요하다.

01   응용수리능력의 공식은 반드시 암기하라!

응용수리능력은 지문이 짧지만, 풀이 과정은 긴 문제도 자주 볼 수 있다. 그렇기 때문에 응용수리능력의 공식을 반드시 암기하여 문제의 상황에 맞는 공식을 적절하게 적용하여 답을 도출해야 한다. 따라서 문제에서 묻는 것을 정확하게 파악하여 그에 맞는 공식을 적절하게 적용하는 꾸준한 노력과 공식을 암기하는 연습이 필요하다.

02   통계에서의 사건이 동시에 발생하는지 개별적으로 발생하는지 구분하라!

통계에서는 사건이 개별적으로 발생했을 때, 경우의 수는 합의 법칙, 확률은 덧셈정리를 활용하여 계산하며, 사건이 동시에 발생했을 때, 경우의 수는 곱의 법칙, 확률은 곱셈정리를 활용하여 계산한다. 특히, 기초통계능력에서 출제되는 문제 중 순열과 조합의 계산 방법이 필요한 문제도 다수이므로 순열(순서대로 나열)과 조합(순서에 상관없이 나열)의 차이점을 숙지하는 것 또한 중요하다. 통계 문제에서의 사건 발생 여부만 잘 판단하여도 계산과 공식을 적용하기가 수월하므로 문제의 의도를 잘 파악하는 것이 중요하다.

03 자료의 해석은 자료에서 즉시 확인할 수 있는 지문부터 확인하라!

대부분의 취업준비생들이 어려워 하는 영역이 수리영역 중 도표분석, 즉 자료해석능력이다. 자료는 표 또는 그래프로 제시되고, 쉬운 지문은 증가 혹은 감소 추이, 간단한 사칙연산으로 풀이가 가능한 문제 등이 있고, 자료의 조사기간 동안 전년 대비 증가율 혹은 감소율이 가장 높은 기간을 찾는 문제들도 있다. 따라서 일단 증가·감소 추이와 같이 눈으로 확인이 가능한 지문을 먼저 확인한 후 복잡한 계산이 필요한 지문을 확인하는 방법으로 문제를 풀이한다면, 시간을 조금이라도 아낄 수 있다. 특히, 그래프와 같은 경우에는 그래프에 대한 특징을 알고 있다면, 그래프의 길이 혹은 높낮이 등으로 대강의 수치를 빠르게 확인이 가능하므로 이에 대한 숙지도 필요하다. 또한, 여러 가지 보기가 주어진 문제 역시 지문을 잘 확인하고 문제를 풀이한다면 불필요한 계산을 생략할 수 있으므로 항상 지문부터 확인하는 습관을 들여야 한다.

04 도표작성능력에서 지문에 작성된 도표의 제목을 반드시 확인하라!

도표작성은 하나의 자료 혹은 보고서와 같은 수치가 표현된 자료를 도표로 작성하는 형식으로 출제되는데, 대체로 표보다는 그래프를 작성하는 형태로 많이 출제된다. 지문을 살펴보면 각 지문에서 주어진 도표에도 소제목이 있는 경우가 대부분이다. 이때, 자료의 수치와 도표의 제목이 일치하지 않는 경우 함정이 존재하는 문제일 가능성이 높으므로 도표의 제목을 반드시 확인하는 것이 중요하다. 도표작성의 경우 대부분 비율 계산이 많이 출제되는데, 도표의 제목과는 다른 수치로 작성된 도표가 존재하는 경우가 있다. 그렇기 때문에 지문에서 작성된 도표의 소제목을 먼저 확인하는 연습을 하여 간단하지 않은 비율 계산을 두 번 하는 일이 없도록 해야 한다.

02 모듈이론

01 수리능력

1. 수리능력의 의의

(1) 수리능력이란?

직업생활에서 요구되는 사칙연산과 기초적인 통계를 이해하고, 도표의 의미를 파악하거나 도표를 이용해서 결과를 효과적으로 제시하는 능력을 의미한다.

(2) 수리능력의 분류

분류	내용
기초연산능력	기초적인 사칙연산과 계산방법을 이해하고 활용하는 능력
기초통계능력	평균, 합계와 같은 기초적인 통계기법을 활용하여 자료의 특성과 경향성을 파악하는 능력
도표분석능력	도표의 의미를 파악하고, 필요한 정보를 해석하는 능력
도표작성능력	자료를 이용하여 도표를 효과적으로 제시하는 능력

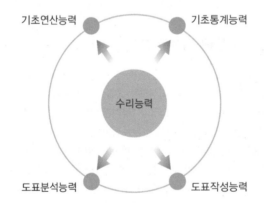

2. 수리능력의 중요성

(1) 수학적 사고를 통한 문제해결

수학 원리를 활용하면 업무 중 문제 해결이 더욱 쉽고 편해진다.

(2) 직업세계 변화에 적응

수리능력은 논리적이고 단계적 학습을 통해서만 향상된다. 수십 년에 걸친 직업세계의 변화에 적응하기 위해 수리능력을 길러야 한다.

(3) 실용적 가치의 구현

수리능력의 향상을 통해 일상생활과 업무수행에 필요한 수학적 지식을 습득하며, 생활 수준의 발전에 따라 실용성도 늘어난다.

3. 도표의 분석 및 작성

(1) 도표의 의의

내용을 선, 그림, 원 등으로 시각화하여 표현하는 것이며, 한눈에 내용을 파악할 수 있다는 데 그 특징이 있다.

(2) 도표 작성의 목적

① 타인에 대한 보고·설명 : 회의에서의 설명, 상급자에게 보고
② 현재의 상황분석 : 상품별 매출액의 경향
③ 관리목적 : 진도표

(3) 도표 작성 시 주의사항

- 보기 쉽게 깨끗이 그린다.
- 하나의 도표에 여러 가지 내용을 넣지 않는다.
- 특별히 순서가 정해 있지 않는 것은 큰 것부터, 왼쪽에서 오른쪽으로, 또는 위에서 아래로 그린다.
- 눈금의 간격을 부적절하게 설정할 경우 수치가 왜곡될 수 있으므로 주의한다.
- 수치를 생략할 경우에는 잘못 이해하는 경우가 생기니 주의한다.
- 컴퓨터에 의한 전산 그래프를 최대한 이용한다.

4. 일상생활에서 필요한 단위의 환산

종류	단위 환산
길이	1cm=10mm, 1m=100cm, 1km=1,000m
넓이	$1cm^2$=$100mm^2$, $1m^2$=$10,000cm^2$, $1km^2$=$1,000,000m^2$
부피	$1cm^3$=$1,000mm^3$, $1m^3$=$1,000,000cm^3$, $1km^3$=$1,000,000,000m^3$
들이	$1mL$=$1cm^3$, $1dL$=$100m^3$=100mL, 1L=$1,000m^3$=10dL
무게	1kg=1,000g, 1t=1,000kg=1,000,000g
시간	1분=60초, 1시간=60분=3,600초
할푼리	1푼=0.1할, 1리=0.01할, 1모=0.001할

1부터 200까지의 숫자 중 약수가 3개인 수는 몇 개인가?

① 5개　　　　　　　　　　　　　　② 6개

③ 7개　　　　　　　　　　　　　　④ 8개

> 1에서 200까지의 숫자 중 소수인 수는 약수가 2개이고, 소수의 제곱은 약수가 3개이므로 2, 3, 5, 7, 11, 13의
> 제곱인 4, 9, 25, 49, 121, 169 총 6개이다.
>
> 정답 ②

02　기초연산능력

1. 사칙연산과 검산

(1) 사칙연산의 의의

　　수에 관한 덧셈, 뺄셈, 곱셈, 나눗셈의 네 종류의 계산법으로 사칙계산이라고도 한다. 특히 업무를 원활하게 수행하기 위해서는 기본적인 사칙연산뿐만 아니라 복잡한 사칙연산까지도 수행할 수 있어야 한다.

(2) 기초연산능력이 요구되는 상황

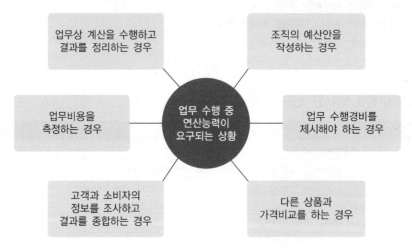

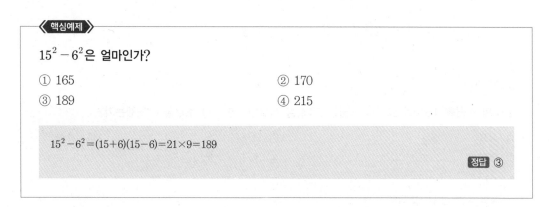

<< 핵심예제 >>

다음 식을 계산하면 얼마인가?

$$14-(3\times4)$$

① 2   ② 5
③ 7   ④ 44

$\therefore\ 14-(3\times4)=14-12=2$

정답 ①

(3) 검산

① 검산의 의의

연산의 결과를 확인하는 과정을 의미하며, 업무를 수행하는 데 있어서 연산의 결과를 확인하는 검산 과정을 거치는 것은 필수적이다.

② 검산방법의 종류

역연산법	본래의 풀이와 반대로 연산을 해가면서 본래의 답이 맞는지를 확인해나가는 방법이다.
구거법	원래의 수와 각자리 수의 합이 9로 나눈 나머지와 같다는 원리를 이용하는 것으로써, 각각의 수를 9로 나눈 나머지가 같은지를 확인하는 방법이다.

③ 구거법의 예

$3,456+341=3,797$에서 좌변의 $3+4+5+6$의 9로 나눈 나머지는 0, $3+4+1$의 9로 나눈 나머지는 8이고, 우변의 $3+7+9+7$을 9로 나눈 나머지는 8인데, 구거법에 의하면 좌변의 나머지의 합(8)과 우변의 나머지(8)가 같으므로 이 계산은 옳은 것이 된다.

<< 핵심예제 >>

15^2-6^2은 얼마인가?

① 165   ② 170
③ 189   ④ 215

$15^2-6^2=(15+6)(15-6)=21\times9=189$

정답 ③

2. 응용수리

(1) 방정식 · 부등식의 활용

① 거리 · 속력 · 시간

$$(\text{거리})=(\text{속력})\times(\text{시간}), \quad (\text{속력})=\frac{(\text{거리})}{(\text{시간})}, \quad (\text{시간})=\frac{(\text{거리})}{(\text{속력})}$$

② 일

전체 작업량을 1로 놓고, 단위 시간 동안 한 일의 양을 기준으로 식을 세움

◀ 핵심예제 ▶

영미가 혼자 하면 4일, 민수가 혼자 하면 6일 걸리는 일이 있다. 영미가 먼저 2일 동안 일하고, 남은 양을 민수가 끝내려고 한다. 민수는 며칠 동안 일을 해야 하는가?

① 2일   ② 3일

③ 4일   ④ 5일

영미와 민수가 하루에 할 수 있는 일의 양은 각각 $\frac{1}{4}$, $\frac{1}{6}$ 이다. 민수가 x일 동안 일한다고 하면,

$$\frac{1}{4}\times 2 + \frac{1}{6}\times x = 1 \rightarrow \frac{x}{6}=\frac{1}{2}$$

$$\therefore x=3$$

정답 ②

---

③ 농도

㉠ $[\text{소금물의 농도(\%)}]=\dfrac{(\text{소금의 양})}{(\text{소금물의 양})}\times 100$

㉡ $(\text{소금의 양})=\dfrac{[\text{소금물의 농도(\%)}]}{100}\times(\text{소금물의 양})$

◀ 핵심예제 ▶

10%의 소금물 100g과 25%의 소금물 200g을 섞으면, 몇 %의 소금물이 되겠는가?

① 15%   ② 20%

③ 25%   ④ 30%

$x\%$의 소금물이 된다고 하면

$$\frac{10}{100}\times 100 + \frac{25}{100}\times 200 = \frac{x}{100}\times(100+200)$$

$$\therefore x=20$$

정답 ②

---

④ 나이

문제에서 제시된 조건의 나이가 현재인지 과거인지를 확인한 후 구해야 하는 한 명의 나이를 변수로 잡고 식을 세움

⑤ 비율

x가 $a\%$ 증가 : $x \times \left(1 + \dfrac{a}{100}\right)$, x가 $a\%$ 감소 : $x \times \left(1 - \dfrac{a}{100}\right)$

⑥ 금액

   ㉠ (정가)＝(원가)＋(이익)

     ※ (이익)＝(원가)×(이율)

   ㉡ a원에서 $b\%$ 할인한 가격 $= a \times \left(1 - \dfrac{b}{100}\right)$

   ㉢ 단리법·복리법(원금 : a, 이율 : r, 기간 : n, 원리합계 : S)

단리법	복리법
• 정의 : 원금에 대해서만 약정된 이자율과 기간을 곱해 이자를 계산 • $S = a \times (1 + r \times n)$	• 정의 : 원금에 대한 이자를 가산한 후 이 합계액을 새로운 원금으로 계산 • $S = a \times (1 + r)^n$

⑦ 날짜·요일

   ㉠ 1일＝24시간＝1,440(＝24×60)분＝86,400(＝1,440×60)초

   ㉡ 월별 일수 : 1, 3, 5, 7, 8, 10, 12월은 31일, 4, 6, 9, 11월은 30일, 2월은 28일 또는 29일

   ㉢ 윤년(2월 29일)은 4년에 1회

◁ 핵심예제 ▷

2월 5일이 수요일이라고 할 때, 8월 15일은 무슨 요일인가?(단, 2월은 29일까지이다)

① 토요일   ② 일요일

③ 월요일   ④ 화요일

2월 5일에서 8월 15일까지는 총 24＋31＋30＋31＋30＋31＋15＝192일이다. 이를 7로 나누면 192÷7＝27 ⋯ 3이므로 8월 15일은 토요일이다.

정답 ①

---

⑧ 시계

   ㉠ 시침이 1시간 동안 이동하는 각도 : $\dfrac{360°}{12} = 30°$

   ㉡ 시침이 1분 동안 이동하는 각도 : $\dfrac{30°}{60} = 0.5°$

   ㉢ 분침이 1분 동안 이동하는 각도 : $\dfrac{360°}{60} = 6°$

12시 이후 처음으로 시침과 분침의 각도가 55°가 되는 시각은 12시 몇 분인가?

① 10분   ② 11분

③ 12분   ④ 13분

시침은 1시간에 30°, 1분에 0.5°씩 움직인다. 분침은 1분에 6°씩 움직이므로 시침과 분침은 1분에 5.5°씩 차이가
난다. 12시에 분침과 시침 사이의 각은 0°이고, 55°가 되려면 5.5°씩 10번 벌어지면 된다.

정답 ①

⑨ 수

　㉠ 연속한 두 자연수 : x, $x+1$

　㉡ 연속한 세 자연수 : $x-1$, x, $x+1$

　㉢ 연속한 두 짝수(홀수) : x, $x+2$

　㉣ 연속한 세 짝수(홀수) : $x-2$, x, $x+2$

　㉤ 십의 자릿수가 x, 일의 자릿수가 y인 두 자리 자연수 : $10x+y$

　㉥ 백의 자릿수가 x, 십의 자릿수가 y, 일의 자릿수가 z인 세 자리 자연수

　　: $100x+10y+z$

(2) 경우의 수와 확률

① 경우의 수

　㉠ 어떤 사건이 일어날 수 있는 모든 가짓수

　㉡ 합의 법칙 : 두 사건 A와 B가 동시에 일어나지 않을 때, 사건 A가 일어나는 경우의 수를 m,
　　사건 B가 일어나는 경우의 수를 n이라 하면, 사건 A 또는 B가 일어나는 경우의 수는 $(m+n)$이다.

　㉢ 곱의 법칙 : 사건 A가 일어나는 경우의 수를 m, 사건 B가 일어나는 경우의 수를 n이라 하면,
　　사건 A와 B가 동시에 일어나는 경우의 수는 $(m\times n)$이다.

**A, B주사위 2개를 동시에 던졌을 때, A에서는 짝수의 눈이 나오고, B에서는 3 또는 5의 눈이 나오
는 경우의 수는?**

① 2가지   ② 3가지

③ 5가지   ④ 6가지

• A에서 짝수의 눈이 나오는 경우의 수 : 2, 4, 6 → 3가지
• B에서 3 또는 5의 눈이 나오는 경우의 수 : 3, 5 → 2가지
A, B 주사위는 동시에 던지므로 곱의 법칙에 의해 3×2=6가지이다.

정답 ④

② 순열·조합

순열	조합
⊙ 서로 다른 n개에서 r개를 순서대로 나열하는 경우의 수	⊙ 서로 다른 n개에서 r개를 순서에 상관없이 나열하는 경우의 수
ⓛ $_n\mathrm{P}_r = \dfrac{n!}{(n-r)!}$	ⓛ $_n\mathrm{C}_r = \dfrac{n!}{(n-r)! \times r!}$
ⓒ $_n\mathrm{P}_n = n!,\ 0! = 1,\ _n\mathrm{P}_0 = 1$	ⓒ $_n\mathrm{C}_r = {_n\mathrm{C}_{n-r}},\ _n\mathrm{C}_0 = {_n\mathrm{C}_n} = 1$

③ 확률

⊙ (사건 A가 일어날 확률)$= \dfrac{(\text{사건 A가 일어나는 경우의 수})}{(\text{모든 경우의 수})}$

ⓛ 여사건의 확률 : 사건 A가 일어날 확률이 p일 때, 사건 A가 일어나지 않을 확률은 $(1-p)$이다.

ⓒ 확률의 덧셈정리 : 두 사건 A, B가 동시에 일어나지 않을 때 A가 일어날 확률을 p, B가 일어날 확률을 q라고 하면, 사건 A 또는 B가 일어날 확률은 $(p+q)$이다.

ⓔ 확률의 곱셈정리 : A가 일어날 확률을 p, B가 일어날 확률을 q라고 하면, 사건 A와 B가 동시에 일어날 확률은 $(p \times q)$이다.

◀◀ 핵심예제 ▶▶

서로 다른 2개의 주사위 A, B를 동시에 던졌을 때, 나온 눈의 곱이 홀수일 확률은?

① $\dfrac{1}{4}$

② $\dfrac{1}{5}$

③ $\dfrac{1}{6}$

④ $\dfrac{1}{8}$

• 두 개의 주사위를 던지는 경우의 수 : $6 \times 6 = 36$가지
• 나온 눈의 곱이 홀수인 경우(홀수×홀수)의 수 : $3 \times 3 = 9$가지
∴ 주사위의 눈의 곱이 홀수일 확률 : $\dfrac{9}{36} = \dfrac{1}{4}$

정답 ①

일정한 규칙으로 수를 나열할 때, 빈칸에 들어갈 수로 옳은 것은?

31	71	27	64	(	)	57	19	50

① 9   ② 23

③ 41   ④ 63

홀수항은 -4, 짝수항은 -7인 수열이다. 따라서 (　　)$=27-4=23$이다.

정답 ②

03 기초통계능력

1. 통계의 의의

(1) 통계란?

집단현상에 대한 구체적인 양적 기술을 반영하는 숫자를 의미하며, 특히 사회집단 또는 자연집단의 상황을 숫자로 나타낸 것을 말한다.

(2) 통계의 의의

사회적, 자연적인 현상이나 추상적인 수치를 포함한 모든 집단적 현상을 숫자로 나타낸 것을 말한다.

(3) 통계의 본질

① 구체적인 일정집단에 대한 숫자자료가 통계이며, 단일개체에 대한 숫자자료일 때에는 통계라고 하지 않는다.

② 통계의 요소인 단위나 표지를 어떻게 규정하는지에 따라 통계자료가 다르게 나타나게 되므로 이들에 대한 구체적 개념이나 정의를 어떻게 정하는가가 중요하다.

③ 통계의 필요성이나 작성능력의 측면에서 볼 때 대부분 정부나 지방자치단체 등에 의한 관청통계로 작성되고 있다.

(4) 통계의 기능

- 많은 수량적 자료를 처리가능하고 쉽게 이해할 수 있는 형태로 축소시킴
- 표본을 통해 연구대상 집단의 특성을 유추할 수 있게 함
- 의사결정의 보조수단으로 이용됨
- 관찰가능한 자료를 통해 논리적으로 결론을 추출·검증할 수 있게 함

(5) 통계의 속성

① 단위와 표지

집단을 구성하는 각 개체를 단위라 하며, 이 단위가 가지고 있는 공통의 성질을 표지라고 한다.

② 표지의 분류

속성통계	질적인 표지	남녀, 산업, 직업 등
변수통계	양적인 표지	연령, 소득금액 등

(6) 기본적인 통계치

종류	내용
빈도	어떤 사건이 일어나거나 증상이 나타나는 정도
빈도분포	빈도를 표나 그래프로 종합적이면서도 일목요연하게 표시하는 것
평균	모든 사례의 수치를 합한 후 총 사례 수로 나눈 값
백분율	백분비라고도 하며, 전체의 수량을 100으로 하여, 해당되는 수량이 그중 몇이 되는가를 가리키는 수를 %로 나타낸 것
범위	분포의 흩어진 정도를 가장 간단히 알아보는 방법으로, 최고값에서 최저값을 뺀 값
분산	각 관찰값과 평균값과의 차이의 제곱의 평균을 의미하며, 구체적으로는 각 관찰값과 평균값 차이의 제곱을 모두 합한 값을 개체의 수로 나눈 값
표준편차	분산의 제곱근 값을 의미하며, 개념적으로는 평균으로부터 얼마나 떨어져 있는가를 나타내는 개념으로서 분산과 개념적으로 동일함

2. 통계자료의 해석

(1) 다섯숫자 요약

종류	내용
최솟값(m)	원자료 중 값의 크기가 가장 작은 값
최댓값(M)	원자료 중 값의 크기가 가장 큰 값
중앙값(Q_2)	최솟값부터 최댓값까지 크기에 의하여 배열하였을 때 중앙에 위치하는 값
하위 25%값(Q_1) 상위 25%값(Q_3)	원자료를 크기 순서로 배열하여 4등분한 값을 의미하며 백분위 수의 관점에서 25백분위수, 75백분위 수로 표기

(2) 평균값과 중앙값

① 원자료에 대한 대푯값으로써 평균값과 중앙값은 엄연히 다른 개념이지만 모두 중요한 역할을 하게 되므로 통계값을 제시할 때에는 어느 수치를 이용했는지를 명확하게 제시해야 한다.

② 평균값이 중앙값보다 높다는 의미는 자료 중에 매우 큰 값이 일부 있음을 의미하며, 이와 같은 경우는 평균값과 중앙값 모두를 제시해줄 필요가 있다.

1. 도표의 종류와 활용

(1) 도표의 종류

도표는 크게 목적별 · 용도별 · 형상별로 구분할 수 있는데, 실제로는 목적, 용도와 형상을 여러 가지로
조합하여 하나의 도표로 작성하게 된다.

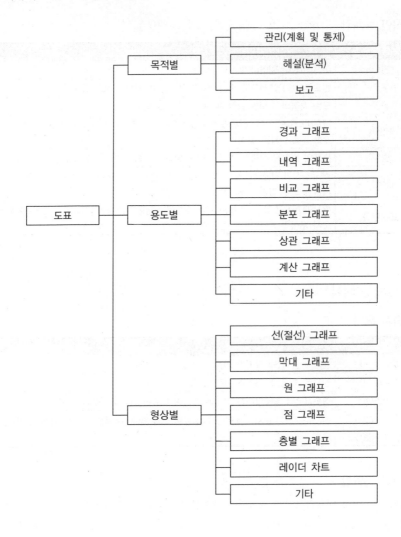

(2) 도표의 활용

종류	내용
선 그래프	• 시간적 추이(시계열 변화)를 표시하고자 할 때 적합 예 연도별 매출액 추이 변화
막대 그래프	• 수량 간의 대소관계를 비교하고자 할 때 적합 예 영업소별 매출액
원 그래프	• 내용의 구성비를 분할하여 나타내고자 할 때 적합 예 제품별 매출액 구성비
층별 그래프	• 합계와 각 부분의 크기를 백분율로 나타내고 시간적 변화를 보고자 할 때 적합 예 상품별 매출액 추이
점 그래프	• 지역분포를 비롯한 기업 등의 평가나 위치, 성격을 표시하고자 할 때 적합 예 광고비율과 이익률의 관계
방사형 그래프	• 다양한 요소를 비교하고자 할 때 적합 예 매출액의 계절변동

2. 도표의 형태별 특징

(1) 선 그래프

시간의 경과에 따라 수량에 의한 변화의 상황을 선의 기울기로 나타내는 그래프로, 시간적 변화에 따른 수량의 변화를 표현하기에 적합하다.

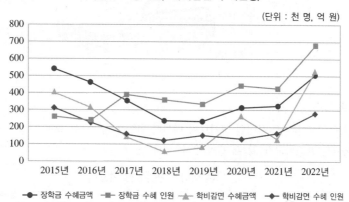

〈중학교 장학금, 학비감면 수혜현황〉

(2) 막대 그래프

비교하고자 하는 수량을 막대 길이로 표시하고 그 길이를 비교하여 각 수량 간의 대소관계를 나타내는 그래프로서, 전체에 대한 구성비를 표현할 때 다양하게 활용할 수 있다.

〈연도별 암 발생 추이〉

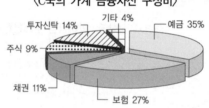

(3) 원 그래프

내용의 구성비를 원을 분할하여 작성하는 그래프로서, 전체에 대한 구성비를 표현할 때 다양하게 활용할 수 있다.

〈C국의 가계 금융자산 구성비〉

투자신탁 14% 기타 4% 예금 35%
주식 9%
채권 11%
보험 27%

(4) 층별 그래프

선의 움직임보다는 선과 선 사이의 크기로써 데이터 변화를 나타내는 그래프로서, 시간적 변화에 따른 구성비의 변화를 표현하고자 할 때 활용할 수 있다.

〈우리나라 세계유산 현황〉

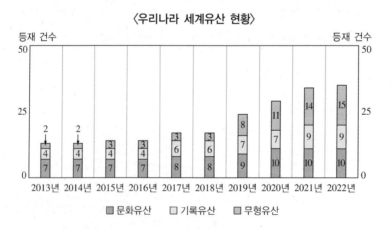

□ 문화유산 □ 기록유산 □ 무형유산

(5) 점 그래프

종축과 횡축에 두 개의 요소를 두고, 보고자 하는 것이 어떤 위치에 있는가를 알고자 하는 데 쓰인다.

〈OECD 국가의 대학졸업자 취업률 및 경제활동인구 비중〉

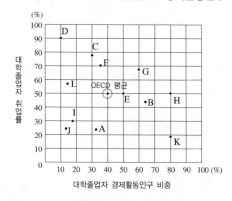

(6) 방사형 그래프(레이더 차트, 거미줄 그래프)

비교하는 수량을 직경 또는 반경으로 나누어 원의 중심에서의 거리에 따라 각 수량의 관계를 나타내는 그래프로서 대상들을 비교하거나 경과를 나타낼 때 활용할 수 있다.

〈외환위기 전후 한국의 경제상황〉

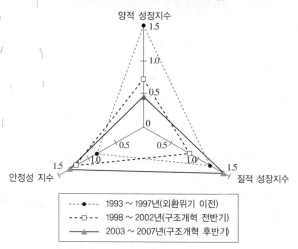

3. 도표 해석 시 유의사항

- 요구되는 지식의 수준을 넓혀야 한다.
- 도표에 제시된 자료의 의미를 정확히 숙지하여야 한다.
- 도표로부터 알 수 있는 것과 없는 것을 구별하여야 한다.
- 총량의 증가와 비율의 증가를 구분하여야 한다.
- 백분위수와 사분위수를 정확히 이해하고 있어야 한다.

1. 도표의 작성절차

① 작성하려는 도표의 종류 결정

⬇

② 가로축과 세로축에 나타낼 것을 결정

⬇

③ 가로축과 세로축의 눈금의 크기 결정

⬇

④ 자료를 가로축과 세로축이 만나는 곳에 표시

⬇

⑤ 표시된 점에 따라 도표 작성

⬇

⑥ 도표의 제목 및 단위 표기

2. 도표 작성 시 유의사항

(1) 선 그래프

① 세로축에 수량(금액, 매출액 등), 가로축에 명칭구분(연, 월, 장소 등)을 표시하고 축의 모양은 L자형으로 하는 것이 일반적이다.

② 선의 높이에 따라 수치를 파악하는 경우가 많으므로 세로축의 눈금을 가로축의 눈금보다 크게 하는 것이 효과적이다.

③ 선이 두 종류 이상인 경우는 각각에 대해 명칭을 기입해야 하며, 중요한 선을 다른 선보다 굵게 하는 등의 노력을 기울일 필요가 있다.

(2) 막대 그래프

① 세로형이 보다 일반적이나 가로형으로 작성할 경우 사방을 틀로 싸는 것이 좋다.

② 가로축은 명칭구분(연, 월, 장소 등), 세로축은 수량(금액, 매출액)을 표시하는 것이 일반적이다.

③ 막대의 수가 많은 경우에는 눈금선을 기입하는 것이 알아보기에 좋다.

④ 막대의 폭은 모두 같게 하여야 한다.

(3) 원 그래프

① 정각 12시의 선을 시작선으로 하며, 이를 기점으로 하여 오른쪽으로 그리는 것이 보통이다.

② 분할선은 구성비율이 큰 순서로 그리되, '기타' 항목은 구성비율의 크기에 관계없이 가장 뒤에 그리는 것이 좋다.

③ 각 항목의 명칭은 같은 방향으로 기록하는 것이 일반적이나, 각도가 적어서 명칭을 기록하기 힘든 경우에는 지시선을 사용하여 기록한다.

(4) 층별 그래프

① 가로로 할 것인지 세로로 할 것인지는 작성자의 기호나 공간에 따라 판단하나, 구성비율 그래프는 가로로 작성하는 것이 좋다.

② 눈금은 선 그래프나 막대 그래프보다 적게 하고 눈금선을 넣지 않아야 하며, 층별로 색이나 모양이 모두 완전히 다른 것이어야 한다.

③ 같은 항목은 옆에 있는 층과 선으로 연결하여 보기 쉽도록 하여야 한다.

④ 세로 방향일 경우 위로부터 아래로, 가로 방향일 경우 왼쪽에서 오른쪽으로 나열하면 보기가 좋다.

01 | 기초연산 ①

S출판사는 어떤 창고에 도서를 보관하기로 하였다. **창고 A에 보관 작업 시 작업자 3명이 5시간 동안 10,300권의 책을 보관ⓐ**할 수 있다. **창고 B에는 작업자 5명을 투입ⓑ**시킨다면 몇 시간 후에 일을 끝마치게 되며, 몇 권까지 보관이 되겠는가?(단, 〈보기〉에 주어진 조건을 고려한다)

풀이순서

1) 질문의도
   보관 도서 수 및 작업
   시간

2) 조건확인
   ⓐ~ⓕ

〈창고 A〉

사이즈 : <u>가로 10m×세로 5m×높이 3mⓒ</u> → 150m³ : 10,300권

↓ 2배

〈창고 B〉

사이즈 : <u>가로 15m×세로 10m×높이 2mⓓ</u> → 300m³ : 20,600권

보기

1. 도서가 창고공간을 모두 차지한다고 가정ⓔ한다.
2. 작업자의 작업능력은 동일ⓕ하다.

보관 도서 수	시간
① 약 10,300권	약 5시간
② 약 10,300권	약 6시간
③ 약 20,600권	약 5시간
✗ 약 20,600권	약 6시간
⑤ 약 25,100권	약 5시간

ⓐ 1시간 당 1명이 작업한 도서 수
   $10,300 \div 5 \div 3 = 686.67$권

ⓑ 1시간 당 보관 도서 수
   $686.67 \times 5 = 3,433.35$권
   ∴ $20,600 \div 3,433.35 ≒ 6$시간

3) 계산

4) 정답도출

유형 분석
- 문제에서 제공하는 정보를 파악한 뒤 사칙연산을 활용하여 계산하는 응용수리 문제이다.
- 제시된 문제 안에 풀이를 위한 정보가 산재되어 있는 경우가 많으므로 문제 속 조건이나 보기 등을 꼼꼼히 읽어야 한다.
  응용문제 : 최소공배수 등 수학 이론을 활용하여 계산하는 문제도 자주 출제된다.

풀이 전략
문제에서 요구하는 답을 정확히 이해하고, 주어진 상황과 조건을 식으로 치환하여 신속하게 계산한다.

02 | 기초연산 ②

둘레의 길이가 <u>10km</u>ⓐ인 원형의 공원이 있다. 어느 지점에서 민수와 민희는 <u>서로 반대 방향</u>ⓑ으로 걷기 시작했다. 민수의 속력이 시속 <u>3km</u>ⓒ, <u>민희의 속력이 시속 2km</u>ⓓ일 때, 둘은 몇 시간 후에 만나는가?

① 1시간　　　　　　　　　☑ 2시간
③ 2시간 30분　　　　　　　④ 2시간 50분
⑤ 3시간 20분

ⓒ 민수의 속력 : 3km/h
ⓓ 민희의 속력 : 2km/h
민수와 민희가 걸은 시간은 x시간으로 같다.

$3x + 2x = 10 \rightarrow 5x = 10$
$\therefore \ x = 2$시간

풀이순서

1) 질문의도
　만나는 데 걸린 시간

2) 조건확인
　ⓐ~ⓓ

3) 계산

4) 정답도출

유형 분석
- 문제에서 제공하는 정보를 파악한 뒤 방정식을 세워 계산하는 응용수리 문제이다.
- 거리, 속력, 시간의 상관관계를 이해하고 이를 바탕으로 원하는 값을 도출할 수 있는지를 확인하므로 기본적인 공식은 알고 있어야 한다.

응용문제 : 농도, 확률 등 방정식 및 수학 공식을 활용하여 계산하는 문제도 자주 출제된다.

풀이 전략
문제에서 요구하는 답을 미지수로 하여 방정식을 세우고, (거리)=(속력)×(시간) 공식을 통해 필요한 값을 계산한다.

03 | 통계분석

다음은 2019 ~ 2021년의 행정구역별 인구에 관한 자료이다. 전년 대비 2021년의 대구 지역의 인구 증가율을 구하면?(단, 소수점 둘째 자리에서 반올림한다)

풀이순서

1) 질문의도
2021년 대구의 전년 대비 인구 증가율

2) 조건확인
ⓐ 대구의 2020년 인구 수 : 982명
ⓑ 대구의 2021년 인구 수 : 994명

〈행정구역별 인구〉

(단위 : 천 명)

구분	2019년	2020년	2021년
전국	20,726	21,012	21,291
서울	4,194	4,190	4,189
부산	1,423	1,438	1,451
대구	971	982	994
(중략)			
경북	1,154	1,170	1,181
경남	1,344	1,367	1,386
제주	247	257	267

① 약 1.1%   ☑ 약 1.2%
③ 약 1.3%   ④ 약 1.4%
⑤ 약 1.5%

- 2020년 대구의 인구 수 : 982명
- 2021년 대구의 인구 수 : 994명
- 2021년 대구의 전년 대비 인구 수 증가율 : $\dfrac{994-982}{994} \times 100 ≒ 1.2\%$

3) 계산

4) 정답도출

유형 분석
- 표를 통해 제시된 자료를 해석하고 계산하는 자료계산 문제이다.
- 주어진 자료를 통해 증가율이나 감소율 등의 정보를 구할 수 있는지 확인하는 문제이다.

응용문제 : 주어진 자료에 대한 해석을 묻는 문제도 자주 출제된다.

풀이 전략
제시되는 자료의 양이 많지만 문제를 푸는 데 반드시 필요한 정보는 적은 경우가 많으므로 질문을 빠르게 이해하고, 필요한 정보를 먼저 체크하면 풀이 시간을 줄일 수 있다.

04 | 도표분석

다음은 2009 ~ 2021년 축산물 수입 추이를 나타낸 그래프이다. 이에 대한 설명으로 옳지 않은 것은?

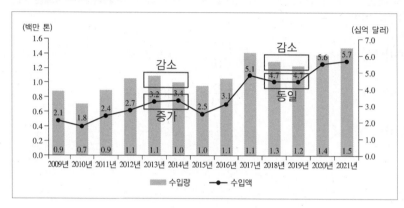

풀이순서

1) 질문의도
   도표분석

3) 도표분석
   축산물 수입량 / 수입
   액 추이

① 2021년 축산물 수입량은 2011년 대비 약 67% 증가하였다.

2) 선택지 키워드 찾기

② 처음으로 2009년 축산물 수입액의 두 배 이상 수입한 해는 2017년이다.

③ 전년 대비 축산물 수입액의 증가율이 가장 높았던 해는 2017년이다.

④ 축산물 수입량과 수입액의 변화 추세는 동일하다.

4) 정답도출

⑤ 2011년부터 2014년까지 축산물 수입액은 전년 대비 증가했다.

유형 분석
- 제시된 도표를 분석하여 각 선택지의 정답 유무를 판단하는 자료해석 문제이다.
- 막대 그래프, 꺾은선 그래프 등 다양한 형태의 그래프가 제시되며, 증감률·비율·추세 등을 확인하는 문제이다.
- 경영·경제·산업 등 최신 이슈를 많이 다룬다.

응용문제 : 표의 형식으로 자료를 제시하고 그래프로 변환하는 등의 문제도 자주 출제된다.

풀이 전략

각 선택지의 진위 여부를 파악하는 문제이므로 선택지 별로 필요한 정보가 무엇인지 빠르게 파악하고, 필요한 부분을 체크하여 혼동하지 않도록 한다.

01 1년에 개체 수가 20%씩 증가하는 생물이 있다. 이 생물이 너무 많아지면 환경이 파괴되기 때문에 천적을 증식시켜서 매년 1,000마리씩 개체를 줄이려고 한다. 처음에 x마리였던 이 생물은 2년 후에는 몇 마리가 되는가?

① $\left(\dfrac{16}{9}x - 2,000\right)$마리

② $\left(\dfrac{25}{16}x - 2,100\right)$마리

③ $\left(\dfrac{36}{25}x - 2,200\right)$마리

④ $\left(\dfrac{49}{25}x - 2,300\right)$마리

⑤ $\left(\dfrac{64}{49}x - 2,400\right)$마리

02 종욱이는 25,000원짜리 피자 두 판과 8,000원짜리 샐러드 세 개를 주문했다. 통신사 멤버십 혜택으로 피자는 15%, 샐러드는 25% 할인받을 수 있고, 깜짝 할인으로 할인된 전체 금액의 10%를 추가 할인받았다고 한다. 총 할인된 금액은 얼마인가?

① 12,150원

② 13,500원

③ 18,600원

④ 19,550원

⑤ 20,850원

03 김과장은 월급의 $\dfrac{1}{4}$은 저금하고, 나머지의 $\dfrac{1}{4}$은 모임회비, $\dfrac{2}{3}$는 월세로 내며, 그 나머지의 $\dfrac{1}{2}$은 부모님께 드린다고 한다. 그리고 남은 나머지를 생활비로 쓴다면, 생활비는 월급의 얼마인가?

① $\dfrac{1}{32}$

② $\dfrac{1}{16}$

③ $\dfrac{1}{12}$

④ $\dfrac{1}{8}$

⑤ $\dfrac{1}{4}$

04 올해 아버지의 나이는 은서 나이의 2배이고, 지은이 나이의 7배이다. 은서와 지은이의 나이 차이가 15살이라면, 아버지의 나이는?

① 38세　　　　　　　　　　　　② 39세

③ 40세　　　　　　　　　　　　④ 41세

⑤ 42세

05 S아트센터에서 뮤지컬 Y가 공연 중이다. 뮤지컬 입장권은 어른과 어린이 두 종류로 발행 중이고, 어른은 한 명당 9,000원, 어린이는 한 명당 3,000원이다. 뮤지컬 공연을 통해 올린 총수입은 330만 원이고, 아트센터에는 550개의 좌석이 마련되어 있는데 빈 좌석이 1개 이상 있었다. 이때, Y뮤지컬을 관람한 어른은 최소 몇 명인가?

① 276명　　　　　　　　　　　　② 280명

③ 284명　　　　　　　　　　　　④ 288명

⑤ 292명

06 A ~ C 세 명의 친구가 가위바위보를 할 때, 세 번 안에 승자와 패자가 가려질 확률은?

① $\dfrac{1}{2}$　　　　　　　　　　② $\dfrac{1}{3}$

③ $\dfrac{1}{21}$　　　　　　　　　　④ $\dfrac{8}{9}$

⑤ $\dfrac{26}{27}$

07 1, 1, 1, 2, 2, 3을 가지고 여섯 자리 수를 만들 때, 가능한 경우의 수는 모두 몇 가지인가?

① 30가지　　　　　　　　　　　　② 60가지

③ 120가지　　　　　　　　　　　　④ 240가지

⑤ 480가지

08 다음은 우리나라의 농축산물 대미 수입규모에 대한 자료이다. 이에 대한 설명으로 옳지 않은 것은?

<농축산물 대미 수입규모>

(단위 : 천 톤/백만 달러)

구분	전체 수입규모		대미 수입규모		
	물량	금액	물량	금액	비중
농산물	32,777	17,896	8,045	4,408	24.6%
곡류	15,198	3,872	4,867	1,273	24.6%
밀	4,064	1,127	1,165	363	32.9%
옥수수	10,368	2,225	3,539	765	32.3%
대두	1,330	654	532	287	43.9%
축산물	1,464	5,728	410	1,761	30.7%
쇠고기	331	2,008	115	802	39.9%
돼지고기	494	1,424	151	455	32.0%
치즈	116	502	55	251	50.0%
합계	34,241	23,624	8,455	6,169	26.1%

① 대두에 대한 수입규모는 미국이 세계에서 가장 크다.
② 전체 수입규모 중 금액이 가장 큰 품목은 곡류이다.
③ 수입품목 중 대미 수입규모가 가장 큰 비중을 차지하는 것은 치즈이다.
④ 전 세계에서 수입하는 밀의 물량이 미국에서 수입하는 물량보다 3배 이상 많다.
⑤ 돼지고기는 축산물 수입품목 중 물량이 가장 많다.

09 다음은 비만도 측정에 관한 자료와 3명의 학생 신체조건이다. 3명 학생의 비만도 측정에 대한 설명으로 옳지 않은 것은?(단, 비만도는 소수점 첫째 자리에서 반올림한다)

〈비만도 측정법〉

- (표준체중)=[(신장)−100]×0.9

- (비만도)=$\dfrac{(현재체중)}{(표준체중)}×100$

〈비만도 구분〉

구분	조건
저체중	90% 미만
정상체중	90% 이상 110% 이하
과체중	110% 초과 120% 이하
경도비만	120% 초과 130% 이하
중등도비만	130% 초과 150% 이하
고도비만	150% 이상 180% 이하
초고도비만	180% 초과

〈신체조건〉

- 혜지 : 키 158cm, 몸무게 58kg
- 기원 : 키 182cm, 몸무게 71kg
- 용준 : 키 175cm, 몸무게 96kg

① 혜지의 표준체중은 52.2kg이고, 기원이의 표준체중은 73.8kg이다.

② 기원이가 과체중이 되기 위해선 5kg 이상 체중이 증가해야 한다.

③ 3명의 학생 중 정상체중인 학생은 기원이뿐이다.

④ 용준이가 약 22kg 이상 체중을 감량하면 정상체중 범주에 포함된다.

⑤ 혜지의 현재체중과 표준체중의 비만도 차이에 4배를 한 값은 용준이의 현재체중과 표준체중의 비만도 차이 값보다 더 크다.

PART 1

10 다음은 노동 가능 인구구성의 변화를 나타낸 자료이다. 2021년도와 비교한 2022년도의 상황으로 옳은 것은?

〈노동 가능 인구구성의 변화〉

구분	취업자	실업자	비경제활동인구
2021년	55%	25%	20%
2022년	43%	27%	30%

① 이 자료에서 실업자의 수는 알 수 없다.

② 실업자의 비율은 감소하였다.

③ 경제활동인구는 증가하였다.

④ 취업자 비율의 증감폭이 실업자 비율의 증감폭보다 작다.

⑤ 비경제활동인구의 비율은 감소하였다.

11 다음은 항목별 상위 7개 동의 자산규모를 나타낸 자료이다. 이에 대한 설명으로 옳은 것은?

〈항목별 상위 7개 동의 자산규모〉

구분 순위	총자산(조 원)		부동산자산(조 원)		예금자산(조 원)		가구당 총자산(억 원)	
	동명	규모	동명	규모	동명	규모	동명	규모
1	여의도동	24.9	대치동	17.7	여의도동	9.6	을지로동	51.2
2	대치동	23.0	서초동	16.8	태평로동	7.0	여의도동	26.7
3	서초동	22.6	압구정동	14.3	을지로동	4.5	압구정동	12.8
4	반포동	15.6	목동	13.7	서초동	4.3	도곡동	9.2
5	목동	15.5	신정동	13.6	역삼동	3.9	잠원동	8.7
6	도곡동	15.0	반포동	12.5	대치동	3.1	이촌동	7.4
7	압구정동	14.4	도곡동	12.3	반포동	2.5	서초동	6.4

※ (총자산)=(부동산자산)+(예금자산)+(증권자산)

※ (가구 수)=(총자산)÷(가구당 총자산)

① 압구정동의 가구 수는 여의도동의 가구 수보다 적다.

② 이촌동의 가구 수는 2만 가구 이상이다.

③ 대치동의 증권자산은 서초동의 증권자산보다 많다.

④ 여의도동의 증권자산은 최소 4조 원 이상이다.

⑤ 총자산 대비 부동산자산의 비율은 도곡동이 목동보다 높다.

12 다음은 전통사찰 지정·등록 현황에 대한 자료이다. 이에 대한 설명으로 옳은 것은?

〈연도별 전통사찰 지정·등록 현황〉

(단위 : 개소)

구분	2014년	2015년	2016년	2017년	2018년	2019년	2020년	2021년	2022년
지정·등록	17	15	12	7	4	4	2	1	2

① 전통사찰로 지정·등록되는 수는 계속 감소하고 있다.

② 2014 ~ 2018년 전통사찰 지정·등록 수의 평균은 11개소이다.

③ 2016년과 2020년에 지정·등록된 전통사찰 수의 전년 대비 감소폭은 같다.

④ 제시된 자료를 통해 2022년 전통사찰 총 등록현황을 파악할 수 있다.

⑤ 2016년에 전통사찰로 지정·등록된 수는 전년 대비 2배이다.

13 다음은 디지털 콘텐츠 제작 분야의 영역별 매출 현황에 대한 자료이다. 이에 대한 설명으로 옳지 않은 것은?

〈디지털 콘텐츠 제작 분야의 영역별 매출 현황〉

(단위 : 억 원, %)

구분	정보	출판	영상	음악	캐릭터	애니메이션	게임	기타	계
2021년	206 (10.8)	130 (6.8)	99 (5.2)	91 (4.8)	55 (2.9)	240 (12.6)	1,069 (56.2)	13 (0.7)	1,903 (100.0)
2022년	331 (13.0)	193 (7.6)	244 (9.6)	117 (4.6)	86 (3.4)	247 (9.7)	1,308 (51.4)	18 (0.7)	2,544 (100.0)

※ ( )는 총 매출액에 대한 비율이다.

① 2022년 총 매출액은 2021년 총 매출액보다 641억 원 더 많다.

② 2021년과 2022년 총 매출액에 대한 비율의 차이가 가장 적은 것은 음악 영역이다.

③ 애니메이션 영역과 게임 영역의 매출액 비중은 전년 대비 2022년에 감소하였다.

④ 2021년과 2022년 모두 매출액에서 게임 영역이 차지하는 비율은 50% 이상이다.

⑤ 모든 분야의 2022년 매출액은 각각 전년 대비 증가하였다.

14 다음은 지역별 컴퓨터 업체들의 컴퓨터 종류별 보유 비율에 대한 자료이다. 이에 대한 설명으로 옳지 않은 것은?(단, 대수는 소수점 첫째 자리, 비율은 소수점 둘째 자리에서 반올림한다)

〈컴퓨터 종류별 보유 비율〉

(단위 : %)

구분		전체 컴퓨터 대수(대)	데스크톱	노트북	태블릿 PC	PDA	스마트폰	기타
지역별	서울	605,296	54.5	22.4	3.7	3.2	10.0	6.2
	부산	154,105	52.3	23.7	3.8	1.7	5.2	13.3
	대구	138,753	56.2	26.4	3.0	5.1	5.2	4.1
	인천	124,848	62.3	21.6	1.0	1.0	12.1	2.0
	광주	91,720	75.2	16.1	2.5	0.6	5.6	–
	대전	68,270	66.2	20.4	0.8	1.0	4.5	7.1
	울산	42,788	67.5	20.5	0.6	–	3.8	7.6
	세종	3,430	91.5	7.0	1.3	–	–	0.2
	경기	559,683	53.7	27.2	3.3	1.1	10.0	4.7
	강원	97,164	59.2	12.3	4.0	0.5	18.9	5.1
	충북	90,774	71.2	16.3	0.7	1.9	5.9	4.0
	충남	107,066	75.8	13.7	1.4	0.4	0.7	8.0
	전북	88,019	74.2	12.2	1.1	0.3	11.2	1.0
	전남	91,270	76.2	12.7	0.6	1.5	9.0	–
	경북	144,644	45.1	6.9	2.1	3.0	14.5	28.4
	경남	150,997	69.7	18.5	1.5	0.2	0.4	9.7
	제주	38,964	53.5	13.0	3.6	–	12.9	17.0
전국		2,597,791	59.4	20.5	2.7	1.7	8.7	7.0

① 서울 업체가 보유한 노트북 수는 20만 대 미만이다.

② 전국 컴퓨터 보유 대수 중 스마트폰의 비율은 전국 컴퓨터 보유 대수 중 노트북 비율의 30% 미만 이다.

③ 대전과 울산 업체가 보유하고 있는 데스크톱 보유 대수는 전국 데스크톱 보유 대수의 6% 미만이다.

④ PDA 보유 대수는 전북이 전남의 15% 이상이다.

⑤ 강원 업체의 태블릿 PC 보유 대수보다 경북의 노트북 보유 대수가 6천 대 이상 많다.

※ 다음은 우리나라의 예산분야별 재정지출 추이를 나타낸 자료이다. 이어지는 질문에 답하시오. [15~16]

〈우리나라의 예산분야별 재정지출 추이〉

(단위 : 조 원, %)

구분	2018년	2019년	2020년	2021년	2022년	연평균 증가율
예산	137.3	147.5	153.7	165.5	182.8	7.4
기금	59.0	61.2	70.4	72.9	74.5	6.0
교육	24.5	27.6	28.8	31.4	35.7	9.9
사회복지·보건	32.4	49.6	56.0	61.4	67.5	20.1
R&D	7.1	7.8	8.9	9.8	10.9	11.3
SOC	27.1	18.3	18.4	18.4	18.9	-8.6
농림·해양·수산	12.3	14.1	15.5	15.9	16.5	7.6
산업·중소기업	11.4	11.9	12.4	12.6	12.6	2.5
환경	3.5	3.6	3.8	4.0	4.4	5.9
국방비	18.1	21.1	22.5	24.5	26.7	10.2
통일·외교	1.4	2.0	2.6	2.4	2.6	16.7
문화·관광	2.3	2.6	2.8	2.9	3.1	7.7
공공질서·안전	7.6	9.4	11.0	10.9	11.6	11.2
균형발전	5.0	5.5	6.3	7.2	8.1	12.8
기타	43.5	35.2	35.1	37.0	38.7	-2.9
총 지출	196.3	208.7	224.1	238.4	257.3	7.0

※ (총 지출)=(예산)+(기금)

15 다음 중 자료에 대한 설명으로 옳은 것은?(단, 비율은 소수점 첫째 자리에서 반올림한다)

① 교육 분야의 전년 대비 재정지출 증가율이 가장 높은 해는 2019년이다.
② 전년 대비 재정지출액이 증가하지 않은 해가 있는 분야는 5개이다.
③ 사회복지·보건 분야가 예산에서 차지하고 있는 비율은 언제나 가장 높다.
④ 기금의 연평균 증가율보다 낮은 연평균 증가율을 보이는 분야는 3개이다.
⑤ 통일·외교 분야와 기타 분야의 2018~2022년 재정지출 증감추이는 동일하다.

16 다음 중 2020년 대비 2021년 사회복지·보건 분야의 재정지출 증감률과 공공질서·안전 분야의 재정지출 증감률의 차이는 얼마인가?(단, 소수점 둘째 자리에서 반올림한다)

① 약 9.4%p
② 약 10.5%p
③ 약 11.2%p
④ 약 12.6%p
⑤ 약 13.2%p

17 다음은 초·중·고교생 스마트폰 중독 현황에 대한 자료이다. 〈보기〉 중 옳지 않은 것을 모두 고르면?

〈초·중·고생 스마트폰 중독 비율〉

(단위 : %)

구분		전체	초등학생 (9 ~ 11세)	중·고생 (12 ~ 17세)
전체		32.38	31.51	32.71
아동성별	남성	32.88	33.35	32.71
	여성	31.83	29.58	32.72
가구소득별	기초수급	30.91	30.35	31.05
	차상위	30.53	24.21	30.82
	일반	32.46	31.56	32.81
거주지역별	대도시	31.95	30.80	32.40
	중소도시	32.49	32.00	32.64
	농어촌	34.50	32.84	35.07
가족유형별	양부모	32.58	31.75	32.90
	한부모·조손	31.16	28.83	31.79

※ 각 항목의 전체 인원은 그 항목에 해당하는 초등학생 수와 중·고생 수의 합을 말한다.

보기

ㄱ. 초등학생과 중·고생 모두 남성의 스마트폰 중독 비율이 여성의 스마트폰 중독 비율보다 높다.

ㄴ. 한부모·조손 가족의 스마트폰 중독 비율은 초등학생의 경우가 중·고생 중독 비율의 70% 이상이다.

ㄷ. 조사대상 중 대도시에 거주하는 초등학생 수는 중·고생 수보다 많다.

ㄹ. 초등학생과 중·고생 모두 기초수급가구의 경우가 일반가구의 경우보다 스마트폰 중독 비율이 높다.

① ㄴ

② ㄱ, ㄷ

③ ㄱ, ㄹ

④ ㄱ, ㄷ, ㄹ

⑤ ㄴ, ㄷ, ㄹ

18 다음은 K국의 엥겔계수와 엔젤계수를 나타낸 자료이다. 이에 대한 설명으로 옳은 것은?

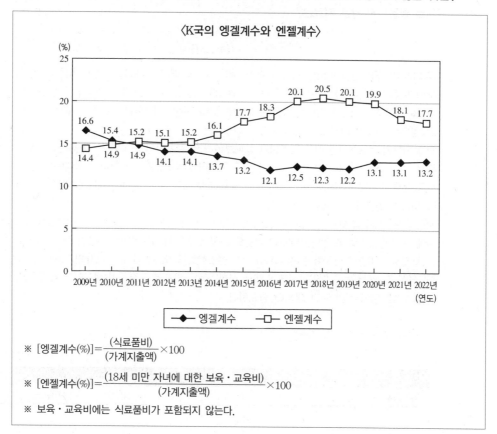

〈K국의 엥겔계수와 엔젤계수〉

$$[엥겔계수(\%)] = \frac{(식료품비)}{(가계지출액)} \times 100$$

$$[엔젤계수(\%)] = \frac{(18세 \ 미만 \ 자녀에 \ 대한 \ 보육 \cdot 교육비)}{(가계지출액)} \times 100$$

※ 보육·교육비에는 식료품비가 포함되지 않는다.

① 2013 ~ 2018년 동안 엔젤계수의 연간 상승폭은 매년 증가한다.

② 2009년 대비 2019년, 엥겔계수 하락폭은 엔젤계수 상승폭보다 크다.

③ 2011년 이후 매년 18세 미만 자녀에 대한 보육·교육비는 식료품비를 초과한다.

④ 2013 ~ 2017년 동안 매년 18세 미만 자녀에 대한 보육·교육비 대비 식료품비의 비율은 증가한다.

⑤ 엔젤계수는 가장 높은 해가 가장 낮은 해에 비해 7.0%p 이상 크다.

19 다음은 자동차 오염물질 및 배출가스 관리여건에 대한 자료이다. 보고서를 작성하는 데 직접적인 근거로 활용되지 않은 자료는?

<보고서>

우리나라는 국토면적에 비해 자동차 수가 많아 자동차 배기오염물질 관리에 많은 어려움이 있다. 국내 자동차 등록대수는 매년 꾸준히 증가하여 2022년 1,732만 대를 넘어섰다. 운송수단별 수송분담률에서도 자동차가 차지하는 비중은 2022년 75% 이상이다. 한편 2022년 자동차 1대당 인구는 2.9명으로 미국에 비해 2배 이상이다.

국내 자동차 등록현황을 사용 연료별로 살펴보면 휘발유 차량이 가장 많고 다음으로 경유, LPG 차량 순이다. 최근 국내 휘발유 가격대비 경유 가격이 상승하였다. 그 여파로 국내에서 경유 차량의 신규 등록이 휘발유 차량에 비해 줄어드는 추세를 보이고 있다. 이런 추세는 OECD 선진국에서 경유 차량이 일반화되는 현상과 대비된다.

자동차 등록대수의 빠른 증가는 대기오염은 물론이고 지구온난화를 야기하는 자동차 배기가스 배출량에 큰 영향을 미치고 있다. 2021년 기준으로 국내 주요 대기오염물질 배출량 중 자동차 배기가스가 차지하는 비중은 일산화탄소(CO) 67.5%, 질소산화물(NOx) 41.7%, 미세먼지(PM10) 23.5%이다. 특히 질소산화물은 태양광선에 의해 광화학반응을 일으켜 오존을 발생시키고 호흡기질환 등을 유발하므로 이에 대한 저감 대책이 필요하다.

① 연도별 국내 자동차 등록현황

(단위 : 천 대)

연도	2016년	2017년	2018년	2019년	2020년	2021년	2022년
등록대수	14,586	14,934	15,397	15,895	16,428	16,794	17,325

② 2021년 국내 주요 대기오염물질 배출량

(단위 : 천 톤/년)

구분	배출량	자동차 배기가스(비중)
일산화탄소(CO)	809	546(67.5%)
질소산화물(NOx)	1,188	495(41.7%)
이산화황(SO2)	403	1(0.2%)
미세먼지(PM10)	98	23(23.5%)
휘발성유기화합물(VOCs)	875	95(10.9%)
암모니아(NH3)	309	10(3.2%)
계	3,682	1,170(31.8%)

③ 2022년 국내 운송수단별 수송분담률

(단위 : 백만 명, %)

구분	자동차	지하철	철도	항공	해운	합
수송인구	9,798	2,142	1,020	16	14	12,990
수송분담률	75.4	16.5	7.9	0.1	0.1	100.0

④ 2022년 OECD 국가의 자동차 연료별 상대가격

(휘발유 기준)

구분	휘발유	경유	LPG
OECD 회원국 전체	100	86	45
OECD 선진국	100	85	42
OECD 비선진국	100	87	54
OECD 산유국	100	86	50
OECD 비산유국	100	85	31

⑤ 2022년 국가별 자동차 1대당 인구

(단위 : 명)

국가	한국	일본	미국	독일	프랑스
자동차 1대당 인구	2.9	1.7	1.2	1.9	1.7

20 다음은 A ~ E 5개국의 경제 및 사회 지표 자료이다. 이에 대한 설명으로 옳지 않은 것은?

〈5개국의 경제 및 사회 지표〉

구분	1인당 GDP(달러)	경제성장률(%)	수출(백만 달러)	수입(백만 달러)	총인구(백만 명)
A	27,214	2.6	526,757	436,499	50.6
B	32,477	0.5	624,787	648,315	126.6
C	55,837	2.4	1,504,580	2,315,300	321.8
D	25,832	3.2	277,423	304,315	46.1
E	56,328	2.3	188,445	208,414	24.0

※ (총 GDP)=(1인당 GDP)×(총인구)

① 경제성장률이 가장 큰 국가가 총 GDP는 가장 작다.

② 총 GDP가 가장 큰 국가의 GDP는 가장 작은 국가의 GDP보다 10배 이상 더 크다.

③ 5개국 중 수출과 수입에 있어서 규모에 따라 나열한 순위는 서로 일치한다.

④ A국이 E국보다 총 GDP가 더 크다.

⑤ 1인당 GDP에 따른 순위와 총 GDP에 따른 순위는 서로 일치한다.

CHAPTER 03
문제해결능력

문제해결능력은 업무를 수행하면서 여러 가지 문제 상황이 발생하였을 때, 창의적이고 논리적인 사고를 통하여 이를 올바르게 인식하고 적절히 해결하는 능력을 말한다. 하위능력으로는 사고력과 문제처리능력이 있다.

문제해결능력은 NCS 기반 채용을 진행하는 대다수의 공사·공단에서 채택하고 있으며, 문항 수는 평균 24% 정도로 상당히 많이 출제되고 있다. 하지만 많은 수험생들은 더 많이 출제되는 다른 영역에 몰입하고 문제해결능력은 집중하지 않는 실수를 하고 있다. 다른 영역보다 더 많은 노력이 필요할 수는 있지만 그렇기에 차별화를 할 수 있는 득점 영역이므로 포기하지 말고 꾸준하게 노력해야 한다.

01 질문의 의도를 정확하게 파악하라!

문제해결능력은 문제에서 무엇을 묻고 있는지 정확하게 파악하여 먼저 풀이 방향을 설정하는 것이 가장 효율적인 방법이다. 특히, 조건이 주어지고 답을 찾는 창의적·분석적인 문제가 주로 출제되고 있기 때문에 처음에 정확한 풀이 방향이 설정되지 않는다면 시간만 허비하고 결국 문제도 풀지 못하게 되므로 첫 번째로 출제의도 파악에 집중해야 한다.

02 중요한 정보는 반드시 표시하라!

위에서 말한 출제의도를 정확히 파악하기 위해서는 문제의 중요한 정보는 반드시 표시나 메모를 하여 하나의 조건, 단서도 잊고 넘어가는 일이 없도록 해야 한다. 실제 시험에서는 시간의 압박과 긴장감으로 정보를 잘못 적용하거나 잊어버리는 실수가 많이 발생하므로 사전에 충분한 연습이 필요하다.
가령 명제 문제의 경우 주어진 명제와 그 명제의 대우를 본인이 한눈에 파악할 수 있도록 기호화, 도식화하여 메모하면 흐름을 이해하기가 더 수월하다. 이를 통해 자신만의 풀이 순서와 방향, 기준 또한 생길 것이다.

03 반복 풀이를 통해 취약 유형을 파악하라!

길지 않은 한정된 시간 동안 모든 문제를 다 푸는 것은 조금은 어려울 수도 있다. 따라서 고득점을 할 수 있는 효율적인 문제 풀이 방법을 찾아야 한다. 이때, 반복적인 문제 풀이를 통해 자신이 취약한 유형을 파악하는 것이 중요하다. 취약 유형 파악은 종료 시간이 임박했을 때 빛을 발할 것이다. 풀 수 있는 문제부터 빠르게 풀고 취약한 유형은 나중에 푸는 효율적인 문제 풀이를 통해 최대한의 고득점을 하는 것이 중요하다. 그러므로 본인의 취약 유형을 파악하기 위해서는 많은 문제를 풀어 봐야 한다.

04 타고나는 것이 아니므로 열심히 노력하라!

대부분의 수험생들이 문제해결능력은 공부해도 실력이 늘지 않는 영역이라고 생각한다. 하지만 그렇지 않다. 문제해결능력이야말로 노력을 통해 충분히 고득점이 가능한 영역이다. 정확한 질문 의도 파악, 취약한 유형의 반복적인 풀이, 빈출유형 파악 등의 방법으로 충분히 실력을 향상시킬 수 있다. 자신감을 갖고 공부하기 바란다.

03 | 모듈이론

01 문제해결능력

1. 문제의 의의

(1) 문제와 문제점

문제	업무를 수행함에 있어서 답을 요구하는 질문이나 의논하여 해결해야 하는 사항
문제점	문제의 원인이 되는 사항으로 문제해결을 위해서 조치가 필요한 대상

난폭운전으로 전복사고가 일어난 경우는 '사고의 발생'이 문제이며, '난폭운전'은 문제점이다.

(2) 문제의 유형

① 기능에 따른 분류 : 제조 문제, 판매 문제, 자금 문제, 인사 문제, 경리 문제, 기술상 문제
② 시간에 따른 분류 : 과거 문제, 현재 문제, 미래 문제
③ 해결방법에 따른 분류 : 논리적 문제, 창의적 문제

(3) 발생형 문제, 탐색형 문제, 설정형 문제

구분	내용
발생형 문제 (보이는 문제)	• 우리 눈앞에 발생되어 걱정하고 해결하기 위해 고민하는 문제를 말하며 원인지향적인 문제라고도 함 • 일탈 문제 : 어떤 기준을 일탈함으로써 생기는 문제 • 미달 문제 : 기준에 미달하여 생기는 문제
탐색형 문제 (찾는 문제)	• 현재의 상황을 개선하거나 효율을 높이기 위한 문제를 말하며 문제를 방치하면 뒤에 큰 손실이 따르거나 해결할 수 없게 되는 것 • 잠재 문제 : 문제가 잠재되어 인식하지 못하다가 결국 문제가 확대되어 해결이 어려운 문제 • 예측 문제 : 현재는 문제가 아니지만 계속해서 현재 상태로 진행할 경우를 가정하고 앞으로 일어날 수 있는 문제 • 발견 문제 : 현재는 문제가 없으나 좋은 제도나 기법, 기술을 발견하여 개선, 향상할 수 있는 문제
설정형 문제 (미래의 문제)	• 장래의 경영전략을 통해 앞으로 어떻게 할 것인가 하는 문제 • 새로운 목표를 설정함에 따라 일어나는 문제로서 목표 지향적 문제라고도 함 • 지금까지 경험한 바가 없는 문제로 많은 창조적인 노력이 요구되므로 창조적 문제라고도 함

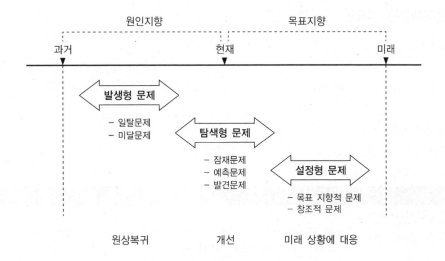

〈핵심예제〉

다음 중 문제에 대한 설명으로 적절하지 않은 것은?

① 업무를 수행함에 있어서 답을 요구하는 질문이나 의논하여 해결해야 되는 사항을 의미한다.
② 해결하기를 원하지만 실제로 해결해야 하는 방법을 모르고 있는 상태도 포함된다.
③ 얻고자 하는 해답이 있지만 그 해답을 얻는 데 필요한 일련의 행동을 알지 못한 상태도 있다.
④ 일반적으로 발생형 문제, 설정형 문제, 논리적 문제로 구분된다.

문제는 일반적으로 발생형 문제, 탐색형 문제, 설정형 문제로 구분된다.

정답 ④

2. 문제해결의 의의

(1) 문제해결이란?

목표와 현상을 분석하고, 분석 결과를 토대로 주요 과제를 도출한 뒤, 바람직한 상태나 기대되는 결과가 나타나도록 최적의 해결책을 찾아 실행, 평가해가는 활동을 말한다.

(2) 문제해결에 필요한 기본요소

① 체계적인 교육훈련
② 창조적 스킬의 습득
③ 전문영역에 대한 지식 습득
④ 문제에 대한 체계적인 접근

3. 문제해결에 필요한 기본적 사고

(1) 전략적 사고

현재 당면하고 있는 문제와 해결방법에만 집착하지 말고, 그 문제와 해결방안이 상위 시스템 또는 다른 문제와 어떻게 연결되어 있는지를 생각하는 것이 필요하다.

(2) 분석적 사고

전체를 각각의 요소로 나누어 그 요소의 의미를 도출한 다음 우선순위를 부여하고 구체적인 문제해결방법을 실행하는 것이 요구된다.

문제의 종류	요구되는 사고
성과 지향의 문제	기대하는 결과를 명시하고 효과적으로 달성하는 방법을 사전에 구상하고 실행에 옮길 것
가설 지향의 문제	현상 및 원인분석 전에 지식과 경험을 바탕으로 일의 과정이나 결과, 결론을 가정한 다음 검증 후 사실일 경우 다음 단계의 일을 수행할 것
사실 지향의 문제	일상 업무에서 일어나는 상식, 편견을 타파하여 객관적 사실로부터 사고와 행동을 출발할 것

(3) 발상의 전환

사물과 세상을 바라보는 인식의 틀을 전환하여 새로운 관점에서 바로 보는 사고를 지향하는 것이 필요하다.

(4) 내·외부자원의 효과적 활용

기술, 재료, 방법, 사람 등 필요한 자원 확보 계획을 수립하고 내·외부자원을 효과적으로 활용하도록 해야 한다.

〈 핵심예제 〉

다음 중 문제해결에 필요한 기본적 사고로 적절한 것은?

① 외부자원만을 효과적으로 활용한다.
② 전략적 사고를 해야 한다.
③ 같은 생각을 유지한다.
④ 추상적 사고를 해야 한다.

문제해결에 필요한 기본적 사고
전략적 사고, 분석적 사고, 발상의 전환, 내·외부자원의 활용

정답 ②

4. 문제해결의 장애요소

- 문제를 철저하게 분석하지 않는 것
- 고정관념에 얽매이는 것
- 쉽게 떠오르는 단순한 정보에 의지하는 것
- 너무 많은 자료를 수집하려고 노력하는 것

5. 제3자를 통한 문제해결

종류	내용
소프트 어프로치	• 대부분의 기업에서 볼 수 있는 전형적인 스타일 • 조직구성원들이 같은 문화적 토양을 가짐 • 직접적인 표현보다는 암시를 통한 의사전달 • 제3자 : 결론을 미리 그려가면서 권위나 공감에 의지함 • 결론이 애매하게 산출되는 경우가 적지 않음
하드 어프로치	• 조직구성원들이 상이한 문화적 토양을 가짐 • 직설적인 주장을 통한 논쟁과 협상 • 논리, 즉 사실과 원칙에 근거한 토론 • 제3자 : 지도와 설득을 통해 전원이 합의하는 일치점 추구 • 이론적으로는 가장 합리적인 방법 • 창조적인 아이디어나 높은 만족감을 이끌어내기 어려움
퍼실리테이션	• 그룹이 나아갈 방향을 알려주고, 공감을 이룰 수 있도록 도와주는 것 • 제3자 : 깊이 있는 커뮤니케이션을 통해 창조적인 문제해결 도모 • 창조적인 해결방안 도출, 구성원의 동기와 팀워크 강화 • 퍼실리테이터의 줄거리대로 결론이 도출되어서는 안 됨

02 사고력

1. 창의적 사고의 의의

(1) 창의적 사고란?

당면한 문제를 해결하기 위해 이미 알고 있는 경험과 지식을 해체하여 다시 새로운 정보로 결합함으로써 새로운 아이디어를 다시 도출하는 것이다.

(2) 창의적 사고의 특징

- 발산적(확산적) 사고
- 새롭고 유용한 아이디어를 생산해 내는 정신적인 과정
- 기발하거나, 신기하며 독창적인 것
- 유용하고 적절하며, 가치가 있는 것
- 기존의 정보들을 새롭게 조합시킨 것

다음 중 창의적 사고의 특징으로 적절하지 않은 것은?

① 외부 정보끼리의 조합이다.

② 사회나 개인에게 새로운 가치를 창출한다.

③ 창조적인 가능성이다.

④ 사고력, 성격, 태도 등의 전인격적인 가능성을 포함한다.

창의적 사고는 정보와 정보의 조합으로, 정보에는 내부 정보와 외부 정보가 있다.

정답 ①

2. 창의적 사고의 개발 방법

(1) 자유 연상법 – 생각나는 대로 자유롭게 발상 – 브레인스토밍

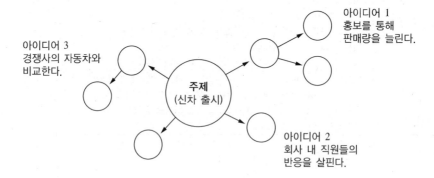

(2) 강제 연상법 – 각종 힌트와 강제적으로 연결지어서 발상 – 체크리스트

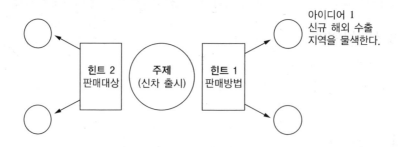

(3) 비교 발상법 – 주제의 본질과 닮은 것을 힌트로 발상 – NM법, Synectics

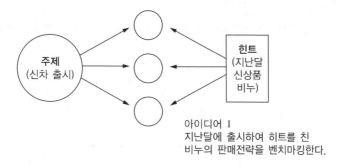

아이디어 1
지난달에 출시하여 히트를 친
비누의 판매전략을 벤치마킹한다.

(4) 브레인스토밍 진행 방법

- 주제를 구체적이고 명확하게 정한다.
- 구성원의 얼굴을 볼 수 있는 좌석 배치와 큰 용지를 준비한다.
- 구성원들의 다양한 의견을 도출할 수 있는 사람을 리더로 선출한다.
- 구성원은 다양한 분야의 사람들로 5 ~ 8명 정도로 구성한다.
- 발언은 누구나 자유롭게 할 수 있도록 하며, 모든 발언 내용을 기록한다.
- 아이디어에 대한 평가는 비판해서는 안 된다.

3. 논리적 사고

(1) 논리적 사고란?

사고의 전개에 있어서 전후의 관계가 일치하고 있는가를 살피고, 아이디어를 평가하는 능력을 말한다.

(2) 논리적 사고의 5요소

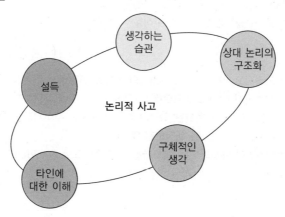

(3) 논리적 사고를 개발하기 위한 방법

① 피라미드 기법

보조 메시지들을 통해 주요 메인 메시지를 얻고, 다시 메인 메시지를 종합한 최종적인 정보를 도출해 내는 방법이다.

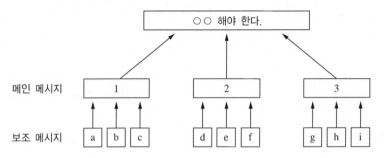

② So What 기법

"그래서 무엇이지?" 하고 자문자답하는 의미로 눈앞에 있는 정보로부터 의미를 찾아내어 가치 있는 정보를 이끌어 내는 사고이다. "So What?"은 "어떻게 될 것인가?", "어떻게 해야 한다."라는 내용이 포함되어야 한다. 아래는 이에 대한 사례이다.

[상황]

ㄱ. 우리 회사의 자동차 판매대수가 사상 처음으로 전년 대비 마이너스를 기록했다.

ㄴ. 우리나라의 자동차 업계 전체는 일제히 적자 결산을 발표했다.

ㄷ. 주식 시장은 몇 주간 조금씩 하락하는 상황에 있다.

[So What?을 사용한 논리적 사고의 예]

a. 자동차 판매의 부진

b. 자동차 산업의 미래

c. 자동차 산업과 주식시장의 상황

d. 자동차 관련 기업의 주식을 사서는 안 된다.

e. 지금이야말로 자동차 관련 기업의 주식을 사야 한다.

[해설]

a. 상황 ㄱ만 고려하고 있으므로 So What의 사고에 해당하지 않는다.

b. 상황 ㄷ을 고려하지 못하고 있으므로 So What의 사고에 해당하지 않는다.

c. 상황 ㄱ ~ ㄷ을 모두 고려하고는 있으나 자동차 산업과 주식시장이 어떻게 된다는 것을 알 수 없으므로 So What의 사고에 해당하지 않는다.

d・e. "주식을 사지 마라(사라)."는 메시지를 주고 있으므로 So What의 사고에 해당한다.

다음 중 논리적 사고를 위한 요소가 아닌 것은?

① 생각하는 습관   ② 상대 논리의 구조화

③ 타인에 대한 이해·설득   ④ 추상적인 생각

논리적 사고의 요소
생각하는 습관, 상대 논리의 구조화, 구체적인 생각, 타인에 대한 이해·설득

정답 ④

4. 비판적 사고

(1) 비판적 사고란?

어떤 주제나 주장 등에 대해서 적극적으로 분석하고 종합하며 평가하는 능동적인 사고를 말한다. 이는 문제의 핵심을 중요한 대상으로 하며, 지식과 정보를 바탕으로 합당한 근거에 기초를 두고 현상을 분석, 평가하는 사고이다. 비판적 사고를 개발하기 위해서는 지적 호기심, 객관성, 개방성, 융통성, 지적 회의성, 지적 정직성, 체계성, 지속성, 결단성, 다른 관점에 대한 존중과 같은 합리적인 태도가 요구된다.

(2) 비판적 사고에 필요한 태도

① 문제의식

문제의식을 가지고 있다면 주변에서 발생하는 사소한 것에서도 정보를 수집하고 새로운 아이디어를 끊임없이 생산해 낼 수 있다.

② 고정관념 타파

지각의 폭을 넓히는 일은 정보에 대한 개방성을 가지고 편견을 갖지 않는 것으로 이를 위해서는 고정관념을 타파하는 것이 중요하다.

1. 문제 인식

(1) 문제 인식 절차

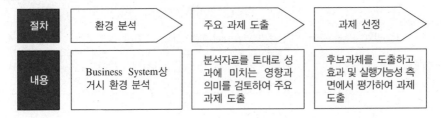

절차	환경 분석	주요 과제 도출	과제 선정
내용	Business System상 거시 환경 분석	분석자료를 토대로 성과에 미치는 영향과 의미를 검토하여 주요 과제 도출	후보과제를 도출하고 효과 및 실행가능성 측면에서 평가하여 과제 도출

(2) 환경 분석

① 3C 분석

사업환경을 구성하고 있는 요소인 자사, 경쟁사, 고객을 3C라고 한다.

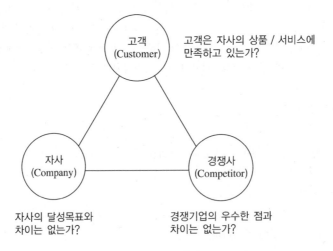

② SWOT 분석

㉠ 의의 : 기업내부의 강점, 약점과 외부환경의 기회, 위협요인을 분석 평가하고 이들을 서로 연관 지어 전략을 개발하고 문제해결 방안을 개발하는 방법이다.

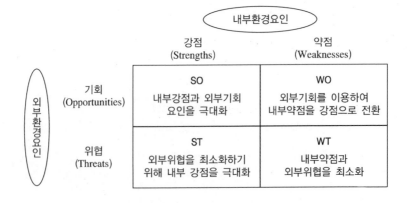

ⓛ SWOT 분석방법

외부환경 분석	• 좋은 쪽으로 작용하는 것은 기회, 나쁜 쪽으로 작용하는 것은 위협으로 분류 • 언론매체, 개인 정보망 등을 통하여 입수한 상식적인 세상의 변화 내용을 시작으로 당사자에게 미치는 영향을 순서대로, 점차 구체화 • 인과관계가 있는 경우 화살표로 연결 • 동일한 Data라도 자신에게 긍정적으로 전개되면 기회로, 부정적으로 전개되면 위협으로 구분 • 외부환경분석 시에는 SCEPTIC 체크리스트를 활용 ① Social (사회), ② Competition (경쟁), ③ Economic (경제), ④ Politic (정치), ⑤ Technology (기술), ⑥ Information (정보), ⑦ Client (고객)
내부환경 분석	• 경쟁자와 비교하여 나의 강점과 약점을 분석 • 강점과 약점의 내용 : 보유하거나 동원 가능하거나 활용 가능한 자원 • 내부환경분석에는 MMMITI 체크리스트를 활용 ① Man (사람), ② Material (물자), ③ Money (돈), ④ Information (정보), ⑤ Time (시간), ⑥ Image (이미지)

ⓒ SWOT 전략 수립 방법

내부의 강점과 약점을, 외부의 기회와 위협을 대응시켜 기업 목표 달성을 위한 SWOT 분석을 바탕으로 구축한 발전전략의 특성은 다음과 같다.

SO전략	외부환경의 기회를 활용하기 위해 강점을 사용하는 전략 선택
ST전략	외부환경의 위협을 회피하기 위해 강점을 사용하는 전략 선택
WO전략	자신의 약점을 극복함으로써 외부환경의 기회를 활용하는 전략 선택
WT전략	약점을 보완해 미래의 위협에 대응하거나 비상시 대처하기 위한 전략

(3) 주요 과제 도출

과제 도출을 위해서는 다양한 과제 후보안을 다음 그림과 같은 표를 이용해서 하는 것이 체계적이며 바람직하다. 주요 과제 도출을 위한 과제안 작성 시, 과제안 간의 동일한 수준, 표현의 구체성, 기간 내 해결 가능성 등을 확인해야 한다.

(4) 과제 선정

과제안 중 효과 및 실행 가능성 측면을 평가하여 가장 우선순위가 높은 안을 선정하며, 우선순위 평가 시에는 과제의 목적, 목표, 자원현황 등을 종합적으로 고려하여 평가한다.

(5) 과제안 평가기준

과제해결의 중요성, 과제착수의 긴급성, 과제해결의 용이성을 고려하여 여러 개의 평가기준을 동시에 설정하는 것이 바람직하다.

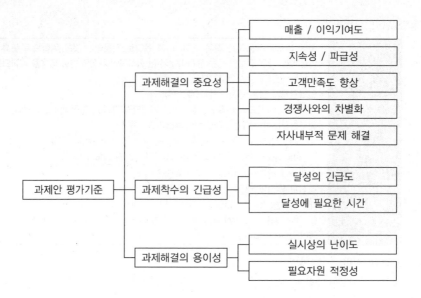

2. 문제 도출

(1) 세부 절차

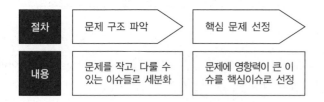

(2) 문제 구조 파악

전체 문제를 개별화된 세부 문제로 쪼개는 과정으로 문제의 내용 및 부정적인 영향 등을 파악하여 문제의 구조를 도출해내는 것이다. 이를 위해서는 문제가 발생한 배경이나 문제를 일으키는 원인을 분명히 해야 하며, 문제의 본질을 다양하고 넓은 시야로 보아야 한다.

(3) Logic Tree

주요 과제를 나무모양으로 분해, 정리하는 기술로서, 제한된 시간 동안 문제의 원인을 깊이 파고든다든지, 해결책을 구체화할 때 유용하게 사용된다. 이를 위해서는 전체 과제를 명확히 해야 하며, 분해해가는 가지의 수준을 맞춰야 하고, 원인이 중복되거나 누락되지 않고 각각의 합이 전체를 포함해야 한다.

3. 원인 분석

(1) 세부 절차

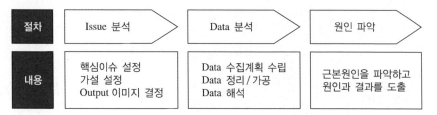

절차	Issue 분석	Data 분석	원인 파악
내용	핵심이슈 설정 가설 설정 Output 이미지 결정	Data 수집계획 수립 Data 정리 / 가공 Data 해석	근본원인을 파악하고 원인과 결과를 도출

(2) Issue 분석

① 핵심이슈 설정

업무에 가장 크게 영향을 미치는 문제로 선정하며, 사내외 고객 인터뷰 등을 활용한다.

② 가설 설정

이슈에 대해 자신의 직관, 경험 등에 의존하여 일시적인 결론을 예측하는 것이며, 설정된 가설은 관련자료 등을 통해 검증할 수 있어야 하고, 논리적이며 객관적이어야 한다.

③ Output 이미지 결정

가설검증계획에 따라 분석결과를 미리 이미지화하는 것이다.

(3) Data 분석

① Data 수집계획 수립

데이터 수집 시에는 목적에 따라 수집 범위를 정하고, 전체 자료의 일부인 표본을 추출하는 전통적인 통계학적 접근과 전체 데이터를 활용한 빅데이터 분석을 구분해야 한다. 이때, 객관적인 사실을 수집해야 하며 자료의 출처를 명확히 밝힐 수 있어야 한다.

② Data 정리 / 가공

데이터 수집 후에는 목적에 따라 수집된 정보를 항목별로 분류 정리하여야 한다.

③ Data 해석

정리된 데이터는 '무엇을', '왜', '어떻게' 측면에서 의미를 해석해야 한다.

(4) 원인 파악

① 단순한 인과관계

원인과 결과를 분명하게 구분할 수 있는 경우로, 날씨가 더울 때 아이스크림 판매량이 증가하는 경우가 이에 해당한다.

② 닭과 계란의 인과관계

원인과 결과를 구분하기가 어려운 경우로, 브랜드의 향상이 매출확대로 이어지고, 매출확대가 다시 브랜드의 인지도 향상으로 이어져 원인과 결과를 쉽게 밝혀내기 어려운 상황이 이에 해당한다.

③ 복잡한 인과관계

단순한 인과관계와 닭과 계란의 인과관계의 유형이 복잡하게 서로 얽혀 있는 경우로, 대부분의 문제가 이에 해당한다.

4. 해결안 개발

(1) 세부 절차

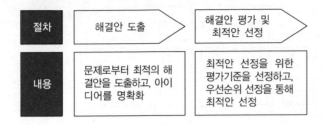

절차	해결안 도출	해결안 평가 및 최적안 선정
내용	문제로부터 최적의 해결안을 도출하고, 아이디어를 명확화	최적안 선정을 위한 평가기준을 선정하고, 우선순위 선정을 통해 최적안 선정

(2) 해결안 도출 과정

① 근본원인으로 열거된 내용을 어떠한 방법으로 제거할 것인지를 명확히 한다.

② 독창적이고 혁신적인 방안을 도출한다.

③ 유사한 방법이나 목적을 갖는 내용을 군집화한다.

④ 최종 해결안을 정리한다.

(3) 해결안 평가 및 최적안 선정

문제(What), 원인(Why), 방법(How)를 고려해서 해결안을 평가하고 가장 효과적인 해결안을 선정해야 하며, 중요도와 실현가능성 등을 고려해서 종합적인 평가를 내리고, 채택 여부를 결정하는 과정이다.

5. 실행 및 평가

(1) 세부 절차

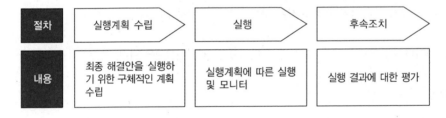

절차	실행계획 수립	실행	후속조치
내용	최종 해결안을 실행하기 위한 구체적인 계획 수립	실행계획에 따른 실행 및 모니터	실행 결과에 대한 평가

(2) 실행계획 수립

세부 실행내용의 난이도를 고려하여 가급적 구체적으로 세우는 것이 좋으며, 해결안별 실행계획서를 작성함으로써 실행의 목적과 과정별 진행내용을 일목요연하게 파악하도록 하는 것이 필요하다.

(3) 실행 및 후속조치

① 파일럿 테스트를 통해 문제점을 발견하고, 해결안을 보완한 후 대상 범위를 넓혀서 전면적으로 실시해야 한다. 그리고 실행상의 문제점 및 장애요인을 신속히 해결하기 위해서 모니터링 체제를 구축하는 것이 바람직하다.

② 모니터링 시 고려 사항

- 바람직한 상태가 달성되었는가?
- 문제가 재발하지 않을 것을 확신할 수 있는가?
- 사전에 목표한 기간 및 비용은 계획대로 지켜졌는가?
- 혹시 또 다른 문제를 발생시키지 않았는가?
- 해결책이 주는 영향은 무엇인가?

《 핵심예제 》

다음 중 문제해결 과정을 순서대로 바르게 나열한 것은?

ㄱ. 문제 인식   ㄴ. 실행 및 평가
ㄷ. 원인 분석   ㄹ. 문제 도출
ㅁ. 해결안 개발

① ㄱ - ㄴ - ㄷ - ㄹ - ㅁ   ② ㄱ - ㄹ - ㄷ - ㅁ - ㄴ
③ ㄴ - ㄷ - ㄹ - ㅁ - ㄱ   ④ ㄹ - ㄱ - ㄷ - ㅁ - ㄴ

문제해결 과정
문제 인식 → 문제 도출 → 원인 분석 → 해결안 개발 → 실행 및 평가

정답 ②

01 | 사고력 ① – 창의적 사고

다음 〈보기〉 중 창의적 사고 에 대한 설명으로 적절하지 않은 것을 모두 고르면?

보기

ㄱ 창의적 사고는 아무것도 없는 무에서 유를 만들어 내는 것이다.
　→ 창의적 사고는 끊임없이 참신하고 새로운 아이디어를 만들어 내는 것

ㄴ 창의적 사고는 끊임없이 참신한 아이디어를 산출하는 힘이다.

ㄷ 우리는 매일 끊임없이 창의적 사고를 계속하고 있다.

ㄹ 필요한 물건을 싸게 사기 위해서 하는 많은 생각들은 창의적 사고에 해당하지 않는다. → 창의적 사고는 일상생활의 작은 것부터 위대한 것까지 포함되며, 우리는 매일 창의적 사고를 하고 있음

ㅁ 창의적 사고를 대단하게 여기는 사람들의 편견과 달리 창의적 사고는 누구에게나 존재한다.

① ㄱ, ㄷ
② ㄱ, ㄹ ✓
③ ㄴ, ㄹ
④ ㄷ, ㅁ
⑤ ㄹ, ㅁ

풀이순서

1) 질문의도
　창의적 사고 이해

2) 보기(ㄱ ~ ㅁ) 확인

3) 정답도출

유형 분석	• 주어진 설명을 통해 이론이나 개념을 활용하여 풀어가는 문제이다. 응용 문제 : 주로 빠른 시간 안에 정답을 도출하는 문제가 출제된다.
풀이 전략	모듈이론에 대한 전반적인 학습을 미리 해 두어야 하며, 이를 토대로 주어진 문제에 적용하여 문제를 해결해 나가도록 한다.

02 | 사고력 ② – 명제

게임 동호회 회장인 귀하는 주말에 진행되는 게임 행사에 동호회 회원인 A ~ E의 참여 가능 여부를 조사하려고 한다. 다음을 참고하여 <u>E가 행사에 참여하지 않는다</u>고 할 때, <u>행사에 참여 가능한 사람</u>은 모두 몇 명인가? ~e

풀이순서

1) 질문의도
   명제 추리

2) 문장분석
   기호화

3) 정답도출
   ~e → d
   d → ~b
   ~b → a
   a → ~c
   ∴ 2명

- <u>A가 행사에 참여하지 않으면</u>, <u>B가 행사에 참여한다</u>.   ~a → b의 대우
      ~a   b   : ~b → a
- <u>A가 행사에 참여하면</u>, <u>C는 행사에 참여하지 않는다</u>.
     a   ~c
- <u>B가 행사에 참여하면</u>, <u>D는 행사에 참여하지 않는다</u>.   b → ~d의 대우
    b   ~d   : d → ~b
- <u>D가 행사에 참여하지 않으면</u>, <u>E가 행사에 참여한다</u>.   ~d → e의 대우
     ~d   e   : ~e → d

① 0명   ② 1명
✔ 2명   ④ 3명
⑤ 4명

유형 분석
- 주어진 문장을 토대로 논리적으로 추론하여 참 또는 거짓을 구분하는 문제이다.
- 대체로 연역추론을 활용한 명제 문제가 출제된다.

응용문제 : 자료를 제시하고 새로운 결과나 자료에 주어지지 않은 내용을 추론해 가는 형식의 문제가 출제된다.

풀이 전략
명제와 관련한 기본적인 논법에 대해서는 미리 학습해 두며, 이를 바탕으로 각 문장에 있는 핵심단어 또는 문구를 기호화하여 정리한 후, 선택지와 비교하여 참 또는 거짓을 판단한다.

03 | 문제처리 ① - SWOT 분석

다음은 분식점에 대한 SWOT 분석 결과이다. 이에 대한 대응 방안으로 가장 적절한 것은?

풀이순서

1) 질문의도
   SWOT 분석

2) SWOT 분석

S(강점)	W(약점)
• 좋은 품질의 재료만 사용 • 청결하고 차별화된 이미지	• 타 분식점에 비해 한정된 메뉴 • 배달서비스를 제공하지 않음
O(기회)	T(위협)
• 분식점 앞에 곧 학교가 들어설 예정 • 최근 TV프로그램 섭외 요청을 받음	• 프랜차이즈 분식점들로 포화 상태 • 저렴한 길거리 음식으로 취급하는 경향이 있음

① ST전략 : 비싼 재료들을 사용하여 가격을 올려 저렴한 길거리 음식이라는 인식을 바꾼다.

② WT전략 : 다른 분식점들과 차별화된 전략을 유지하기 위해 배달서비스를 시작한다.

☑ SO전략 : TV프로그램에 출연해 좋은 품질의 재료만 사용한다는 점을 부각시킨다.
　　　　　　　　　　　O　　　　　　　　　　　　S

3) 정답도출

④ WO전략 : TV프로그램 출연용으로 다양한 메뉴를 일시적으로 개발한다.

⑤ WT전략 : 포화 상태의 시장에서 살아남기 위해 다른 가게보다 저렴한 가격으로 판매한다.

유형 분석
- 상황에 대한 환경 분석 결과를 통해 주요 과제를 도출하는 문제이다.
- 주로 3C 분석 또는 SWOT 분석을 활용한 문제들이 출제되고 있으므로 해당 분석도구에 대한 사전 학습이 요구된다.

풀이 전략
문제에 제시된 분석도구를 확인한 후, 분석 결과를 종합적으로 판단하여 각 선택지의 전략 과제와 일치 여부를 판단한다.

04 | 문제처리 ② - 공정 관리

다음은 제품 생산에 소요되는 작업 시간을 정리한 자료이다. 〈조건〉이 다음과 같을 때, 이에 대한 설명으로 가장 적절한 것은?

풀이순서

1) 질문의도
   공정 관리 이해

3) 정답도출

〈제품 생산에 소요되는 작업 시간〉

(단위 : 시간)

제품 \ 작업 구분	절삭 작업	용접 작업
a	2	1
b	1	2
c	3	3

조건

- a, b, c제품을 각 1개씩 생산한다.
- 주어진 기계는 절삭기 1대, 용접기 1대이다.
- 각 제품은 절삭 작업을 마친 후 용접 작업을 해야 한다.
- 총 작업 시간을 최소화하기 위해 제품의 제작 순서는 관계없다.

2) 조건확인

✓ 가장 적게 소요되는 총 작업 시간은 8시간이다.
 ┌─ b → c → a의 순서
② 가장 많이 소요되는 총 작업 시간은 12시간이다.
  a → c → b의 순서 : 총 10시간
③ 총 작업 시간을 최소화하기 위해 제품 b를 가장 늦게 만든다.
④ 총 작업 시간을 최소화하기 위해 제품 a를 가장 먼저 만든다.
⑤ b → c → a의 순서로 작업할 때, b 작업 후 1시간 동안 용접을 더 하면 작업 시간이 늘어난다.
  b 작업 후 1시간의 유휴 시간이 있으므로 작업 시간 변함 없음

유형 분석	• 주어진 상황과 정보를 종합적으로 활용하여 풀어가는 문제이다. • 비용, 시간, 순서, 해석 등 다양한 주제를 다루고 있어 유형을 한 가지로 단일화하기 어렵다.
풀이 전략	문제에서 묻는 것을 정확히 파악한 후, 필요한 상황과 정보를 찾아 이를 활용하여 문제를 풀어간다.

03 | 기출예상문제

정답 및 해설 p.031

01 6명의 학생이 아침, 점심, 저녁을 먹는데, 메뉴는 김치찌개와 된장찌개뿐이다. 다음 〈조건〉이 모두 참일 때, 옳지 않은 것은?

> **조건**
> • 아침과 저녁은 다른 메뉴를 먹는다.
> • 점심과 저녁에 같은 메뉴를 먹은 사람은 4명이다.
> • 아침에 된장찌개를 먹은 사람은 3명이다.
> • 하루에 된장찌개를 한 번만 먹은 사람은 3명이다.

① 아침에 된장찌개를 먹은 사람은 모두 저녁에 김치찌개를 먹었다.

② 된장찌개는 총 9그릇이 필요하다.

③ 저녁에 된장찌개를 먹은 사람들은 모두 아침에 김치찌개를 먹었다.

④ 점심에 된장찌개를 먹은 사람은 아침이나 저녁 중 한 번은 된장찌개를 먹었다.

⑤ 김치찌개는 총 10그릇이 필요하다.

02 다음 〈조건〉을 바탕으로 추론한 〈보기〉에 대한 판단으로 가장 적절한 것은?

> **조건**
> • 운동화는 슬리퍼보다 비싸다.
> • 구두는 운동화보다 비싸다.
> • 부츠는 슬리퍼보다 싸다.

> **보기**
> A : 운동화는 부츠보다 비싸다.
> B : 슬리퍼는 구두보다 싸다.

① A만 옳다.

② B만 옳다.

③ A, B 모두 옳다.

④ A, B 모두 틀리다.

⑤ A, B 모두 옳은지 틀린지 판단할 수 없다.

※ 면접 시험장에 대기 중인 A ~ F는 1번부터 6번까지의 번호를 부여받아 번호 순서대로 면접을 보게 된다. 면접 순서에 대한 〈조건〉이 다음과 같을 때, 이어지는 질문에 답하시오. **[3~5]**

> **조건**
> • 1, 2, 3번은 오전에 4, 5, 6번은 오후에 면접을 보게 된다.
> • C, F는 오전에 면접을 본다.
> • C 다음에는 A가, A 다음에는 D가 차례로 면접을 본다.
> • B는 2번 아니면 6번이다.

03 가능한 면접 순서는 모두 몇 가지인가?

① 1가지   ② 2가지

③ 3가지   ④ 4가지

⑤ 5가지

04 다음 중 항상 옳은 것은?

① D는 B보다 일찍 면접을 본다.
② C는 두 번째로 면접을 본다.
③ A는 E보다 늦게 면접을 본다.
④ F는 C보다 일찍 면접을 본다.
⑤ E는 D보다 일찍 면접을 본다.

05 다음 중 항상 오후에 면접을 보는 사람은 누구인가?

① A   ② B

③ D   ④ E

⑤ F

06 각각 다른 심폐기능 등급을 받은 A ~ E 5명 중 등급이 가장 낮은 2명의 환자에게 건강관리 안내문을 발송하려 한다. 다음 〈조건〉을 토대로 발송 대상자가 바르게 짝지어진 것은?

조건
- E보다 심폐기능이 좋은 환자는 2명 이상이다.
- E는 C보다 한 등급 높다.
- B는 D보다 한 등급 높다.
- A보다 심폐기능이 나쁜 환자는 2명이다.

① B, C
② B, D
③ B, E
④ C, D
⑤ C, E

07 환경부의 인사실무 담당자는 환경정책과 관련된 특별위원회를 구성하면서 외부 환경 전문가를 위촉하려 한다. 현재 거론되고 있는 외부 전문가는 A ~ F이다. 이 6명의 외부 인사에 대해서 담당자는 다음 〈조건〉을 충족하는 선택을 해야 한다. 만약 B가 위촉되지 않는다면, 몇 명이 위촉되는가?

조건
- 만약 A가 위촉되면, B와 C도 위촉되어야 한다.
- 만약 A가 위촉되지 않는다면, D가 위촉되어야 한다.
- 만약 B가 위촉되지 않는다면, C나 E가 위촉되어야 한다.
- 만약 C와 E가 위촉되면, D는 위촉되지 않는다.
- 만약 D나 E가 위촉되면, F도 위촉되어야 한다.

① 1명
② 2명
③ 3명
④ 4명
⑤ 5명

08 마케팅팀에는 부장 A, 과장 B와 C, 대리 D와 E, 신입사원 F와 G 총 7명이 근무하고 있다. 마케팅팀 부장은 신입사원 입사 기념으로 팀원을 모두 데리고 영화관에 갔다. 영화를 보기 위해 다음 〈조건〉에 따라 자리에 앉는다고 할 때, 항상 옳은 것은?(단, 방향의 기준은 스크린을 바라보는 방향으로 한다)

> **조건**
> • 모두 일곱 자리가 일렬로 붙어 있는 곳에 앉는다.
> • 일곱 자리 양옆에는 비상구가 있다.
> • D와 F는 나란히 앉는다.
> • A와 B 사이에는 한 명이 앉아 있다.
> • G는 왼쪽에 사람이 앉아 있는 것을 싫어한다.
> • C와 G 사이에는 한 명이 앉아 있다.

① E는 D와 F 사이에 앉는다.
② G와 가장 멀리 떨어진 자리에 앉는 사람은 D이다.
③ C의 양옆에는 A와 B가 앉는다.
④ D는 비상구와 붙어 있는 자리에 앉는다.
⑤ 가운데 자리에는 항상 B가 앉는다.

09 신제품의 설문조사를 위하여 A~F를 2인 1조로 조직하여 파견을 보내려 한다. 회사의 사정상 다음 〈조건〉에 따라 2인 1조를 조직하게 되었다. 이때 한 조가 될 수 있는 두 사람은?

> **조건**
> • A는 C나 D와 함께 갈 수 없다.
> • B는 반드시 D 아니면 F와 함께 가야 한다.
> • C는 반드시 E 아니면 F와 함께 가야 한다.
> • A가 C와 함께 갈 수 없다면, A는 반드시 F와 함께 가야 한다.

① A, E
② B, D
③ B, F
④ C, D
⑤ C, F

※ 다음은 S기금 사업추진팀의 인사평가 결과표이다. 이어지는 질문에 답하시오. [10~11]

〈사업추진팀 인사평가 항목별 등급〉

성명	업무등급	소통등급	자격등급
유수연	A	B	B
최혜수	D	C	B
이명희	C	A	B
한승엽	A	A	D
이효연	B	B	C
김은혜	A	D	D
박성진	A	A	A
김민영	D	D	D
박명수	D	A	B
김신애	C	D	D

※ 등급의 환산점수는 A : 100점, B : 90점, C : 80점, D : 70점으로 환산하여 총점으로 구한다.

10 S기금에서는 인사평가 결과를 바탕으로 상여금을 지급한다. 인사평가 결과와 다음의 상여금 지급 규정을 참고하였을 때, 가장 많은 상여금을 받을 수 있는 사람은 누구인가?

〈상여금 지급 규정〉

• 인사평가 총점이 팀 내 상위 50% 이내에 드는 경우 100만 원을 지급한다.
• 인사평가 총점이 팀 내 상위 30% 이내에 드는 경우 50만 원을 추가로 지급한다.
• 상위 50% 미만은 20만 원을 지급한다.
• 동순위자 발생 시 A등급의 빈도가 높은 순서대로 순위를 정한다.

① 이명희
② 한승엽
③ 이효연
④ 박명수
⑤ 김신애

11 인사평가 결과에서 오류가 발견되어 박명수의 소통등급과 자격등급이 C로 정정되었다면, 박명수를 제외한 순위변동이 있는 사람은 몇 명인가?

① 없음
② 1명
③ 2명
④ 3명
⑤ 4명

12 A씨가 근무하는 K기금은 출근 시 카드 또는 비밀번호를 입력하여야 한다. 어느 날 A씨는 카드를 집에 두고 출근을 하여 비밀번호로 근무지에 출입하고자 한다. 그러나 비밀번호가 잘 기억이 나지 않아 당혹스럽다. 네 자리 숫자의 비밀번호에 대해 다음 〈조건〉이 주어진다면, A씨가 이해한 내용으로 옳지 않은 것은?

조건
- 비밀번호를 구성하고 있는 각 숫자는 소수가 아니다.
- 6과 8 중에서 단 하나만이 비밀번호에 들어간다.
- 비밀번호는 짝수로 시작한다.
- 비밀번호의 각 숫자는 큰 수부터 차례로 나열되어 있다.
- 같은 숫자는 두 번 이상 들어가지 않는다.

① 비밀번호는 짝수이다.
② 비밀번호의 앞에서 두 번째 숫자는 4이다.
③ 단서를 모두 만족하는 비밀번호는 모두 세 가지이다.
④ 비밀번호는 1을 포함하지만 9는 포함하지 않는다.
⑤ 단서를 모두 만족하는 비밀번호 중 가장 작은 수는 6410이다.

13 S회사의 마케팅 부서 직원 A ~ H가 원탁에 앉아서 회의를 하려고 한다. 다음 〈조건〉을 참고할 때, 항상 참인 것은?(단, 서로 이웃해 있는 직원 간의 사이는 모두 동일하다)

조건
- A와 C는 가장 멀리 떨어져 있다.
- A 옆에는 G가 앉는다.
- B와 F는 서로 마주보고 있다.
- D는 E 옆에 앉는다.
- H는 B 옆에 앉지 않는다.

① 가능한 모든 경우의 수는 4가지이다.
② A와 B 사이에는 항상 누군가 앉아 있다.
③ C 옆에는 항상 E가 있다.
④ E와 G는 항상 마주 본다.
⑤ G의 오른쪽 옆에는 항상 H가 있다.

※ K극장의 직원은 A∼F 6명으로, 매일 오전과 오후 2회로 나누어 각 근무 시간에 2명의 직원이 근무하고 있다. 직원은 1주에 4회 이상 근무를 해야 하며, 7회 이상은 근무할 수 없고, 인사 담당자는 근무 계획을 작성할 때, 다음 〈조건〉을 충족해야 한다. 이어지는 질문에 답하시오. [14~15]

> **조건**
>
> • A는 오전에 근무하지 않는다.
> • B는 수요일에 근무한다.
> • C은 수요일을 제외하고는 매일 1회 근무한다.
> • D는 토요일과 일요일을 제외한 날의 오전에만 근무할 수 있다.
> • E은 월요일부터 금요일까지는 근무하지 않는다.
> • F는 C와 함께 근무해야 한다.

14 다음 중 F가 근무할 수 있는 요일을 모두 고르면?

① 월요일, 화요일, 수요일, 목요일
② 월요일, 화요일, 목요일, 금요일
③ 목요일, 금요일, 토요일, 일요일
④ 화요일, 목요일, 금요일, 일요일
⑤ 월요일, 목요일, 금요일, 토요일

15 다음 중 옳지 않은 것은?

① C와 F는 평일 중 하루는 오전에 함께 근무한다.
② D는 수요일 오전에 근무한다.
③ E는 주말 오전에는 C와, 오후에는 A와 근무한다.
④ B는 평일에 매일 한 번씩만 근무한다.
⑤ D는 항상 B와 근무한다.

※ 서울에 사는 A ~ E 5명의 고향은 각각 대전, 대구, 부산, 광주, 춘천 중 한 곳이다. 이들은 설날을 맞아 열차 1, 2, 3을 타고 고향에 내려가고자 한다. 열차와 탑승 정보가 다음 〈조건〉과 같을 때, 이어지는 질문에 답하시오. [16~18]

조건

- 열차 2는 대전, 춘천을 경유하여 부산까지 가는 열차이다.
- A의 고향은 부산이다.
- E는 어떤 열차를 타도 고향에 갈 수 있다.
- 열차 1에는 D를 포함한 세 사람이 탄다.
- C와 D가 함께 탈 수 있는 열차는 없다.
- B가 탈 수 있는 열차는 열차 2뿐이다.
- 열차 2와 열차 3이 지나는 지역은 대전을 제외하고 중복되지 않는다.

16 다음 중 E의 고향은 어디인가?

① 대전   ② 대구
③ 부산   ④ 춘천
⑤ 광주

17 다음 중 열차 2를 탈 수 있는 사람을 모두 고르면?

① A, B, E   ② A, C, E
③ A, D, E   ④ B, C, E
⑤ B, D, E

18 열차 1이 광주를 경유한다고 할 때, 열차 3에 타는 사람과 목적지를 바르게 짝지은 것은?

① A - 부산   ② C - 대구
③ D - 대전   ④ D - 대구
⑤ E - 대전

19 S공사는 맞춤형 산업용수 공급 사업을 통해 기업의 요구에 맞는 수질의 산업용수를 생산, 공급하고 있다. 다음 자료를 통해 알 수 있는 것은?

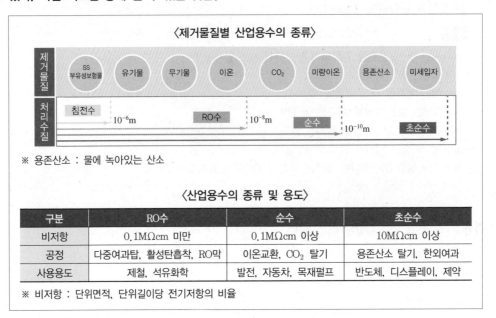

〈제거물질별 산업용수의 종류〉

※ 용존산소 : 물에 녹아있는 산소

〈산업용수의 종류 및 용도〉

구분	RO수	순수	초순수
비저항	$0.1M\Omega cm$ 미만	$0.1M\Omega cm$ 이상	$10M\Omega cm$ 이상
공정	다중여과탑, 활성탄흡착, RO막	이온교환, CO_2 탈기	용존산소 탈기, 한외여과
사용용도	제철, 석유화학	발전, 자동차, 목재펄프	반도체, 디스플레이, 제약

※ 비저항 : 단위면적, 단위길이당 전기저항의 비율

① RO수를 생산하기 위해서 다중여과탑, 한외여과 공정이 필요하다.
② 정밀한 작업이 필요한 반도체 회사에는 용존산소 탈기, 한외여과 공정을 거쳐 생산된 초순수를 공급한다.
③ 이온교환, CO_2 탈기 공정을 통해 제거물질 순서 중 무기물과 이온까지 제거해 순수를 생산한다.
④ 침전수는 $10^{-8}m$ 크기의 물질까지 제거한다.
⑤ 석유화학 회사에는 예상치 못한 화학반응을 줄이기 위해 미량이온을 제거한 RO수를 공급한다.

20 다음 중 자신이 한 진술들이 동시에 참일 수 있는 사람을 모두 고르면?

> 나나 : 역사 안에서 일어나는 모든 일에는 선과 악이 없어. 하지만 개인이 선할 가능성은 여전히 남아 있지. 자연의 힘으로 벌어지는 모든 일에는 선과 악이 없고, 역사란 자연의 힘만으로 전개되는 것이야. 개인이 노력한다고 해서 역사가 달라지지도 않아. 만일 개인이 노력한다고 해서 역사가 달라지지 않고 역사 안에서 일어나는 모든 일에 선과 악이 없다면, 개인은 역사 바깥에 나갈 때에만 선할 수 있어. 물론 개인은 역사 바깥에 나가지도 못하고, 자연의 힘을 벗어날 수도 없지.
>
> 모모 : 개인은 역사 바깥에 나가지도 못하고, 자연의 힘을 벗어날 수도 없어. 자연의 힘으로 벌어지는 모든 일에는 선과 악이 없다는 것도 참이야. 하지만 역사 안에서 일어나는 일 가운데는 선과 악이 있는 일도 있어. 왜냐하면 역사 안에서 일어나는 모든 일이 자연의 힘만으로 벌어지는 것은 아니니까. 역사 안에서 일어나는 일 중에는 지성과 사랑의 힘에 의해 일어나는 일도 있어. 지성과 사랑의 힘에 의해 일어나는 일에는 선과 악이 있지.
>
> 수수 : 역사 중에는 물론 지성의 역사와 사랑의 역사도 있지. 하지만 그것을 포함한 모든 역사는 오직 자연의 힘만으로 벌어지지. 지성과 사랑의 역사도 진화의 역사일 뿐이고, 진화의 역사는 오직 자연의 힘만으로 벌어지기 때문이야. 자연의 힘만으로 벌어지는 모든 일에는 선과 악이 없지만, 진화의 역사에서 오직 자연의 힘만으로 인간 지성과 사랑이 출현한 일에는 선이 있음이 분명해.

① 모모   ② 수수
③ 나나, 모모   ④ 나나, 수수
⑤ 나나, 모모, 수수

CHAPTER 04

정보능력

정보능력은 업무를 수행함에 있어 기본적인 컴퓨터를 활용하여 필요한 정보를 수집, 분석, 활용하는 능력을 의미한다. 또한 업무와 관련된 정보를 수집하고, 이를 분석하여 의미있는 정보를 얻는 능력이다.

국가직무능력표준에 따르면 정보능력의 세부 유형은 컴퓨터활용능력·정보처리능력으로 나눌 수 있다.

정보능력은 NCS 기반 채용을 진행한 곳 중 52% 정도가 다뤘으며, 문항 수는 전체에서 평균 6% 정도 출제되었다.

01 평소에 컴퓨터 활용 스킬을 틈틈이 익혀라!

윈도우(OS)에서 어떠한 설정을 할 수 있는지, 응용프로그램(엑셀 등)에서 어떠한 기능을 활용할 수 있는지를 평소에 직접 사용해 본다면 문제를 보다 수월하게 해결할 수 있다. 여건이 된다면 컴퓨터활용능력에 관련된 자격증 공부를 하는 것도 이론과 실무를 익히는 데 도움이 될 것이다.

02 문제의 규칙을 찾는 연습을 하라!

일반적으로 코드체계나 시스템 논리체계를 제공하고 이를 분석하여 문제를 해결하는 유형이 출제된다. 이러한 문제는 문제해결능력과 같은 맥락으로 규칙을 파악하여 접근하는 방식으로 연습이 필요하다.

03 현재 보고 있는 그 문제에 집중하자!

정보능력의 모든 것을 공부하려고 한다면 양이 너무나 방대하다. 그렇기 때문에 수험서에서 본인이 현재 보고 있는 문제들을 집중적으로 공부하고 기억하려고 해야 한다. 그러나 엑셀의 함수수식, 연산자 등 암기를 필요로 하는 부분들은 필수적으로 암기를 해서 출제가 되었을 때 오답률을 낮출 수 있도록 한다.

04 사진·그림을 기억하자!

컴퓨터활용능력을 파악하는 영역이다 보니 컴퓨터 속 옵션, 기능, 설정 등의 사진·그림이 문제에 같이 나오는 경우들이 있다. 그런 부분들은 직접 컴퓨터를 통해서 하나하나 확인을 하면서 공부한다면 더 기억에 잘 남게 된다. 조금 귀찮더라도 한 번씩 클릭하면서 확인을 해보도록 한다.

04 | 모듈이론

01 정보능력의 의의

(1) 정보의 의의

① 정보능력의 의미

컴퓨터를 활용하여 필요한 정보를 수집·분석·활용하는 능력이다.

② 자료(Data), 정보(Information), 지식(Knowledge)

구분	일반적 정의	사례
자료	객관적 실체를 전달이 가능하게 기호화한 것	스마트폰 활용 횟수
정보	자료를 특정한 목적과 문제 해결에 도움이 되도록 가공한 것	20대의 스마트폰 활용 횟수
지식	정보를 체계화하여 보편성을 갖도록 한 것	스마트폰 디자인에 대한 20대의 취향

일반적으로 '자료⊇지식⊇정보'의 포함관계로 나타낼 수 있다.

《 핵심예제 》

다음 중 정보의 사례로 적절한 것을 모두 고르면?

ㄱ 남성용 화장품 개발　　　　ㄴ 1인 가구의 인기 음식
ㄷ 라면 종류별 전체 판매량　　ㄹ 다큐멘터리와 예능 시청률
ㅁ 5세 미만 아동들의 선호 색상

① ㄱ, ㄷ　　　　　② ㄴ, ㅁ
③ ㄷ, ㅁ　　　　　④ ㄷ, ㄹ
⑤ ㄹ, ㅁ

ㄴ·ㅁ 음식과 색상에 대한 자료를 가구, 연령으로 특징지음으로써 자료를 특정한 목적으로 가공한 정보이다.

[오답분석]
ㄱ 특정 목적을 달성하기 위한 지식이다.
ㄷ·ㄹ 특정 목적이 없는 자료이다.

정답 ②

③ 정보의 핵심특성
　　㉠ 적시성 : 정보는 원하는 시간에 제공되어야 한다.
　　㉡ 독점성 : 정보는 공개가 되고 나면 정보가치가 급감하나(경쟁성), 정보획득에 필요한 비용이 줄
　　　어드는 효과도 있다(경제성).

구분	공개 정보	반(半)공개 정보	비(非)공개 정보
경쟁성	낮음	⟶	높음
경제성	높음	⟶	낮음

(2) 정보화 사회

① 정보화 사회의 의의
　　정보가 사회의 중심이 되는 사회로 IT기술을 활용해 필요한 정보가 창출되는 사회이다.

② 정보화 사회의 특징

> • 정보의 사회적 중요성이 요구되며, 정보 의존성이 강화됨
> • 전 세계를 하나의 공간으로 여기는 수평적 네트워크 커뮤니케이션이 가능해짐
> • 경제 활동의 중심이 유형화된 재화에서 정보, 서비스, 지식의 생산으로 옮겨감
> • 정보의 가치 생산을 중심으로 사회 전체가 움직이게 됨

◀ 핵심예제 ▶

다음 글에서 설명하고 있는 사회는 무엇인가?

이 세상에서 필요로 하는 정보가 사회의 중심이 되는 사회로서, 컴퓨터 기술과 정보통신 기술을 활용해 사회 각 분야에서 필요로 하는 가치 있는 정보를 창출하고, 보다 유익하고 윤택한 생활을 영위하는 사회로 발전시켜 나가는 것을 뜻한다.

① 시민 사회　　　　　　　　　② 미래 사회
③ 정보화 사회　　　　　　　　④ 산업화 사회

정보화 사회는 경제 활동의 중심이 상품의 정보나 서비스, 지식의 생산으로 옮겨지는 사회이다. 즉, 지식·정보와 관련된 산업이 부가가치를 높일 수 있는 사회이다.

정답 ③

③ 미래 사회의 특징

> • 지식 및 정보 생산 요소에 의한 부가가치 창출
> • 세계화의 진전
> • 지식의 폭발적 증가

④ 정보화 사회의 필수 행위
　　정보 검색, 정보 관리, 정보 전파

(3) 컴퓨터의 활용 분야

① 기업 경영 분야

경영정보시스템(MIS), 의사결정지원시스템(DSS)	기업 경영에 필요한 정보를 효과적으로 활용하도록 지원해 경영자가 신속히 의사결정을 할 수 있게 함
전략정보시스템(SIS)	기업의 전략을 실현해 경쟁 우위를 확보하기 위한 목적으로 사용
사무자동화(OA)	문서 작성과 보관의 자동화, 전자 결재 시스템이 도입되어 업무 처리의 효율을 높여 줌
전자상거래(EC)	기업의 입장에서는 물류 비용을 절감할 수 있으며, 소비자는 값싸고 질 좋은 제품을 구매할 수 있게 함

② 행정 분야

행정 데이터베이스	민원 처리, 행정 통계 등의 행정 관련 정보의 데이터베이스 구축
행정 사무자동화	민원 서류의 전산 발급

③ 산업 분야

공업	컴퓨터를 이용한 공정 자동화와 산업용 로봇의 활용
상업	POS 시스템

《 핵심예제 》

다음 중 빈칸에 들어갈 용어로 적절한 것은?

이것은 기업이 경쟁에서 우위를 확보하려고 구축·이용하는 것이다. 기존의 정보시스템이 기업 내 업무의 합리화·효율화에 역점을 두었던 것에 반해, 기업이 경쟁에서 승리해 살아남기 위한 필수적인 시스템이라는 뜻에서 _____(이)라고 한다. 그 요건으로는 경쟁 우위의 확보, 신규 사업의 창출이나 상권의 확대, 업계 구조의 변혁 등을 들 수 있다. 실례로는 금융 기관의 대규모 온라인시스템, 체인점 등의 판매시점관리(POS)를 들 수 있다.

① 경영정보시스템(MIS) ② 전략정보시스템(SIS)
③ 전사적 자원관리(ERP) ④ 의사결정지원시스템(DSS)

전략정보시스템(SIS)은 기업의 전략을 실현해 경쟁 우위를 확보하기 위한 목적으로 사용되는 정보시스템으로, 기업의 궁극적 목표인 이익에 직접적인 영향을 끼치는 시장점유율 향상, 매출 신장, 신상품 전략, 경영 전략 등의 전략 계획에 도움을 준다.

정답 ②

(4) 정보 처리 과정

| 기획 | → | 수집 | → | 관리 | → | 활용 |

① 기획

정보 활동의 가장 첫 단계이며, 정보 관리의 가장 중요한 단계이다.

5W	What(무엇을)	정보의 입수대상을 명확히 한다.
	Where(어디에서)	정보의 소스를 파악한다.
	When(언제)	정보의 요구시점을 고려한다.
	Why(왜)	정보의 필요 목적을 염두에 둔다.
	Who(누가)	정보 활동의 주체를 확정한다.
2H	How(어떻게)	정보의 수집 방법을 검토한다.
	How much(얼마나)	정보 수집의 효용성을 중시한다.

② 수집

㉠ 다양한 정보원으로부터 목적에 적합한 정보를 입수하는 것이다.

㉡ 정보 수집의 최종적인 목적은 '예측'을 잘하기 위함이다.

③ 관리

㉠ 수집된 다양한 형태의 정보를 사용하기 쉬운 형태로 바꾸는 것이다.

㉡ 정보관리의 3원칙

목적성	사용 목적을 명확히 설명해야 한다.
용이성	쉽게 작업할 수 있어야 한다.
유용성	즉시 사용할 수 있어야 한다.

④ 활용

최신 정보기술을 통한 정보들을 당면한 문제에 활용하는 것이다.

《 핵심예제 》

다음 중 정보 관리의 3원칙으로 적절하지 않은 것은?

① 목적성 　　　　　　　　② 용이성
③ 유용성 　　　　　　　　④ 상대성

정보 관리의 3원칙에는 목적성, 용이성, 유용성 등이 있다.

정답 ④

(1) 인터넷 서비스의 종류

① 전자우편

- 인터넷을 이용하여 다른 이용자들과 정보를 주고받는 통신 방법을 말한다.
- 포털, 회사, 학교 등에서 제공하는 전자우편 시스템에 계정을 만들어 이용가능하다.

② 웹하드

웹서버에 대용량의 저장 기능을 갖추고 사용자가 개인의 하드디스크와 같은 기능을 인터넷을 통해 이용할 수 있게 하는 서비스를 말한다.

③ 메신저

컴퓨터를 통해 실시간으로 메시지와 데이터를 주고받을 수 있는 서비스이며 응답이 즉시 이루어져 가장 보편적으로 사용되는 서비스이다.

④ 클라우드

- 사용자들이 별도의 데이터 센터를 구축하지 않고도, 인터넷 서버를 활용해 정보를 보관하고 있다가 필요할 때 꺼내 쓰는 기술을 말한다.
- 모바일 사회에서는 장소와 시간에 관계없이 다양한 단말기를 통해 사용가능하다.

⑤ SNS

온라인 인맥 구축을 목적으로 개설된 커뮤니티형 웹사이트를 말하며 트위터, 페이스북, 인스타그램과 같은 1인 미디어와 정보 공유 등을 포괄하는 개념이다.

⑥ 전자상거래

협의의 전자상거래	인터넷이라는 전자적인 매체를 통해 재화나 용역을 거래하는 것
광의의 전자상거래	소비자와의 거래 뿐만 아니라 관련된 모든 기관과의 행위를 포함

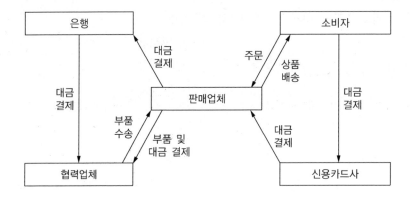

다음 중 전자상거래에 대한 설명으로 적절한 것을 모두 고르면?

> ㉠ 내가 겪은 경험담도 전자상거래 상품이 될 수 있다.
> ㉡ 인터넷 서점, 홈쇼핑, 홈뱅킹 등도 전자상거래 유형이다.
> ㉢ 팩스나 전자우편 등을 이용하면 전자상거래가 될 수 없다.
> ㉣ 개인이 아닌 공공기관이나 정부는 전자상거래를 할 수 없다.

① ㉠, ㉡   ② ㉠, ㉢

③ ㉡, ㉢   ④ ㉡, ㉣

오답분석
㉢ 팩스나 전자우편 등을 이용해 전자상거래를 할 수 있다.
㉣ 공공기관이나 정부도 전자상거래를 할 수 있다.

정답 ①

(2) 검색 엔진의 유형

종류	내용
키워드 검색 방식	• 정보와 관련된 키워드를 직접 입력하여 정보를 찾는 방식 • 방법이 간단하나 키워드를 불명확하게 입력하면 검색이 어려움
주제별 검색 방식	• 주제별, 계층별로 문서들을 정리해 DB를 구축한 후 이용하는 방식 • 원하는 정보를 찾을 때까지 분류된 내용을 차례로 선택해 검색
자연어 검색 방식	• 문장 형태의 질의어를 형태소 분석을 거쳐 각 질문에 답이 들어 있는 사이트를 연결해 주는 방식
통합형 검색 방식	• 검색엔진 자신만의 DB를 구축하지 않음 • 검색어를 연계된 다른 검색 엔진에 보낸 후 검색 결과를 보여줌

(3) 업무용 소프트웨어

① 워드프로세서

㉠ 문서를 작성, 편집, 저장, 인쇄할 수 있는 프로그램을 말하며, 키보드 등으로 입력한 문서의 내용을 화면으로 확인하면서 쉽게 고칠 수 있어 편리하다.

㉡ 흔글과 MS-Word가 가장 대표적으로 활용되는 프로그램이다.

㉢ 워드프로세서의 주요 기능

종류	내용
입력	키보드나 마우스를 통해 문자, 그림 등을 입력할 수 있는 기능
표시	입력한 내용을 표시 장치를 통해 나타내주는 기능
저장	입력된 내용을 저장하여 필요할 때 사용할 수 있는 기능
편집	문서의 내용이나 형태 등을 변경해 새롭게 문서를 꾸미는 기능
인쇄	작성된 문서를 프린터로 출력하는 기능

② 스프레드시트

　　㉠ 수치나 공식을 입력하여 그 값을 계산해내고, 결과를 차트로 표시할 수 있는 프로그램을 말하며, 다양한 함수를 이용해 복잡한 수식도 계산할 수 있다.

　　㉡ Excel이 가장 대표적으로 활용되는 프로그램이다.

　　㉢ 스프레드시트의 구성단위

　　　스프레드시트는 셀, 열, 행, 영역의 4가지 요소로 구성된다. 그중에서 셀은 가로행과 세로열이 교차하면서 만들어지는 공간을 말하며, 이는 정보를 저장하는 기본단위이다.

《 핵심예제 》

다음은 스프레드시트로 작성한 워크시트이다. ㉠~㉣에 대한 설명으로 적절하지 않은 것은?

	A	B	C	D	E	F	
1	참고서 구입 현황						← ㉠
2						[단위 : 명]	
3	종류	1학년	2학년	3학년	합계	순위	← ㉡
4	국어	67	98	102	267	3	
5	수학	68	87	128	283	1	
6	영어	24	110	115	249	4	← ㉢
7	사회	56	85	98	239	5	
8	과학	70	86	112	268	2	
9	합계	285	466	555	1306		

↑
㉣

① ㉠은 '셀 병합' 기능을 이용해 작성할 수 있다.
② ㉡은 '셀 서식'의 '채우기' 탭에서 색상을 변경할 수 있다.
③ ㉢은 셀 F4를=RANK(F4, E4:E8)로 구한 후에 '자동 채우기' 기능으로 구할 수 있다.
④ ㉣은 '자동 합계' 기능을 사용해 구할 수 있다.

셀 F4를=RANK(F4, $E$4:$E$8)로 구한 후에 '자동 채우기' 기능으로 구할 수 있다.

정답 ③

---

③ 프레젠테이션

　　㉠ 컴퓨터 등을 이용하여 그 속에 담겨 있는 각종 정보를 전달하는 행위를 프레젠테이션이라고 하며, 이를 위해 사용되는 프로그램들을 프레젠테이션 프로그램이라고 한다.

　　㉡ 파워포인트가 가장 대표적으로 활용되는 프로그램이다.

(4) 데이터베이스

① 데이터베이스의 의의

여러개의 서로 연관된 파일을 데이터베이스라 하며, 이 연관성으로 인해 사용자는 여러 개의 파일에 있는 정보를 한 번에 검색할 수 있다.

데이터베이스 관리시스템	데이터와 파일의 관계를 생성, 유지, 검색할 수 있게 하는 소프트웨어
파일 관리시스템	한 번에 한 개의 파일만 생성, 유지, 검색할 수 있는 소프트웨어

② 데이터베이스의 필요성

종류	내용
데이터 중복 감소	데이터를 한 곳에서만 갖고 있으므로 유지 비용이 절감된다.
데이터 무결성 증가	데이터가 변경될 경우 한 곳에서 수정하는 것만으로 해당 데이터를 이용하는 모든 프로그램에 반영된다.
검색의 용이	한 번에 여러 파일에서 데이터를 찾을 수 있다.
데이터 안정성 증가	사용자에 따라 보안등급의 차등을 둘 수 있다.

③ 데이터베이스의 기능

종류	내용
입력 기능	형식화된 폼을 사용해 내용을 편리하게 입력할 수 있다.
검색 기능	필터나 쿼리 기능을 이용해 데이터를 빠르게 검색하고 추출할 수 있다.
일괄 관리 기능	테이블을 사용해 데이터를 관리하기 쉽고, 많은 데이터를 종류별로 분류해 일괄적으로 관리할 수 있다.
보고서 기능	데이터를 이용해 청구서나 명세서 등의 문서를 쉽게 만들 수 있다.

《 핵심예제 》

다음 중 데이터베이스의 필요성에 대한 설명으로 적절한 것을 모두 고르면?

ㄱ 데이터의 양이 많아 검색이 어려워진다.
ㄴ 데이터의 중복을 줄이고 안정성을 높인다.
ㄷ 프로그램의 개발이 쉽고 개발기간도 단축한다.
ㄹ 데이터가 한 곳에만 기록되어 있어 결함 없는 데이터를 유지하기 어려워졌다.

① ㄱ, ㄴ   ② ㄱ, ㄷ
③ ㄴ, ㄷ   ④ ㄴ, ㄹ

오답분석

ㄱ 한 번에 여러 파일에서 데이터를 찾아내는 기능은 원하는 검색이나 보고서 작성 등을 쉽게 할 수 있게 해준다.
ㄹ 데이터가 중복되지 않고 한 곳에만 기록되어 있으므로 데이터의 무결성, 즉 결함 없는 데이터를 유지하는 것이 훨씬 쉬워졌다.

정답 ③

03 정보처리능력

(1) 정보의 수집

① 1차 자료와 2차 자료

1차 자료	원래의 연구 성과가 기록된 자료
2차 자료	1차 자료를 효과적으로 찾아보기 위한 자료 혹은 1차 자료에 포함되어 있는 정보를 압축, 정리한 자료

② 인포메이션과 인텔리전스

인포메이션	하나하나의 개별적인 정보
인텔리전스	인포메이션 중에 몇 가지를 선별해 그것을 연결시켜 판단하기 쉽게 도와주는 하나의 정보 덩어리

③ 정보 수집을 잘하기 위한 방법

ㄱ 신뢰관계 수립 : 중요한 정보는 신뢰관계가 좋은 사람에게만 전해지므로 중요한 정보를 수집하려면 먼저 신뢰관계를 이루어야 한다.

ㄴ 선수필승(先手必勝) : 변화가 심한 시대에는 질이나 내용보다 빠른 정보 획득이 중요하다.

ㄷ 구조화 : 얻은 정보를 의식적으로 구조화하여 머릿속에 가상의 서랍을 만들어두자.

ㄹ 도구의 활용 : 기억력에는 한계가 있으므로 박스, 스크랩 등을 활용하여 정리하자.

(2) 정보 분석

① 정보 분석의 정의

여러 정보를 상호관련지어 새로운 정보를 생성해내는 활동을 말한다.

② 정보 분석의 절차

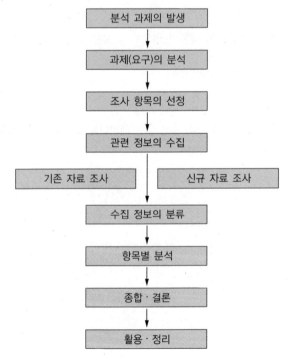

③ 정보의 서열화와 구조화
  ㉠ 1차 정보가 포함하는 내용을 몇 개의 카테고리로 분석해 각각의 상관관계를 확정하고,
  ㉡ 1차 정보가 포함하는 주요 개념을 대표하는 용어(키워드)를 추출하여,
  ㉢ 이를 간결하게 서열화·구조화해야 한다.

〈 핵심예제 〉

다음 중 정보 분석에 대한 설명으로 적절하지 않은 것은?

① 좋은 자료는 항상 훌륭한 분석이 될 수 있다.
② 반드시 고도의 수학적 기법을 요구하는 것만은 아니다.
③ 한 개의 정보로써 불분명한 사항을 다른 정보로써 명백히 할 수 있다.
④ 서로 상반되거나 큰 차이가 있는 정보의 내용을 판단해서 새로운 해석을 할 수 있다.

좋은 자료가 있다고 해서 항상 훌륭한 분석이 되는 것은 아니다. 좋은 자료가 있어도 그것을 평범한 것으로 바꾸는 것만으로는 훌륭한 분석이라고 할 수 없다. 훌륭한 분석이란 하나의 메커니즘을 그려낼 수 있고, 동향과 미래를 예측할 수 있는 것이어야 한다.

정답 ①

(3) 효율적인 정보 관리 방법
① 목록을 이용한 정보 관리
  정보에서 중요 항목을 찾아 기술한 후 정리해 목록을 만드는 것이며, 디지털 파일로 저장해두면 특정 용어를 입력하는 것만으로 결과물을 쉽게 찾을 수 있다.
② 색인을 이용한 정보 관리
  ㉠ 목록과 색인의 차이

목록	하나의 정보원에 하나의 목록이 대응된다.
색인	하나의 정보원에 여러 색인을 부여할 수 있다.

  ㉡ 색인의 구성요소

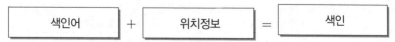

③ 분류를 이용한 정보 관리

   ⊙ 유사한 정보를 하나로 모아 분류하여 정리하는 것은 신속한 정보 검색을 가능하게 한다.

   ⓒ 분류 기준 예시

기준	내용	예
시간적 기준	정보의 발생 시간별로 분류	2023년 봄, 7월 등
주제적 기준	정보의 내용에 따라 분류	역사, 스포츠 등
기능적 / 용도별 기준	정보의 용도나 기능에 따라 분류	참고자료용, 강의용, 보고서 작성용 등
유형적 기준	정보의 유형에 따라 분류	도서, 비디오, CD, 한글파일, 파워포인트 파일 등

《 핵심예제 》

다음 중 효율적인 정보 관리 방법에 대한 설명으로 적절하지 않은 것은?

① 디지털 파일에 색인을 저장하면 추가·삭제·변경이 쉽다.

② 색인은 1개를 추출해 한 정보원에 1개의 색인어를 부여할 수 있다.

③ 정보 목록은 정보에서 중요 항목을 찾아 기술한 후 정리하면서 만들어진다.

④ 정보를 유사한 것끼리 모아 체계화해 정리하면 나중에 정보를 한번에 찾기가 가능하다.

목록은 한 정보원에 하나만 만드는 것이지만, 색인은 여러 개를 추출해 한 정보원에 여러 개의 색인어를 부여할 수 있다.

정답 ②

(4) 인터넷의 역기능과 네티켓

① 인터넷의 역기능

• 불건전 정보의 유통	• 언어 훼손
• 개인 정보 유출	• 인터넷 중독
• 사이버 성폭력	• 불건전한 교제
• 사이버 언어폭력	• 저작권 침해

② 네티켓

네트워크(Network) + 에티켓(Etiquette) = 네티켓(Netiquettee)

상황	내용
전자우편 사용 시	• 메시지는 가능한 짧게 요점만 작성한다. • 메일을 보내기 전에 주소가 올바른지 확인한다. • 제목은 메시지 내용을 함축해 간략하게 쓴다. • 가능한 메시지 끝에 Signature(성명, 직위 등)를 포함시킨다.
온라인 대화 시	• 도중에 들어가면 지금까지 진행된 대화의 내용과 분위기를 익힌다. • 광고, 홍보 등을 목적으로 악용하지 않는다.

게시판 사용시	• 글의 내용은 간결하게 요점만 작성한다. • 제목에는 내용을 파악할 수 있는 함축된 단어를 사용한다. • 글을 쓰기 전에 이미 같은 내용의 글이 있는지 확인한다.
공개자료실 이용시	• 자료는 가급적 압축된 형식으로 등록한다. • 프로그램을 등록할 경우에는 바이러스 감염 여부를 점검한다. • 음란물, 상업용 S/W를 올리지 않는다.
인터넷 게임	• 온라인 게임은 온라인 상의 오락으로 끝나야 한다. • 게임 중에 일방적으로 퇴장하지 않는다.

(5) 개인정보 보호

① 개인정보의 의미

생존하는 개인에 관한 정보로서, 정보에 포함된 성명 등에 의해 개인을 식별할 수 있는 정보를 의미하며, 단일 정보뿐만 아니라 다른 정보와 결합해 식별할 수 있는 것도 이에 해당한다.

② 개인정보의 유출 방지

> • 회원 가입 시 이용 약관 확인
> • 이용 목적에 부합하는 정보를 요구하는지 확인
> • 정기적인 비밀번호 교체
> • 정체가 불분명한 사이트 접속 자제
> • 가입 해지 시 정보 파기 여부 확인
> • 생년월일, 전화번호 등 유추 가능한 비밀번호 사용 자제

《 핵심예제 》

다음 중 개인정보의 유출을 방지할 수 있는 방법이 아닌 것은?

① 정체 불명의 사이트는 멀리한다.

② 비밀번호는 주기적으로 교체한다.

③ 회원 가입 시 이용약관을 읽는다.

④ 비밀번호는 기억하기 쉬운 전화번호를 사용한다.

생년월일이나 전화번호 등 남들이 쉽게 유추할 수 있는 비밀번호는 사용하지 말아야 한다.

정답 ④

01 | 엑셀 함수

「=INDEX(배열로 입력된 셀의 범위, 배열이나 참조의 행 번호, 배열이나 참조의 열 번호)」

다음 시트에서 [E10] 셀에 수식 「=INDEX(E2:E9, MATCH(0,D2:D9,0))」를 입력했을 때, [E10] 셀에 표시되는 결괏값은?

「=MATCH(찾으려고 하는 값, 연속된 셀 범위, 되돌릴 값을 표시하는 숫자)」

풀이순서

1) 질문의도
   엑셀 함수의 활용
   방법

2) 자료비교

	A	B	C	D	E
1	부서	직위	사원명	근무연수	근무월수
2	재무팀	사원	이수연	2	11
3	교육사업팀	과장	조민정	3	5
4	신사업팀	사원	최지혁	1	3
5	교육컨텐츠팀	사원	김다연	0	2
6	교육사업팀	부장	민경희	8	10
7	기구설계팀	대리	김형준	2	1
8	교육사업팀	부장	문윤식	7	3
9	재무팀	대리	한영혜	3	0
10					

① 0 　　　　　　② 1

✓ 2 　　　　　　④ 3

⑤ 4

「=INDEX(E2:E9,MATCH(0,D2:D9,0))」을 입력하면
근무연수가 0인 사람의 근무월수가 셀에 표시된다.
따라서 2가 표시된다.

3) 정답도출

유형 분석
- 주어진 상황에 사용할 적절한 엑셀 함수가 무엇인지 묻는 문제이다.
- 주로 업무 수행 중에 많이 활용되는 대표적인 엑셀 함수가 출제된다.

응용문제 : 엑셀시트를 제시하여 각 셀에 들어갈 함수식을 고르는 문제가 출제된다.

풀이 전략
제시된 조건의 엑셀 함수를 파악 후, 함수를 적용하여 값을 구한다. 엑셀 함수에 대한 기본적인
지식을 익혀 두면 풀이시간을 단축할 수 있다.

02 | 프로그램 언어(코딩)

다음 프로그램의 결괏값으로 옳은 것은?

```c
#include ⟨stdio.h⟩

int main(){
        int i = 4;
        int k = 2;
        switch(i) {
                case 0:
                case 1:
                case 2:
                case 3: k = 0;
                case 4: k += 5;
                case 5: k -= 20;
                default: k++;
        }
        printf("%d", k);
}
```

i가 4기 때문에 case 4부터 시작한다.
k는 2이고, k+=5를 하면 7이 된다.
case 5에서 k-=20을 하면 -13이 되고,
default에서 1이 증가하여 결괏값은 -12가
된다.

풀이순서

1) 질문의도
   C언어 연산자의 이해

2) 자료비교
   · 연산자 +
   · 연산자 -
   · 연산자 ++

3) 정답도출

① 12   ✔ -12
③ 10   ④ -10
⑤ -11

유형 분석
- 주어진 정보를 통해 결괏값이 무엇인지 묻는 문제이다.
- 주로 C언어 연산자를 적용하여 나오는 값을 구하는 문제가 출제된다.

응용문제 : 정보를 제공하지 않고, 기본적인 C언어 지식을 통해 결괏값을 구하는 문제가 출제된다.

풀이 전략
제시된 C언어 연산자를 파악 후, 연산자를 적용하여 값을 구한다. C언어에 대한 기본적인 지식을 익혀 두면 코딩 및 풀이시간을 줄일 수 있다.

04 | 기출예상문제

정답 및 해설 p.036

01 K사 영업부에 근무 중인 C사원은 영업부 사원들의 월별 매출을 다음과 같이 함수를 이용해 만 단위로 나타내려고 한다. 이때 [B9] 셀에 입력된 함수로 옳은 것은?

◢	A	B	C	D	E	F
1	구분	1월	2월	3월	5월	6월
2	A대리	1,252,340	1,345,620	1,568,670	1,321,670	1,563,850
3	B주임	1,689,320	1,859,460	1,546,210	1,689,250	1,123,960
4	C사원	1,432,670	1,965,230	1,532,460	1,326,030	1,659,210
5	D주임	1,235,640	1,635,420	1,236,950	1,468,210	1,246,180
6	E사원	1,743,560	1,325,470	1,125,350	1,856,920	1,216,530
7						
8	구분	1월	2월	3월	5월	6월
9	A대리	1,260,000	1,350,000	1,570,000	1,330,000	1,570,000
10	B주임	1,690,000	1,860,000	1,550,000	1,690,000	1,130,000
11	C사원	1,440,000	1,970,000	1,540,000	1,330,000	1,660,000
12	D주임	1,240,000	1,640,000	1,240,000	1,470,000	1,250,000
13	E사원	1,750,000	1,330,000	1,130,000	1,860,000	1,220,000

① $=$ ROUND(B2, $-$ 3)

② $=$ ROUND(B2, $-$ 4)

③ $=$ ROUNDUP(B2, $-$ 3)

④ $=$ ROUNDUP(B2, $-$ 4)

⑤ $=$ ROUNDDOWN(B2, $-$ 4)

02 다음 차트에 대한 설명으로 옳지 않은 것은?

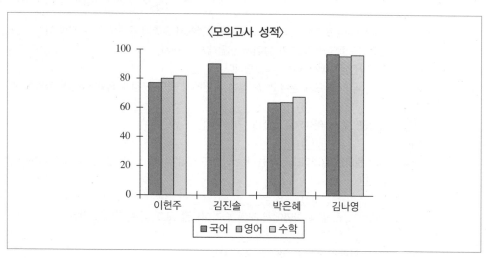

① 세로축의 주 단위가 20으로 설정되어 있다.
② 데이터 계열은 4개로 구성되어 있다.
③ 범례의 위치는 아래쪽에 있다.
④ 주 단위의 가로 눈금선이 표시되어 있다.
⑤ 2차원 세로 막대형 그래프이다.

03 다음 중 워드프로세서 스타일(Style)에 대한 설명으로 적절하지 않은 것은?

① 자주 사용하는 글자 모양이나 문단 모양을 미리 정해 놓고 쓰는 것을 말한다.
② 특정 문단을 사용자가 원하는 스타일로 변경할 수 있다.
③ 해당 문단의 글자 모양과 문단 모양을 한꺼번에 바꿀 수 있다.
④ 스타일을 적용하려면 항상 범위를 설정하여야 한다.
⑤ 한 번 설정된 스타일은 저장되므로 다른 문서를 불러들여 사용할 수도 있다.

04 다음 C대리의 답변 중 (가) ~ (마)에 들어갈 내용으로 적절하지 않은 것은?

A과장 : C대리, 파워포인트 슬라이드 쇼 실행 화면에서 단축키 좀 알려줄 수 있을까? 내 마음대로
　　　　슬라이드를 움직일 수가 없어서 답답해서 말이지.
C대리 : 네, 과장님. 제가 알려드리겠습니다.
A과장 : 그래. 우선 발표가 끝나고 쇼 실행 화면에서 화면을 검게 하고 싶은데 가능한가?
C대리 : ＿＿＿＿＿＿＿＿(가)＿＿＿＿＿＿＿＿
A과장 : 그렇군. 혹시 흰색으로 설정도 가능한가?
C대리 : ＿＿＿＿＿＿＿＿(나)＿＿＿＿＿＿＿＿
A과장 : 혹시 원하는 슬라이드로 이동하는 방법도 있나? 예를 들어 7번 슬라이드로 바로 넘어가고
　　　　싶네만.
C대리 : ＿＿＿＿＿＿＿＿(다)＿＿＿＿＿＿＿＿
A과장 : 슬라이드 쇼 실행 화면에서 모든 슬라이드를 보고 싶은 경우도 있네.
C대리 : ＿＿＿＿＿＿＿＿(라)＿＿＿＿＿＿＿＿
A과장 : 맞다. 형광펜 기능도 있다고 들었는데?
C대리 : ＿＿＿＿＿＿＿＿(마)＿＿＿＿＿＿＿＿

① (가) : `.`(마침표) 버튼을 누르시면 됩니다.
② (나) : `,`(쉼표) 버튼을 누르시면 됩니다.
③ (다) : `7`(해당번호)를 누르고, `Enter↵` 버튼을 누르시면 됩니다.
④ (라) : `+`(플러스) 버튼을 누르시면 됩니다.
⑤ (마) : `Ctrl`(컨트롤) 버튼과 `I`(영어 I) 버튼을 같이 누르시면 됩니다.

05 K사에는 시각 장애를 가진 C사원이 있다. C사원의 원활한 컴퓨터 사용을 위해 동료 사원들이 도움을 주고자 대화를 나누었다. 다음 중 바르게 설명한 사람은?

① A사원 : C사원은 Windows [제어판]에서 [접근성 센터]의 기능에 도움을 받는 게 좋겠어.
② B사원 : 아니야. [동기화 센터]의 기능을 활용해야지.
③ D사원 : [파일 탐색기]의 [옵션]을 활용하면 도움이 될 거야.
④ E사원 : [관리 도구]의 기능이 좋을 것 같아.
⑤ F사원 : [프로그램 및 기능]에서 도움을 받아야 하지 않을까?

06 K기금은 사원들만 이용할 수 있는 사내 공용 서버를 운영하고 있다. 이 서버에는 아이디와 패스워드를 입력하지 않고 자유롭게 접속하여 업무 관련 파일을 업로드 및 다운로드할 수 있다. 하지만 얼마 전부터 공용 서버의 파일을 다운로드 받은 개인용 컴퓨터에서 바이러스가 감지되어 우선적으로 공용 서버의 바이러스를 모두 치료하였다. 이런 상황에서 발생한 문제에 대처하기 위한 추가 조치사항으로 옳은 것을 〈보기〉에서 모두 고르면?

> **보기**
>
> ㄱ. 접속하는 모든 컴퓨터를 대상으로 바이러스 검사 및 치료한다.
> ㄴ. 공용 서버에서 다운로드한 파일을 모두 실행한다.
> ㄷ. 접속 후에는 쿠키를 삭제한다.

① ㄱ   ② ㄴ
③ ㄱ, ㄴ   ④ ㄴ, ㄷ
⑤ ㄱ, ㄷ

07 다음 설명에 해당하는 차트는 무엇인가?

> • 데이터 계열이 하나만 있으므로 축이 없다.
> • 차트의 조각은 사용자가 직접 분리할 수 있다.
> • 차트에서 첫째 조각의 각을 '0~360°' 사이의 값을 이용하여 회전시킬 수 있다.

① 영역형 차트   ② 분산형 차트
③ 꺾은선형 차트   ④ 원형 차트
⑤ 표면형 차트

08 다음 중 셀 서식 관련 바로가기 키에 대한 설명으로 적절하지 않은 것은?

① 〈Ctrl〉+〈1〉 : 셀 서식 대화상자가 표시된다.
② 〈Ctrl〉+〈2〉 : 선택한 셀에 글꼴 스타일 '굵게'가 적용되며, 다시 누르면 적용이 취소된다.
③ 〈Ctrl〉+〈3〉 : 선택한 셀에 밑줄이 적용되며, 다시 누르면 적용이 취소된다.
④ 〈Ctrl〉+〈5〉 : 선택한 셀에 취소선이 적용되며, 다시 누르면 적용이 취소된다.
⑤ 〈Ctrl〉+〈9〉 : 선택한 셀의 행이 숨겨진다.

09 정보는 일정한 절차에 따라 사용되는 것이 효과적이다. 다음 중 정보의 효과적인 사용 절차로 옳은 것은?

① 기획 → 관리 → 수집 → 활용　　② 수집 → 관리 → 기획 → 활용

③ 기획 → 수집 → 관리 → 활용　　④ 수집 → 기획 → 관리 → 활용

⑤ 관리 → 수집 → 기획 → 활용

10 다음을 읽고 정보관리의 3원칙으로 바르게 짝지어진 것은?

> '구슬이 서말이라도 꿰어야 보배'라는 속담처럼, 여러 가지 채널과 갖은 노력 끝에 입수한 정보가 우리가 필요한 시점에 즉시 활용되기 위해서는 모든 정보가 차곡차곡 정리되어 있어야 한다. 이처럼 정보의 관리란 수집된 다양한 형태의 정보를 어떤 문제해결이나 결론도출에 사용하기 쉬운 형태로 바꾸는 일이다. 정보를 관리할 때에는 특히 정보에 대한 사용목표가 명확해야 하며, 정보를 쉽게 작업할 수 있어야 하고, 즉시 사용할 수 있어야 한다.

① 목적성, 용이성, 유용성　　② 다양성, 용이성, 통일성

③ 용이성, 통일성, 다양성　　④ 통일성, 목적성, 유용성

⑤ 분리성, 유용성, 다양성

11 다음 워크시트에서 현재를 기준으로 재직기간이 8년 이상인 재직자의 수를 알아보려고 한다. 재직연수를 출력해주는 함수식을 [D2] 셀에 입력하고, [D8] 셀까지 드래그한 후 [F2] 셀에 앞서 출력한 재직연수를 이용하여 조건에 맞는 재직자 수를 출력하는 함수식을 입력하려 할 때, 각 셀에 입력할 함수식은?

	A	B	C	D	E	F
1	재직자	부서	입사일	재직연수		8년 이상 재직자 수
2	K씨	인사팀	2011-12-21			
3	O씨	회계팀	2009-05-01			
4	G씨	개발팀	2010-10-25			
5	J씨	경영팀	2005-05-05			
6	M씨	마케팅팀	2009-11-02			
7	L씨	디자인팀	2012-01-05			
8	C씨	물류팀	2013-05-07			
9						

	[D2] 셀	[F2] 셀
①	=DATEDIF(C2,TODAY(),"Y")	=COUNTIF(D2:D8,">=8")
②	=DATEDIF(C2,TODAY(),Y)	=COUNTIF(D2:D8,>=8)
③	=DATEDIF($C$2,NOW(),"Y")	=COUNTIF(D2:D8,>=8)
④	=DATEDIF($C$2,TODAY(),Y)	=COUNTIF(D2:D8,"<=8")
⑤	=DATEDIF(C2,TODAY(),"M")	=COUNTIF(D2:D8,"<=8")

PART 1

※ 다음 자료를 참고하여 이어지는 질문에 답하시오. **[12~13]**

	A	B	C	D	E	F	G
1							
2		구분	매입처수	매수	공급가액(원)	세액(원)	합계
3		전자세금계산서	12	8	11,096,174	1,109,617	12,205,791
4		수기종이계산서	1	0	69,180		76,098
5		합계	13	8	11,165,354	1,116,535	

12 귀하는 VAT(부가가치세) 신고를 준비하기 위해 엑셀 파일을 정리하고 있다. 세액은 공급가액의 10%이다. 수기종이계산서의 '세액(원)'인 [F4] 셀을 채우려 할 때, 필요한 수식은?

① =E3*0.1

② =E3*0.001

③ =E4+0.1

④ =E3*10%

⑤ =E4*0.1

13 총 합계인 [G5] 셀에 입력할 함수식과 결괏값으로 바르게 짝지어진 것은?

① =AVERAGE(G3:G4) / 12,281,890

② =SUM(G3:G4) / 12,281,889

③ =AVERAGE(E5:F5) / 12,281,890

④ =SUM(E3:F5) / 12,281,889

⑤ =SUM(E5:F5) / 12,281,888

14 짝수 행에만 배경색과 글꼴 스타일 '굵게'를 설정하는 조건부 서식을 지정하고자 한다. 다음 중 이를 위해 [새 서식 규칙] 대화상자에 입력할 함수식으로 옳은 것은?

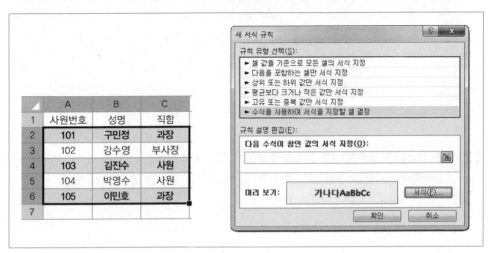

① =MOD(ROW(),2)=1

② =MOD(ROW(),2)=0

③ =MOD(COLUMN(),2)=1

④ =MOD(COLUMN(),2)=0

⑤ =MOD(COLUMN(),1)=1

15 다음 워크시트에서 [틀 고정] 기능을 통해 A열과 1행을 고정하고자 할 때, 어느 셀을 클릭한 후 틀 고정을 해야 하는가?

	A	B	C
1	코드번호	성명	취미
2	A001	이몽룡	컴퓨터
3	A002	홍길동	축구
4	A003	성춘향	미술
5	A004	변학도	컴퓨터
6	A005	임꺽정	농구

① [A1] 셀   ② [A2] 셀

③ [B1] 셀   ④ [B2] 셀

⑤ [C2] 셀

16 다음 대화를 참고할 때, 빈칸에 들어갈 용어로 가장 적절한 것은?

> 수인 : 요즘은 금융기업이 아닌데도, ○○페이 형식으로 결제서비스를 제공하는 곳이 많더라.
> 희재 : 맞아! 나도 얼마 전에 온라인 구매를 위해 결제창으로 넘어갔는데, 페이에 가입해서 결제하면 혜택을 제공한다고 하여 가입해서 페이를 통해 결제했어.
> 수인 : 이렇게 모바일 기술이나 IT에 결제, 송금과 같은 금융서비스를 결합된 새로운 서비스를 바로 _____라고 부른대. 들어본 적 있니?

① P2P
② O2O
③ 핀테크
④ IoT
⑤ 클라우드

17 K기금 인사팀에 근무하는 L주임은 다음과 같이 하반기 공채 지원자들의 PT면접 점수를 입력한 후 면접 결과를 정리하고자 한다. 이를 위해 [F3] 셀에 〈보기〉와 같은 함수식을 입력하고, 채우기 핸들을 이용하여 [F6] 셀까지 드래그했을 때, [F3] ~ [F6] 셀에 나타나는 결괏값을 바르게 짝지은 것은?

	A	B	C	D	E	F
1						(단위 : 점)
2	이름	발표내용	발표시간	억양	자료준비	결과
3	조재영	85	92	75	80	
4	박슬기	93	83	82	90	
5	김현진	92	95	86	91	
6	최승호	95	93	92	90	

보기

$$=IF(AVERAGE(B3:E3)>=90,"합격","불합격")$$

	[F3]	[F4]	[F5]	[F6]
①	불합격	불합격	합격	합격
②	합격	합격	불합격	불합격
③	합격	불합격	합격	불합격
④	불합격	합격	불합격	합격
⑤	불합격	불합격	불합격	합격

18 다음은 정보화 사회에서 필수적으로 해야 할 일을 설명한 글이다. 이에 해당하는 사례로 적절하지 않은 것은?

첫째, 정보검색이다. 인터넷에는 수많은 사이트가 있으며, 여기서 내가 원하는 정보를 찾는 것을 정보검색, 즉 소위 말하는 인터넷 서핑이라 할 수 있다. 현재 인터넷에는 수많은 사이트가 있으며, 그 많은 사이트에서 내가 원하는 정보를 찾기란 그렇게 만만치 않다. 지금은 다행히도 검색방법이 발전하여 문장검색용 검색엔진과 자연어 검색방법도 나와 네티즌들로부터 대환영을 받고 있다. 이처럼 검색이 그만큼 쉬워졌다는 것이다. 이러한 발전에 맞추어 정보화 사회에서는 궁극적으로 타인의 힘을 빌리지 않고 내가 원하는 정보는 무엇이든지 다 찾을 수가 있도록 되어야 한다. 즉, 당신은 자신이 가고 싶은 곳의 정보라든지 궁금한 사항을 스스로 해결할 정도는 되어야 한다는 것이다.

둘째, 정보관리이다. 인터넷에서 어렵게 검색하여 찾아낸 결과를 관리하지 못하여 머리 속에만 입력하고, 컴퓨터를 끄고 나면 잊어버리는 것은 정보관리를 못하는 것이다. 자기가 검색한 내용에 대하여 파일로 만들어 보관하든, 프린터로 출력하여 인쇄물로 보관하든, 언제든지 필요할 때 다시 볼 수 있을 정도가 되어야 하는 것이다.

셋째, 정보전파이다. 이것은 정보관리를 못한 사람은 어렵다. 오로지 입을 이용해서만 전파가 가능하기 때문이다. 요즘은 전자우편과 SNS를 이용해서 정보를 전달하기 때문에 정보전파가 매우 쉽다. 참으로 편리한 세상이 아닐 수 없다. 인터넷만 이용하면 편안히 서울에 앉아서 미국에도 논문을 보낼 수 있는 것이다.

① 내일 축구에서 승리하는 국가를 맞추기 위해 선발 선수들의 특징을 파악해야겠어.
② 라면을 맛있게 조리할 수 있는 나만의 비법을 SNS에 올려야지.
③ 다음 주 제주도 여행을 위해서 다음 주 날씨를 요일별로 잘 파악해서 기억해둬야지.
④ 내가 가진 금액에 맞는 의자를 사기 위해 가격 비교 사이트를 이용해야겠다.
⑤ 강의 시간 혼동되지 않게 시간표를 출력해서 책상 앞에 붙여놔야겠어.

※ 다음은 A ~ D제품의 연령별 선호도와 매장별 제품 만족도에 대한 자료이다. 이어지는 질문에 답하시오.
[19~20]

〈연령별 선호 제품(설문조사)〉

(단위 : %)

구분	20대	30대	40대	50대 이상
A제품	25	35	25	15
B제품	45	30	15	10
C제품	20	35	20	25
D제품	10	20	30	40

〈제품 만족도(오프라인 매장 평가 취합)〉

(단위 : 점)

구분	매장 갑	매장 을	매장 병	매장 정
A제품	4	4	2	4
B제품	4	4	3	3
C제품	2	3	5	3
D제품	3	4	3	4

※ 점수 등급 : 1점(매우 불만족) – 3점(보통) – 5점(매우 만족)

19 다음 중 위 자료만으로 처리할 수 없는 업무는 무엇인가?

① 연령별 제품 마케팅 전략 수립

② 제품별 만족도 분석

③ 구입처별 주력 판매 고객 설정

④ 연령별 선물용 제품 추천

⑤ 구입처별 주력 상품 설정

20 K회사는 사내 명절 선물을 결정하려고 한다. 명절 선물에 대한 직원 만족도를 높이기 위해 위 자료에서 추가적으로 수집해야 하는 정보로 옳지 않은 것은?

① 매장별 할인 판매 현황

② 임직원 제품 선호도

③ 사내 연령 분포

④ 기지급 명절 선물 목록

⑤ 택배 필요 여부

CHAPTER 05

조직이해능력

합격 CHEAT KEY

조직이해능력은 업무를 원활하게 수행하기 위해 조직의 체제와 경영을 이해하고 국제적인 추세를 이해하는 능력이다. 현재 많은 공사·공단에서 출제 비중을 높이고 있는 영역이기 때문에 미리 대비하는 것이 중요하다. 실제 업무 능력에서 조직이해능력을 요구하기 때문에 중요도는 점점 높아질 것이다.

국가직무능력표준 홈페이지 자료에 따르면 조직이해능력의 세부 유형은 조직체제이해능력·경영이해능력·업무이해능력·국제감각으로 나눌 수 있다. 조직도를 제시하는 문제가 출제되거나 조직의 체계를 파악해 경영의 방향성을 예측하고, 업무의 우선순위를 파악하는 문제가 출제된다.

조직이해능력은 NCS 기반 채용을 진행한 곳 중 70% 정도가 다뤘으며, 문항 수는 전체에서 평균 5% 정도로 상대적으로 적게 출제되었다.

01 문제 속에 정답이 있다!

경력이 없는 경우 조직에 대한 이해가 낮을 수밖에 없다. 그러나 문제 자체가 실무적인 내용을 담고 있어도 문제 안에는 해결의 단서가 주어진다. 부담을 갖지 않고 접근하는 것이 중요하다.

02 경영·경제학원론 정도의 수준은 갖추도록 하라!

지원한 직군마다 차이는 있을 수 있으나, 경영·경제이론을 접목시킨 문제가 꾸준히 출제되고 있다. 따라서 기본적인 경영·경제이론은 익혀 둘 필요가 있다.

03 지원하는 공사 · 공단의 조직도를 파악하자!

출제되는 문제는 각 공사 · 공단의 세부내용일 경우가 많기 때문에 지원하는 공사 · 공단의 조직도를 파악해두어야 한다. 조직이 운영되는 방법과 전략을 이해하고, 조직을 구성하는 체제를 파악하고 간다면 조직이해능력영역에서 조직도가 나올 때 단기간에 문제를 풀 수 있을 것이다.

04 실제 업무에서도 요구되므로 이론을 익혀두자!

각 공사 · 공단의 직무 특성상 일부 영역에 중요도가 가중되는 경우가 있어서 많은 취업준비생들이 일부 영역에만 집중하지만, 실제 업무 능력에서 직업기초능력 10개 영역이 골고루 요구되는 경우가 많고, 현재는 필기시험에서도 조직이해능력을 출제하는 기관의 비중이 늘어나고 있기 때문에 미리 이론을 익혀 둔다면 모듈형 문제에서 고득점을 노릴 수 있다.

05 모듈이론

1. 조직이란?

(1) 조직의 개념과 조직이해의 필요성

① 조직의 의미

ㄱ 조직 : 두 사람 이상이 공동의 목표를 달성하기 위해 의식적으로 구성되며 상호작용과 조정을 행하는 행동의 집합체

ㄴ 조직은 목적을 가지고 있고, 구조가 있으며, 목적을 달성하기 위해 구성원들은 서로 협동적인 노력을 하고, 외부 환경과 긴밀한 관계를 이룸

ㄷ 조직의 경제적 기능 : 재화나 서비스를 생산함

ㄹ 조직의 사회적 기능 : 조직구성원들에게 만족감을 주고 협동을 지속시킴

◁핵심예제▷

조직의 정의에 대한 다음 글에서 알 수 있는 조직의 사례로 적절하지 않은 것은?

조직은 두 사람 이상이 공동의 목표를 달성하기 위해 의식적으로 구성된 상호작용과 조정을 행하는 행동의 집합체이다. 그러나 단순히 사람들이 모였다고 해서 조직이라고 하지는 않는다. 조직은 목적을 가지고 있고, 구조가 있으며, 목적을 달성하기 위해 구성원들은 서로 협동적인 노력을 하고, 외부 환경과도 긴밀한 관계를 이루고 있다. 조직은 일반적으로 재화나 서비스의 생산이라는 경제적 기능과 조직구성원들에게 만족감을 주고 협동을 지속시키는 사회적 기능을 갖는다.

① 편의점을 운영 중인 가족

② 백화점에 모여 있는 직원과 고객

③ 다문화 가정을 돕고 있는 종교단체

④ 병원에서 일하고 있는 의사와 간호사

백화점에 모여 있는 직원과 고객은 조직의 특징인 조직의 목적과 구조가 없고, 목적을 위해 서로 협동하는 모습도 볼 수 없으므로 조직의 사례로 적절하지 않다.

정답 ②

② 기업이란?

　　㉠ 직장생활을 하는 대표적인 조직으로, 노동·자본·물자·기술 등을 투입해 제품·서비스를 산출하는 기관

　　㉡ 최소의 비용으로 최대의 효과를 얻음으로써 차액인 이윤을 극대화하기 위해 만들어진 조직

　　㉢ 고객에게 보다 좋은 상품과 서비스를 제공하고 잠재적 고객에게 마케팅을 하며 고객을 만족시키는 주체

③ 조직이해능력은 왜 필요한가?

　　㉠ 조직이해능력 : 직업인이 자신이 속한 조직의 경영과 체제를 이해하고, 직장생활과 관련된 국제감각을 가지는 능력

　　㉡ 조직의 구성원이 개인의 업무 성과를 높이고 조직 전체의 경영 효과를 높이려면 개개인과 긍정적인 인간관계를 갖는 것뿐만 아니라 조직의 체제와 경영 원리를 이해하는 것이 중요함

◀ 핵심예제 ▶

다음 중 조직이해능력이 필요한 이유로 적절하지 않은 것은?

① 조직과 개인은 영향을 주고받는 관계이기 때문이다.
② 조직이 정해준 범위 내에서 업무를 효과적으로 수행하기 위해서이다.
③ 구성원 간의 정보를 공유하고 하나의 조직 목적을 달성하기 위해서이다.
④ 조직구성원을 아는 것이 조직의 실체를 완전히 이해하는 것이기 때문이다.

> 개개인을 안다고 조직의 실체를 완전히 알 수 있는 것은 아니다. 구성원들을 연결하는 조직의 목적, 구조, 환경 등을 알아야 조직을 제대로 이해할 수 있기 때문에 조직이해능력이 필요하다.
>
> 정답 ④

④ 조직의 유형

　　㉠ 공식성에 따른 분류 : 비공식조직으로부터 공식화가 진행되어 공식조직으로 발전되지만, 공식조직 내에서 인간관계를 지향하면서 비공식조직이 새롭게 생성되기도 함

　　　• 공식조직 : 조직의 구조, 기능, 규정 등이 조직화되어 있는 조직

　　　• 비공식조직 : 개인들의 협동과 상호작용(자발적인 인간관계)에 따라 형성된 자발적인 집단 조직

　　㉡ 영리성에 따른 분류

　　　• 영리조직 : 기업과 같이 이윤을 목적으로 하는 조직

　　　• 비영리조직 : 정부조직을 비롯해 공익을 추구하는 병원, 대학, 시민단체

　　㉢ 조직 규모에 따른 분류

　　　• 소규모조직 : 가족 소유의 상점처럼 규모가 작은 조직

　　　• 대규모조직 : 대기업처럼 규모가 큰 조직이며, 최근에는 동시에 둘 이상의 국가에서 법인을 등록하고 경영 활동을 벌이는 다국적 기업이 증가함

조직의 유형에 대한 다음 설명이 맞으면 ○를, 틀리면 ×를 표시하시오.

㉠ 기업은 대표적인 영리조직이다. ( )

㉡ 병원, 대학은 비영리조직에 해당한다. ( )

㉢ 최근 다국적 기업과 같은 대규모조직이 증가하고 있다. ( )

㉣ 공식조직 내에서 비공식조직들이 새롭게 생성되기도 한다. ( )

㉤ 공직이 발달해 온 역사를 보면 공식조직에서 자유로운 비공식조직으로 발전해 왔다. ( )

> 오답분석
>
> ㉤ 조직의 유형은 공식성, 영리성, 조직의 규모에 따라 구분할 수 있다. 공식성 정도에 따라 공식조직과 비공식조직으로 나뉜다. 조직이 발달해 온 역사를 보면 비공식조직으로부터 공식화가 진행되어 공식조직으로 발전해 왔다.
>
> 정답 ㉠ - ○, ㉡ - ○, ㉢ - ○, ㉣ - ○, ㉤ - ×

(2) 조직 체제의 구성

① 조직은 하나의 체제(System)이며, 체제는 특정한 방식이나 양식으로 서로 결합된 부분들의 총체를 의미한다.

② 체제(System)의 구성

　㉠ 인풋(Input) : 시스템에 유입되는 것

　㉡ 업무 프로세스(Process) : 시스템의 연결망, 즉 조직의 구조를 통해서 인풋이 아웃풋으로 전환되는 과정

　㉢ 아웃풋(Output) : 업무 프로세스를 통해 창출된 시스템의 결과물

③ 조직 체제의 구성 요소

　㉠ 조직의 목표

　　• 조직이 달성하려는 장래의 상태로, 조직이 존재하는 정당성·합법성을 제공

　　• 전체 조직의 성과, 자원, 시장, 인력 개발, 혁신과 변화, 생산성에 대한 목표를 포함

　㉡ 조직의 구조 : 조직 내의 부문 사이에 형성된 관계로, 조직의 목표 달성을 위한 조직구성원들의 상호작용을 보여줌

　　• 조직의 구조는 의사결정권의 집중 정도, 명령 계통, 최고경영자의 통제, 규칙과 규제의 정도에 따라 달라짐

　　• 조직의 구조는 기계적 조직과 유기적 조직으로 구분

　　　– 기계적 조직 : 구성원들의 업무나 권한이 분명하게 정의된 조직

　　　– 유기적 조직 : 의사결정권이 하부 구성원들에게 많이 위임되고 업무가 고정적이지 않은 조직

　　• 조직도는 구성원들의 임무, 수행하는 과업, 일하는 장소 등을 파악하는 데 용이함

　㉢ 업무 프로세스 : 조직에 유입된 인풋 요소들이 최종 산출물로 만들어지기까지 구성원 간의 업무 흐름이 어떻게 연결되는지를 보여주는 것

《 핵심예제 》

조직의 체제를 구성하는 요소에 대한 다음 설명이 맞으면 〇를, 틀리면 ✕를 표시하시오.

㉠ 조직의 목표는 조직이 달성하려는 장래의 상태이다.　　　　　　　　　　　　　　(　)

㉡ 조직의 규칙과 규정은 조직구성원들의 행동 범위를 정하고 일관성을 부여하는 역할을 한다.

　　　　　　　　　　　　　　　　　　　　　　　　　　　　　　　　　　　　　(　)

㉢ 조직의 구조는 조직 내의 부문 사이에 형성된 관계로, 조직구성원들의 공유된 생활양식이나 가치이다.　　　　　　　　　　　　　　　　　　　　　　　　　　　　　　　(　)

㉣ 조직도는 조직 내적인 구조뿐만 아니라 구성원들의 임무, 수행 과업, 일하는 장소들을 알아보는데 유용하다.　　　　　　　　　　　　　　　　　　　　　　　　　　　　　(　)

> **오답분석**
> ㉢ 조직문화는 조직구성원들의 공유된 생활양식이나 가치를 뜻한다.
> ㉣ 조직도로는 조직 내적인 구조를 파악할 수 없다.
>
> **정답** ㉠ - 〇, ㉡ - 〇, ㉢ - ✕, ㉣ - ✕

㉣ 조직문화 : 조직이 지속되게 되면 조직구성원들이 생활양식이나 가치를 공유하게 되는 것
　• 조직문화는 조직구성원들의 사고・행동에 영향을 주며, 일체감・정체성을 부여하고 조직이 안정적으로 유지되게 함
　• 최근 조직문화를 긍정적인 방향으로 조성하기 위한 경영층의 노력이 강조되고 있음
㉤ 조직의 규칙과 규정
　• 조직의 목표나 전략에 따라 수립되어 조직구성원들이 활동 범위를 제약하고 일관성을 부여함
　• 조직이 구성원들의 행동을 관리하기 위해 규칙・절차에 의존하므로 공식화 정도에 따라 조직의 구조가 결정되기도 함

《 핵심예제 》

다음 빈칸에 공통으로 들어갈 용어는?

> ＿＿＿＿＿은/는 조직구성원들의 사고와 행동에 영향을 미치며 일체감과 정체성을 부여하고 조직이 안정적으로 유지되게 한다. 이에 따라 최근 ＿＿＿＿＿에 대한 중요성이 부각되면서 ＿＿＿＿＿을/를 긍정적인 방향으로 조성하기 위한 경영층의 노력이 강조되고 있다.

> 조직문화는 조직구성원들의 사고와 행동에 영향을 끼치며 일체감과 정체성을 부여하고 조직이 안정적으로 유지되게 한다. 이에 따라 최근 조직문화에 대한 중요성이 부각되면서 조직문화를 긍정적인 방향으로 조성하기 위한 경영층의 노력이 강조되고 있다.
>
> **정답** 조직문화

(3) 조직 변화의 중요성

① 급변하는 환경에 맞춰 조직이 생존하려면 조직은 새로운 아이디어·행동을 받아들이는 조직 변화에 적극적이어야 한다.

② 조직 변화의 과정

　⑦ 환경 변화 인지 : 환경 변화 중에 해당 조직에 영향을 미치는 변화를 인식하는 것

　ⓒ 조직 변화 방향 수립 : 조직의 세부 목표나 경영 방식을 수정하거나, 규칙·규정 등을 새로 제정하며, 특히 체계적으로 구체적인 추진 전략을 수립하고, 추진 전략별 우선순위를 마련함

　ⓒ 조직 변화 실행 : 수립된 조직 변화 방향에 따라 조직을 변화시킴

　ⓒ 변화 결과 평가 : 조직 개혁의 진행 사항과 성과를 평가

③ 조직 변화의 유형

　⑦ 제품·서비스의 변화 : 기존 제품·서비스의 문제점을 인식하고 고객의 요구에 부응하기 위한 것으로, 고객을 늘리거나 새로운 시장을 확대하기 위한 변화

　ⓒ 전략·구조의 변화 : 조직의 목적 달성과 효율성 제고를 위해 조직 구조, 경영 방식, 각종 시스템 등을 개선함

　ⓒ 기술 변화 : 새로운 기술을 도입하는 것으로, 신기술이 발명되었을 때나 생산성을 높이기 위한 변화

　ⓒ 문화의 변화 : 구성원들의 사고방식·가치체계를 변화시키는 것으로, 조직의 목적과 일치시키기 위해 문화를 유도함

《 핵심예제 》

조직 변화의 유형에 대한 다음 설명이 맞으면 ○를, 틀리면 ×를 표시하시오.

⑦ 조직의 목적과 일치시키기 위해 문화를 변화시키기도 한다.　　　　　　　(　　)

ⓒ 조직 변화는 기존의 조직 구조나 경영 방식하에서 환경 변화에 따라 제품이나 기술을 변화시키는 것이다.　　　　　　　(　　)

ⓒ 조직 변화는 환경 변화에 따른 것으로, 어떤 환경 변화가 있느냐는 어떻게 조직을 변화시킬 것인가에 지대한 영향을 미친다.　　　　　　　(　　)

오답분석

ⓒ 조직 변화는 조직의 목적을 달성하고 효율성을 높이기 위해 기존의 조직 구조, 경영 방식 등을 개선하는 것이다.

정답 ⑦ - ○, ⓒ - ×, ⓒ - ○

1. 조직의 경영 원리와 방법

(1) 경영의 필요성 : 경영은 조직의 목적을 달성하기 위한 전략·관리·운영 활동을 뜻하며, 조직은 목적을 달성하기 위해 지속적인 관리와 운영이 요구된다.

(2) 조직은 다양한 유형이 있기 때문에 모든 조직에 공통적인 경영 원리를 적용하는 것은 어렵지만, 특정 조직에 적합한 특수경영 외에 일반경영은 조직의 특성에 관계없이 공통적으로 적용할 수 있는 개념이다.

《 핵심예제 》

조직 경영에 대한 다음 글의 빈칸 ㉠과 ㉡에 들어갈 용어는?

> 경영이란 조직의 목적을 달성하기 위한 __㉠__, 관리, 운영 활동이다. 조직은 다양한 유형이 있기 때문에 모든 조직에 공통적인 경영 원리를 적용하는 것은 어렵다. 그러나 특정 조직에 적합한 특수경영 외에 __㉡__ 은/는 조직의 특성에 관계없이 공통적으로 적용할 수 있는 개념이다.

경영이란 조직의 목적을 달성하기 위한 전략, 관리, 운영 활동이다. 조직 경영에는 특정 조직에게 적합한 특수경영과 조직의 특성에 관계없이 적용할 수 있는 일반경영이 있다.

정답 ㉠ 전략, ㉡ 일반경영

---

(3) 경영의 구성 요소

① **경영 목적** : 조직의 목적을 어떤 과정과 방법을 택해 수행할 것인가를 구체적으로 제시해준다.

② **조직구성원** : 조직에서 일하고 있는 임직원들로, 이들이 어떠한 역량을 가지고 어떻게 직무를 수행하는지에 따라 경영 성과가 달라진다.

③ **자금** : 경영 활동에 사용할 수 있는 돈으로, 이윤 추구를 목적으로 하는 사기업에서 자금은 이를 통해 새로운 이윤을 창출하는 기초가 된다.

④ **경영 전략** : 기업 내 모든 인적·물적 자원을 경영 목적을 달성하기 위해 조직화하고, 이를 실행에 옮겨 경쟁우위를 달성하는 일련의 방침 및 활동이다.

(4) 경영의 과정

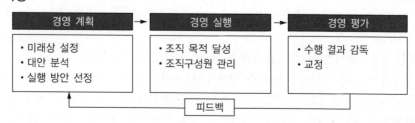

① **경영 계획** : 조직의 미래상을 결정하고 이를 달성하기 위한 대안을 분석하고 목표를 수립하며 실행
  방안을 선정하는 과정이다.
② **경영 실행** : 조직 목적을 달성하기 위한 활동들과 조직구성원을 관리한다.
③ **경영 평가** : 경영 실행에 대한 평가로, 수행 결과를 감독하고 교정해 다시 피드백한다.

《 핵심예제 》

다음 중 경영의 과정에 대한 설명으로 적절하지 않은 것은?

① 경영의 과정은 경영 계획, 경영 실행, 경영 평가의 단계로 이루어진다.
② 경영 계획 단계에서는 조직의 미래상을 결정하고 목표를 수립한다.
③ 경영 실행 단계에서는 구체적인 실행 방안을 선정하고 조직구성원을 관리한다.
④ 경영 평가 단계에서는 수행 결과를 감독하고 교정한다.

> 경영의 과정은 계획·실행·평가로 구분된다. 경영의 계획 단계에서 조직의 미래상 결정, 대안 분석, 실행 방안을
> 선정한다. 실행 단계에서는 계획 단계에서 수립된 실행 방안에 따라 조직 목적 달성을 위한 관리활동이 이루어진다.
>
> 정답 ③

(5) 경영 활동의 유형

① **외부 경영 활동** : 조직 외부에서 조직의 효과성을 높이기 위해 이루어지는 활동, 즉 외적 이윤 추구
  활동으로, 대표적으로 마케팅 활동이 있다.
② **내부 경영 활동** : 조직 내부에서 인적·물적 자원 및 생산 기술을 관리하는 것으로, 대표적으로 인
  사·재무·생산 관리 등이 있다.

(6) 경영참가 제도

① **의의** : 근로자 또는 노동조합을 경영의 파트너로 인정하는 협력적 노사관계가 중시됨에 따라 이들을
  경영의사결정 과정에 참여시키는 것
② **목적** : 경영의 민주성 제고, 노사 간의 세력 균형 추구, 새로운 아이디어 제시 또는 현장에 적합한
  개선방안 마련, 경영의 효율성 향상, 노사 간 상호 신뢰 증진

2. 조직의 의사결정

(1) **의사결정의 과정** : 조직에서의 의사결정 시에는 대부분 제한된 정보와 여러 견해들이 공존하게 된다.
  또한 혁신적인 결정뿐만 아니라 현재의 체제 내에서 기존의 결정을 지속적으로 개선하는 방식이 자주
  활용된다.
① **확인 단계** : 의사결정이 필요한 문제를 인식하고 이를 진단하는 단계
    ㉠ 문제의 중요도나 긴급도에 따라서 체계적으로 이루어지기도 하며 비공식적으로 이루어지기도 함
    ㉡ 문제를 신속히 해결할 필요가 있는 경우에는 진단시간을 줄이고 즉각 대응해야 함
    ㉢ 일반적으로는 다양한 문제를 리스트한 후 주요 문제를 선별하거나, 문제의 증상을 리스트한 후
      그러한 증상이 나타나는 근본원인을 찾아야 함

② **개발 단계** : 확인된 문제의 해결 방안을 모색하는 단계

　　㉠ 탐색 : 조직 내의 기존 해결 방법 중에서 새로운 문제의 해결 방법을 찾는 과정(조직 내 관련자와의 대화나 공식적인 문서 등을 참고)

　　㉡ 설계 : 이전에 없었던 새로운 문제의 경우 이에 대한 해결안을 설계(시행착오적 과정을 거치면서 적합한 해결 방법 모색)

③ **선택 단계** : 실행 가능한 해결안을 선택하는 단계

　　㉠ 선택을 위한 3가지 방법

　　　• 판단 : 한 사람의 의사결정권자의 판단에 의한 선택

　　　• 분석 : 경영과학 기법과 같은 분석에 의한 선택

　　　• 교섭 : 이해관계 집단의 토의와 교섭에 의한 선택

　　㉡ 해결 방안의 선택 후에 조직 내에서 공식적인 승인 절차를 거친 다음 실행

[점진적 의사결정 모형]

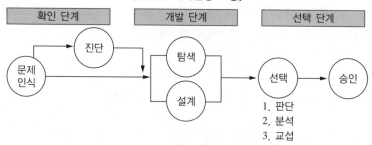

《 핵심예제 》

다음 중 조직 내 의사결정 과정에 대한 설명으로 적절하지 않은 것은?

① 진단 단계는 문제의 심각성에 따라서 체계적 혹은 비공식적으로 이루어진다.

② 개발 단계에서는 확인된 문제에 대해 해결 방안을 모색한다.

③ 설계 단계에서는 조직 내의 기존 해결 방법을 검토한다.

④ 실행 가능한 해결안의 선택은 의사결정권자의 판단, 분석적 방법 활용, 토의와 교섭으로 이루어질 수 있다.

> 조직 내 의사결정의 과정은 대부분의 경우 조직에서 이루어진 기존 해결 방법 중에서 새로운 문제의 해결 방법을 탐색하는 과정이 있다. 이는 문제를 확인하고 난 후 개발 단계 중 구체적인 설계가 이루어지기 전 탐색 단계에서 이루어지게 된다.
>
> 정답 ③

---

(2) 집단의사결정의 특징

① 집단의사결정은 한 사람보다 집단이 가지고 있는 지식・정보가 더 많으므로 효과적인 결정을 할 수 있다.

② 다양한 집단구성원이 각자 다른 시각에서 문제를 바라보므로 다양한 견해를 가지고 접근할 수 있다.

③ 집단의사결정을 할 경우 결정된 사항에 대해 의사결정에 참여한 사람들이 해결책을 수월하게 수용하고, 의사소통의 기회도 향상된다.

④ 의견이 불일치하는 경우 의사결정을 내리는 데 시간이 많이 소요되며, 특정 구성원에 의해 의사결정이 독점될 가능성이 있다.

(3) 브레인스토밍

① 여러 명이 한 가지의 문제를 놓고 아이디어를 비판 없이 제시해 그중에서 최선책을 찾아내는 방법

② 브레인스토밍의 규칙

    ㉠ 다른 사람이 아이디어를 제시할 때에는 비판하지 않는다.

    ㉡ 문제에 대한 제안은 자유롭게 이루어질 수 있다.

    ㉢ 아이디어는 많이 나올수록 좋다.

    ㉣ 모든 아이디어들이 제안되고 나면 이를 결합하고 해결책을 마련한다.

③ 브레인라이팅(Brain Writing) : 구두로 의견을 교환하는 브레인스토밍과 달리, 포스트잇 같은 메모지에 의견을 적은 다음 메모된 내용을 차례대로 공유하는 방법

《 핵심예제 》

다음 글을 읽고 브레인스토밍에 대한 설명으로 적절하지 않은 것은?

> 집단에서 의사결정을 하는 대표적인 방법으로 브레인스토밍이 있다. 브레인스토밍은 일정한 테마에 관하여 회의 형식을 채택하고, 구성원의 자유로운 발언을 통해 아이디어의 제시를 요구해 발상을 찾아내려는 방법으로 볼 수 있다.

① 문제에 대한 제안은 자유롭게 이루어질 수 있다.

② 아이디어는 적게 나오는 것보다는 많이 나올수록 좋다.

③ 모든 아이디어들이 제안되고 나면 이를 결합하고 해결책을 마련한다.

④ 다른 사람이 아이디어를 제시할 때, 비판을 통해 새로운 아이디어를 창출한다.

브레인스토밍에서는 어떠한 내용의 발언이라도 그것에 대한 비판을 할 수 없다는 규칙이 있다.

정답 ④

---

3. 조직의 경영 전략

(1) 경영 전략의 개념

① 조직의 경영 전략은 조직이 환경에 적응해 목표를 달성할 수 있도록 경영 활동을 체계화해 나타내는 수단이 된다.

② 조직은 전략 목표를 설정하고 환경을 분석해 경영 전략을 도출할 수 있으며, 해당 사업에서 경쟁우위를 확보하기 위한 다양한 전략을 구사할 수 있다.

(2) 경영 전략의 추진 과정

① **전략 목표 설정** : 경영 전략을 통해 도달하고자 하는 미래의 모습인 비전을 규명하고, 미션(전략 목표)을 설정

② **환경 분석** : SWOT 분석 등의 기법으로 조직의 내부·외부 환경을 분석해 전략 대안들을 수립하고 실행·통제

[SWOT 분석 기법]

내부 환경 분석	조직이 우위를 점할 수 있는 장점 (Strength)	조직의 효과적인 성과를 방해하는 약점 (Weakness)
외부 환경 분석	조직 활동에 이점을 주는 기회 (Opportunity)	조직 활동에 불이익을 미치는 위협 (Threat)

↓

내적 요소＼외적 요소	기회(O)	위협(T)
장점(S)	SO전략 (기회의 이점을 얻기 위해 강점을 활용)	ST전략 (위협을 회피하기 위해 강점을 활용)
약점(W)	WO전략 (강점을 살리면서 기회의 이점을 살림)	WT전략 (약점을 최소화하고 위협을 회피)

③ **경영전략 도출** : 조직 전략, 사업 전략, 부문 전략 등은 위계적인 관계를 이룸(조직 전략이 가장 상위 단계)

　㉠ 조직 전략 : 조직의 사명을 정의함

　㉡ 사업 전략 : 사업 수준에서 각 사업의 경쟁적 우위를 점하기 위한 방향·방법을 다룸

　㉢ 부문 전략 : 기능부서별로 사업 전략을 구체화해 세부적인 수행 방법을 결정함

④ **경영 전략 실행** : 수립된 경영 전략을 실행해 경영 목적을 달성함

⑤ **평가 및 피드백** : 경영 전략의 결과를 평가하고, 전략 목표 및 경영 전략을 재조정함

《 핵심예제 》

SWOT 분석에 대한 설명의 빈칸 ㉠ ~ ㉣에 들어갈 용어로 적절한 것은?

> SWOT 분석에서 조직 내부 환경으로는 조직이 우위를 점할 수 있는 　㉠　와/과 조직의 효과적인 성과를 방해하는 자원·기술·능력 면에서의 　㉡　이/가 있다. 조직의 외부 환경으로 　㉢　은/는 조직 활동에 이점을 주는 환경 요인이고, 　㉣　은/는 조직 활동에 불이익을 미치는 환경 요인이다.

조직의 환경을 분석하는 데 이용되는 SWOT 분석에서 조직 내부 환경은 조직이 우위를 점할 수 있는 장점, 조직의 효과적인 성과를 방해하는 자원·기술·능력 면에서의 약점으로 구분된다. 또한 조직의 외부 환경으로는 조직 활동에 이점을 주는 기회 요인, 조직 활동에 불이익을 미치는 위협 요인으로 구분된다.

　　　정답 ㉠ 장점, ㉡ 약점, ㉢ 기회, ㉣ 위협

(3) 본원적 경쟁 전략의 유형

① **원가우위 전략** : 원가를 절감해 해당 산업에서 우위를 점하는 전략으로, 대량생산을 통해 단위 원가를 낮추거나 새로운 생산 기술을 개발해야 함(온라인 소매업체)

② **차별화 전략** : 생산품·서비스를 차별화해 고객에게 가치가 있고 독특하게 인식되도록 하는 전략으로, 연구·개발·광고를 통해 기술·품질·서비스·브랜드이미지를 개선해야 함(저가전략에 맞서 고품질의 프리미엄 제품으로 차별화)

③ **집중화 전략** : 특정 시장·고객에게 한정된 전략으로, 경쟁 조직들이 소홀히 하고 있는 한정된 시장을 원가우위나 차별화 전략을 써서 집중적으로 공략함(저가 항공사)

[본원적 경쟁 전략(Michael E. Porter)]

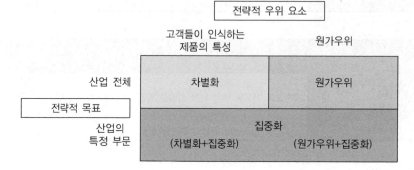

《 핵심예제 》

전략의 각 유형과 그것에 대한 설명을 연결하시오.

㉠ 차별화 전략	ⓐ 대량생산, 새로운 생산 기술 개발
㉡ 원가우위 전략	ⓑ 생산품이나 서비스 차별화
㉢ 집중화 전략	ⓒ 산업의 특정 부문 대상

㉠ 조직이 생산품·서비스를 차별화해 고객에게 가치 있고 독특하게 인식되도록 하는 전략
㉡ 원가 절감을 통해 해당 산업에서 우위를 점하는 전략
㉢ 특정 시장·고객에게 한정해 특정 산업을 대상으로 하는 전략

정답 ㉠-ⓑ, ㉡-ⓐ, ㉢-ⓒ

146 · NCS 신용보증기금 & 기술보증기금

1. 조직 목표

(1) 조직 목표의 개념 : 조직이 달성하려는 장래의 상태로, 미래지향적이지만 현재 조직 행동의 방향을 결정하는 역할을 한다.

(2) 조직 목표의 기능과 특징

① 조직 목표의 기능

ㄱ 공식적 목표

- 조직의 존재 이유와 관련된 조직의 사명
- 조직의 사명 : 조직의 비전, 가치와 신념, 조직의 존재 이유 등을 공식적인 목표로 표현한 것으로, 조직이 존재하는 정당성과 합법성을 제공

ㄴ 실제적 목표

- 조직의 사명을 달성하기 위한 세부 목표
- 세부 목표(운영 목표) : 조직이 실제적인 활동을 통해 달성하고자 하는 것으로, 사명에 비해 측정 가능한 형태로 기술되는 단기적인 목표
- 운영 목표는 조직이 나아갈 방향을 제시하고 조직구성원들이 여러 가지 행동 대안 중에서 적합한 것을 선택하고 의사결정하는 기준을 제시한다.
- 조직 목표는 조직구성원들이 공통된 조직 목표 아래서 소속감·일체감을 느끼고 행동 수행의 동기를 가지게 한다.
- 조직 목표는 조직구성원들의 수행을 평가하는 기준, 조직 체제를 구체화하는 조직 설계의 기준이 된다.

② 조직 목표의 특징

ㄱ 조직이 추구하는 다수의 목표들은 위계적 상호관계가 있어서 서로 상하관계를 이루고 영향을 주고받는다.

ㄴ 조직 목표들은 조직의 구조·전략·문화 등과 같은 조직 체제의 다양한 구성 요소들과 상호관계를 이룬다.

ㄷ 조직 목표들은 가변적이어서 조직 내의 다양한 원인들에 의해 변동되거나 없어지고, 새로운 목표로 대치되기도 한다.

ㄹ 조직 목표의 수정과 새로운 목표 형성에 영향을 미치는 요인

- 조직 내적 요인 : 조직 리더의 결단이나 태도의 변화, 조직 내 권력 구조의 변화, 목표 형성 과정의 변화 등
- 조직 외적 요인 : 경쟁업체의 변화, 조직 자원의 변화, 경제 정책의 변화 등

(3) 조직의 운영 목표의 분류(R. L. Daft)

① **전체 성과** : 영리 조직은 수익성, 사회복지기관은 서비스 제공과 같은 조직의 성장 목표

② **자원** : 조직에 필요한 재료와 재무 자원을 획득하는 것

③ **시장** : 시장점유율, 시장에서의 지위 향상 등의 조직 목표

④ 인력 개발 : 조직구성원에 대한 교육·훈련, 승진, 성장 등과 관련된 목표

⑤ 혁신과 변화 : 불확실한 환경 변화에 대한 적응 가능성을 높이고 내부의 유연성을 향상시키고자 수립하는 것

⑥ 생산성 : 투입된 자원에 대비한 산출량을 높이기 위한 목표로 단위생산 비용, 조직구성원 1인당 생산량 및 투입비용 등으로 산출 가능함

[조직 목표의 분류(Richard L. Daft)]

《 핵심예제 》

조직 목표의 개념 및 특징에 대한 다음 설명이 맞으면 O를, 틀리면 ×를 표시하시오.

㉠ 조직은 한 가지의 목표를 추구한다. ( )

㉡ 조직 목표는 조직구성원들의 의사결정 기준이 된다. ( )

㉢ 조직 목표는 환경이나 조직 내의 다양한 원인들에 의해 변동되거나 없어지기도 한다. ( )

㉣ 조직 목표 중 공식적인 목표인 사명은 측정 가능한 형태로 기술되는 단기적인 목표이다.

( )

㉤ 조직구성원들이 자신의 업무를 성실하게 수행하면 전체 조직 목표는 자연스럽게 달성된다.

( )

[오답분석]

㉠ 조직은 다수의 목표를 추구할 수 있다.

㉣ 사명은 공식적이고 장기적인 목표이다.

㉤ 조직구성원들은 자신의 업무를 성실하게 수행해도 전체 조직 목표에 부합되지 않으면 조직 목표가 달성될 수 없다.

[정답] ㉠ - ×, ㉡ - O, ㉢ - O, ㉣ - ×, ㉤ - ×

2. 조직의 구조

(1) **조직 구조 이해의 필요성** : 직업인은 조직의 한 구성원으로 조직 내의 다른 사람들과 상호작용해야 한다. 이때, 자신이 속한 조직 구조의 특징을 모르면 자신에게 주어진 업무와 권한의 범위는 물론 자신에게 필요한 정보를 누구에게서 어떤 방식으로 구해야 할지도 알지 못하게 된다. 따라서 직업인에게는 조직의 구조를 이해할 수 있는 능력이 필수적이다.

(2) **조직 구조도의 유용성** : 조직도를 통해 자신의 위치를 파악하고 조직구성원의 임무, 수행 과업, 장소 등의 체계를 파악할 수 있다.

(3) **조직 구조의 구분** : 의사결정 권한의 집중 정도, 명령 계통, 최고경영자의 통제, 규칙과 규제의 정도에 따라 구분
   ① 기계적 조직 : 구성원들의 업무가 분명히 정의되고, 규칙·규제들이 많으며, 상하 간 의사소통이 공식적인 경로를 통해 이루어지고, 위계질서가 엄격하다.
   ② 유기적 조직 : 의사결정 권한이 조직의 하부 구성원들에게 많이 위임되어 있고, 업무가 고정되지 않고 공유 가능하며, 비공식적인 상호 의사소통이 원활히 이루어지고, 규제나 통제의 정도가 낮아 변화에 따라 쉽게 변할 수 있다.

《 핵심예제 》

조직 구조의 유형과 그것에 대한 특징을 연결하시오.

㉠ 기계적 조직 ㉡ 유기적 조직	ⓐ 구성원들의 업무가 분명하게 규정 ⓑ 비공식적인 상호 의사소통 ⓒ 엄격한 상하 간 위계질서 ⓓ 급변하는 환경에 적합한 조직 ⓔ 다수의 규칙과 규정 존재

㉠ 기계적 조직은 구성원들의 업무가 분명하게 정의되고 많은 규칙과 규제들이 있으며, 상하 간 의사소통이 공식적인 경로를 통해 이루어지고 엄격한 위계질서가 있다.
㉡ 유기적 조직은 비공식적인 상호 의사소통이 원활히 이루어지며, 환경 변화에 따라 쉽게 변할 수 있다.

정답 ㉠ - ⓐ, ⓒ, ⓔ / ㉡ - ⓑ, ⓓ

---

(4) **조직 구조의 결정 요인** : 조직의 전략, 규모, 기술, 환경
   ① 조직 전략 : 조직의 목적을 달성하기 위해 수립한 계획으로, 조직이 자원을 배분하고 경쟁적 우위를 달성하기 위한 주요 방침이다.
   ② 조직 규모 : 대규모조직은 소규모조직에 비해 업무가 전문화·분화되어 있고 많은 규칙과 규정이 있다.

③ 기술 : 조직이 투입 요소를 산출물로 전환시키는 지식·기계·절차 등을 뜻하며, 소량생산 기술을 가진 조직은 유기적 조직 구조를, 대량생산 기술을 가진 조직은 기계적 조직 구조를 이룬다.

④ 환경 : 조직은 환경의 변화에 적절하게 대응해야 하므로 환경에 따라 조직의 구조가 달라진다. 안정적이고 확실한 환경에서는 기계적 조직이, 급변하는 환경에서는 유기적 조직이 적합하다.

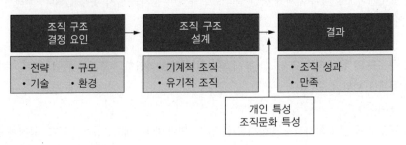

(5) 조직 구조의 형태

① 기능적 조직 구조 : 대부분의 조직은 조직의 CEO가 조직의 최상층에 있고, 조직구성원들이 단계적으로 배열되는 구조를 이룬다. 환경이 안정적이거나 일상적인 기술, 조직의 내부 효율성을 중요시하며 기업의 규모가 작을 때에는 업무의 내용이 유사하고 관련성이 있는 것들을 결합해서 기능적 조직 구조 형태를 이룬다.

[기능적 조직 구조 형태]

② 사업별 조직 구조 : 급변하는 환경 변화에 대응하고, 제품·지역·고객별 차이에 신속하게 적용하기 위해 분권화된 의사결정이 가능하다. 사업별 조직 구조는 개별 제품, 서비스, 제품 그룹, 주요 프로젝트·프로그램 등에 따라 조직화된다. 즉, 제품에 따라 조직이 구성되고 각 사업별 구조 아래 생산, 판매, 회계 등의 역할이 이루어진다.

[사업별 조직 구조 형태]

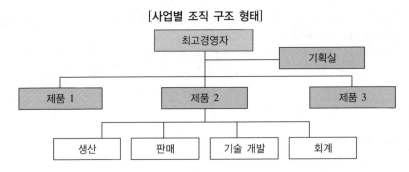

조직 구조의 형태를 비교해 이해한 내용으로 적절하지 않은 것은?

① 기능적 조직 구조는 사업별 조직 구조보다 분권화된 의사결정이 가능하다.

② 기능적 조직 구조와 사업별 조직 구조 모두 조직의 CEO가 최상층에 있다.

③ 사업별 조직 구조는 기능적 조직 구조보다 제품별 차이에 신속하게 적용하기 위한 것이다.

④ 사업별 조직 구조는 기능적 조직 구조보다 급변하는 환경 변화에 효과적으로 대응할 수 있다.

사업별 조직 구조는 기능적 조직 구조보다 분권화된 의사결정이 가능하다.

정답 ①

3. 조직 내 집단

(1) 조직 내 집단의 개념

① 조직 내 집단은 조직구성원들이 모여 일정한 상호작용의 체제를 이룰 때에 형성된다.

② 직업인들은 자신이 속한 집단에서 소속감을 느끼며, 필요한 정보를 얻고, 인간관계를 확장한다.

③ 최근에는 자율적인 환경에서 인적 자원을 효율적으로 활용하고 내부 유연성을 강화하기 위한 조직 형태인 팀제를 많이 활용하고 있다.

(2) 집단의 유형

① 공식적인 집단 : 조직의 공식적인 목표를 추구하기 위해 조직에서 의도적으로 만든 집단으로, 목표ㆍ임무가 비교적 명확하게 규정되어 있고, 참여하는 구성원들도 인위적으로 결정되는 경우가 많다.

② 비공식적인 집단 : 조직구성원들의 요구에 따라 자발적으로 형성된 집단으로, 공식적인 업무 수행 이외에 다양한 요구들에 의해 이루어진다.

조직 구조의 유형과 그것에 대한 특징을 연결하시오.

㉠ 공식적 집단 ㉡ 비공식적 집단	ⓐ 조직에서 의식적으로 만듦 ⓑ 집단의 목표, 임무가 명확하게 규정됨 ⓒ 조직구성원들의 요구에 따라 자발적으로 형성됨

㉠ 공식적 집단의 사례로는 각종 상설ㆍ임시위원회, 임무 수행을 위한 작업팀 등이 있다.

㉡ 비공식적 집단의 사례로는 업무 수행 능력 향상을 위해 자발적으로 형성된 스터디 모임, 봉사활동 동아리, 각종 친목회 등이 있다.

정답 ㉠-ⓐ, ⓑ/㉡-ⓒ

(3) 집단 간 관계

① 집단 간 경쟁의 발생 원인 : 조직 내의 한정된 자원을 더 많이 가지려 하거나 서로 상반되는 목표를 추구하기 때문

② 집단 간 경쟁의 순기능 : 집단 내부에서는 응집성이 강화되고 집단의 활동이 더욱 조직화됨

③ 집단 간 경쟁의 역기능 : 경쟁이 과열되면 조직 내에서 자원의 낭비, 업무 방해, 비능률 등의 문제를 일으킴

(4) 팀의 역할과 성공 조건

① 팀의 의미 : 구성원들이 공동의 목표를 이루기 위해 기술을 공유하고 공동으로 책임을 지는 집단으로, 공동 목표의 추구를 위해 헌신해야 한다는 의식을 공유함

② 팀은 다른 집단에 비해 구성원들의 개인적 기여를 강조하고, 개인적 책임뿐만 아니라 상호 공동 책임을 중요시하며, 자율성을 가지고 스스로 관리하는 경향이 있음

③ 팀은 생산성을 높이고 의사를 신속하게 결정하며 구성원들의 다양한 창의성 향상을 도모하기 위해 조직됨

④ 팀이 성공적으로 운영되려면 조직구성원들의 협력과 관리자층의 지지가 필요함

◀◀ 핵심예제 ▶▶

다음 중 조직 내의 팀에 대한 설명으로 적절하지 않은 것은?

① 팀은 구성원 간 서로 기술을 공유한다.

② 팀은 의사결정을 지연시키는 문제가 있다.

③ 팀은 개인적 책임뿐만 아니라 공동의 책임을 강조한다.

④ 팀이 성공적으로 운영되려면 관리자층의 지지가 요구된다.

팀은 생산성을 높이고 의사결정을 신속하게 하며 구성원들의 다양한 창의성 향상을 위해 조직된다.

정답 ②

---

04   업무이해능력

1. 업무 특성

(1) **업무이해능력의 의미** : 직업인이 자신에게 주어진 업무의 성격과 내용을 알고 그에 필요한 지식, 기술, 행동을 확인하는 능력으로, 효과적인 업무 수행의 기초가 된다.

(2) **업무의 의미** : 업무는 상품이나 서비스를 창출하기 위한 생산적인 활동으로, 조직의 목적 달성을 위한 중요한 근거가 된다. 또한 업무는 조직의 구조를 결정한다.

(3) 업무의 종류

① 조직의 목적·규모에 따라 업무는 다양하게 구성되며, 같은 규모의 조직도 업무의 종류·범위가 다를 수 있다.

② 업무의 종류를 세분화할 것인가, 업무의 수를 줄일 것인가의 문제도 조직에 따라 다양하게 결정될 수 있다.

③ 각 조직마다 외부 상황, 특유의 조직문화와 내부 권력 구조, 성공 여건 내지 조직의 강점·약점 등이 서로 다르기 때문에 업무의 종류도 달라질 수 있다.

부서	업무 예시
총무부	주주총회 및 이사회 개최 관련 업무, 의전 및 비서 업무, 집기·비품 및 소모품의 구입과 관리, 사무실 임차 및 관리, 차량 및 통신시설의 운영, 국내외 출장 업무 협조, 복리·후생 업무, 법률 자문과 소송 관리, 사내외 홍보·광고 업무
인사부	조직 기구의 개편 및 조정, 업무분장 및 조정, 인력 수급 계획 및 관리, 직무 및 정원의 조정 종합, 노사 관리, 평가 관리, 상벌 관리, 인사 발령, 교육 체계 수립 및 관리, 임금 제도, 복리·후생 제도 및 지원 업무, 복무 관리, 퇴직 관리
기획부	경영 계획 및 전략 수립, 전사 기획 업무 종합 및 조정, 중장기 사업 계획의 종합 및 조정, 경영 정보 조사 및 기획 보고, 경영 진단 업무, 종합예산 수립 및 실적 관리, 단기 사업 계획 종합 및 조정, 사업 계획, 손익 추정, 실적 관리 및 분석
회계부	회계 제도의 유지 및 관리, 재무 상태 및 경영 실적 보고, 결산 관련 업무, 재무제표 분석 및 보고, 법인세·부가가치세·국세·지방세 업무 자문 및 지원, 보험 가입 및 보상 업무, 고정자산 관련 업무
영업부	판매 계획, 판매 예산의 편성, 시장조사, 광고 선전, 견적 및 계약, 제조지시서의 발행, 외상매출금의 청구 및 회수, 제품의 재고 조절, 거래처로부터의 불만 처리, 제품의 애프터서비스, 판매원가 및 판매가격의 조사·검토

《 핵심예제 》

다음 중 업무에 대한 설명으로 적절하지 않은 것은?

① 조직의 규모가 같아도 업무의 종류·범위가 다를 수 있다.

② 업무는 조직의 목적을 달성하기 위한 중요한 근거가 된다.

③ 조직구성원들이 수행하는 업무는 조직의 구조를 결정한다.

④ 업무의 종류를 세분화할 것인가, 업무의 수를 줄일 것인가 하는 문제는 모든 조직에서 동일하게 결정된다.

> 업무의 종류를 세분화할 것인가, 업무의 수를 줄일 것인가의 문제는 조직에 따라 다양하게 결정될 수 있다. 이는 각 조직마다 외부적인 상황이 다르고 오랜 세월에 걸쳐 형성된 특유의 조직문화와 내부 권력 구조, 성공 여건 내지 조직의 강점·약점 등이 서로 다르기 때문이다.
>
> 정답 ④

(4) 업무의 특성

① **공통된 목적 지향** : 업무는 조직 목적의 효과적 달성을 위해 세분화된 것이므로 궁극적으로 같은 목적을 지향한다.

② **적은 재량권** : 업무는 개인이 선호하는 업무를 임의로 선택할 수 있는 재량권이 매우 적다.

③ **다른 업무와 밀접한 관련성** : 업무가 독립적으로 이루어지지만 업무 간에는 서열성이 있어서 순차적으로 이루어지기도 하며, 서로 정보를 주고받는다.

④ 조직이라는 전체로 통합되기 위해 개별 업무들은 필요한 지식·기술·도구가 다르고 이들 간 다양성도 다르다.

⑤ 어떤 업무는 일련의 주어진 절차를 거치는 반면, 어떤 업무는 재량권이 주어져 자율적·독립적으로 이루어진다.

⑥ **업무 권한** : 조직의 구성원들이 업무를 공적으로 수행할 수 있는 힘을 말하며, 자신의 결정에 다른 사람들이 따르게 할 수 있게 하는 힘이기도 하다. 구성원들은 이 업무 권한에 따라 자신이 수행한 일에 대한 책임도 부여받는다.

◀ **핵심예제** ▶

다음 중 업무에 대한 설명으로 적절하지 않은 것은?

① 업무는 조직의 목적 아래 통합된다.

② 직업인들은 자신의 업무를 자유롭게 선택할 수 있다.

③ 업무에 따라 다른 업무와의 독립성의 정도가 다르다.

④ 업무는 상품이나 서비스를 창출하기 위한 생산적인 활동이다.

> 업무는 조직에 의해 직업인들에게 부여되며, 개인이 선호하는 업무를 임의로 선택할 수 있는 재량권이 매우 적다.
>
> 정답 ②

---

2. 업무 수행 계획 수립의 절차

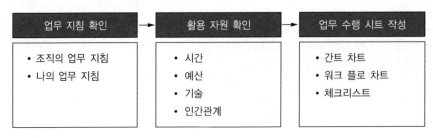

업무 지침 확인	→	활용 자원 확인	→	업무 수행 시트 작성
• 조직의 업무 지침 • 나의 업무 지침		• 시간 • 예산 • 기술 • 인간관계		• 간트 차트 • 워크 플로 차트 • 체크리스트

(1) 업무 지침 확인

① 조직의 업무 지침은 개인이 임의로 업무를 수행하지 않고 조직의 목적에 부합될 수 있도록 안내한다.
② 조직의 업무 지침을 토대로 작성하는 개인의 업무 지침은 업무 수행의 준거가 되고 시간 절약에 도움이 된다.
③ 개인의 업무 지침 작성 시에는 조직의 업무 지침, 장단기 목표, 경영 전략, 조직 구조, 규칙·규정 등을 고려한다.
④ 개인의 업무 지침은 3개월에 한 번 정도로 지속적인 개정이 필요하다.

(2) 활용 자원 확인

① 시간·예산·기술 등의 물적 자원과 조직 내부·외부에서 함께 일하는 인적 자원 등 업무 관련 자원을 확인한다.
② 자원은 무한정하지 않으므로 효과적으로 활용해야 한다.
③ 업무 수행에 필요한 지식·기술이 부족하면 이를 함양하기 위한 계획을 수립한다.

(3) 업무 수행 시트 작성

① 구체적인 업무 수행 계획을 수립한다.
② 업무 수행 시트 작성의 장점
　㉠ 주어진 시간 내에 일을 끝낼 수 있다.
　㉡ 세부적인 단계로 구분해 단계별로 협조를 구해야 할 사항과 처리해야 할 일을 체계적으로 알 수 있다.
　㉢ 문제가 발생할 경우에는 발생 지점을 정확히 파악해 시간과 비용을 절약할 수 있다.

〈 핵심예제 〉

다음 중 업무 수행 계획 수립에 대한 설명으로 적절하지 않은 것은?

① 개인의 업무 지침은 제한 없이 자유롭게 작성한다.
② 업무 수행 시트는 업무를 단계별로 구분해 작성한다.
③ 조직에는 다양한 업무가 있으며, 이것의 수행 절차는 다르다.
④ 업무 수행 시 활용 가능한 자원으로는 시간, 예산, 기술, 인적자원 등이 있다.

조직 내의 다양한 업무는 조직의 공동 목표를 달성하기 위한 것으로, 조직이 정한 규칙과 규정·시간 등의 제약을 받는다.

정답 ①

③ 업무 수행 시트의 종류

　　㉠ 간트 차트 : 단계별로 업무를 시작해서 끝내는 데 걸리는 시간을 바 형식으로 표시한다. 전체 일정을 한눈에 볼 수 있고, 단계별로 소요되는 시간과 각 업무 활동 사이의 관계를 파악할 수 있다.

[간트 차트의 예시]

업무		6월				7월				8월				9월			
설계	자료 수집	▨	▨	▨		▨	▨										
	기본 설계							▨	▨	▨							
	타당성 조사 및 실시 설계										▨						
시공	시공												▨	▨			
	결과 보고														▨	▨	▨

　　㉡ 워크 플로 차트 : 일의 흐름을 동적으로 보여주는 데 효과적이다. 사용하는 도형을 다르게 표현함으로써 주된 작업과 부차적인 작업, 혼자 처리할 수 있는 일과 타인의 협조가 필요한 일, 주의해야 할 일, 컴퓨터와 같은 도구를 사용해서 할 일 등을 구분해서 표현할 수 있다. 각 활동별로 소요 시간을 표기하면 더욱 효과적이다.

[워크 플로 차트]

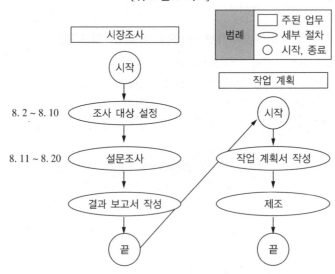

　　㉢ 체크리스트 : 업무의 각 단계를 효과적으로 수행했는지 자가 점검해볼 수 있다. 시간의 흐름을 표현할 때는 한계가 있지만, 업무를 세부적인 활동들로 나누고 각 활동별로 기대되는 수행 수준을 달성했는지를 확인하는 데는 효과적이다.

업무		체크	
		YES	NO
고객관리	고객 대장을 정비했는가?		
	3개월에 한 번씩 고객 구매 데이터를 분석했는가?		
	고객의 청구 내용 문의에 정확하게 응대했는가?		
	고객 데이터를 분석해 판매 촉진 기획에 활용했는가?		

《 핵심예제 》

업무 수행 시트와 그것에 대한 설명을 연결하시오.

> ㉠ 간트 차트
> ㉡ 워크 플로 차트
> ㉢ 체크리스트

> ⓐ 수행 수준 달성을 자가 점검
> ⓑ 일의 흐름을 동적으로 보여줌
> ⓒ 단계별로 업무의 시작과 끝 시간을 바 형식으로 표현

> ㉠ 전체 일정을 한눈에 볼 수 있고, 단계별로 업무의 시작과 끝을 알려준다.
> ㉡ 도형과 선으로 일의 흐름을 동적으로 보여준다.
> ㉢ 업무의 각 단계를 구분하고 각 활동별로 수행 수준을 달성했는지를 자가 점검할 수 있게 한다.

정답 ㉠-ⓒ, ㉡-ⓑ, ㉢-ⓐ

3. 업무의 방해 요인

(1) 방문, 인터넷, 전화, 메신저

① 타인의 방문, 인터넷, 전화, 메신저 등으로 인한 업무 방해를 막기 위해 무조건적으로 타인과 대화를 단절하는 것은 비현실적이며 바람직하지 않다.

② 타인의 방문, 인터넷, 전화, 메신저 등을 효과적으로 통제하는 제1의 원칙은 시간을 정해 놓는 것이다.

(2) 갈등 관리

① 갈등은 새로운 시각에서 문제를 바라보게 하고, 다른 업무에 대한 이해를 증진시키며, 조직의 침체를 예방하기도 한다.

② 갈등을 효과적으로 관리하려면 갈등 상황을 받아들이고 이를 객관적으로 평가해야 한다.

③ 갈등을 일으키는 원인, 장기적으로 조직에 이익이 될 수 있는 해결책 등을 생각해본다.

④ 대화·협상으로 의견을 일치시키고, 양측에 도움이 되는 해결 방법을 찾는 것이 갈등 해결에서 가장 중요하다.

⑤ 일단 갈등 상황에서 벗어나는 회피 전략이 더욱 효과적일 수도 있으므로 갈등의 해결이 분열을 초래할 수 있을 때에는 충분한 해결 시간을 가지고 서서히 접근한다.

(3) 스트레스

① 적정 수준의 스트레스는 사람들을 자극해 개인의 능력을 개선하고 최적의 성과를 내게 한다.

② 시간 관리를 통해 업무 과중을 극복하고, 긍정적인 사고방식을 가지며, 운동을 하거나 전문가의 도움을 받는다.

③ 조직 차원에서는 직무 재설계, 역할 재설정 등을 하고 심리적 안정을 찾을 수 있게 사회적 관계 형성을 장려한다.

《 핵심예제 》

다음 중 업무 방해 요소의 특징과 극복 방법에 대한 설명으로 적절하지 않은 것은?

① 업무 스트레스는 없을수록 좋으므로 잘 관리해야 한다.

② 갈등을 해결하는 데 가장 중요한 것은 대화와 협상이다.

③ 조직 내 갈등은 개인 간 갈등, 집단 간 갈등, 조직 간 갈등 등이 있다.

④ 인터넷, 전화, 메신저 등을 효과적으로 활용하기 위해서 시간을 정하는 등 자신만의 기준을 세운다.

적정 수준의 스트레스는 사람들을 자극해 개인의 능력을 개선하고 최적의 성과를 내게 하므로 스트레스가 반드시 해로운 것은 아니다.

정답 ①

---

05 국제감각

1. 국제감각의 필요성

(1) 국제감각의 의미 : 직장생활을 하는 중에 다른 나라의 문화를 이해하고 국제적인 동향을 이해하는 능력

(2) 국제감각의 중요성 : 세계는 이제 3Bs(Border, Boundary, Barrier)가 완화되고 있으며, 국제 간 자원의 이동이 자유롭고, 통신의 발달로 네트워크가 형성되었다. 이에 따라 조직에 대한 세계화의 영향력이 커지면서 국제동향을 고려해 자신의 업무 방식을 개선할 수 있는 국제감각이 필수적이다.

(3) 글로벌화의 의미 : 활동 범위가 세계로 확대되는 것으로, 경제나 산업 등의 측면에서 벗어나 문화·정치와 다른 영역까지 확대되는 개념으로 이해된다.

① 다국적·초국적 기업이 등장해 범지구적 시스템·네트워크 안에서 기업이 활동하는 국제경영이 중요해졌다.

② 글로벌화에 따른 변화

ⓐ 세계적인 경제 통합 : 기업은 신기술을 확보해 세계적인 주도 기업으로 국경을 넘어 확장하고 있으며, 다국적 기업의 증가에 따라 국가 간 경제 통합이 강화되었다.

ⓑ 국가 간 자유무역협정(FTA) 체결 등 무역장벽을 없애는 노력이 이어지고 있다.

③ 현대의 경제적인 변화는 정치적인 전망이나 산업에 대한 조직들의 태도 변화를 일으키고, 전 세계적으로 공기업을 민영화해 새로운 경쟁과 시장 환경이 조성되고 있다.

〈핵심예제〉

글로벌화에 대한 다음 글의 빈칸 ㉠과 ㉡에 들어갈 적절한 용어는?

글로벌화란 활동 범위가 세계로 확대되는 것을 의미하며, 최근에는 다국적 기업이 등장하여 범지구적 시스템과 네트워크 안에서 기업 활동이 이루어지는 ㉠ 이/가 중요시되고 있다. 이 중 세계적인 경제 통합은 가장 큰 변화로, 최근 우리나라는 ㉡ 을/를 체결하고 국가 간 무역장벽을 없애나가고 있다.

기업은 상품, 서비스, 자본, 노동, 기술과 정보 등을 대상으로 국경을 초월해 두 나라 이상에서 동시에 기업 활동을 벌이고 있으며, 이를 국제경영이라 한다. 특히, 우리나라는 칠레 등과 자유무역협정을 체결하고 국가 간 무역장벽을 없애나가고 있다.

정답 ㉠ 국제경영, ㉡ 자유무역협정

(4) 국제적 식견과 능력의 필요성

① 글로벌화가 이루어지면 조직은 경제적인 이익을 얻을 수 있지만, 그만큼 경쟁이 치열해지므로 국제 감각을 가지고 세계화 대응 전략을 마련해야 한다.
② 조직의 시장이 세계로 확대되는 것에 맞춰 조직구성원들은 의식과 태도, 행동이 세계 수준에 이르러야 한다.
③ 국제감각은 세계를 하나의 공동체로 인식하고, 문화적 배경이 다른 사람과의 커뮤니케이션을 위해 각 국가의 문화적 특징·의식·예절 등 각국의 시장과 다양성에 적응할 수 있는 능력을 뜻한다. 또한 자신의 업무와 관련해 국제동향을 파악하고 이를 적용할 수 있는 능력을 의미한다.

〈핵심예제〉

국제감각에 대한 다음 설명이 맞으면 ○를, 틀리면 ×를 표시하시오.

㉠ 국제감각은 영어만 잘하면 길러질 수 있다. ( )
㉡ 국제감각은 세계화가 진행됨에 따라 중요한 능력이 되고 있다. ( )
㉢ 국제감각은 자신의 업무와 관련해 국제적인 동향을 파악하고 이를 적용할 수 있는 능력이다.
( )

오답분석
㉠ 국제감각은 단순히 외국어만 잘하는 것이 아니라 다른 나라 사람과의 효과적인 커뮤니케이션을 위해 다른 나라의 문화적 특징을 이해하는 것을 의미한다.

정답 ㉠-×, ㉡-○, ㉢-○

2. 국제동향의 파악

(1) 국제감각은 외국의 문화를 이해하는 것뿐만 아니라 관련 업무의 국제동향을 이해하고 이를 업무에 적용하는 능력이며, 글로벌 시대에 성공하려면 국제감각을 길러야 한다.

(2) 국제동향 파악 방법

① 관련 분야의 해외 사이트에서 최신 이슈를 확인한다.

② 매일 신문의 국제면을 읽는다.

③ 업무와 관련된 국제 잡지를 정기구독한다.

④ 고용노동부, 한국산업인력공단, 산업통상자원부, 중소벤처기업부, 대한상공회의소, 산업별 인적자원개발 위원회 등의 사이트를 방문해 국제동향을 확인한다.

⑤ 국제 학술대회에 참석한다.

⑥ 업무와 관련된 주요 용어의 외국어를 알아둔다.

⑦ 해외 서점 사이트를 방문해 최신 서적 목록과 주요 내용을 파악한다.

⑧ 외국인 친구를 사귀고 대화를 자주 나눈다.

《 **핵심예제** 》

국제감각에 대한 다음 빈칸에 공통으로 들어갈 용어는?

국제감각이란 외국의 문화를 이해하는 것뿐만 아니라 _____을/를 이해하고 이를 업무에 적용하는 것이다. 구체적으로는 각종 매체를 활용해 _____을/를 파악하기, 조직의 업무와 관련된 국제적인 법규·규정을 숙지하고, 국제적인 상황 변화에 능동적으로 대처하는 능력이 요구된다.

직업인에게는 자신의 업무와 관련된 국제동향을 이해하고 이를 적용할 수 있는 국제감각이 필요하다. 업무와 관련된 국제동향에는 다양한 경제적·정치적 이슈 등이 있으며, 그 가운데 하나로 국제적인 법규·규정을 숙지할 필요가 있다.

정답 국제동향

3. 외국인과의 커뮤니케이션

(1) 문화충격(Culture Shock)

① 문화충격 : 한 문화권에 속한 사람이 다른 문화를 접하게 되었을 때 체험하는 충격 → 이질적으로 상대 문화를 대하게 되고 불일치, 위화감, 심리적 부적응 상태를 경험

② 문화충격에 대비하려면 다른 문화에 대해 개방적인 태도를 견지해야 한다. 자문화의 기준으로 다른 문화를 평가하지 말고, 자신의 정체성은 유지하되 새롭고 다른 것을 경험하는 데 즐거움을 느끼도록 적극적 자세를 취한다.

〈 핵심예제 〉

다음 사례에 나타난 현상에 대비하는 태도로 적절한 것은?

> K씨는 남아시아 한 국가의 문화부장관을 만나기 위해 어느 사찰을 방문했다가 깜짝 놀랐다. 그 사찰의 큰스님이기도 한 문화부장관은 격식을 갖추기 위해 양복을 차려입고 있었는데, 그 멋진 차림새에도 불구하고 신발을 신지 않았기 때문이다.

① 더 뛰어난 새로운 문화를 적극적으로 수용한다.

② 자신의 문화를 가르쳐 주고, 이에 따르도록 권유한다.

③ 새롭고 다른 것을 경험하는 데 적극적 자세를 취한다.

④ 자신의 정체성을 유지하기 위해 다른 문화는 수용하지 않는다.

> 문화충격은 한 나라의 문화권에 속한 사람이 다른 나라의 새로운 문화를 접했을 때 이질적인 문화적 차이로 인해 받는 심리적인 충격을 뜻한다. 문화충격에 대비하기 위해서는 다른 문화에 대해 개방적인 태도를 견지하고, 자신이 속한 문화의 기준으로 다른 문화를 평가하지 말아야 한다.
>
> 정답 ③

---

(2) 이문화(Intercultural) 커뮤니케이션

① 이문화 커뮤니케이션 : 서로 상이한 문화 간 커뮤니케이션, 즉 직업인이 자신의 일을 수행하는 가운데 문화적 배경을 달리하는 사람과 커뮤니케이션하는 것

② 이문화 커뮤니케이션의 구분

㉠ 언어적 커뮤니케이션은 의사를 전달할 때 직접적으로 이용되는 것으로, 외국어 사용 능력과 직결된다.

㉡ 국제관계에서는 언어적 커뮤니케이션 외에 비언어적 커뮤니케이션 때문에 문제를 겪는 경우가 많다. 외국어 능력이 유창해도 문화적 배경을 잘 모르면 언어에 내포된 의미를 오해하거나 수용하지 못할 수 있다.

㉢ 상대국의 문화적 배경에 입각한 생활양식, 행동 규범, 가치관 등을 사전에 이해하기 위한 노력을 지속적으로 해야 한다.

‹핵심예제›

다른 나라의 문화를 이해하는 것에 대한 설명으로 적절하지 않은 것은?

① 외국의 문화를 이해하는 것은 많은 시간과 노력이 요구된다.
② 상이한 문화 간 커뮤니케이션을 이문화 커뮤니케이션이라고 한다.
③ 문화충격에 대비해서 가장 중요한 것은 자신이 속한 문화를 기준으로 다른 문화를 주관적으로 평가하는 것이다.
④ 한 문화권에 속하는 사람이 다른 문화를 접할 때 겪는 불일치, 위화감, 심리적 부적응 상태를 문화충격이라고 한다.

> 문화충격에 대비해서 중요한 것은 자신이 속한 문화를 기준으로 다른 문화를 평가하지 말고, 자신의 정체성은 유지하되 다른 문화를 경험하는 데 개방적·적극적 자세를 취하는 것이다.

정답 ③

4. 글로벌 시대에 적합한 국제매너

(1) 국제매너의 필요성 : 조직을 대표해 파견된 직업인들의 실수는 조직 전체의 모습으로 비춰질 수 있으며, 이러한 실수의 결과는 업무 성과에 큰 영향을 미친다. 따라서 직업인은 다른 나라의 문화에 순응하고 그들의 관습을 존중해야 한다.

(2) 인사하는 방법

① 영미권에서 악수를 할 때는 일어서서, 상대방의 눈이나 얼굴을 보면서, 오른손으로 상대방의 오른손을 잠시 힘주어서 잡았다가 놓아야 한다.
② 미국에서는 상대방의 이름이나 호칭을 어떻게 부를지 먼저 물어보는 것이 예의이며, 인사나 이야기할 때에 너무 다가가지 않고 상대방의 개인 공간을 지켜줘야 한다.
③ 아프리카에서는 상대방과 시선을 마주보며 대화하면 실례이므로 코끝을 보면서 대화하도록 한다.
④ 러시아와 라틴아메리카에서는 친밀함의 표현으로 포옹을 하는데, 이를 이해하고 자연스럽게 받아주어야 한다.
⑤ 영미권의 업무용 명함은 악수를 한 이후 교환하며, 아랫사람이나 손님이 먼저 꺼내 오른손으로 상대방에게 주고, 받는 사람은 두손으로 받는 것이 예의이다. 받은 명함은 한번 보고나서 탁자 위에 보이게 놓은 채로 대화를 하거나, 명함지갑에 넣는다. 명함을 구기거나 계속 만지는 것은 실례이다.

(3) 시간 약속 지키기

① 미국인은 시간 엄수를 매우 중요하게 생각하여 시간을 지키지 않는 사람과는 같이 일을 하려고 하지 않는다.
② 라틴아메리카, 동유럽, 아랍 지역에서는 약속된 시간 정각에 나오는 법이 없다. 시간 약속은 형식적일 뿐이며, 상대방이 기다려줄 것으로 생각한다. 따라서 인내심을 가지고 기다려야 한다.

(4) 식사 예절

① 서양 요리에서 수프는 소리내면서 먹지 않으며 몸 쪽에서 바깥쪽으로 숟가락을 사용한다. 뜨거운 수프는 입으로 불지 말고 숟가락으로 저어서 식혀야 한다.
② 빵은 수프를 먹은 후부터 먹으며 디저트 직전 식사가 끝날 때까지 먹을 수 있다. 빵은 칼이나 치아로 자르지 않고 손으로 떼어 먹는다.
③ 음식 종류별로 생선 요리는 뒤집어 먹지 않고, 스테이크는 처음에 다 잘라놓지 않고 잘라가면서 먹는 것이 좋다.

《 핵심예제 》

국제매너에 대한 다음 설명이 맞으면 ○를, 틀리면 ×를 표시하시오.

㉠ 생선 요리는 뒤집어 먹지 않는다.   (   )
㉡ 빵은 아무 때나 먹어도 관계없다.   (   )
㉢ 수프는 바깥쪽에서 몸 쪽으로 숟가락을 사용한다.   (   )
㉣ 명함을 구기거나 계속 만지는 것은 예의에 어긋나는 일이다.   (   )
㉤ 러시아와 라틴아메리카 사람들은 친밀함의 표시로 포옹을 한다.   (   )
㉥ 미국인이나 동유럽 사람들은 약속 시간에 늦을 경우 으레 기다려줄 것으로 생각한다. (   )
㉦ 미국 사람과 인사할 때에는 눈이나 얼굴을 보면서 왼손으로 상대방의 왼손을 힘주어서 잡았다가 놓아야 한다.   (   )

오답분석
㉡ 빵은 수프를 먹고 난 후부터 디저트 직전 식사가 끝날 때까지 먹을 수 있다.
㉢ 수프는 몸 쪽에서 바깥쪽으로 숟가락을 사용해 먹는다.
㉥ 미국인은 시간 엄수를 중요하게 여기므로 약속 시간에 늦지 말아야 한다.
㉦ 미국인과 악수할 때는 오른손으로 상대방의 오른손을 잡는다.

정답 ㉠-○, ㉡-×, ㉢-×, ㉣-○, ㉤-○, ㉥-×, ㉦-×

01 경영전략

다음은 경영전략 추진과정을 나타낸 내용이다. (가)에 대한 사례 중 그 성격이 다른 것은?

풀이순서

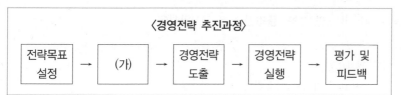

〈경영전략 추진과정〉

전략목표 설정 → (가) → 경영전략 도출 → 경영전략 실행 → 평가 및 피드백

1) 질문의도
   내부 환경과 외부 환경의 구분

① 제품 개발을 위해 우리가 가진 예산의 현황을 파악해야 한다. → 내부 환경
② 우리 제품의 시장 개척을 위해 법적으로 문제가 없는지 확인해 봐야 한다.
   → 외부 환경
③ 이번에 발표된 정부의 정책으로 우리 제품이 어떠한 영향을 받을 수 있는지
   확인해 볼 필요가 있다. → 외부 환경
④ 신제품 출시를 위해 경쟁사들의 동향을 파악해 봐야 한다. → 외부 환경
⑤ 우리가 공급받고 있는 원재료들의 원가를 확인해야 한다. → 외부 환경

2) 선택지분석
   • 내부 환경 : 회사 내부의 제어할 수 있는 강점과 약점
   • 외부 환경 : 회사 외부의 제어할 수 없는 기회와 위협

3) 정답도출

유형 분석	• 경영전략 추진과정에 대한 이해를 묻는 문제이다. • 경영전략을 추진하는 순서와 각 단계에 따른 세부적인 내용을 알고 있어야 한다.
풀이 전략	선택지를 보며 해당 단계의 절차와 맞는지 확인한다.

02 조직구조

대학생인 지수의 일과인 다음 〈조건〉을 통해 알 수 있는 사실로 가장 적절한 것은?

풀이순서

1) 질문의도
   조직 유형 이해

2) 조건확인
   조직별 유형 분류

3) 정답도출

> **조건**
>
> 지수는 화요일에 학교 수업, 아르바이트, 스터디, 봉사활동 등을 한다.
> 다음은 지수의 화요일 일과이다.
>
> - 오전 11시부터 오후 4시까지 수업이 있다. → 5시간
>   학교 : 공식조직, 비영리조직, 대규모조직
> - 수업이 끝나고 학교 앞 프랜차이즈 카페에서 아르바이트를 3시간 동안 한다.
>   카페 : 공식조직, 영리조직, 대규모조직
> - 아르바이트를 마친 후, NCS 공부를 하기 위해 스터디를 2시간 동안 한다.
>   스터디 : 비공식조직, 비영리조직, 소규모조직

① 비공식조직이면서 소규모조직에 3시간 있었다.
② 하루 중 공식조직에서 9시간 있었다.
☑ 비영리조직이면서 대규모조직에서 5시간 있었다. → 학교
④ 영리조직에서 2시간 있었다.
⑤ 비공식조직이면서 비영리조직에서 3시간 있었다.

유형 분석	• 조직의 유형을 분류하는 문제이다. • 조직의 개념과 그 특징에 대한 문제가 자주 출제된다.
풀이 전략	주어진 조건을 면밀하게 분석해야 한다. 해당 조직이 어떤 유형인지 확인한 후 선택지와 비교하면서 풀어야 한다.

03 업무 지시사항

다음 중 제시된 [업무 지시사항]에 대한 판단으로 적절하지 않은 것은?

풀이순서

1) 질문의도
   업무 지시사항의
   이해

> 은경씨, 금요일 오후 2시부터 10명의 인 · 적성검사 합격자의 1차 면접이 진행
> ③
> 될 예정입니다. 5층 회의실 사용 예약을 지금 미팅이 끝난 직후 해 주시고, 2명
> 씩 5개 조로 구성하여 10분씩 면접을 진행하니 지금 드리는 지원 서류를 참고하
> ①
> 시어 수요일 오전까지 5개 조를 구성한 보고서를 저에게 주십시오. 그리고 2명의
> ②
> 면접 위원님께 목요일 오전에 면접 진행에 대해 말씀드려 미리 일정 조정을 완료
> ⑤
> 해 주시기 바랍니다.

2) 선택지분석
   지시사항 확인

① 면접은 <u>10분씩</u> 진행된다.
② 은경씨는 수요일 오전까지 보고서를 제출해야 한다.
③ 면접은 금요일 오후에 10명을 대상으로 실시된다.
✔ 인 · 적성검사 합격자는 본인이 몇 조인지 알 수 있다.
⑤ 은경씨는 <u>면접 위원님</u>에게 면접 진행에 대해 알려야 한다.

3) 정답도출

유형 분석	• 제시된 지시사항을 제대로 이해하고 있는지 확인하는 문제이다.
	응용 문제 : 여러 가지 지시사항을 제시하고 일의 처리 순서를 나열하는 문제가 출제된다.
풀이 전략	제시문에 나오는 키워드를 찾고 선택지와 비교하여 풀어야 한다. 이때 제시문을 정확하게 파악하는 것이 중요하다.

04 국제동향

언어적 커뮤니케이션과 달리 상대국의 문화적 배경의 생활양식, 행동규범, 가치관 등을 이해하여 서로 다른 문화적 배경을 지닌 사람과 소통하는 것을 비언어적 커뮤니케이션이라고 한다. 다음 중 [적절하지 않은 비언어적 커뮤니케이션]은?

① 스페인에서는 악수할 때 손을 강하게 잡을수록 반갑다는 의미를 가지고 있다. 따라서 스페인 사람과 첫 협상 시에는 강하게 악수하여 반가움을 표현하는 것이 적절하다.

✔️ 이탈리아에서는 연회 시 소금이나 후추 등이 다른 사람 손에 거치면 좋지 않다는 풍습이 있다. 따라서 이탈리아에서 연회 참가 시 소금과 후추가 필요할 때는 웨이터를 부르도록 한다.
   → 웨이터를 부르는 것보다 자신이 직접 가져오는 것이 적절함

③ 일본에서 칼은 관계의 단절을 의미한다. 따라서 일본인에게 선물할 때 칼은 피하는 것이 좋다.

④ 중국에서는 상대방이 선물을 권할 때 선뜻 받기보다 세 번 정도 거절하는 것이 예의라고 생각한다. 따라서 중국인에게 선물할 때 세 번 거절당하더라도 한 번 더 받기를 권하는 것이 좋다.

⑤ 키르기즈스탄에서는 왼손을 더러운 것으로 느끼는 풍습이 있다. 따라서 키르기즈스탄인에게 명함을 건넬 때는 반드시 오른손으로 주도록 한다.

PART 1

풀이순서

1) 질문의도
   국제 매너 이해 및 행동

2) 선택지분석
   문화별 가치관에 부합하지 않는 행동 선택

3) 정답도출

유형 분석	• 국제 매너에 대한 이해를 묻는 문제이다. • 국제 공통 예절과 국가별 예절을 구분해서 알아야 하며, 특히 식사 예절은 필수로 알아 두어야 한다.
풀이 전략	문제에서 묻는 내용(적절한, 적절하지 않은)을 분명히 확인한 후 문제를 풀어야 한다.

05 │ 기출예상문제

정답 및 해설 p.039

01 티베트에서는 손님이 찻잔을 비우면 주인이 계속 첨잔을 하는 것이 기본예절이며, 손님의 입장에서 주인이 권하는 차를 거절하면 실례가 된다. 티베트에 출장 중인 G사원은 이를 숙지하고 티베트인 집에서 차 대접을 받게 되었다. G사원이 찻잔을 비울 때마다 주인이 계속 첨잔을 하여 곤혹을 겪고 있을 때, G사원의 행동으로 가장 적절한 것은?

① 주인에게 그만 마시고 싶다며 단호하게 말한다.

② 잠시 자리를 피하도록 한다.

③ 차를 다 비우지 말고 입에 살짝 댄다.

④ 힘들지만 계속 마시도록 한다.

⑤ 자신의 찻잔이 보이지 않도록 숨긴다.

02 다음 중 국제문화에 대해 옳지 않은 말을 한 사람은?

> 철수 : 오늘 뉴스를 보니까 엔화가 계속해서 하락하고 있다고 하더라.
> 만수 : 환율이 많이 떨어져서 일본으로 여행가기에는 정말 좋겠다.
> 영수 : 요즘 100엔에 900원 정도밖에 안 하지?
> 희수 : 나는 여름휴가로 미국을 가려고 했는데 전자여권으로 ESTA를 신청해야 하더라.
> 병수 : 엇, 아니야! 미국은 무조건 비자를 받아서 가야 하지 않아?

① 철수　　　　　　　　　　　② 만수

③ 희수　　　　　　　　　　　④ 병수

⑤ 없음

03 다음은 경쟁사의 매출이 나날이 오르는 것에 경각심을 느낀 K회사의 신제품 개발 회의의 일부 내용이다. 효과적인 회의의 5가지 원칙에 기반을 두어 가장 효과적으로 회의에 임한 사람은?

〈효과적인 회의의 5가지 원칙〉

1. 긍정적인 어법으로 말하라.
2. 창의적인 사고를 할 수 있게 분위기를 조성하라.
3. 목표를 공유하라.
4. 적극적으로 참여하라.
5. 주제를 벗어나지 마라.

팀장 : 매운맛 하면 역시 우리 회사 라면이 가장 잘 팔렸는데 최근 너도나도 매운맛을 만들다 보니 우리 회사 제품의 매출이 상대적으로 줄어든 것 같아서 신제품 개발을 위해 오늘 회의를 진행하게 되었습니다. 아주 중요한 회의이니만큼 각자 좋은 의견을 내주시기 바랍니다.

A사원 : 저는 사실 저희 라면이 그렇게 매출이 좋았던 것도 아닌데 괜한 걱정을 하는 것이라고 생각해요. 그냥 전이랑 비슷한 라면에 이름만 바꿔서 출시하면 안 됩니까?

B사원 : 하지만 그렇게 했다간 입소문이 안 좋아져서 회사가 문을 닫게 될지도 모릅니다.

C사원 : 그나저나 이번에 타사에서 출시된 까불면이 아주 맛있던데요?

E사원 : 까불면도 물론 맛있긴 하지만, 팀장님 말씀대로 매운맛 하면 저희 회사 제품이 가장 잘 팔린 것으로 알고 있습니다. 더 다양한 소비자층을 끌기 위해 조금 더 매운맛과 덜 매운맛까지 3가지 맛을 출시하면 매출성장에 도움이 될 것 같습니다.

C사원 : D씨는 어때요? 의견이 없으신가요?

D사원 : 어… 그… 저는… 그, 글쎄요… 매, 매운 음식을 잘… 못 먹어서….

① A사원   ② B사원
③ C사원   ④ D사원
⑤ E사원

04 다음은 개인화 마케팅에 대한 글이다. 개인화 마케팅의 사례로 적절하지 않은 것은?

> 소비자들의 요구가 점차 다양해지고 복잡해짐에 따라 개인별로 맞춤형 제품과 서비스를 제공하며 '개인화 마케팅'을 펼치는 기업이 늘어나고 있다. 개인화 마케팅이란 각 소비자의 이름, 관심사, 구매이력 등의 데이터를 기반으로 특정 고객에 대한 개인화 서비스를 제공하는 활동을 의미한다. 이러한 개인화 마케팅은 개별적 커뮤니케이션 실현을 통한 효율성 증대 및 기업 이윤 창출을 목적으로 하고 있다.
>
> 이러한 개인화 마케팅은 기업들의 지속적인 투자를 통해 다양한 방식으로 계속되고 있다. 빠르게 변화하고 있는 마케팅 시장에서 개인화된 서비스 제공을 통해 소비자 만족도를 끌어낼 수 있다는 점은 충분히 매력적일 수 있기 때문이다.

① 고객들의 사연을 받아 지하철역 에스컬레이터 벽면에 광고판을 만든 A배달업체는 고객들로 하여금 자신의 사연이 뽑히지 않았는지 관심을 갖도록 유도하여 광고 효과를 톡톡히 보고 있다.

② 최근 B전시관은 시각적인 시원한 민트색 벽지와 그에 어울리는 시원한 음향, 상쾌한 민트 향기, 민트맛 사탕을 나눠주며 민트에 대한 다섯 가지 감각을 이용한 미술관 전시로 화제가 되었다.

③ C위생용품회사는 자사의 인기 상품에 대한 단종으로 사과의 뜻을 담은 뮤직비디오를 제작했다. 고객들은 뮤직비디오를 보기 전에 자신의 이름을 입력하면, 뮤직비디오에 자신의 이름이 노출되어 자신이 직접 사과를 받는 듯한 효과를 느낄 수 있다.

④ 참치캔을 생산하는 D사는 최근 소외계층에게 힘이 되는 응원 메시지를 댓글로 받아 77명을 추첨하여 댓글 작성자의 이름으로 소외계층들에게 참치캔을 전달하는 이벤트를 진행하였다.

⑤ 커피전문점 E사는 고객이 자사 홈페이지에서 회원 가입 후 이름을 등록한 경우, 음료 주문 시 "○○○ 고객님, 주문하신 아메리카노 나왔습니다."와 같이 고객의 이름을 불러주는 서비스를 제공하고 있다.

05 다음 기사를 읽고 필리핀 EPS 센터에 근무 중인 S대리가 취할 행동으로 적절하지 않은 것은?

> 최근 필리핀에서 한국인을 노린 범죄행위가 기승을 부리고 있다. 외교부 보고에 따르면 최근 5년간 해외에서 우리 국민을 대상으로 벌어진 살인 사건이 가장 많이 발생한 국가가 필리핀인 것으로 나타났다. 따라서 우리나라는 자국민 보호를 위해 한국인 대상 범죄 수사를 지원하는 필리핀 코리안 데스크에 직원을 추가 파견하기로 했다.

① 저녁에 이루어지고 있는 필리핀 문화 교육 시간을 오전으로 당겨야겠군.

② 우리 국민이 늦은 시간에 혼자 다니지 않도록 해야겠어.

③ 주필리핀 한국대사관과 연결하여 자국민 보호 정책을 만들 수 있도록 요청해야겠어.

④ 경찰과 연합해서 우리 국민 보호에 더 신경을 써야겠네.

⑤ 우리나라에 취업하기 위해 들어오는 필리핀 사람들에 대한 규제를 강화해야겠어.

06 다음 중 조직에 대한 설명으로 적절하지 않은 것은?

① 어떤 기능을 수행하도록 협동해나가는 체계이다.

② 생산조직, 정치조직 등이 있다.

③ 조직은 공식조직과 비공식조직으로 구분된다.

④ 조직은 비공식조직으로부터 공식조직으로 발전하였다.

⑤ 교회는 영리조직에 속한다.

07 다음 중 민츠버그가 정의한 경영자의 역할에 대한 설명으로 적절하지 않은 것은?

① 올바른 정보를 수집하는 것은 대인적 역할에 해당한다.

② 대인적 역할은 크게 세 가지로 구분할 수 있다.

③ 정보적 역할에는 대변인으로서의 역할이 포함된다.

④ 수집된 정보를 통해 최종 결정을 내리는 것은 의사결정적 역할이다.

⑤ 청취적 역할도 리더로서 중요한 역할 중 하나이다.

08 다음 중 조직변화의 과정을 순서대로 바르게 나열한 것은?

ㄱ. 환경변화 인지	ㄴ. 변화결과 평가
ㄷ. 조직변화 방향 수립	ㄹ. 조직변화 실행

① ㄱ - ㄷ - ㄹ - ㄴ   ② ㄱ - ㄹ - ㄷ - ㄴ

③ ㄴ - ㄷ - ㄹ - ㄱ   ④ ㄹ - ㄱ - ㄷ - ㄴ

⑤ ㄹ - ㄴ - ㄷ - ㄱ

09 다음 중 조직목표의 기능에 대한 설명으로 적절하지 않은 것은?

① 조직이 나아갈 방향을 제시해 주는 기능을 한다.

② 조직구성원의 의사결정 기준의 기능을 한다.

③ 조직구성원의 행동에 동기를 유발시키는 기능을 한다.

④ 조직을 운영하는 데 융통성을 제공하는 기능을 한다.

⑤ 조직구조나 운영과정과 같이 조직 체제를 구체화할 수 있는 기준이 된다.

10 다음 중 고객만족경영의 3C에 해당하는 것은 무엇인가?

① Change   ② Clear

③ Complete   ④ Correct

⑤ Credit

11 다음 중 S사원에게 해줄 수 있는 조언으로 가장 적절한 것은?

> S사원은 팀장으로부터 업무성과를 높이기 위한 방안을 보고하라는 지시를 받았고, 다음날 팀장에게 보고서를 제출하였다. 보고서를 본 팀장은 S사원에게 다음과 같이 말했다.
> "S씨, 보고서에 있는 방법은 우리 회사에서는 적용할 수가 없습니다. 노사규정상 근무시간을 늘릴 수 없게 되어 있어요. 근무시간을 늘려서 업무성과를 높이자는 건 바람직한 해결책이 아니군요."

① 자신의 능력 범위 안에서 가능한 목표를 설정해야 한다.

② 조직의 구조, 문화, 규칙 등의 체제요소를 고려해야 한다.

③ 조직의 목표 달성을 위해서는 조직 응집력이 중요하다.

④ 새로운 자원을 발굴하고, 도전하는 것을 중시해야 한다.

⑤ 조직의 구성원들에게 일체감과 정체성을 부여해야 한다.

〈주요사업별 연락처〉

주요사업	담당부서	연락처
고객지원	고객지원팀	044-410-7001
감사, 부패방지 및 지도점검	감사실	044-410-7011
국제협력, 경영평가, 예산기획, 규정, 이사회	전략기획팀	044-410-7023
인재개발, 성과평가, 교육, 인사, ODA 사업	인재개발팀	044-410-7031
복무노무, 회계관리, 계약 및 시설	경영지원팀	044-410-7048
품질 평가관리, 품질평가 관련민원	평가관리팀	044-410-7062
가공품 유통 전반(실태조사, 유통정보), 컨설팅	유통정보팀	044-410-7072
대국민 교육, 기관 마케팅, 홍보관리, CS, 브랜드인증	고객홍보팀	044-410-7082
이력관리, 역학조사지원	이력관리팀	044-410-7102
유전자분석, 동일성검사	유전자분석팀	044-410-7111
연구사업 관리, 기준개발 및 보완, 시장조사	연구개발팀	044-410-7133
정부 3.0, 홈페이지 운영, 대외자료제공, 정보보호	정보사업팀	044-410-7000

12 K공단의 주요 사업별 연락처를 본 채용 지원자의 반응으로 적절하지 않은 것은?

① K공단은 1개의 실과 11개의 팀으로 이루어져 있구나.

② 예산기획과 경영평가는 같은 팀에서 종합적으로 관리하는구나.

③ 평가업무라 하더라도 평가 특성에 따라 담당하는 팀이 달라지는구나.

④ 홈페이지 운영은 고객홍보팀에서 마케팅과 함께 하는구나.

⑤ 부패방지를 위해 부서를 따로 두었구나.

13 다음 민원을 해결하기 위해 연결해야 할 부서를 바르게 안내해준 것은?

민원인 : 얼마 전 신제품 품질 평가 등급 신청을 했습니다. 신제품 품질에 대한 등급에 대해 이의가
있습니다. 관련 건으로 담당자분과 통화하고 싶습니다.

상담원 : 불편을 드려서 죄송합니다. _____ 연결해드리겠습니다. 잠시만
기다려 주십시오.

① 지도점검 업무를 담당하고 있는 감사실로

② 연구사업을 관리하고 있는 연구개발팀으로

③ 기관의 홈페이지 운영을 전담하고 있는 정보사업팀으로

④ 이력관리 업무를 담당하고 있는 이력관리팀으로

⑤ 품질평가를 관리하는 평가관리팀으로

14 다음 〈보기〉 중 경영활동을 수행하고 있다고 볼 수 없는 것은?

> **보기**
>
> (가) 다음 시즌 우승을 목표로 해외 전지훈련에 참여하여 열심히 구슬땀을 흘리고 있는 선수단과
>   이를 운영하는 구단 직원들
> (나) 자발적인 참여로 뜻을 같이한 동료들과 함께 매주 어려운 이웃을 찾아다니며 봉사활동을 펼치
>   고 있는 S씨
> (다) 교육지원대대장으로서 사병들의 교육이 원활히 진행될 수 있도록 훈련장 관리와 유지에 최선
>   을 다하고 있는 원 대령과 참모진
> (라) 영화 촬영을 앞두고 시나리오와 제작 콘셉트를 회의하기 위해 모인 감독 및 스태프와 출연 배
>   우들
> (마) 대기업을 그만두고 가족들과 함께 조그만 무역회사를 차려 손수 제작한 밀짚 가방을 동남아로
>   수출하고 있는 B씨

① (가)   ② (나)
③ (다)   ④ (라)
⑤ (마)

15 다음 중 경영전략 추진과정을 순서대로 바르게 나열한 것은?

① 경영전략 도출 → 환경분석 → 전략목표 설정 → 경영전략 실행 → 평가 및 피드백
② 경영전략 도출 → 경영전략 실행 → 전략목표 설정 → 환경분석 → 평가 및 피드백
③ 전략목표 설정 → 환경분석 → 경영전략 도출 → 경영전략 실행 → 평가 및 피드백
④ 전략목표 설정 → 경영전략 도출 → 경영전략 실행 → 환경분석 → 평가 및 피드백
⑤ 환경분석 → 전략목표 설정 → 경영전략 도출 → 경영전략 실행 → 평가 및 피드백

16 경영참가제도는 근로자를 경영과정에 참가하게 하여 공동으로 문제를 해결하고 이를 통해 노사 간의 균형을 이루며, 상호신뢰로 경영의 효율을 향상시키는 제도이다. 경영참가제도의 유형은 자본참가, 성과참가, 의사결정참가로 구분되는데, 다음 중 '자본참가'에 해당하는 사례는?

① 임직원들에게 저렴한 가격으로 일정 수량의 주식을 매입할 수 있게 권리를 부여한다.

② 위원회제도를 활용하여 근로자의 경영참여와 개선된 생산의 판매가치를 기초로 성과를 배분한다.

③ 부가가치의 증대를 목표로 하여 이를 노사협력체제를 통해 달성하고, 이에 따라 증가된 생산성 향상분을 노사 간에 배분한다.

④ 천재지변의 대응, 생산성 하락, 경영성과 전달 등과 같이 단체교섭에서 결정되지 않은 사항에 대하여 노사가 서로 협력할 수 있도록 한다.

⑤ 노동자 또는 노동조합의 대표가 기업의 최고결정기관에 직접 참가해서 기업경영의 여러 문제를 노사 공동으로 결정한다.

17 K기금에 근무 중인 B차장은 새로운 사업을 실행하기에 앞서 설문조사를 하려고 한다. 다음 방법을 이용하려고 할 때, 설문조사 순서를 바르게 나열한 것은?

> 델파이 기법은 전문가들의 의견을 종합하기 위해 고안된 기법으로 불확실한 상황을 예측하고자 할 경우 사용하는 인문사회과학 분석기법 중 하나이다. 설문지로만 이루어지기 때문에 전문가들의 익명성이 보장되고, 반복적인 설문을 통해 얻은 반응을 수집·요약해 특정한 주제에 대한 전문가 집단의 합의를 도출하는 방식으로 진행된다.

① 설문지 제작 → 발송 → 회수 → 검토 후 결론 도출 → 결론 통보

② 설문지 제작 → 1차 대면 토론 → 중간 분석 → 2차 대면 토론 → 합의 도출

③ 설문지 제작 → 발송 → 회수 → 중간 분석 → 대면 토론 → 합의 도출

④ 설문지 제작 → 발송 → 회수 → 중간 분석 → 재발송 → 회수 → 합의 도출

⑤ 설문지 제작 → 1차 대면 토론 → 중간 분석 → 2차 대면 토론 → 결론 통보

※ 다음은 조직의 유형을 나타낸 자료이다. 이어지는 질문에 답하시오. [18~19]

18 다음 중 조직의 유형에 대한 설명으로 적절하지 않은 것은?

① 기업과 같이 이윤을 목적으로 하는 조직은 영리조직이다.

② 조직 규모를 기준으로 보면, 가족 소유의 상점은 소규모조직, 대기업은 대규모조직의 사례로 볼 수 있다.

③ 공식조직 내에서 인간관계를 지향하면서 비공식조직이 새롭게 생성되기도 한다.

④ 비공식조직은 조직의 구조, 기능, 규정 등이 조직화되어 있다.

⑤ 비영리조직은 공익을 목적으로 하는 단체이다.

19 다음 중 밑줄 친 비영리조직의 사례로 보기 어려운 것은?

① 정부조직　　　　　　　　② 병원

③ 대학　　　　　　　　　　④ 시민단체

⑤ 대기업

20 다음 중 이사원이 처리해야 할 업무를 순서대로 바르게 나열한 것은?

> 현재 시각은 10시 30분. 이사원은 30분 후 거래처 직원과의 미팅이 예정되어 있다. 거래처 직원에게는 회사의 제1회의실에서 미팅을 진행하기로 미리 안내하였으나, 오늘 오전 현재 제1회의실 예약이 모두 완료되어 금일 사용이 불가능하다는 연락을 받았다. 또한 이사원은 오후 2시에 김팀장과 면담 예정이었으나, 오늘까지 문서 작업을 완료해달라는 부서장의 요청을 받았다. 이사원은 면담 시간을 미뤄보려 했지만 김팀장은 이사원과의 면담 이후 부서 회의에 참여해야 하므로 면담 시간을 미룰 수 없다고 답변했다.

> ㉠ 거래처 직원과의 미팅
> ㉡ 11시에 사용 가능한 회의실 사용 예약
> ㉢ 거래처 직원에게 미팅 장소 변경 안내
> ㉣ 김팀장과의 면담
> ㉤ 부서장이 요청한 문서 작업 완료

① ㉠ - ㉢ - ㉡ - ㉣ - ㉤
② ㉡ - ㉢ - ㉠ - ㉣ - ㉤
③ ㉡ - ㉢ - ㉠ - ㉤ - ㉣
④ ㉢ - ㉡ - ㉠ - ㉤ - ㉣
⑤ ㉢ - ㉡ - ㉠ - ㉣ - ㉤

많이 보고 많이 겪고 많이 공부하는 것은 배움의 세 기둥이다.

- 벤자민 디즈라엘리 -

PART 2

직무수행능력

01 | 경영 기출예상문제

정답 및 해설 p.042

01 다음은 마이클 포터(Michael Porter)의 산업구조 분석모델(Five Forces Model)이다. (A)에 들어갈 용어로 옳은 것은?

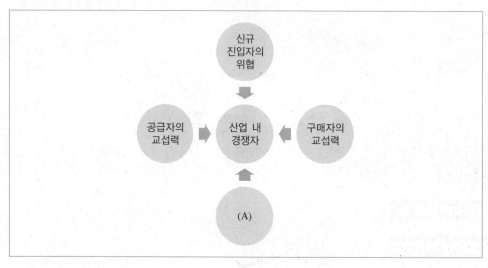

① 정부의 규제 완화 ② 고객의 충성도
③ 공급업체의 규모 ④ 가격의 탄력성
⑤ 대체재의 위협

02 다음 중 경제적 자립권과 독립성을 둘 다 포기하고, 시장독점의 단일한 목적 아래 여러 기업이 뭉쳐서 이룬 하나의 통일체를 의미하는 조직은?

① 카르텔(Kartell) ② 신디케이트(Syndicate)
③ 트러스트(Trust) ④ 콘체른(Konzern)
⑤ 콩글로머리트(Conglomerate)

03 다음 중 BCG 매트릭스와 GE 매트릭스의 차이점으로 옳지 않은 것은?

① BCG 매트릭스는 GE 매트릭스에 비해 더 간단하며 4개의 셀로 구성되는 반면, GE 매트릭스 9개의 셀로 구성된다.

② BCG 매트릭스의 기반이 되는 요인은 시장 성장과 시장점유율이고, GE 매트릭스의 기반이 되는 요인은 산업계의 매력과 비즈니스 강점이다.

③ BCG 매트릭스는 기업이 여러 사업부에 자원을 배치하는 데 사용되며, GE 매트릭스는 다양한 비즈니스 단위 간의 투자 우선순위를 결정하는 데 사용한다.

④ BCG 매트릭스에서는 하나의 측정만 사용되는 반면, GE 매트릭스에서는 여러 측정이 사용된다.

⑤ BCG 매트릭스는 기업이 그리드에서의 위치에 따라 제품 라인이나 비즈니스 유닛을 전략적으로 선택하는 데 사용하고, GE 매트릭스는 시장의 성장과 회사가 소유한 시장점유율을 반영한 성장-공유 모델로 이해할 수 있다.

04 다음 중 ESG 경영에 대한 설명으로 옳지 않은 것은?

① ESG는 기업의 비재무적 요소인 '환경(Environment), 사회(Social), 지배구조(Governance)'의 약자이다.

② ESG는 재무제표에는 드러나지 않지만 중장기적으로 기업 가치에 영향을 미치는 지속가능성 평가 지표이다.

③ ESG는 기업의 행동이 미치는 영향 등을 구체화하고 그 노력을 측정 가능하도록 지표화하여 투자를 이끌어낸다.

④ ESG 평가가 높을수록 단순히 사회적 평판이 좋은 기업이라기보다 리스크에 강한 기업이라 할 수 있다.

⑤ ESG 경영의 핵심은 효율을 최우선으로 착한 기업을 키워나가는 것을 목적으로 한다.

05 다음 중 목표설정이론 및 목표관리(MBO)에 대한 설명으로 옳지 않은 것은?

① 목표는 구체적이고 도전적으로 설정하는 것이 바람직하다.

② 목표는 지시적 목표, 자기설정 목표, 참여적 목표로 구분된다.

③ 목표를 설정하는 과정에 부하직원이 함께 참여한다.

④ 조직의 목표를 구체적인 부서별 목표로 전환하게 된다.

⑤ 성과는 경영진이 평가하여 부하직원 개개인에게 통보한다.

06 다음 중 홉스테드(G. Hofstede)의 국가 간 문화차이연구에서 문화차원(Cultural Dimensions)에 해당하지 않는 것은?

① 권력의 거리(Power Distance)

② 불확실성 회피성(Uncertainty Avoidance)

③ 남성성-여성성(Masculinity-Femininity)

④ 민주주의-독재주의(Democracy-Autocracy)

⑤ 개인주의-집단주의(Individualism-Collectivism)

07 다음 중 기계적 조직과 유기적 조직에 대한 설명으로 옳지 않은 것은?

① 기계적 조직은 공식화 정도가 낮고, 유기적 조직은 공식화 정도가 높다.

② 기계적 조직은 경영관리 위계가 수직적이고, 유기적 조직은 경영관리 위계가 수평적이다.

③ 기계적 조직은 직무 전문화가 높고, 유기적 조직은 직무 전문화가 낮다.

④ 기계적 조직은 의사결정권한이 집중화되어 있고, 유기적 조직은 의사결정권한이 분권화되어 있다.

⑤ 기계적 조직은 수직적 의사소통이고, 유기적 조직은 수평적 의사소통이다.

08 다음 중 평가센터법에 대한 설명으로 옳지 않은 것은?

① 한 번에 1명의 피평가자를 다수의 평가자들이 평가한다.

② 피평가자들에게 주어지는 조건들은 가급적 동등하며, 보통 피평가자들의 행동을 주로 평가한다.

③ 평가의 기준이 사전에 정해져 있어, 평가자의 주관적 판단을 감소시킨다.

④ 실용성을 최대화하기 위해 평가자와 피평가자가 모두 사전에 철저한 훈련을 받는다.

⑤ 실제로 담당할 직무와 관련성이 높은 행동들 위주로 평가하기 때문에 예측타당성이 큰 편이다.

09 다음 수요예측기법 중 성격이 다른 하나를 고르면?

① 델파이 기법

② 역사적 유추법

③ 시계열 분석 방법

④ 시장조사법

⑤ 라이프사이클 유추법

10 다음 중 소비자의 구매의사결정 과정을 순서대로 바르게 나열한 것은?

① 정보탐색 → 문제인식 → 구매 → 대안평가 → 구매 후 행동
② 문제인식 → 정보탐색 → 대안평가 → 구매 → 구매 후 행동
③ 문제인식 → 대안평가 → 구매 → 정보탐색 → 구매 후 행동
④ 정보탐색 → 문제인식 → 대안평가 → 구매 → 구매 후 행동
⑤ 대안평가 → 정보탐색 → 문제인식 → 구매 → 구매 후 행동

11 다음 〈보기〉 중 가격책정 방법에 대한 설명으로 옳은 것을 모두 고르면?

> **보기**
>
> ⓐ 준거가격이란 구매자가 어떤 상품에 대해 지불할 용의가 있는 최고가격을 의미한다.
> ⓑ 명성가격이란 가격-품질 연상관계를 이용한 가격책정 방법이다.
> ⓒ 단수가격이란 판매가격을 단수로 표시하여 가격이 저렴한 인상을 소비자에게 심어주어 판매를 증대시키는 방법이다.
> ⓓ 최저수용가격이란 심리적으로 적당하다고 생각하는 가격 수준을 의미한다.

① ⓐ, ⓑ　　　　　　　　　　② ⓐ, ⓒ
③ ⓑ, ⓒ　　　　　　　　　　④ ⓑ, ⓓ
⑤ ⓒ, ⓓ

12 다음 중 수직적 통합의 이유로 옳은 것은?

① 대기업이 시장점유율을 높여 가격선도자 역할을 하기 위해
② 중소기업이 생산규모를 확대하고, 판매망을 강화하기 위해
③ 원료부터 제품까지의 기술적 일관성을 위해
④ 대규모 구조조정을 통한 경영혁신을 위해
⑤ 규모의 경제 확보를 위해

13 다음 중 작업 우선순위 결정 규칙에 대한 설명으로 옳지 않은 것은?

① 최소작업시간(SPT) : 작업시간이 짧은 순서대로 처리한다.
② 최소여유시간(STR) : 납기일까지 남은 시간이 적은 순서대로 처리한다.
③ 최소납기일(EDD) : 납기일이 빠른 순서대로 처리한다.
④ 선입선출(FCFS) : 먼저 도착한 순서대로 처리한다.
⑤ 후입선출(LCFS) : 늦게 도착한 순서대로 처리한다.

14 다음 중 자재소요계획(MRP)에 대한 설명으로 옳은 것은?

① MRP는 풀 생산방식(Pull System)에 속하며 시장 수요가 생산을 촉발시키는 시스템이다.

② MRP는 독립수요를 갖는 부품들의 생산수량과 생산시기를 결정하는 방법이다.

③ 자재명세서의 부품별 계획 주문 발주시기를 근거로 MRP를 수립한다.

④ 생산 일정계획의 완제품 생산일정(MPS)과 자재명세서(BOM), 재고기록철(IR) 정보를 근거로 MRP를 수립한다.

⑤ MRP는 필요할 때마다 요청해서 생산하는 방식이다.

15 다음을 활용하여 경제적 주문량(EOQ)을 고려한 연간 총재고비용을 구하면?[단, 기준은 (총재고비용)＝(주문비)＋(재고유지비)이다]

- 연간 부품 수요량 : 1,000개
- 1회 주문비 : 200원
- 단위당 재고 유지비 : 40원

① 500원   ② 1,000원

③ 2,000원   ④ 3,000원

⑤ 4,000원

16 다음 중 재무제표에 대한 설명으로 옳지 않은 것은?

① 재무제표는 재무상태표, 포괄손익계산서, 자본변동표, 현금흐름표, 그리고 주석으로 구성된다.

② 재무제표는 적어도 1년에 한 번은 작성한다.

③ 현금흐름에 대한 정보를 제외하고는 발생기준의 가정하에 작성한다.

④ 기업이 경영활동을 청산 또는 중단할 의도가 있더라도, 재무제표는 계속기업의 가정하에 작성한다.

⑤ 재무제표 요소의 측정기준은 역사적원가와 현행가치 등으로 구분된다.

17 S회사는 B회사와 다음과 같은 기계장치를 상호 교환하였다. 교환과정에서 S회사는 B회사에게 현금을 지급하고, 기계장치 취득원가 470,000원, 처분손실 10,000원을 인식하였다. 교환과정에서 S회사가 지급한 현금은?(단, 교환거래에 상업적 실질이 있고 각 기계장치의 공정가치는 신뢰성 있게 측정된다)

(단위 : 원)

구분	S회사	B회사
취득원가	800,000	600,000
감가상각누계액	340,000	100,000
공정가치	450,000	480,000

① 10,000원 ② 20,000원
③ 30,000원 ④ 40,000원
⑤ 50,000원

18 K회사는 2021년 초 지방자치단체로부터 무이자조건의 자금 100,000원을 차입(2024년 말 전액 일시상환)하여 기계장치(취득원가 100,000원, 내용연수 4년, 잔존가치 0원, 정액법 상각)를 취득하는 데 전부 사용하였다. 2022년 말 기계장치 장부금액은 얼마인가?(단, K회사가 2022년 초 금전대차 거래에서 부담할 시장이자율은 연 8%이고, 정부보조금을 자산의 취득원가에서 차감하는 원가 차감법을 사용한다)

기간	단일금액 1원의 현재가치(할인율=8%)
4	0.7350

① 48,500원 ② 54,380원
③ 55,125원 ④ 75,000원
⑤ 81,625원

19 다음 중 ISO에서 제정한 환경경영시스템에 대한 국제표준규격으로 옳은 것은?

① ISO 5000 ② ISO 9000
③ ISO 14000 ④ ISO 18000
⑤ ISO 20000

20 다음 자료를 이용하여 계산한 회사의 주식가치는 얼마인가?

- (사내유보율)=30%
- [자기자본이익률(ROE)]=10%
- (자기자본비용)=20%
- (당기의 주당순이익)=3,000원

① 12,723원   ② 13,250원

③ 14,500원   ④ 15,670원

⑤ 16,500원

21 다음 중 재무레버리지에 대한 설명으로 옳은 것은?

① 재무레버리지란 자산을 획득하기 위해 조달한 자금 중 재무고정비를 수반하는 자기자본이 차지하는 비율이다.

② 재무고정비로 인한 영업이익의 변동률에 따른 주당순자산(BPS)의 변동폭은 확대되어 나타난다.

③ 재무고정비에는 부채뿐만 아니라 보통주배당도 포함된다.

④ 재무레버리지도(DFL; Degree of Financial Leverage)는 영업이익의 변동에 따른 주당이익(EPS)에 미치는 영향을 분석한 것이다.

⑤ 다른 조건이 동일하다면 재무고정비가 클수록 영업이익의 변동에 따른 주당이익의 변동폭은 그만큼 더 작게 된다.

22 5가지 성격 특성 요소(Big Five Personality Traits) 중 다음 〈보기〉에 해당하는 것은?

> **보기**
>
> 과제 및 목적 지향성을 촉진하는 속성과 관련된 것으로, 심사숙고, 규준이나 규칙의 준수, 계획 세우기, 조직화, 과제의 준비 등과 같은 특질을 포함한다.

① 개방성(Openness to Experience)

② 성실성(Conscientiousness)

③ 외향성(Extraversion)

④ 수용성(Agreeableness)

⑤ 안정성(Emotional Stability)

23 다음 중 과학적 경영 전략에 대한 설명으로 옳지 않은 것은?

① 테일러의 과학적 관리법은 시간연구와 동작연구를 통해 노동자의 심리상태와 보상심리를 적용한 효과적인 과학적 경영 전략을 제시하였다.

② 포드 시스템은 노동자의 이동경로를 최소화하며 물품을 생산하거나, 고정된 생산라인에서 노동자가 계속해서 생산하는 방식을 통하여 불필요한 절차와 행동 요소들을 없애 생산성을 향상하였다.

③ 호손실험은 생산성에 비공식적 조직이 영향을 미친다는 사실을 밝혀낸 연구이다.

④ 목표설정이론은 인간이 합리적으로 행동한다는 기본적인 가정에 기초하여, 개인이 의식적으로 얻으려고 설정한 목표가 동기와 행동에 영향을 미친다는 이론이다.

⑤ 직무특성이론은 기술된 핵심 직무 특성이 종업원의 주요 심리 상태에 영향을 미치며, 이것이 다시 종업원의 직무 성과에 영향을 미친다고 주장한다.

24 다음 중 기업합병에 대한 설명으로 옳지 않은 것은?

① 기업합병이란 두 독립된 기업이 법률적, 실질적으로 하나의 기업실체로 통합되는 것이다.

② 기업합병에는 흡수합병과 신설합병이 있으며 흡수합병의 경우 한 회사는 존속하고 다른 회사의 주식은 소멸한다.

③ 기업인수는 한 기업이 다른 기업의 지배권을 획득하기 위하여 주식이나 자산을 취득하는 것이다.

④ 기업매각은 사업부문 중의 일부를 분할한 후 매각하는 것으로, 기업의 구조를 재편성하는 것이다.

⑤ 수평적 합병은 기업의 생산이나 판매과정 전후에 있는 기업 간의 합병으로, 주로 원자재 공급의 안정성 등을 목적으로 한다.

25 다음 〈보기〉 중 맥그리거(McMgregor)의 XY이론에서 X이론적 인간관과 동기부여 전략에 해당하는 것을 모두 고르면?

> **보기**
>
> | | |
> |---|---|
> | ㄱ. 천성적 나태 | ㄴ. 변화지향적 |
> | ㄷ. 자율적 활동 | ㄹ. 민주적 관리 |
> | ㅁ. 어리석은 존재 | ㅂ. 타율적 관리 |
> | ㅅ. 변화에 저항적 | ㅇ. 높은 책임감 |

① ㄱ, ㄴ, ㄷ, ㄹ ② ㄱ, ㄴ, ㄹ, ㅁ

③ ㄱ, ㅁ, ㅂ, ㅅ ④ ㄴ, ㄷ, ㄹ, ㅇ

⑤ ㄴ, ㅁ, ㅂ, ㅅ

26 다음 중 터크만(Tuckman)의 집단 발달의 5단계 모형에서 집단구성원들 간에 집단의 목표와 수단에 대해 합의가 이루어지고 응집력이 높아지며 구성원들의 역할과 권한 관계가 정해지는 단계는?

① 형성기(Forming)
② 격동기(Storming)
③ 규범기(Norming)
④ 성과달성기(Performing)
⑤ 해체기(Adjourning)

27 다음 중 행동기준고과법(BARS)에 대한 설명으로 옳지 않은 것은?

① 전통적인 인사평가 방법에 비해 평가의 공정성이 증가하는 장점이 있다.
② 평정척도법과 중요사건기록법을 혼용하여 평가직무에 직접 적용되는 행동패턴을 척도화하여 평가하는 방법이다.
③ 다양하고 구체적인 직무에 적용이 가능하다는 장점이 있다.
④ 어떤 행동이 목표달성과 관련이 있는지 인식하여 목표관리의 일환으로 사용이 가능하다.
⑤ 점수를 통해 등급화하기보다는 개별행위를 빈도를 나눠서 측정하기 때문에 풍부한 정보를 얻을수 있지만, 종업원의 행동변화를 유도하기 어렵다는 단점이 있다.

28 다음 〈보기〉 중 푸시 앤 풀(Push and Pull) 기법에서 푸시 전략에 대한 설명으로 옳은 것을 모두고르면?

> **보기**
> ㉠ 제조업자가 중간상을 대상으로 적극적인 촉진전략을 사용하여 도매상, 소매상들이 자사의 제품을 소비자에게 적극적으로 판매하도록 유도하는 방법이다.
> ㉡ 인적판매와 중간상 판촉의 중요성이 증가하게 되고, 최종소비자를 대상으로 하는 광고의 중요성은 상대적으로 감소하게 된다.
> ㉢ 제조업자가 최종소비자를 대상으로 적극적인 촉진을 사용하여 소비자가 자사의 제품을 적극적으로 찾게 함으로써 중간상들이 자발적으로 자사 제품을 취급하게 만드는 전략이다.
> ㉣ 최종소비자를 대상으로 하는 광고와 소비자 판촉의 중요성이 증가하게 된다.

① ㉠, ㉡
② ㉠, ㉣
③ ㉡, ㉢
④ ㉡, ㉣
⑤ ㉢, ㉣

29 다음 중 인적자원관리(HRM)에 대한 설명으로 옳지 않은 것은?

① 직무분석이란 적재적소에 인적자원을 배치하기 위하여 직무 관련 정보를 수집하는 절차이다.

② 직무분석의 방법으로 면접법, 관찰법, 중요사건법 등이 있다.

③ 직무분석의 결과로 직무기술서와 직무명세서가 만들어진다.

④ '동일노동 동일임금'의 원칙을 실현하는 직무급을 도입하기 위한 기초 작업으로 직무평가가 실시된다.

⑤ 직무평가 방법으로는 서열법, 요소비교법, 질문지법 등이 있다.

30 다음 중 인간의 감각이 느끼지 못할 정도의 자극을 주어 잠재의식에 호소하는 광고로 옳은 것은?

① 애드버커시 광고　　　　　　　② 서브리미널 광고
③ 리스폰스 광고　　　　　　　　④ 키치 광고
⑤ 티저 광고

31 다음 〈보기〉에 나타난 프랑스 맥도날드사의 마케팅 기법으로 옳은 것은?

> 보기
>
> 2002년 프랑스 맥도날드에서는 "어린이들은 일주일에 한 번만 오세요!"라는 어린이들의 방문을 줄이기 위한 광고 카피를 선보였다. 맥도날드는 시민들에게 '맥도날드는 소비자의 건강을 생각하는 회사'라는 긍정적인 이미지를 심어주기 위해 이러한 광고를 내보낸 것으로 밝혔다. 결과는 어땠을까. 놀랍게도 성공적이었다. 광고 카피와는 반대로 소비자들의 맥도날드 방문횟수가 더욱 늘어났고, 광고가 반영된 그해 유럽지사 중 가장 높은 실적을 이루는 놀라운 결과를 얻었다.

① PPL 마케팅(PPL Marketing)

② 노이즈 마케팅(Noise Marketing)

③ 퍼포먼스 마케팅(Performance Marketing)

④ 집중적 마케팅

⑤ 디마케팅(Demarketing)

32 다음 중 시장세분화에 대한 설명으로 옳은 것은?

① 인구통계적 세분화는 나이, 성별, 가족규모, 소득, 직업, 종교, 교육수준 등을 바탕으로 시장을 나누는 것이다.

② 사회심리적 세분화는 추구하는 편익, 사용량, 상표애호도, 사용여부 등을 바탕으로 시장을 나누는 것이다.

③ 시장표적화는 시장경쟁이 치열해졌거나 소비자의 욕구가 급격히 변할 때 저가격으로 설정하는 전략방법이다.

④ 시장포지셔닝은 세분화된 시장의 좋은 점을 분석한 후 진입할 세분시장을 선택하는 것이다.

⑤ 행동적 세분화는 구매자의 사회적 위치, 생활습관, 개인성격을 바탕으로 시장을 나누는 것이다.

33 다음 중 공급사슬관리(SCM)의 목적으로 옳은 것은?

① 제품 생산에 필요한 자재의 소요량과 소요시기를 결정한다.

② 기업 내 모든 자원의 흐름을 정확히 파악하여 자원을 효율적으로 배치한다.

③ 자재를 필요한 시각에 필요한 수량만큼 조달하여 낭비 요소를 근본적으로 제거한다.

④ 자재의 흐름을 효과적으로 관리하여 불필요한 시간과 비용을 절감한다.

⑤ 조직의 인적 자원이 축적하고 있는 개별적인 지식을 체계화하고 공유한다.

34 다음 중 품질비용에 대한 설명으로 옳지 않은 것은?

① 품질비용은 100% 완전하지 못한 제품 생산으로 인한 비용이다.

② 평가비용은 검사, 측정, 시험 등에 대한 비용이다.

③ 통제비용은 생산흐름으로부터 불량을 제거하기 위한 활동에 대한 비용이다.

④ 실패비용은 완성된 제품의 품질이 일정한 수준에 미달함으로써 발생하는 비용이다.

⑤ 외부실패비용은 폐기, 재작업, 등급저하에 대한 비용이다.

35 다음 중 자금, 인력, 시설 등 모든 제조자원을 통합하여 계획 및 통제하는 관리시스템은?

① MRP
② MRP Ⅱ
③ JIT
④ FMS
⑤ BPR

36 다음 중 재고자산에 대한 설명으로 옳은 것은?(단, 재고자산감모손실 및 재고자산평가손실은 없다)

① 선입선출법 적용 시 물가가 지속적으로 상승한다면, 계속기록법에 의한 기말재고자산금액이 실지재고조사법에 의한 기말재고자산 금액보다 작다.

② 선입선출법 적용 시 물가가 지속적으로 상승한다면, 계속기록법에 의한 기말재고자산금액이 실지재고조사법에 의한 기말재고자산 금액보다 크다.

③ 재고자산 매입 시 부담한 매입운임은 운반비로 구분하여 비용처리한다.

④ 부동산 매매기업이 정상적인 영업과정에서 판매를 목적으로 보유하는 건물은 재고자산으로 구분한다.

⑤ 재고자산을 순실현가능가치로 감액한 평가손실과 모든 감모손실은 감액이나 감모가 발생한 다음 기간에 매출원가로 인식한다.

37 다음은 S회사의 2022년 세무조정사항 등 법인세 계산 자료이다. S회사의 2022년도 법인세비용은?

- 접대비 한도초과액은 24,000원이다.
- 감가상각비 한도초과액은 10,000원이다.
- 2022년 초 전기이월 이연법인세자산은 7,500원이고, 이연법인세부채는 없다.
- 2022년도 법인세비용차감전순이익은 150,000원이고, 이후에도 매년 이 수준으로 실현될 가능성이 높다.
- 과세소득에 적용될 세율은 25%이고, 향후에도 변동이 없다.

① 37,500원
② 40,500원
③ 43,500원
④ 45,500원
⑤ 48,500원

38 K회사는 고객에게 상품을 판매하고 약속어음(액면금액 5,000,000원, 만기 6개월, 표시이자율 연 6%)을 받았다. K회사는 동 어음을 3개월간 보유한 후 은행에 할인하면서 은행으로부터 4,995,500원을 받았다. 동 어음에 대한 은행의 연간 할인율은?(단, 이자는 월할계산한다)

① 8%
② 10%
③ 12%
④ 14%
⑤ 16%

39 S기업의 현재 주가는 30,000원이며, 차기 주당배당액이 2,000원으로 예상되고, S기업의 이익과 배당은 매년 4%씩 성장할 것으로 예상될 때, 보통주의 자본비용은?

① 10%　　　　　　　　　② 14%

③ 17%　　　　　　　　　④ 20%

⑤ 23%

40 다음 표를 이용하여 결합레버리지도를 구한 값은?

매출액	100	영업이익	40
변동비	30	이자비용	30
고정비	30	법인세차감전이익	10

① 3　　　　　　　　　　② 7

③ 9　　　　　　　　　　④ 10

⑤ 12

41 다음 〈보기〉에서 마이클 포터(Michael Porter)의 가치사슬 모형에서 지원적 활동(Support Activities)에 해당하는 것을 모두 고르면?

보기

ㄱ. 기업 하부구조　　　　　　　ㄴ. 내부 물류
ㄷ. 제조 및 생산　　　　　　　ㄹ. 인적자원관리
ㅁ. 기술 개발　　　　　　　　　ㅂ. 외부 물류
ㅅ. 마케팅 및 영업　　　　　　　ㅇ. 서비스
ㅈ. 조달 활동

① ㄱ, ㄴ, ㄷ, ㄹ　　　　　　② ㄴ, ㄷ, ㄹ, ㅈ

③ ㄱ, ㄹ, ㅁ, ㅈ　　　　　　④ ㄷ, ㅂ, ㅅ, ㅇ

⑤ ㄴ, ㄷ, ㅂ, ㅅ, ㅇ

42 다음 중 최고경영자, 중간경영자, 하위경영자 모두가 공통적으로 가져야 할 능력으로 옳은 것은?

① 타인에 대한 이해력과 동기부여 능력

② 지식과 경험을 해당 분야에 적용시키는 능력

③ 복잡한 상황 등 여러 상황을 분석하여 조직 전체에 적용하는 능력

④ 담당 업무를 수행하기 위한 육체적, 지능적 능력

⑤ 한 부서의 변화가 다른 부서에 미치는 영향을 파악하는 능력

43 다음 중 기업이 글로벌 전략을 수행하는 이유로 옳지 않은 것은?

① 규모의 경제를 달성하기 위해

② 세계 시장에서의 협력 강화를 위해

③ 현지 시장으로의 효과적인 진출을 위해

④ 기업구조를 개편하여 경영의 효율성을 높이고 리스크를 줄이기 위해

⑤ 저임금 노동력을 활용하여 생산단가를 낮추기 위해

44 다음 중 지식경영시스템(KMS)에 대한 설명으로 옳지 않은 것은?

① KMS는 'Knowledge Management System'의 약자로, 지식경영시스템 또는 지식관리시스템을 나타낸다.

② 지식관리시스템은 지식베이스, 지식스키마, 지식맵의 3가지 요소로 구성되어 있다.

③ 지식베이스가 데이터베이스에 비유된다면 지식스키마는 원시데이터에 대한 메타데이터를 담고 있는 데이터사전 또는 데이터베이스에 비유될 수 있다.

④ 지식스키마 내에는 개별 지식의 유형, 중요도, 동의어와 주요 인덱스, 보안단계, 생성-조회-갱신-관리부서 정보 등과 전사적인 지식분류체계 등이 들어 있다.

⑤ 조직에서 필요한 지식과 정보를 창출하는 연구자, 설계자, 건축가, 과학자, 기술자는 필수적으로 포함되어야 한다.

45 K회사는 철물 관련 사업을 하는 중소기업이다. 이 회사는 수요가 어느 정도 안정된 소모품을 다양한 거래처에 납품하고 있으며, 내부적으로는 부서별 효율성을 추구하고 있다. 이러한 회사의 조직구조로 적합한 유형은?

① 기능별 조직   ② 사업부제 조직

③ 프로젝트 조직   ④ 매트릭스 조직

⑤ 다국적 조직

46 다음 〈보기〉에서 설명하는 현상으로 옳은 것은?

> **보기**
>
> • 응집력이 높은 집단에서 나타나기 쉽다.
> • 집단구성원들이 의견일치를 추구하려다가 잘못된 의사결정을 하게 된다.
> • 이에 대처하기 위해서는 자유로운 비판이 가능한 분위기 조성이 필요하다.

① 집단사고(Groupthink)
② 조직시민행동(Organizational Citizenship Behavior)
③ 임파워먼트(Empowerment)
④ 몰입상승(Escalation of Commitment)
⑤ 악마의 옹호자(Devil's Advocacy)

47 다음 중 노동조합의 가입방법에 대한 설명으로 옳지 않은 것은?

① 클로즈드 숍(Closed Shop) 제도는 기업에 속해 있는 근로자 전체가 노동조합에 가입해야 할 의무가 있는 제도이다.
② 클로즈드 숍(Closed Shop) 제도에서는 기업과 노동조합의 단체협약을 통하여 근로자의 채용·해고 등을 노동조합의 통제하에 둔다.
③ 유니언 숍(Union Shop) 제도에서 신규 채용된 근로자는 일정기간이 지나면 반드시 노동조합에 가입해야 한다.
④ 오픈 숍(Open Shop) 제도에서는 노동조합 가입여부가 고용 또는 해고의 조건이 되지 않는다.
⑤ 에이전시 숍(Agency Shop) 제도에서는 근로자들의 조합가입과 조합비 납부가 강제된다.

48 다음 중 직무확대에 대한 설명으로 옳지 않은 것은?

① 한 직무에서 수행되는 과업의 수를 증가시키는 것을 말한다.
② 종업원으로 하여금 중심과업에 다른 관련 직무를 더하여 수행하게 함으로써 개인의 직무를 넓게 확대한다.
③ 기업이 직원들의 능력을 개발하고 여러 가지 업무를 할 수 있도록 하여 인적자원의 운용 효율을 증가시킨다.
④ 근로자가 스스로 직무를 계획하고 실행하여 일의 자부심과 책임감을 가지게끔 한다.
⑤ 다양한 업무를 진행하며 종업원의 능력이 개발되고 종합적인 시각을 가질 수 있다는 장점이 있다.

49 다음 중 SWOT 분석 방법에서 관점이 다른 하나를 고르면?

① 시장에서의 기술 우위　　　　② 기업상표의 명성 증가

③ 해외시장의 성장　　　　　　④ 기업이 보유한 자원 증가

⑤ 고품질 제품 보유

50 다음 중 수요예측기법의 시계열 분석법(Time Series Analysis)에 대한 설명으로 옳지 않은 것은?

① 과거 수요를 분석하여 시간에 따른 수요의 패턴을 파악하고 이의 연장선상에서 미래 수요를 예측하는 방법이다.

② 과거의 수요 흐름으로부터 미래의 수요를 투영하는 방법으로 과거의 수요 패턴이 미래에도 지속된다는 시장의 안정성이 기본적인 가정이다.

③ 목측법, 이동평균법, 지수평활법, 최소자승법, 박스-젠킨스(Box-Jenkins)법, 계절지수법, 시계열 회귀분석법 등이 있다.

④ 시계열 자료수집이 용이하고 변화하는 경향이 뚜렷하여 안정적일 때 이를 기초로 미래의 예측치를 구할 수 있다.

⑤ 주로 중단기 예측에 이용되며, 비교적 적은 자료로도 정확한 예측이 가능하다.

01 다음 중 공공재의 특성에 대한 설명으로 옳은 것은?

① 한 사람의 소비가 다른 사람의 소비를 감소시킨다.

② 소비에 있어서 경합성 및 배제성의 원리가 작용한다.

③ 무임승차 문제로 과소 생산의 가능성이 있다.

④ 공공재는 민간이 생산, 공급할 수 없다.

⑤ 시장에 맡기면 사회적으로 적절한 수준보다 과대공급될 우려가 있다.

02 다음 중 폐쇄경제에서 국내총생산이 소비, 투자, 그리고 정부지출의 합으로 정의된 항등식이 성립할 때, 국내총생산과 대부자금시장에 대한 설명으로 옳지 않은 것은?

① 총저축은 투자와 같다.

② 민간저축이 증가하면 투자가 증가한다.

③ 총저축은 민간저축과 정부저축의 합이다.

④ 민간저축이 증가하면 이자율이 하락하여 정부저축이 증가한다.

⑤ 정부저축이 감소하면 대부시장에서 이자율은 상승한다.

03 현재 S기업에서 자본의 한계생산은 노동의 한계생산보다 2배 크고, 노동가격이 8, 자본가격이 4이다. 이 기업이 동일한 양의 최종생산물을 산출하면서도 비용을 줄이는 방법은?(단, S기업은 노동과 자본만을 사용하고, 한계생산은 체감한다)

① 자본투입을 늘리고 노동투입을 줄인다.

② 노동투입을 늘리고 자본투입을 줄인다.

③ 비용을 더 이상 줄일 수 없다.

④ 자본투입과 노동투입을 모두 늘린다.

⑤ 자본투입과 노동투입을 모두 줄인다.

04 다음과 같은 케인즈의 경제모형을 가정할 경우, 정부지출승수, 투자승수, 정액조세승수를 순서대로 바르게 나열한 것은?

> $Y=C+I+G$
> $C=0.6(Y-T)+500$
> $I=300$
> $G=300$
> $T=300$
> (단, Y는 국민소득, C는 소비지출, I는 투자지출, G는 정부지출, T는 정액조세를 나타낸다)

① 1.5 1.5 −2.5
② 1.5 2.5 −2.5
③ 2.5 1.5 −1.5
④ 2.5 2.5 −1.5
⑤ 3   3   −1.5

05 다음 중 물적자본의 축적을 통한 경제성장을 설명하는 솔로우(R. Solow)모형에서 수렴현상이 발생하는 원인은?

① 자본의 한계생산체감
② 경제성장과 환경오염
③ 내생적 기술진보
④ 기업가 정신
⑤ 인적자본

06 다음은 K사와 B사의 시간당 최대 생산량을 나타낸 자료이다. 이에 대한 설명으로 옳은 것은?

구분	K사	B사
모터(개)	4	2
펌프(개)	4	3

① K사는 펌프 생산에만 절대우위가 있다.
② B사는 펌프 생산에 비교우위가 있다.
③ B사는 모터 생산에 비교우위가 있다.
④ K사는 모터 생산에만 절대우위가 있다.
⑤ 펌프 생산은 K사가 담당하는 것이 합리적이다.

07 완전경쟁시장에 100개의 개별기업이 존재하며, 모든 기업은 동일한 비용함수 C=5q² + 10(단, C는 생산비용, q는 산출량)를 가진다. 시장의 수요함수가 Q=350−60P(단, P는 시장가격, Q는 시장산출량)일 경우 완전경쟁시장의 단기균형가격은 얼마인가?

① 5

② 10

③ 15

④ 20

⑤ 25

08 휴대폰의 수요곡선은 $Q=-2P+100$이고, 공급곡선은 $Q=3P-20$이다. 정부가 휴대폰 1대당 10의 종량세 형태의 물품세를 공급자에게 부과하였다면, 휴대폰 공급자가 부담하는 총 조세부담액은?(단, P는 가격, Q는 수량, $P>0$, $Q>0$이다)

① 120

② 160

③ 180

④ 200

⑤ 220

09 엥겔곡선(EC; Engel Curve)이 다음 그림과 같다면 X재는 무엇인가?

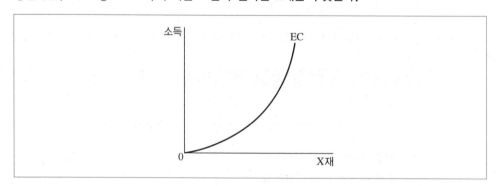

① 열등재

② 필수재

③ 보완재

④ 대체재

⑤ 사치재

10 다음 중 정부가 재정적자를 국채의 발행으로 조달할 경우 국채의 발행이 채권가격의 하락으로 이어져 시장이자율이 상승하여 투자에 부정적인 영향을 주는 것은?

① 피셔방정식　　　　　　　　　② 구축효과
③ 유동성함정　　　　　　　　　④ 오쿤의 법칙
⑤ 화폐수량설

11 어느 경제의 로렌츠곡선이 다음 그림과 같이 주어져 있을 때, 옳은 것은?

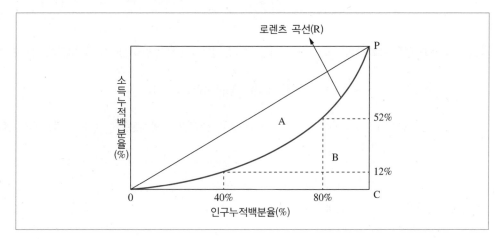

① 10분위분배율의 값은 4이다.
② 지니계수는 삼각형 OCP 면적을 면적 A로 나눈 값으로 산출한다.
③ 중산층 붕괴현상이 발생하면 A의 면적은 감소하고, B의 면적은 증가한다.
④ 불경기로 인해 저소득층의 소득이 상대적으로 크게 감소하면 A의 면적이 커진다.
⑤ 미국의 서브프라임모기지 사태는 로렌츠곡선을 대각선에 가깝도록 이동시킨다.

12 다음 중 경기부양을 위해 확대 재정정책을 과도하게 실행할 경우 나타나는 현상으로 거리가 먼 것은?

① 물가 상승
② 이자율 상승
③ 통화가치 하락
④ 정부 신인도 하락
⑤ 현재 납세자들로부터 미래 납세자들로 부(富)의 이전

13 다음 중 소비자잉여와 생산자잉여에 대한 설명으로 옳지 않은 것은?

① 소비자잉여는 소비자의 선호 체계에 의존한다.

② 완전경쟁일 때보다 기업이 가격차별을 실시할 경우 소비자잉여가 줄어든다.

③ 완전경쟁시장에서는 소비자잉여와 생산자잉여의 합인 사회적 잉여가 극대화된다.

④ 독점시장의 시장가격은 완전경쟁시장의 가격보다 높게 형성되지만 소비자잉여는 줄어들지 않는다.

⑤ 소비자잉여는 어떤 상품에 소비자가 최대한으로 지급할 용의가 있는 가격에서 실제 지급한 가격을 차감한 차액이다.

14 다음과 같은 폐쇄경제의 IS-LM 모형을 전제할 경우, 빈칸에 들어갈 용어를 바르게 나열한 것은?

- IS 곡선 : $r=5-0.1Y$(단, r은 이자율, Y는 국민소득이다)
- LM 곡선 : $r=0.1Y$
- 현재 경제상태가 국민소득은 30이고 이자율이 2.5라면, 상품시장은 ___(ㄱ)___ 이고 화폐시장은 ___(ㄴ)___ 이다.

	(ㄱ)	(ㄴ)
①	균형	균형
②	초과수요	초과수요
③	초과공급	초과공급
④	초과수요	초과공급
⑤	초과공급	초과수요

15 다음 중 파레토 최적에 대한 설명으로 옳지 않은 것은?

① 파레토 효율성이란 일반적으로 한정된 자원의 효율적인 사용과 관련된 의미이다.

② 외부성이 존재해도 완전경쟁만 이루어진다면 파레토 최적의 자원배분은 가능하다.

③ 재화 간 소비자의 주관적 교환비율인 한계대체율이 생산자의 한계변환율과 서로 같아야 한다.

④ 후생경제학 제1정리에 의하여 시장실패요인이 없다면 일반경쟁균형 하에서의 자원배분은 파레토 최적이다.

⑤ 파레토 효율성과 관련된 후생경제학의 제1정리와 제2정리에 있어서 소비자의 선호체계에 대한 기본 가정은 동일하지 않다.

16 다음 중 임금 결정이론에 대한 설명으로 옳지 않은 것은?

① 중첩임금계약(Staggered Wage Contracts) 모형은 실질임금이 경직적인 이유를 설명한다.

② 효율임금(Efficiency Wage) 이론에 따르면 실질임금이 근로자의 생산성 또는 근로의욕에 영향을 미친다.

③ 효율임금이론에 따르면 높은 임금이 근로자의 도덕적 해이(Moral Hazard)를 억제하는 데 기여한다.

④ 내부자-외부자 모형에 따르면 내부자의 실질임금이 시장균형보다 높아져서 비자발적 실업이 발생한다.

⑤ 내부자-외부자 모형에서 외부자는 실업상태에 있는 노동자로서 기업과 임금협상을 할 자격이 없는 사람을 말한다.

17 정부가 부동산 정책 A ~ C안 중 하나를 선택해야 한다고 가정해 보자. 각 구성원의 만족도(효용)가 소득에 비례한다고 할 때, 사회후생차원에서 공리주의와 롤스의 견해로 옳은 것은?

구분	A안	B안	C안
구성원 1	10억 원	2억 원	3억 원
구성원 2	0억 원	5억 원	4억 원
구성원 3	3억 원	1억 원	5억 원

① 공리주의를 따르면 B안이 가장 바람직하다.

② 공리주의를 따르면 C안이 가장 바람직하다.

③ 롤스에 따르면 A안이 가장 바람직하다.

④ 롤스에 따르면 C안이 가장 바람직하다.

⑤ 롤스에 따르면 가장 바람직한 방안을 알 수 없다.

18 다음 중 기대가 부가된 필립스곡선(Expectation-augmented Phillips Curve)에 대한 설명으로 옳지 않은 것은?

① 중동전쟁으로 원유가격이 급등하면 필립스곡선이 이동한다.

② 오쿤의 법칙(Okun's Law)과 결합하여 총공급곡선을 도출할 수 있다.

③ 1970년대 스태그플레이션(Stagflation)을 설명하는 데 유용하다.

④ 기대 물가상승률이 합리적 기대에 따라 결정되면 예상된 통화정책은 실업률에 영향을 미치지 않는다.

⑤ 다른 조건이 일정하다면 필립스곡선의 기울기가 가파를수록 희생비율(Sacrifice Ratio)이 크다.

19 다음 보수행렬(Payoff Matrix)을 갖는 게임에 대한 설명으로 옳지 않은 것은?

구분		참가자 을	
		전략 A	전략 B
참가자 갑	전략 A	(10, 6)	(4, 4)
	전략 B	(4, 4)	(6, 10)

① 우월전략균형이 존재하지 않는다.

② 내쉬균형이 1개 존재한다.

③ 두 참가자가 서로 다른 전략을 선택하면 내쉬균형이 달성되지 않는다.

④ 내쉬균형 상태에서는 각 참가자가 자신의 전략을 바꿀 유인이 존재하지 않는다.

⑤ 게임의 보수를 모두 절반으로 줄여도 내쉬균형은 변화하지 않는다.

20 자본이동 및 무역거래가 완전히 자유롭고 변동환율제도를 채택하고 있는 소규모 개방경제인 S국에서 확대재정정책이 실시되는 경우, IS-LM 모형에 의하면 최종 균형에서 국민소득과 환율은 정책 실시 이전의 최초 균형에 비해 어떻게 변하는가?(단, 물가는 고정되어 있다고 가정한다)

	국민소득	환율
①	불변	S국 통화 강세
②	증가	S국 통화 강세
③	감소	S국 통화 강세
④	증가	S국 통화 약세
⑤	감소	S국 통화 약세

21 현재 우리나라 채권의 연간 명목수익률이 5%이고 동일 위험을 갖는 미국 채권의 연간 명목수익률이 2.5%일 때, 현물환율이 달러당 1,200원인 경우 연간 선물환율은?(단, 이자율평가설이 성립한다고 가정한다)

① 1,200원/달러　　　　　　　② 1,210원/달러

③ 1,220원/달러　　　　　　　④ 1,230원/달러

⑤ 1,240원/달러

22 다음 〈보기〉 중 기업생산이론에 대한 설명으로 옳은 것을 모두 고르면?

> **보기**
>
> ㄱ. 장기(Long-run)에는 모든 생산요소가 가변적이다.
> ㄴ. 다른 생산요소가 고정인 상태에서 생산요소 투입 증가에 따라 한계생산이 줄어드는 현상이 한계생산 체감의 법칙이다.
> ㄷ. 등량곡선이 원점에 대해 볼록하면 한계기술대체율 체감의 법칙이 성립한다.
> ㄹ. 비용극소화는 이윤극대화의 필요충분조건이다.

① ㄱ, ㄴ
② ㄷ, ㄹ
③ ㄱ, ㄴ, ㄷ
④ ㄴ, ㄷ, ㄹ
⑤ ㄱ, ㄴ, ㄷ, ㄹ

23 자전거를 생산하는 K기업의 수요곡선은 $P=500$, 한계비용은 $MC=200+\dfrac{1}{3}Q$이다. 이 기업의 공장에서 자전거를 생산할 때 오염물질이 배출되는데, 이 피해가 자전거 한 대당 20이다. 이 기업의 사적 이윤극대화 생산량(Ⓐ)과 사회적으로 바람직한 생산량(Ⓑ)은 각각 얼마인가?(단, P는 가격, Q는 생산량이다)

	Ⓐ	Ⓑ
①	700	840
②	700	860
③	900	840
④	900	860
⑤	1,100	700

24 다음 중 한국은행의 통화정책 수단과 제도에 대한 설명으로 옳지 않은 것은?

① 국채 매입·매각을 통한 통화량 관리
② 금융통화위원회는 한국은행 통화정책에 관한 사항을 심의·의결
③ 재할인율 조정을 통한 통화량 관리
④ 법정지급준비율 변화를 통한 통화량 관리
⑤ 고용증진 목표 달성을 위한 물가안정목표제 시행

25 현재 인플레이션율을 8%에서 4%로 낮출 경우, 〈보기〉를 참고하여 계산된 희생률은 얼마인가?[단, Π_t, Π_{t-1}, U_t는 각각 t기의 인플레이션율, (t-1)기의 인플레이션율, t기의 실업률이다]

> **보기**
>
> • $\Pi_t - \Pi_{t-1} = -0.8(U_t - 0.05)$
> • 현재실업률 : 5%
> • 실업률 1%p 증가할 때 GDP 2% 감소로 가정
> • 희생률 : 인플레이션율을 1%p 낮출 경우 감소되는 GDP 변화율(%)

① 1.5 　　　　　　　　　　② 2
③ 2.5 　　　　　　　　　　④ 3
⑤ 3.5

26 다음은 주어진 생산요소(자원과 기술)를 이용하여 최대한 생산할 수 있는 X재와 Y재의 생산량 조합을 나타낸 그림이다. 이 곡선이 점선과 같이 이동하였을 때, 이에 대한 설명으로 옳지 않은 것은?

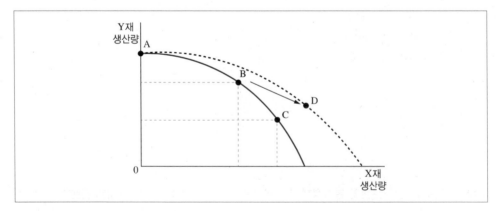

① 생산가능곡선이라고 한다.
② 곡선이 이동한 후 B점은 비효율적이어서 생산하지 않는다.
③ 곡선이 이동한 후 X재 생산량뿐만 아니라 Y재의 생산량도 증가할 수 있다.
④ X재 1단위를 추가로 생산할 때마다 단위당 기회비용은 체감한다.
⑤ 생산 요소의 증대 또는 생산 기술의 발전으로 곡선이 위와 같이 이동한다.

27 다음 모형에서 정부지출(G)을 1만큼 증가시켰을 때, 균형소비지출(C)의 증가량은?(단, Y는 국민소득, I는 투자, X는 수출, M은 수입이며 수출은 외생적이다)

- $Y = C + I + G + X - M$
- $I = 0.4Y + 10$
- $C = 0.5Y + 10$
- $M = 0.1Y + 20$

① 0.1
② 0.2
③ 1.5
④ 2.5
⑤ 5

28 다음은 후생경제학에 대한 내용이다. 빈칸에 들어갈 용어를 바르게 나열한 것은?

- ___㉮___ 이론에 따르면 일부의 파레토 효율성 조건이 추가로 충족된다고 해서 사회후생이 증가한다는 보장은 없다.
- 파레토 효율성을 통해 ___㉯___ 을 평가하고, 사회후생함수(사회무차별곡선)를 통해 ___㉰___ 을 평가한다.
- 후생경제학 제1정리에 따르면 모든 경제주체가 합리적이고 시장실패 요인이 없으면 ___㉱___에서 자원배분은 파레토 효율적이다.

	㉮	㉯	㉰	㉱
①	차선	효율성	공평성	완전경쟁시장
②	코즈	효율성	공평성	완전경쟁시장
③	차선	효율성	공평성	독점적경쟁시장
④	코즈	공평성	효율성	독점적경쟁시장
⑤	차선	공평성	효율성	완전경쟁시장

29 다음 중 경기변동에 대한 설명으로 옳지 않은 것은?

① 투자는 소비에 비해 GDP 대비 변동성이 크므로 경기변동의 주요 원인이 된다.
② 기간 간 고른 소비가 어려운 저소득계층이 늘어나면, 이전에 비해 경기변동이 심해진다.
③ 실물적 경기변동은 경기변동을 자연실업률 자체가 변화하여 일어난다고 생각한다.
④ 총공급−총수요 모형에서 총수요의 변동이 경기변동의 요인이라고 본다면 물가는 경기와 반대로 움직인다.
⑤ 실질임금과 고용량은 단기적으로 양의 상관관계를 가지나, 장기적으로는 서로 관계가 없다.

30 다음 중 황도 복숭아 시장에서 그림과 같은 변화를 가져올 수 있는 요인이 아닌 것은?

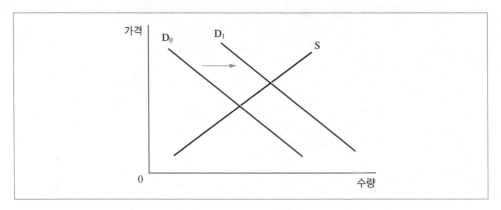

① 황도 복숭아 가격의 하락
② 복숭아가 정상재인 경우 소비자의 소득 증가
③ 복숭아가 위장기능을 개선시킨다는 연구결과 발표
④ 복숭아 가격이 점점 상승할 것이라는 소비자들의 예상
⑤ 황도 복숭아와 대체관계에 있는 천도 복숭아 가격의 상승

31 대학 졸업 후 구직활동을 꾸준히 해온 30대 초반의 덕선이는 당분간 구직활동을 포기하기로 하였다. 덕선이와 같이 구직활동을 포기하는 사람이 많아지면 실업률과 고용률에 어떠한 변화가 생기는가?

① 실업률 상승, 고용률 하락
② 실업률 상승, 고용률 불변
③ 실업률 하락, 고용률 하락
④ 실업률 하락, 고용률 불변
⑤ 실업률 불변, 고용률 하락

32 다음 중 국민총소득(GNI), 국내총생산(GDP), 국민총생산(GNP)에 대한 설명으로 옳지 않은 것은?

① GNI는 한 나라 국민이 국내외 생산활동에 참여한 대가로 받은 소득의 합계이다.
② 명목 GNI는 명목 GNP와 명목 국외순수취요소소득의 합이다.
③ 실질 GDP는 생산활동의 수준을 측정하는 생산지표인 반면, 실질 GNI는 생산활동을 통하여 획득한 소득의 실질 구매력을 나타내는 소득지표이다.
④ 원화표시 GNI에 아무런 변동이 없더라도 환율변동에 따라 달러화표시 GNI는 변동될 수 있다.
⑤ 국외수취 요소소득이 국외지급 요소소득보다 크면 명목 GNI가 명목 GDP보다 크다.

33 다음은 A재 시장과 A재 생산에 특화된 노동시장의 상황을 나타낸 그래프이다. 〈보기〉 중 이에 대한 분석으로 옳은 것을 모두 고르면?

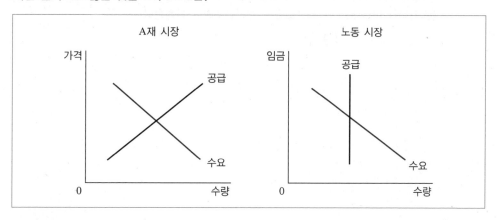

> **보기**
>
> 가. A재에 대한 수요가 증가하면 고용량이 늘어난다.
> 나. A재에 대한 수요가 증가하면 임금이 상승한다.
> 다. 노동공급이 증가하면 A재 가격이 상승한다.
> 라. 노동공급이 증가하면 A재 거래량이 증가한다.
> 마. 노동공급이 감소하면 A재 수요곡선이 이동한다.

① 가, 다   ② 나, 라
③ 가, 나, 라   ④ 가, 라, 마
⑤ 나, 다, 마

34 다음 중 최고가격제와 최저가격제에 대한 설명으로 옳은 것은?

① 최고가격을 균형가격 이하로 책정하면 상품의 배분이 비효율적으로 이루어진다.
② 최고가격을 균형가격보다 낮게 책정하면 시장수급에는 아무런 영향을 미치지 못한다.
③ 최저임금제는 미숙련노동자의 취업을 용이하게 만든다.
④ 최저임금제는 시장 균형 임금보다 낮은 수준에서 책정되므로 비자발적 실업이 발생한다.
⑤ 최저임금제를 실시하여 총노동소득이 감소하였다면 이는 노동의 수요곡선이 비탄력적이기 때문이다.

35 S국의 구리에 대한 국내 수요곡선은 $Q = 12 - 2P$이고, 국내 공급곡선은 $Q = P$이다. 구리의 국제 시장가격이 5라면, S국 구리 생산업체들의 국내 판매량과 수출량은 얼마인가?(단, Q는 수량, P는 가격을 나타내고, S국은 소규모 개방경제라고 가정한다)

	국내 판매량	수출량
①	2	3
②	3	2
③	3	3
④	4	0
⑤	4	1

36 완전경쟁시장의 한 기업이 단기적으로 초과이윤을 획득하고 있다. 다음 〈보기〉 중 이 기업의 이윤 극대화 행동으로부터 유추할 수 있는 것을 모두 고르면?

> **보기**
> 가. 이 기업은 장기적으로도 초과이윤을 획득한다.
> 나. 이 기업이 산출량을 늘리면 총평균비용이 증가할 것이다.
> 다. 이 기업이 산출량을 늘리면 한계비용이 증가할 것이다.
> 라. 이 기업은 현재 한계비용과 총평균비용이 일치한다.
> 마. 시장가격은 이 기업의 현재 한계비용보다 높다.

① 가, 라   ② 나, 다
③ 가, 다, 라   ④ 나, 다, 마
⑤ 다, 라, 마

37 다음 중 실업과 실업률에 대한 설명으로 옳은 것은?

① 주부는 실업자에 포함된다.
② 실업률은 실업자의 수를 생산가능인구로 나눈 비율이다.
③ 마찰적 실업은 사업구조의 변화나 기술의 발달로 인해 특정한 기능을 가진 노동자에 대한 수요가 감소함에 따라 발생하는 실업이다.
④ 마찰적 실업은 자발적 실업의 성격을, 경기적 실업과 구조적 실업은 비자발적 실업의 성격을 갖는다.
⑤ 남녀 차별로 인한 실업은 경기적 실업이다.

38 다음 〈보기〉 중 경제성장에 대한 일반적인 설명으로 옳은 것을 모두 고르면?

> **보기**
>
> 가. 인구증가율이 높은 나라일수록 1인당 소득이 낮은 경향이 있다.
> 나. 저축률이 높은 나라일수록 1인당 소득이 낮은 경향이 있다.
> 다. 1인당 소득은 국제적 차이를 설명하는 데 인적 자본과 물적 자본 못지않게 중요하다.
> 라. 개발도상국과 선진국 간의 1인당 소득격차는 줄어드는 추세를 보인다.

① 가, 나 ② 가, 다
③ 나, 다 ④ 나, 라
⑤ 다, 라

39 다음 중 게임이론에 대한 설명으로 옳지 않은 것은?

① 순수전략들로만 구성된 내쉬 균형이 존재하지 않는 게임도 있다.
② 우월전략이란 상대 경기자들이 어떤 전략들을 사용하든지 상관없이 자신의 전략들 중에서 항상 가장 낮은 보수를 가져다주는 전략을 말한다.
③ 죄수의 딜레마 게임에서 두 용의자 모두가 자백하는 것은 우월전략균형이면서 동시에 내쉬균형이다.
④ 참여자 모두에게 상대방이 어떤 전략을 선택하는가에 관계없이 자신에게 더 유리한 결과를 주는 전략이 존재할 때 그 전략을 참여자 모두가 선택하면 내쉬균형이 달성된다.
⑤ 커플이 각자 선호하는 취미활동을 따로 하는 것보다 동일한 취미를 함께 할 때 더 큰 만족을 줄 수 있는 상황에서는 복수의 내쉬균형이 존재할 수 있다.

40 다음 중 소비이론에 대한 설명으로 옳지 않은 것은?

① 케인즈의 소비함수에 따르면 평균소비성향은 한계소비성향보다 크다.
② 항상소득가설에 따르면 항상소득의 한계소비성향은 일시소득의 한계소비성향보다 작다.
③ 생애주기가설에 따르면 총인구에서 노인층의 비중이 상승하면 국민저축률은 낮아진다.
④ 쿠즈네츠는 장기에는 평균소비성향이 대략 일정하다는 것을 관찰하였다.
⑤ 상대소득가설에 따르면 소득이 감소하여도 소비의 습관성으로 인해 단기적으로 소비는 거의 감소하지 않는다.

41 상품 A의 가격을 10% 인상하였더니 상품 A의 판매량이 5% 감소하였다면, 다음 중 옳은 것은?

① 공급의 가격 탄력성은 1이다.

② 공급의 가격 탄력성은 1보다 크다.

③ 공급의 가격 탄력성이 1보다 작다.

④ 수요의 가격 탄력성이 1보다 크다.

⑤ 수요의 가격 탄력성이 1보다 작다.

42 다음 중 생산자의 단기 생산 활동에 대한 설명으로 옳지 않은 것은?

① 가변요소의 투입량이 증가할 때 평균생산성은 증가하다가 감소한다.

② 가변요소의 투입량이 증가할 때 한계생산성은 증가하다가 감소한다.

③ 수확체감의 법칙은 한계생산성이 지속적으로 감소하는 구간에서 발생한다.

④ 평균생산성이 증가하는 구간에서 한계생산성은 평균생산성보다 크다.

⑤ 한계생산물곡선은 평균생산물곡선의 극대점을 통과하므로 한계생산물과 평균생산물이 같은 점에서는 총생산물이 극대가 된다.

43 다음 중 산업 내 무역에 대한 설명으로 옳은 것은?

① 산업 내 무역은 규모의 경제와 관계없이 발생한다.

② 산업 내 무역은 부존자원의 상대적인 차이 때문에 발생한다.

③ 산업 내 무역은 경제여건이 다른 국가 사이에서 이루어진다.

④ 산업 내 무역은 유럽연합 국가들 사이의 활발한 무역을 설명할 수 있다.

⑤ 산업 내 무역은 무역으로 인한 소득재분배가 발생한다.

44 다음 중 우상향하는 총공급곡선(AS)을 왼쪽으로 이동시키는 요인으로 옳은 것은?

① 임금 상승

② 통화량 증가

③ 독립투자 증가

④ 정부지출 증가

⑤ 수입원자재 가격 하락

45 다음 〈보기〉 중 외부효과로 인한 시장의 문제점을 해결하기 위한 방법으로 제시된 코즈의 정리에 대한 설명으로 옳은 것을 모두 고르면?

> **보기**
>
> 가. 외부효과를 발생시키는 재화에 대해 시장을 따로 개설해 주면 시장의 문제가 해결된다.
> 나. 외부효과를 발생시키는 재화에 대해 조세를 부과하면 시장의 문제가 해결된다.
> 다. 외부효과를 발생시키는 재화의 생산을 정부가 직접 통제하면 시장의 문제가 해결된다.
> 라. 외부효과를 발생시키는 재화에 대해 소유권을 인정해주면 이해당사자들의 협상을 통하여 시장의 문제가 해결된다.
> 마. 코즈의 정리와 달리 현실에서는 민간주체들이 외부효과 문제를 항상 해결할 수 있는 것은 아니다.

① 가, 다   ② 라, 마
③ 나, 다, 마   ④ 가, 나, 라
⑤ 다, 라, 마

46 다음 중 자국의 실물시장 균형을 나타내는 IS 곡선에 대한 설명으로 옳지 않은 것은?(단, IS 곡선의 기울기는 세로축을 이자율, 가로축을 소득으로 하는 그래프상의 기울기를 말한다)

① 자국의 한계소비성향이 커지면 IS 곡선의 기울기가 완만해진다.
② 자국의 정부지출이 증가하면 IS 곡선은 오른쪽으로 이동한다.
③ 자국의 한계수입성향이 커질수록 IS 곡선의 기울기는 가팔라진다.
④ 해외교역국의 한계수입성향이 커질수록 IS 곡선의 기울기는 완만해진다.
⑤ 자국의 소득증가로 인한 한계유발투자율이 증가하면 IS 곡선의 기울기가 완만해진다.

47 다음 〈보기〉 중 국내총생산(GDP) 통계에 대한 설명으로 옳은 것을 모두 고르면?

> **보기**
>
> 가. 여가가 주는 만족은 삶의 질에 매우 중요한 영향을 미치므로 GDP에 반영된다.
> 나. 환경오염으로 파괴된 자연을 치유하기 위해 소요된 지출은 GDP에 포함된다.
> 다. 우리나라의 지하경제 규모는 엄청나므로 한국은행은 이것을 포함하여 GDP를 측정한다.
> 라. 가정주부의 가사노동은 GDP에 불포함되지만, 가사도우미의 가사노동은 GDP에 포함된다.

① 가, 다   ② 가, 라
③ 나, 다   ④ 나, 라
⑤ 다, 라

48 다음 중 파레토 효율성에 대한 설명으로 옳지 않은 것은?

① 어느 한 사람의 효용을 감소시키지 않고서는 다른 사람의 효용을 증가시킬 수 없는 상태를 파레토 효율적이라고 한다.

② 일정한 조건이 충족될 때 완전경쟁시장에서의 일반균형은 파레토 효율적이다.

③ 파레토 효율적인 자원배분이 평등한 소득분배를 보장해주는 것은 아니다.

④ 파레토 효율적인 자원배분하에서는 항상 사회후생이 극대화된다.

⑤ 파레토 효율적인 자원배분은 일반적으로 무수히 많이 존재한다.

49 다음 〈보기〉 중 소비의 항상소득가설과 생애주기가설에 대한 설명으로 옳은 것을 모두 고르면?

> **보기**
>
> 가. 소비자들은 가능한 한 소비수준을 일정하게 유지하려는 성향이 있다.
> 나. 생애주기가설에 의하면 고령인구의 비율이 높아질수록 민간부문의 저축률이 하락할 것이다.
> 다. 프리드만의 항상소득가설에 의하면 높은 소득의 가계가 평균적으로 낮은 평균소비성향을 갖는다.
> 라. 케인즈는 항상소득가설을 이용하여 승수효과를 설명하였다.

① 가, 나
② 가, 라
③ 나, 다
④ 가, 나, 다
⑤ 나, 다, 라

50 다음 〈보기〉 중 내생적 경제성장이론에 대한 설명으로 옳은 것을 모두 고르면?

> **보기**
>
> 가. 인적자본의 축적이나 연구개발은 경제성장을 결정하는 중요한 요인이다.
> 나. 정부의 개입이 경제성장에 중요한 역할을 한다.
> 다. 자본의 한계생산은 체감한다고 가정한다.
> 라. 선진국과 후진국 사이의 소득격차가 줄어든다.

① 가, 나
② 가, 다
③ 나, 다
④ 나, 라
⑤ 다, 라

03 | 법 기출예상문제

정답 및 해설 p.055

01 다음 중 상법에 대한 특징으로 옳지 않은 것은?

① 영리성   ② 집단성

③ 통일성   ④ 개인책임의 가중과 경감

⑤ 기업의 유지 강화

02 다음 중 회사의 종류에 따른 지배인의 선임방법으로 옳지 않은 것은?

① 합명회사 : 총사원 과반수의 결의

② 합자회사 : 무한책임사원 과반수의 결의

③ 주식회사 : 사원총회의 결의

④ 유한회사 : 이사 과반수의 결의 또는 사원총회의 보통결의

⑤ 유한책임회사 : 정관 또는 총사원의 동의

03 다음 중 상법상 주식회사에 대한 설명으로 옳지 않은 것은?

① 회사가 공고를 하는 방법은 정관의 절대적 기재사항이다.

② 회사가 가진 자기주식에도 의결권이 있다.

③ 각 발기인은 서면에 의하여 주식을 인수하여야 한다.

④ 창립총회에서는 이사와 감사를 선임하여야 한다.

⑤ 정관은 공증인의 인증을 받음으로써 효력이 생긴다.

04 다음 중 제한능력자에 대한 설명으로 옳지 않은 것은?

① 미성년자가 법정대리인으로부터 허락을 얻은 특정한 영업에 관하여는 성년자와 동일한 행위능력이 있다.

② 가정법원은 성년후견개시의 심판을 할 때 본인의 의사를 고려하여야 한다.

③ 특정후견은 본인의 의사에 반하여 할 수 없다.

④ 가정법원이 피성년후견인에 대하여 한정후견개시의 심판을 할 때에는 종전의 성년후견의 종료 심판을 한다.

⑤ 가정법원은 질병, 장애, 노령, 그 밖의 사유로 인한 정신적 제약으로 사무를 처리할 능력이 부족한 사람에 대하여 일정한 자의 청구로 성년후견개시의 심판을 한다.

05 다음 중 민법상 법인에 대한 설명으로 옳지 않은 것은?

① 법인은 이사를 두어야 한다.

② 사단법인의 사원의 지위는 양도 또는 상속할 수 없다.

③ 법인은 정관 또는 총회의 결의로 감사를 둘 수 있다.

④ 주무관청은 이해관계인의 청구에 의하여 임시이사를 선임할 수 있다.

⑤ 이사의 대표권에 대한 제한은 등기하지 않으면 제3자에게 대항하지 못한다.

06 다음 중 행위능력에 대한 설명으로 옳은 것은?

① 미성년후견인이 미성년자에게 특정한 영업을 허락한 경우, 미성년후견인의 대리권은 그 영업과 관련하여서도 여전히 유지된다.

② 가정법원이 성년후견개시의 심판을 하는 경우 취소할 수 없는 피성년후견인의 법률행위의 범위를 정할 수 있다.

③ 가정법원이 한정후견개시의 심판을 하는 경우 본인의 의사를 고려할 필요는 없다.

④ 특정후견은 본인의 의사에 반하여서도 할 수 있다.

⑤ 성년후견은 가족관계등록부에 공시된다.

07 다음 중 민법이 규정하고 있는 전형계약이 아닌 것은?

① 사무관리   ② 여행계약

③ 현상광고   ④ 조합

⑤ 종신정기금

08 다음 중 빈칸에 들어갈 용어를 순서대로 바르게 나열한 것은?

> 보험계약은 _____(이)가 약정한 보험료를 지급하고 재산 또는 생명이나 신체에 불확정한 사고가 발생할 경우에 _____(이)가 일정한 보험금이나 그 밖의 급여를 지급할 것을 약정함으로써 효력이 생긴다.

① 피보험자, 보험수익자   ② 피보험자, 보험계약자

③ 보험계약자, 피보험자   ④ 보험계약자, 보험자

⑤ 보험계약자, 보험수익자

09 다음 〈보기〉 중 상법상 손해보험에 해당하는 것은 모두 몇 개인가?

> **보기**
>
> ㄱ. 책임보험   ㄴ. 화재보험
> ㄷ. 해상보험   ㄹ. 생명보험
> ㅁ. 상해보험   ㅂ. 재보험

① 2개   ② 3개

③ 4개   ④ 5개

⑤ 6개

10 다음 중 사원총회에 대한 설명으로 옳은 것은?

① 사원총회는 사단법인 및 재단법인의 필수기관이다.

② 정관에 다른 규정이 없는 경우, 사원은 서면이나 대리인으로 결의권을 행사할 수 있다.

③ 사원총회는 소집통지에 의해 통지한 사항에 대해서만 결의할 수 있으나, 총회의 결의로 이와 달리 정할 수 있다.

④ 사원총회를 소집하려고 하는 경우, 1주간 전에 그 회의의 목적사항을 기재한 통지가 도달해야 한다.

⑤ 임시총회의 소집을 요구할 수 있는 사원의 수는 정관으로 증감할 수 없다.

11 다음 중 소멸시효기간의 기산점에 대한 설명으로 옳은 것은?

① 불확정기한부 권리는 채권자가 기한 도래 사실을 안 때부터 소멸시효가 진행한다.

② 동시이행항변권이 붙은 채권은 이행기가 도래하더라도 소멸시효가 진행하지 않는다.

③ 이행불능으로 인한 손해배상청구권은 이행불능이 된 때로부터 소멸시효가 진행한다.

④ 선택채권은 선택권을 행사한 때로부터 소멸시효가 진행한다.

⑤ 부작위를 목적으로 하는 채권은 성립 시부터 소멸시효가 진행한다.

12 다음 중 불법행위에 대한 설명으로 옳지 않은 것은?

① 甲, 乙, 丙이 공동불법행위로 丁에게 손해를 가한 때에는 연대하여 그 손해를 배상할 책임이 있다.

② 甲이 과실로 심신상실을 초래하고, 심신상실 중에 乙에게 손해를 가한 경우, 甲은 乙에게 손해를 배상할 책임이 있다.

③ 甲이 과실로 乙을 사망에 이르게 한 경우, 甲은 재산상의 손해가 없는 乙의 직계존속, 직계비속 및 배우자에 대하여는 손해배상책임이 없다.

④ 甲이 乙의 신체, 자유 또는 명예를 해친 경우, 재산 이외의 손해에 대하여도 배상할 책임이 있다.

⑤ 미성년자 甲이 乙에게 손해를 가한 경우, 甲이 가해행위 당시 그 행위의 책임을 변식할 지능이 없었더라면 그 손해를 배상할 책임이 없다.

13 다음 중 상사에 대한 일반적인 법 적용순위를 순서대로 바르게 나열한 것은?

ㄱ. 상관습법	ㄴ. 상사특별법
ㄷ. 민사조약	ㄹ. 상법전
ㅁ. 민법전	ㅂ. 민사자치법
ㅅ. 상사자치법	

① ㄴ - ㄹ - ㄱ - ㄷ - ㅁ - ㅅ - ㅂ

② ㄴ - ㄹ - ㄱ - ㅅ - ㄷ - ㅁ - ㅂ

③ ㅅ - ㄴ - ㄹ - ㄱ - ㅂ - ㄷ - ㅁ

④ ㅅ - ㄴ - ㄹ - ㅂ - ㄷ - ㅁ - ㄱ

⑤ ㅅ - ㄴ - ㄹ - ㅂ - ㄱ - ㅁ - ㄷ

14 다음 중 상법 제9조의 반대해석으로 소상인에 대해서도 적용하는 상법의 규정은?

① 지배인   ② 상업장부

③ 상호   ④ 영업양도

⑤ 상업등기

15 다음 〈보기〉 중 보조적 상행위에 해당하거나 이로 추정되는 행위를 모두 고르면?

> **보기**
>
> ㉠ 임금을 받을 목적으로 물건을 제조하는 행위
> ㉡ 도매상인이 영업자금을 차용하는 행위
> ㉢ 증권회사가 고객의 위탁을 받아 행하는 주식매수 행위
> ㉣ 상인의 매매대금 지급을 위한 수표발행 행위

① ㉠, ㉡   ② ㉡, ㉣

③ ㉠, ㉡, ㉢   ④ ㉡, ㉢, ㉣

⑤ ㉠, ㉢, ㉣

16 다음 중 회사의 권리능력에 대한 설명으로 옳지 않은 것은?

① 회사는 유증(遺贈)을 받을 수 있다.
② 회사는 상표권을 취득할 수 있다.
③ 회사는 다른 회사의 무한책임사원이 될 수 있다.
④ 회사는 명예권과 같은 인격권의 주체가 될 수 있다.
⑤ 회사는 합병을 할 수 있다.

17 다음 중 상법이 명시적으로 규정하고 있는 회사로 옳지 않은 것은?

① 유한회사   ② 유한책임회사

③ 다국적회사   ④ 합자회사

⑤ 합명회사

18 다음 중 청약과 승낙에 대한 설명으로 옳은 것은?

① 청약과 승낙의 의사표시는 특정인에 대해서만 가능하다.

② 승낙자가 청약에 변경을 가하지 않고 조건만을 붙여 승낙한 경우에는 계약이 성립된다.

③ 청약자는 청약이 상대방에게 도달하기 전에는 임의로 이를 철회할 수 있다.

④ 당사자 간에 동일한 내용의 청약이 상호교차된 경우에는 양 청약의 통지가 상대방에게 발송된 때에 계약이 성립한다.

⑤ 승낙의 기간을 정한 청약은 승낙자가 그 기간 내에 승낙의 통지를 발송하지 아니한 때에는 그 효력을 잃는다.

19 다음 중 임대차에 대한 설명으로 옳지 않은 것은?

① 일시사용을 위한 임대차가 명백한 경우, 임차인에게 부속물매수청구권이 인정되지 않는다.

② 임차물에 대하여 권리를 주장하는 자가 있고 임대인이 그 사실을 모르고 있는 경우, 임차인은 지체 없이 임대인에게 이를 통지하여야 한다.

③ 토지임대차의 기간의 약정이 없는 경우, 원칙적으로 각 당사자는 언제든지 임대차계약의 해지를 통고할 수 있다.

④ 다른 약정이 없는 한, 임대인의 행위가 임대물의 보존에 필요한 행위라도 임차인은 이를 거절할 수 있다.

⑤ 부동산임차인은 당사자 사이에 반대약정이 없으면 임대인에 대하여 그 임대차등기절차에 협력할 것을 청구할 수 있다.

20 다음 중 여행계약에 대한 설명으로 옳지 않은 것은?

① 여행자는 여행을 시작하기 전에는 언제든지 여행계약을 해제할 수 있으나, 여행주최자에게 발생한 손해는 배상하여야 한다.

② 여행대금의 지급에 대하여 당사자의 약정 및 관습이 없는 경우, 여행자는 여행 종료 후에 지체 없이 지급하여야 한다.

③ 여행에 하자가 있는 경우 여행자는 여행주최자에게 하자의 시정 또는 대금의 감액을 청구할 수 있으나, 시정에 지나치게 많은 비용이 드는 경우에는 시정을 청구할 수 없다.

④ 여행계약이 중요한 하자로 해지된 경우 여행주최자는 대금청구권을 상실하지만, 여행자가 이미 실행된 여행으로 이익을 얻은 때에는 이를 여행주최자에게 상환해야 한다.

⑤ 예측할 수 없는 천재지변으로 여행주최자가 여행계약을 해지한 경우, 여행주최자는 귀환운송의 의무를 지며 계약해지로 발생한 추가 비용은 여행자가 전액 부담한다.

21 다음 중 부당이득의 반환의무 또는 책임의 범위가 현존이익으로 한정되는 경우가 아닌 것은?

① 선의의 부당이득자의 반환청구

② 실종선고가 취소된 경우, 실종선고를 직접원인으로 하여 선의로 재산을 취득한 자의 반환의무

③ 법률행위가 제한능력을 이유로 취소되는 경우, 제한능력자의 상환의무

④ 수탁보증인이 과실 없이 변제 기타의 출재로 주채무를 소멸시킨 경우, 주채무자의 수탁보증인에 대한 구상채무

⑤ 사무관리를 함에 있어 관리자가 과실 없이 손해를 받은 경우, 본인의 관리자에 대한 무과실손해보상채무

22 다음 중 대리에 대한 설명으로 옳지 않은 것은?

① 의사표시의 효력이 의사의 흠결로 인하여 영향을 받을 경우에 그 사실의 유무는 대리인을 표준하여 결정한다.

② 대리권 없는 자가 한 계약은 본인의 추인이 있을 때까지 상대방은 그 대리인에 대하여 이를 철회할 수 있다.

③ 복대리인은 그 권한 내에서 본인을 대리한다.

④ 대리인은 행위능력자임을 요하지 아니한다.

⑤ 무권대리행위에 대한 본인의 추인은 다른 의사표시가 없는 한, 추인한 때로부터 그 효력이 생긴다.

23 다음 중 성년후견제도에 대한 설명으로 옳지 않은 것은?

① 가정법원은 질병이나 노령 등의 사유로 인한 정신적 제약으로 사무를 처리할 능력이 부족한 사람에 대하여 일정한 자의 청구로 성년후견개시의 심판을 한다.

② 가정법원은 성년후견개시의 심판을 할 때 본인의 의사를 고려하여야 한다.

③ 가정법원은 취소할 수 없는 피성년후견인의 법률행위의 범위를 정할 수 있다.

④ 피성년후견인이 일용품의 구입 등 일상생활에 필요하고 그 대가가 과도하지 아니한 법률행위를 한 경우, 성년후견인은 이를 취소할 수 없다.

⑤ 성년후견개시의 원인이 소멸된 경우에 지방자치단체의 장은 가정법원에 성년후견종료의 심판을 청구할 수 있다.

24 다음 중 실종선고에 대한 설명으로 옳은 것은?

① 보통실종의 실종기간은 3년이다.

② 실종선고가 확정되면 실종자는 실종기간이 만료한 때에 사망한 것으로 추정한다.

③ 실종선고의 취소사유가 있는 경우, 검사와 지방자치단체의 장은 실종선고의 취소를 청구할 수 있다.

④ 甲이 법원으로부터 실종선고를 받은 경우, 甲의 재산에 대한 상속은 실종선고 시 개시된다.

⑤ 실종선고를 받은 사람이 생환 후 종래 주소지에서 타인의 부동산을 매수하는 매매계약을 체결할 수 있다.

25 다음 중 상법상 주식회사 설립 시 정관의 절대적 기재사항으로 옳지 않은 것은?

① 목적   ② 상호

③ 청산인   ④ 본점의 소재지

⑤ 회사가 발행할 주식의 총수

26 다음 중 합명회사에 대한 설명으로 옳은 것은?

① 무한책임사원과 유한책임사원으로 조직한다.

② 2인 이상의 무한책임사원으로 조직한다.

③ 사원이 출자금액을 한도로 유한의 책임을 진다.

④ 사원은 주식의 인수가액을 한도로 하는 출자의무를 부담할 뿐이다.

⑤ 업무집행자는 다른 사원 과반수의 결의가 있는 경우에만 자기 또는 제3자의 계산으로 회사와 거래를 할 수 있다.

27 다음은 상법상 회사의 성립에 대한 규정이다. 빈칸에 들어갈 숫자로 옳은 것은?

> 회사의 설립의 무효는 그 사원에 한하여, 설립의 취소는 그 취소권 있는 자에 한하여 회사성립의 날로부터 ____년 내에 소만으로 이를 주장할 수 있다.

① 1   ② 2

③ 3   ④ 4

⑤ 5

28 다음 중 2인 이상의 무한책임사원으로만 조직된 회사의 명칭으로 옳은 것은?

① 합명회사　　　　　　　　　　② 합자회사
③ 유한회사　　　　　　　　　　④ 주식회사
⑤ 유한책임회사

29 다음 중 상업사용인의 의무에 대한 설명으로 옳지 않은 것은?

① 상업사용인은 영업주의 허락이 없이는 본인이 아닌 제3자의 계산으로라도 영업주의 영업부류에
　속한 거래를 할 수 없다.
② 상업사용인은 영업주의 허락 없이 다른 상인의 사용인이 되지 못한다.
③ 의무를 위반한 상업사용인은 영업주에 대하여 손해를 배상할 책임이 있다.
④ 의무를 위반하여 한 거래행위는 원칙적으로 무효이다.
⑤ 의무의 위반은 사용인에 대한 계약의 해지 또는 손해배상의 청구에 영향을 미치지 않는다.

30 다음 중 계약의 성립에 대한 설명으로 옳지 않은 것은?

① 승낙자가 청약에 대해 그 일부만을 승낙할 경우 그 청약을 거절하고 새로운 청약을 한 것으로
　본다.
② 청약자는 연착된 승낙을 새로운 청약으로 볼 수 있다.
③ 승낙기간을 정하지 아니한 계약의 청약은 청약자가 그 기간 내에 승낙의 통지를 받지 못한 때에는
　그 효력을 잃는다.
④ 당사자 간에 동일한 내용의 청약이 상호교차된 경우에 양 청약이 상대방에게 도달한 때에 계약이
　성립한다.
⑤ 격지자 간의 계약은 승낙의 통지가 상대방에게 도달한 때에 성립한다.

31 다음 중 법원에 소를 제기하는 방법으로만 행사할 수 있는 권리는?

① 상계권　　　　　　　　　　　② 계약해제권
③ 예약완결권　　　　　　　　　④ 채권자취소권
⑤ 보증인의 최고·검색의 항변권

32 다음 중 위임에 대한 설명으로 옳지 않은 것은?

① 당사자 일방이 부득이한 사유 없이 상대방의 불리한 시기에 위임계약을 해지한 때에는 그 손해를 배상하여야 한다.

② 수임인이 성년후견개시의 심판을 받은 경우에 위임은 종료한다.

③ 수임인이 위임사무의 처리로 인하여 받은 금전 기타의 물건에서 생긴 과실은 수임인에게 귀속한다.

④ 수임인이 위임인을 위하여 자기의 명의로 취득한 권리는 위임인에게 이전하여야 한다.

⑤ 위임사무의 처리에 비용을 요하는 때에는 위임인은 수임인의 청구가 있으면 이를 미리 지급하여야 한다.

33 다음 중 보증채무에 대한 설명으로 옳지 않은 것은?

① 보증인은 주채무자의 채권에 의한 상계로 채권자에게 대항할 수 있다.

② 보증인에 대한 시효의 중단은 주채무자에 대하여 그 효력이 있다.

③ 보증인의 부담이 주채무의 목적이나 형태보다 중한 때에는 주채무의 한도로 감축한다.

④ 수탁보증인이 과실 없이 채권자에게 보증채무를 이행할 재판을 받은 경우, 주채무자에 대하여 사전구상권을 행사할 수 있다.

⑤ 주채무자의 부탁 없이 보증인이 된 자가 변제하여 주채무를 소멸하게 한 경우, 주채무자는 그 당시에 이익을 받은 한도에서 배상하여야 한다.

34 다음 중 소비대차에 대한 설명으로 옳은 것은?

① 대주가 목적물을 차주에게 인도하기 전 파산선고를 받았더라도 소비대차는 효력이 있다.

② 소비대차는 당사자 일방이 상대방에게 부동산을 사용·수익하게 할 것을 약정함으로써 그 효력이 생긴다.

③ 금전대차에서 차주가 금전에 갈음하여 물건의 인도를 받은 때에는 그 인도시의 가액이 차용액으로 된다.

④ 이자 없는 소비대차의 당사자는 원칙적으로 목적물의 인도 전에 계약을 해제할 수 없다.

⑤ 차주는 약정한 시기에 차용한 물건 그 자체를 반환하여야 한다.

35 다음 중 법률행위의 성립요건에 해당하는 것은?

① 요물계약에서 물건의 인도
② 대리행위에서 대리권의 존재
③ 당사자의 의사능력과 행위능력
④ 조건부 법률행위에서 조건의 성취
⑤ 토지거래허가구역 내의 토지거래계약에 대한 관할관청의 허가

36 다음 중 민법상 유치권에 대한 설명으로 옳지 않은 것은?

① 유치권의 발생을 배제하는 특약을 하면 유치권은 성립하지 않는다.
② 피담보채권이 변제기에 있지 않으면, 유치권은 성립하지 않는다.
③ 타인의 부동산뿐만 아니라 동산도 유치권의 객체가 될 수 있다.
④ 불법행위로 취득한 점유에 기해서는 유치권이 성립하지 않는다.
⑤ 임차인이 유치물에 대하여 필요비를 지출한 때에는 그 가액의 증가가 현존한 경우에 한하여 상환을 청구할 수 있다.

37 다음 중 상법상 자기명의로써 타인의 계산으로 물건 또는 유가증권의 매매를 영업으로 하는 자는?

① 중개업자　　　　　　　② 위탁매매인
③ 대리상　　　　　　　　④ 운송주선인
⑤ 운송인

38 다음 중 정관에 특별한 규정이 없는 경우에 신주발행사항을 결정하는 기관에 해당하는 것은?

① 이사회　　　　　　　　② 주주총회
③ 대표이사　　　　　　　④ 감사위원회
⑤ 사원총회

39 다음 중 상업등기부의 종류로 옳지 않은 것은?

① 태아 　　　　　　　　　　　② 미성년자

③ 법정대리인 　　　　　　　　④ 상호

⑤ 지배인

40 다음 중 보험계약의 성질로 옳지 않은 것은?

① 유상 계약성 　　　　　　　　② 사행 계약성

③ 쌍무 계약성 　　　　　　　　④ 요식 계약성

⑤ 최대 선의의 계약성

41 다음 중 민법과 상법에 대한 설명으로 옳지 않은 것은?

① 상법은 민법에 대하여 특별법이다.

② 금전거래의 원인이 상행위로 인한 경우에 채권의 소멸시효는 상법의 경우 5년간 행사하지 않으면 소멸시효가 완성된다.

③ 채권의 소멸시효의 경우 민법의 경우 10년간 행사하지 않으면 소멸시효가 완성된다.

④ 당사자 간에 채권의 이자율을 약정하지 않았을 경우, 민법은 연 6%의 이율이 적용되지만, 상법은 연 5%의 이율을 적용한다.

⑤ 상인과 비상인 간의 상거래에 있어서 상인인 당사자와 비상인인 당사자에게 모두 상법이 적용된다.

42 다음 중 기한의 이익을 가지지 않는 자는?

① 무상임치의 임치인 　　　　　② 임대차의 임차인

③ 사용대차의 대주 　　　　　　④ 무이자 소비대차의 차주

⑤ 이자부 소비대차의 대주

43 다음 〈보기〉 중 동산에 해당하는 것을 모두 고르면?

> **보기**
>
> ㄱ. 관리할 수 있는 전기
> ㄴ. 지중(地中)에 있는 지하수
> ㄷ. 강제통용력을 상실한 주화(鑄貨)
> ㄹ. 토지에 정착된 다리(橋)

① ㄱ, ㄴ   ② ㄱ, ㄷ

③ ㄱ, ㄹ   ④ ㄴ, ㄷ

⑤ ㄷ, ㄹ

44 다음 중 재판상 행사하여야만 효과가 발생하는 것은?

① 해제권   ② 채권자취소권

③ 환매권   ④ 예약완결권

⑤ 상계권

45 다음 중 법원이 선임한 부재자의 재산관리인이 법원의 허가 없이도 유효하게 할 수 있는 행위가 아닌 것은?

① 부재자의 채무를 담보하기 위하여 부재자 소유의 부동산에 저당권을 설정해주는 행위
② 비가 새는 부재자 소유 건물의 지붕 수선을 도급주는 행위
③ 부재자 소유의 미등기 건물에 대하여 보존등기를 신청하는 행위
④ 부재자가 가진 채권의 소멸시효를 중단시키는 행위
⑤ 부재자가 한 무이자 금전대여를 이자부로 바꾸는 행위

46 다음 중 단독행위로 할 수 없는 것은?

① 채무인수   ② 무권대리행위의 추인

③ 상계   ④ 채무면제

⑤ 계약해제

47 다음 중 법률행위의 무효와 취소에 대한 설명으로 옳은 것은?

① 취소할 수 있는 법률행위를 후견인이 추인하는 경우, 추인은 취소의 원인이 소멸한 후에 하여야만 효력이 있다.

② 당사자가 무효임을 알고 추인한 때에는 법률행위 시에 소급하여 효력이 발생하는 것이 원칙이다.

③ 법률행위의 일부분이 무효인 때에는 원칙적으로 그 나머지 부분은 무효가 되지 않는다.

④ 악의의 제한능력자는 제한능력을 이유로 취소한 행위에 의하여 받은 이익이 현존하지 않더라도 그 이익을 전부 상환하여야 한다.

⑤ 제한능력자와 계약을 맺은 상대방은 계약 당시에 제한능력자임을 모른 경우에는 추인이 있을 때까지 자신의 의사표시를 철회할 수 있다.

48 다음 중 보증채무에 대한 설명으로 옳지 않은 것은?

① 전자적 형태로 표시한 보증의 의사는 유효하다.

② 불확정한 다수의 채무에 대하여 보증하는 경우 보증하는 채무의 최고액을 서면으로 특정하여야 한다.

③ 보증인의 부담이 주채무의 목적이나 형태보다 중한 때에는 주채무의 한도로 감축한다.

④ 채무자가 보증인을 세울 의무가 있는 경우, 채권자가 보증인을 지명하지 않은 한 그 보증인은 행위능력 및 변제자력이 있는 자로 하여야 한다.

⑤ 채권자는 보증계약을 체결할 때 보증계약의 체결 여부에 영향을 미칠 수 있는 주채무자의 채무 관련 신용정보를 알고 있는 경우에는 보증인에게 그 정보를 알려야 한다.

49 일정한 시기에 있어서의 피보험자의 생존 및 그 시기까지의 피보험자의 사망의 쌍방을 보험사고로 하는 것은?

① 사망보험 ② 생존보험
③ 혼합보험 ④ 책임보험
⑤ 종신보험

50 다음 중 공유에 대한 설명으로 옳지 않은 것은?

① 공유자의 지분은 특별한 사정이 없는 한, 균등한 것으로 추정한다.

② 공유물의 보존행위는 공유자 각자가 할 수 있다.

③ 공유자는 공유자 과반수의 찬성으로 공유물을 처분할 수 있다.

④ 공유자는 5년 내의 기간으로 공유물을 분할하지 아니할 것을 약정할 수 있다.

⑤ 공유자 중 1인이 그 지분을 포기하거나 상속인 없이 사망한 때에는 그 지분은 다른 공유자에게 각 지분의 비율로 귀속한다.

PART 3

최종점검 모의고사

제1회
신용보증기금
최종점검 모의고사

※ 신용보증기금 최종점검 모의고사는 채용공고를 기준으로 구성한 것으로
실제 시험과 다를 수 있습니다.

■ 취약영역 분석

번호	O/×	영역
01		
02		
03		
04		의사소통능력
05		
06		
07		

번호	O/×	영역
08		
09		
10		
11		수리능력
12		
13		
14		

번호	O/×	영역
15		
16		
17		문제해결능력
18		
19		
20		

평가문항	20문항	평가시간	25분
시작시간	:	종료시간	:
취약영역			

※ 다음 기사를 읽고 이어지는 질문에 답하시오. [1~2]

> "기업들은 근로자를 학벌이나 연공서열이 아닌 직무능력과 성과로 평가해야 한다." S공단 박이사장은 제4차 포용적 성장 포럼에서 발제자로 나서 '일자리 창출과 포용적 성장'이라는 주제로 발표하며 "능력 중심의 사회를 만들어야 한다."고 강조했다.
> 박이사장은 "우리나라는 첫 직장을 어디서 출발하는지가 굉장히 중요하다."라며, "대기업에서 시작하면 쭉 대기업에 있고 중소기업이나 비정규직으로 출발하면 벗어나기 어려워, 대기업에 가기 위해 젊은 청년들이 대학 졸업까지 미룬 채 몇 년씩 취업 준비를 한다."고 지적했다. 중소기업에서 비정규직으로 출발해도 학벌이 아닌 능력으로 평가받는 시스템이 갖춰져 있다면 자연스럽게 대기업 정규직이 될 수 있는 사회적 문화와 제도적 보장이 이뤄질 수 있을 것인데, 그렇지 못하다는 것이다.
> 청년 실업 문제를 해결하기 위해서는 일자리 미스매칭 문제가 해결돼야 하고, 이를 위해 능력 중심의 평가가 필요하다는 것이 박이사장의 견해이다. 박이사장은 "미국은 맥도날드 최고경영자(CEO)가 매장 파트타이머 출신인 경우도 있지만, 우리나라는 처음에 잘못 들어가면 발 빼고 못 간다."라며, "능력 중심의 임금체계 구축과 성과평가가 이뤄진다면 변화가 가능할 것"이라고 강조했다.
> 박이사장은 제대로 성과평가제도를 실현하기 위해서는 성과 연봉제의 도입이 필요하다고 강조했다. 그는 "지금도 성과평가제가 있기는 하지만 근로자의 성과가 연봉, 승진과 제대로 연동이 안 되다 보니 부실한 측면이 많았다."라며, "성과평가가 승진, 연봉과 연결돼야 근로자들도 제대로 따져 보고 항의도 하면서 제대로 된 성과평가제가 구축될 수 있을 것"이라고 설명했다.
> 규제 완화를 하면 일자리가 늘어날지에 대해 박이사장은 유럽과 미국의 예를 들며, 경험적으로 증명된 부분이지만 한국에도 적용될 수 있을지는 좀 더 살펴봐야 한다는 의견이었다. 박이사장은 "세계경제가 1980년대 불황으로 유럽과 미국 모두 경제가 어려웠다가 다시 살아났는데 미국과 유럽의 일자리를 비교해보면 미국은 늘어났는데 유럽은 늘지 않았다."라며, 그 이유로 "유럽과 달리 미국이 해고하기 쉬워 사람을 많이 썼기 때문이었다."고 설명했다.

01 다음 중 기사를 읽고 직원들이 나눈 대화로 적절하지 않은 것은?

① 김대리 : 기업들이 근로자들을 학벌로 평가하는 것이 부당하다고 생각했었어.

  유대리 : 맞아. 이제는 사원들을 학벌이 아닌 직무능력으로 평가할 시대야.

② 강과장 : 그러고 보니 우리 대학 출신들이 이부장님 밑에 많지 않습니까?

  이부장 : 강과장님, 저는 사원들을 그렇게 학벌로 줄 세우지 않을 생각입니다.

③ 박차장 : 우리나라는 첫 직장이 어디냐가 아주 중요한 문제죠.

  강대리 : 첫 직장의 규모가 영세하면 그대로 가는 경우가 대부분이다 보니….

④ 김과장 : 능력 중심의 임금체계 구축과 성과평가가 도입되면 어떨까요?

  이대리 : 성과평가제도는 다소 불합리한 제도라 반발이 거셀 것 같습니다.

⑤ 차사원 : 일자리를 늘리기 위해 우리도 규제 완화를 빨리 실시해야 합니다.

  정사원 : 규제 완화로 인한 일자리 창출 효과는 경험적으로 증명되었지만, 우리나라에 적용하기
에는 아직 시간이 필요할 것으로 보입니다.

02 다음 중 기사의 제목으로 가장 적절한 것은?

① 성과평가제도란 무엇인가?

② 성과평가제도의 득과 실

③ 미국 맥도날드 CEO, 알고 보니 파트타이머 출신

④ 세계경제 불황기, 미국과 유럽의 차이점은?

⑤ 첫 직장 비정규직이면 점프하기 어려운 현실, 능력 중심의 평가 확산을

03 의사소통능력은 다음과 같이 구분할 수 있다. ㉠에 들어갈 내용으로 가장 적절한 것은?

말하기	듣기	㉠
쓰기	읽기	문자
산출	수용	

① 음성

② 표현

③ 상징

④ 의미

⑤ 해석

※ 다음 주장을 읽고 이어지는 질문에 답하시오. [4~5]

갑 : 나는 행복이 만족이라는 개인의 심리적 상태라고 본다. 내가 말하는 만족이란 어떤 순간의 욕구가 충족될 때 생겨나는 것으로, 욕구가 더 많이 충족될수록 최고 만족에 더 접근한다. 동일한 조건에 있는 사람들 중에도 심리적 상태에 따라 더 행복하기도 하고 덜 행복하기도 하다는 것을 보면 내 주장이 옳다는 것을 알 수 있다.

을 : 아니다. 행복은 전체 삶을 놓고 볼 때 도덕적인 삶을 사는 것이다. 그 이유는 다음과 같다. 목표에는 규범적 목표와 비규범적 목표가 있다. 한 인간의 규범적 목표란 그의 전체 삶이 끝나는 순간에만 그 달성 여부가 결정되는 목표이다. 반면에 비규범적 목표는 그 달성 여부가 삶의 어떤 순간에 결정된다. 예를 들어 만족은 욕구가 달성된 직후에 만족되었는지의 여부가 결정된다. 행복은 비규범적 목표가 아니라 규범적 목표이다. 그리고 도덕적인 삶 역시 전체 삶이 끝나는 순간에 그 달성 여부가 결정되는 규범적 목표이다. 그러므로 ㉠도덕적인 삶과 행복은 같다.

병 : 행복이 개인의 심리적 상태라는 갑의 주장에 반대한다. 나의 근거는 이렇다. 만약 행복이 심리적 상태라면, 그것은 도덕적으로 선한 자에게나 악한 자에게나 마찬가지로 성취될 수 있을 것이다. 예컨대 자신의 만족을 위해 잔악한 짓을 일삼는 악당은 도덕적 표준에 따르면 부도덕하지만, 우리는 그를 행복한 사람이라고 말해야 한다. 하지만 ㉡도덕적으로 타락한 사람은 행복한 사람이 아니다. 행복한 사람은 모두 도덕적인 사람이기 때문이다.

정 : 병의 마지막 문장에는 동의한다. 다만, 행복의 달성에 필요한 조건들은 개인의 도덕성 외에도 많이 있다는 것을 나의 주장으로서 첨언하고 싶다. 그렇지 않다면, 왜 우리 사회와 국가는 궁핍을 없애고 국민의 건강을 증진하려 노력하며, 모든 국민들에게 참정권을 확장하고자 애쓰겠는가? 만일 각자의 도덕성이 우리의 행복을 위해 필요한 전부라면, 역사상 일어났던 수많은 사회 제도의 개혁들이 무의미해지고 말 것이다.

무 : 사회 제도의 개혁이 행복과 유관하다는 데 대체로 공감한다. 그에 덧붙여서 나는, 사회 구성원 각자의 도덕성은 그 개인이 속한 사회가 추구하는 사회 복지의 실현에 기여함으로써 행복의 달성에 간접적으로 영향을 준다고 주장한다. 다만, 사회 복지는 그 사회에 속한 각 개인의 행복을 달성하기 위한 수단일 뿐 그 자체가 목표는 아니다.

04 윗글에 대한 분석으로 적절하지 않은 것은?

① 갑은 행복의 정도가 욕구의 충족에 의존한다는 것에 동의한다.

② 을의 논증에 다양한 규범적 목표가 있다는 전제를 추가하면 ㉠이 도출된다.

③ 병이 받아들이는 ㉡은 도덕성이 개인의 심리적 상태가 아니라는 것과 양립가능하다.

④ 정은 역사상 있어온 사회 제도의 개혁들이 무의미하지 않았다는 것을 전제한다.

⑤ 무는 사회 복지가 실현되면 그 사회에 속한 개인들이 반드시 행복해진다고 전제하지는 않는다.

05 윗글을 토대로 할 때, A ~ C에 대한 평가로 적절한 것을 〈보기〉에서 모두 고르면?

- A : 개인의 행복을 위해 꼭 필요한 요소들 중 하나인 건강은, 그가 속한 국가와 사회의 제도를 통한 노력뿐만 아니라 때때로 우연한 행운의 영향을 받기도 한다.
- B : 행복을 심리적 상태로 보기는 어렵다. 어떤 사람에게는 만족인 욕구의 충족이 다른 사람에게는 만족이 아닐 수도 있다.
- C : 도덕적 행위의 이행은 행복과 무관하다. 개인의 도덕성과 개인의 행복은 서로 어떤 형태로도 영향을 주고받지 않는다.

> **보기**
> ㄱ. A는 정의 입장을 반박한다.
> ㄴ. B는 을의 입장도 병의 입장도 반박하지 않는다.
> ㄷ. C는 무의 입장을 반박하지만 갑의 입장을 반박하지는 않는다.

① ㄱ   ② ㄴ

③ ㄱ, ㄷ   ④ ㄴ, ㄷ

⑤ ㄱ, ㄴ, ㄷ

06 다음 문단을 논리적 순서대로 바르게 나열한 것은?

> (가) 최초로 입지를 선정하는 업체는 시장의 어디든 입지할 수 있으나, 소비자의 이동 거리를 최소화하기 위하여 시장의 중심에 입지한다.
>
> (나) 최대수요입지론은 산업 입지와 상관없이 비용은 고정되어 있다고 가정한다. 이 이론에서는 경쟁 업체와 가격 변동을 고려하여 수요가 극대화되는 입지를 선정한다.
>
> (다) 그다음 입지를 선정해야 하는 경쟁 업체는 가격 변화에 따라 수요가 변하는 정도가 크지 않은 경우, 시장의 중심에서 멀어질수록 시장을 뺏기게 되므로 경쟁 업체가 있더라도 가능한 중심에 가깝게 입지하려고 한다.
>
> (라) 하지만 가격 변화에 따라 수요가 크게 변하는 경우에는 두 경쟁자는 서로 적절히 떨어져 입지하여 보다 낮은 가격으로 제품을 공급하려고 한다.

① (나) - (가) - (다) - (라) ② (나) - (라) - (다) - (가)

③ (라) - (가) - (나) - (다) ④ (라) - (가) - (다) - (나)

⑤ (가) - (나) - (라) - (다)

07 다음 글의 빈칸에 들어갈 내용으로 가장 적절한 것은?

> 멋이라는 것도 일상생활의 단조로움이나 생활의 압박에서 해방되려는 하나의 노력일 것이다. 끊임없이 일상의 복장, 그 복장이 주는 압박감으로부터 벗어나기 위해 옷을 잘 차려 입는 사람은 그래도 멋쟁이다. 또는 삶을 공리적 계산으로서가 아니라 즐김의 대상으로 볼 수 있게 해 주는 활동, 가령 서도(書道)라든가 다도(茶道)라든가 꽃꽂이라든가 하는 일을 과외로 즐길 줄 아는 사람을 우리는 생활의 멋을 아는 사람이라고 말한다. 그러나 그렇다고 해서 값비싸고 화려한 복장, 어떠한 종류의 스타일과 수련을 전제하는 활동만이 멋을 나타내는 것이 아니다. 경우에 따라서는 털털한 옷차림, 아무런 세련도 거죽에 내세울 것이 없는 툭툭한 생활 태도가 멋있게 생각될 수도 있다. 기준적인 것에 변화를 더하는 것이 중요한 것이다. 그러나 기준으로부터 편차가 너무 커서는 안 된다. 혐오감을 불러일으킬 정도의 몸가짐, 몸짓 또는 생활 태도는 멋이 있는 것으로 생각되지 않는다. 편차는 어디까지나 기준에 의해서만 존재하는 것이다. 따라서 _____

① 멋은 어떤 의도가 결부되지 않았을 때 자연스럽게 창조되는 것이다.

② 멋은 다른 사람의 관점에서 아름다워야 한다.

③ 멋은 일상적인 것을 뛰어넘는 비범성을 가장 본질적인 특징으로 삼는 것이다

④ 멋은 나와 남의 눈이 부딪치는 사회적 공간에서 형성되는 것이라고 할 수 있다.

⑤ 멋은 자신의 개성을 표현해주는 다양한 활동으로 볼 수 있다.

※ 다음은 신용보증기금에 지원한 지원자들의 시험 결과 영역별 상위 5명에 대한 자료이다. 이어지는 질문에 답하시오(단, 과목별로 동점자는 없었으며, 점수는 1점 단위이다). **[8~9]**

〈영역별 시험 점수〉

(단위 : 점)

순위	의사소통능력		수리능력		문제해결능력	
	이름	점수	이름	점수	이름	점수
1	하정은	94	신민경	91	양현아	97
2	성수민	93	하정은	90	박지호	95
3	김진원	90	성수민	88	황아영	90
4	양현아	88	황아영	82	신민경	88
5	황아영	85	양현아	76	하정은	84

08 성수민이 황아영보다 높은 총점을 기록하기 위해서는 문제해결능력에서 최소 몇 점을 초과하여 획득해야 하는가?

① 75점   ② 76점

③ 77점   ④ 78점

⑤ 79점

09 다음 중 자료에 대한 설명으로 옳지 않은 것은?

① 의사소통능력과 수리능력 점수의 합이 가장 높은 지원자는 하정은이다.

② 양현아는 하정은의 총점의 95% 이상을 획득했다.

③ 신민경은 260점을 초과하여 총점을 획득할 수 있다.

④ 신용보증기금 시험 합격 최저점이 총점기준 251점이라면 김진원은 불합격이다.

⑤ 박지호보다 김진원의 총점이 더 높다.

10 남성 신인 아이돌 그룹 5명 나이의 합은 105세이다. 5명 중 3명이 5명의 평균 나이와 같고, 가장 큰 형의 나이는 24세이다. 막내의 나이는 몇 세인가?

① 18세   ② 19세

③ 20세   ④ 21세

⑤ 22세

※ 다음은 S공사 직원 1,200명을 대상으로 조사한 자료이다. 이어지는 질문에 답하시오. [11~12]

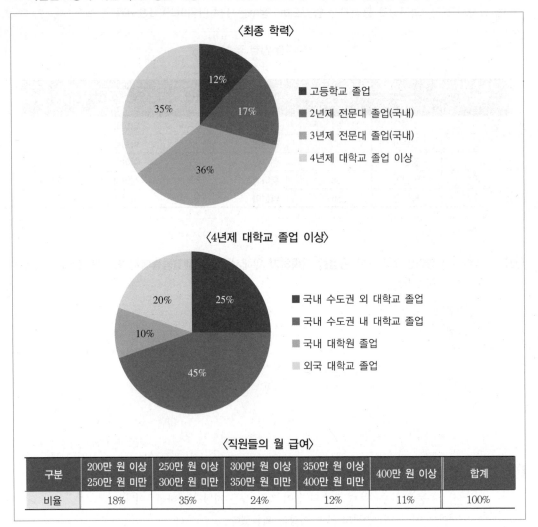

〈최종 학력〉

- 고등학교 졸업
- 2년제 전문대 졸업(국내)
- 3년제 전문대 졸업(국내)
- 4년제 대학교 졸업 이상

12%
17%
35%
36%

〈4년제 대학교 졸업 이상〉

- 국내 수도권 외 대학교 졸업
- 국내 수도권 내 대학교 졸업
- 국내 대학원 졸업
- 외국 대학교 졸업

25%
20%
10%
45%

〈직원들의 월 급여〉

구분	200만 원 이상 250만 원 미만	250만 원 이상 300만 원 미만	300만 원 이상 350만 원 미만	350만 원 이상 400만 원 미만	400만 원 이상	합계
비율	18%	35%	24%	12%	11%	100%

11 다음 중 자료에 대한 설명으로 옳지 않은 것은?

① 직원 중 4년제 국내 수도권 내 대학교 졸업자 수는 전체 직원의 15% 이상을 차지한다.

② 고등학교 졸업의 학력을 가진 직원의 월 급여는 모두 300만 원 미만이라 할 때, 이 인원이 월 급여 300만 원 미만에서 차지하는 비율은 20% 이상이다.

③ 4년제 대학교 졸업 이상의 학력을 가진 직원의 월 급여는 모두 300만 원 이상이라 할 때, 이 인원이 월 급여 300만 원 이상에서 차지하는 비율은 78% 이하이다.

④ 월 급여가 300만 원 미만인 직원은 350만 원 이상인 직원의 2.5배 이상이다.

⑤ 전체 직원이 1,000명이라 할 때, 외국 대학교 졸업의 학력을 가진 직원은 70명이다.

12 국내 소재 대학 및 대학원 졸업자의 25%의 월 급여가 300만 원 이상일 때, 이들이 월 급여 300만 원 이상인 직원 인원에서 차지하는 비율은?(단, 소수점 첫째 자리에서 버림한다)

① 28%
② 32%
③ 36%
④ 43%
⑤ 47%

13 신용보증기금의 어느 지점은 6개의 부서로 구성되어 있다. 2023년 상반기에 부서개편으로 7번째 부서를 신설하는데, 임원과 사원을 발탁하여 부서를 구성하려고 한다. 사원 한 명을 발탁하면 업무 효율이 3Point 증가하고, 비용이 4Point 소모된다. 임원 한 명을 발탁하면 업무 효율이 4Point 증가하고, 비용이 7Point 소모된다. 비용은 100Point 이하로 소모하면서 효율은 60Point를 달성하려고 할 때, 사원수와 임원수를 합한 최솟값은?(단, 사원과 임원은 각각 한 명 이상 발탁한다)

① 14
② 15
③ 16
④ 17
⑤ 18

14 S사의 회의실 기존 비밀번호는 862#이다. T부장은 기존 비밀번호에서 첫 번째에서 세 번째 자리까지는 0 ~ 9의 숫자를 사용하고, 마지막 네 번째 자리는 특수기호 #, *을 사용하여 비밀번호를 변경하였다. 이때 S사 회의실의 변경된 비밀번호가 기존 비밀번호 네 자리 중 한 자리와 그 문자가 같을 확률(예 726#)은?(단, 0 ~ 9의 숫자는 중복하여 사용할 수 있다)

① $\dfrac{972}{1,000}$
② $\dfrac{486}{1,000}$
③ $\dfrac{376}{1,000}$
④ $\dfrac{243}{1,000}$
⑤ $\dfrac{154}{1,000}$

15 다음은 R대리가 부산 출장을 갔다 올 때 선택할 수 있는 교통편에 대한 자료이다. R대리가 모바일로 교통편 하나를 선택하여 왕복티켓으로 예매하려고 할 때, 가장 저렴한 교통편은 무엇인가?

〈출장 시 이용가능한 교통편 현황〉

교통편	종류	비용	기타
버스	일반버스	24,000원	–
	우등버스	32,000원	모바일 예매 1% 할인
기차	무궁화호	28,000원	왕복 예매 시 15% 할인
	새마을호	36,000원	왕복 예매 시 20% 할인
	KTX	58,000원	1+1 이벤트 (편도 금액으로 왕복 예매 가능)

① 일반버스   ② 우등버스
③ 무궁화호   ④ 새마을호
⑤ KTX

16 다음은 도서에 부여되는 ISBN의 끝자리 숫자를 생성하는 과정을 나타낸 자료이다. 최종 결괏값 (가)로 옳은 것은?

- 과정 1 : ISBN의 '–'을 제외한 12개 숫자의 홀수 번째에는 1을, 짝수 번째에는 3을 곱한 후 그 값들을 모두 더한다.
- 과정 2 : 과정 1에서 구한 값을 10으로 나누어 나머지를 얻는다(단, 나머지가 0인 경우 과정 3은 생략한다).
- 과정 3 : 과정 2에서 얻은 나머지를 2로 나눈다.

① 0   ② 1
③ 2   ④ 3
⑤ 4

17 A도시락 전문점은 요일별 도시락 할인 이벤트를 진행하고 있다. S사가 지난 한 주간 A도시락 전문점에서 구매한 내역이 〈보기〉와 같을 때, S사의 지난주 도시락 구매비용은?

〈A도시락 요일별 할인 이벤트〉

요일	월		화		수		목		금	
할인품목	치킨마요		동백		돈가스		새치고기		진달래	
구분	원가	할인가	원가	할인가	원가	할인가	원가	할인가	원가	할인가
가격(원)	3,400	2,900	5,000	3,900	3,900	3,000	6,000	4,500	7,000	5,500

요일	토		일				매일			
할인품목	치킨제육		육개장		김치찌개		치킨(대)		치킨(중)	
구분	원가	할인가	원가	할인가	원가	할인가	원가	할인가	원가	할인가
가격(원)	4,300	3,400	4,500	3,700	4,300	3,500	10,000	7,900	5,000	3,900

※ 요일별 할인품목이 아닌 품목들은 원가로 계산한다.

보기

〈S사의 A도시락 구매내역〉

요일	월	화	수	목	금	토	일
구매내역	동백 3개 치킨마요 10개	동백 10개 김치찌개 3개	돈가스 8개 치킨(중) 2개	새치고기 4개 치킨(대) 2개	진달래 4개 김치찌개 7개	돈가스 2개 치킨제육 10개	육개장 10개 새치고기 4개

① 316,400원   ② 326,800원

③ 352,400원   ④ 375,300원

⑤ 380,000원

※ 다음은 2023년 S기금 상반기 신입사원 채용공고문이다. 이어지는 질문에 답하시오. [18~19]

〈2023년 S기금 신입사원 채용공고〉

- 채용인원 및 선발분야 : 총 ○○○명(기능직 ○○○명, 행정직 ○○○명)
- 지원자격

구분	주요내용
학력	• 기능직 : 해당 분야 전공자 또는 관련 자격 소지자 • 행정직 : 학력 및 전공 제한 없음
자격	• 기능직의 경우 관련 자격증 소지 여부 확인 • 외국어 능력 성적 보유자에 한해 성적표 제출
연령	• 만 18세 이상(채용공고일 2023. 2. 23. 기준)
병역	• 병역법에 명시한 병역기피 사실이 없는 자 (단, 현재 군복무 중인 경우 채용예정일 이전 전역 예정자 지원 가능)
기타	• 2022년 신입사원 채용부터 지역별 지원 제한 폐지

- 채용전형 순서 : 서류전형 – 필기전형 – 면접전형 – 건강검진 – 최종합격
- 채용예정일 : 2023년 3월 15일

18 S기금 채용 Q&A 게시판에 다음과 같은 질문이 올라왔다. 질문에 바르게 답변한 것은?

> 안녕하세요. 이번 S기금 채용공고를 확인하고 지원하려고 하는데 지원 자격과 관련하여 여쭤보려고 합니다. 대학을 졸업하고 현재 군인 신분인 제가 이번 채용에 지원할 수 있는지 확인하고 싶어서요. 답변 부탁드립니다.

① 죄송하지만 이번 채용에서는 대학 졸업예정자만을 대상으로 하고 있습니다.
② 채용예정일 이전 전역 예정자라면 지원 가능합니다.
③ 기능직의 경우 필요한 자격증을 보유하고 있다면 누구든지 지원 가능합니다.
④ 지역별로 지원 제한이 있으므로 확인하시고 지원하시기 바랍니다.
⑤ 행정직의 경우 외국어 능력 성적 기준 제한이 있으므로 확인하시고 지원하시기 바랍니다.

19 다음 중 S기금에 지원할 수 없는 사람은 누구인가?

① 최종학력이 고등학교 졸업인 A
② 관련 학과를 전공하고 기능직에 지원한 B
③ 2023년 3월 10일 기준으로 만 18세가 된 C
④ 현재 군인 신분으로 2023년 3월 5일 전역 예정인 D
⑤ 외국어 능력 성적 유효 기간이 경과한 E

20 다음은 SWOT 분석에 대한 자료이다. 이를 참고하여 분석 결과에 대한 설명으로 옳은 것은?

SWOT는 Strength(강점), Weakness(약점), Opportunity(기회), Threat(위협)의 머리글자를 따서 만든 단어로, 경영 전략을 세우는 방법론이다. SWOT로 도출된 조직의 내·외부 환경을 분석하고, 이 결과를 통해 대응전략을 구상하는 분석방법론이다.

'SO(강점 – 기회)전략'은 기회를 활용하기 위해 강점을 사용하는 전략이고, 'WO(약점 – 기회)전략'은 약점을 보완 또는 극복하여 시장의 기회를 활용하는 전략이다. 'ST(강점 – 위협)전략'은 위협을 피하기 위해 강점을 활용하는 전략이며, 'WT(약점 – 위협)전략'은 위협요인을 피하기 위해 약점을 보완하는 전략이다.

외부＼내부	강점(Strength)	약점(Weakness)
기회(Opportunity)	SO(강점 – 기회)전략	WO(약점 – 기회)전략
위협(Threat)	ST(강점 – 위협)전략	WT(약점 – 위협)전략

〈유기농 수제버거 전문점 S사의 환경 분석 결과〉

SWOT	환경 분석
강점(Strength)	• 주변 외식업 상권 내 독창적 아이템 • 커스터마이징 고객 주문 서비스 • 주문 즉시 조리 시작
약점(Weakness)	• 높은 재료 단가로 인한 비싼 상품 가격 • 대기업 버거 회사에 비해 긴 조리 과정
기회(Opportunity)	• 웰빙을 추구하는 소비 행태 확산 • 치즈 제품을 선호하는 여성들의 니즈 반영
위협(Threat)	• 제품 특성상 테이크아웃 및 배달 서비스 불가

① SO전략 : 주변 상권의 프랜차이즈 샌드위치 전문업체의 제품을 벤치마킹해 샌드위치도 함께 판매한다.
② WO전략 : 유기농 채소와 유기농이 아닌 채소를 함께 사용하여 단가를 낮추고 가격을 내린다.
③ ST전략 : 테이크아웃이 가능하도록 버거의 사이즈를 조금 줄이고 사이드 메뉴를 서비스로 제공한다.
④ WT전략 : 조리 과정을 단축시키기 위해 커스터마이징 형식의 고객 주문 서비스 방식을 없애고, 미리 조리해놓은 버거를 배달 제품으로 판매한다.
⑤ ST전략 : 치즈의 종류를 다양하게 구성해 커스터마이징 주문 시 선택할 수 있도록 한다.

제2회
기술보증기금
최종점검 모의고사

※ 기술보증기금 최종점검 모의고사는 채용공고를 기준으로 구성한 것으로
   실제 시험과 다를 수 있습니다.

■ 취약영역 분석

번호	O/×	영역	번호	O/×	영역	번호	O/×	영역
01		의사소통능력	21		문제해결능력	41		조직이해능력
02			22			42		
03			23			43		
04			24			44		
05			25			45		
06			26			46		
07			27			47		
08			28			48		
09			29			49		
10			30			50		
11		수리능력	31		정보능력			
12			32					
13			33					
14			34					
15			35					
16			36					
17			37					
18			38					
19			39					
20			40					

평가문항	50문항	평가시간	60분
시작시간	:	종료시간	:
취약영역			

제 **2** 회

기술보증기금 최종점검 모의고사

⏱ 응시시간 : 60분   📋 문항 수 : 50문항   정답 및 해설 p.069

---

01 다음 글을 서두에 배치하여 세태를 비판하는 글을 쓴다고 할 때, 이어질 내용으로 가장 적절한 것은?

> 순자(荀子)는 "군자의 학문은 귀로 들어와 마음에 붙어서 온몸으로 퍼져 행동으로 나타난다. 소인의 학문은 귀로 들어와 입으로 나온다. 입과 귀 사이는 네 치밖에 안 되니 어찌 일곱 자나 되는 몸을 아름답게 할 수 있을 것인가?"라고 했다.

① 줏대 없이 이랬다저랬다 하는 태도
② 약삭빠르게 이익만을 추종하는 태도
③ 간에 붙었다 쓸개에 붙었다 하는 태도
④ 실천은 하지 않고 말만 앞세우는 태도
⑤ 타인에게 책임을 떠넘기는 태도

---

02 다음 중 A대리가 메일에서 언급하지 않았을 내용으로 가장 적절한 것은?

> A대리 : B씨, 보고서 잘 봤습니다.
> B사원 : 네, 대리님. 미흡한 점이 많았을 텐데……. 죄송합니다.
> A대리 : 아닙니다. 처음인데도 잘 했습니다. 그런데 얘기해 줄 것이 있어요. 문서는 '내용'이 물론 가장 중요하긴 하지만 '표현'과 '형식'도 중요합니다. 앞으로 참고할 수 있게 메일로 유의사항을 보냈으니까 읽어보세요.
> B사원 : 감사합니다. 확인하겠습니다.

① 의미를 전달하는 데 문제가 없다면 문장은 가능한 한 짧게 만드는 것이 좋다.
② 우회적인 표현은 오해의 소지가 있으므로 가능하면 쓰지 않는 것이 좋다.
③ 한자의 사용을 자제하되, 만약 사용할 경우 상용한자의 범위 내에서 사용한다.
④ 중요한 내용은 미괄식으로 작성하는 것이 그 의미가 강조되어 효과적이다.
⑤ 핵심을 담은 문장을 앞에 적어준다면 이해가 더 잘 될 것이다.

03 다음 중 경청하는 태도로 적절하지 않은 것은?

> 김사원 : 직원교육시간이요. 조금 귀찮기는 하지만 다양한 주제에 대해서 들을 수 있어서 좋은 것
> 같아요.
> 한사원 : 그렇죠? 이번 주 강의도 전 꽤 마음에 들더라고요. 그러고 보면 어떻게 하면 말을 잘 할지
> 는 생각해볼 수 있지만 잘 듣는 방법에는 소홀하기 쉬운 것 같아요.
> 김사원 : 맞아요. 잘 듣는 것이 대화에서 큰 의미를 가지는데도 그렇죠. 오늘 강의에서 들은 내용대
> 로 노력하면 상대방이 전달하는 메시지를 제대로 이해하는 데 문제가 없을 것 같아요.

① 상대방의 이야기를 들으면서 동시에 그 내용을 머릿속으로 정리한다.

② 선입견이 개입되면 안 되기 때문에 나의 경험은 이야기와 연결 짓지 않는다.

③ 상대방의 이야기를 들을 때 상대가 다음에 무슨 말을 할지 예상해본다.

④ 이야기를 듣기만 하는 것이 아니라 대화 내용에 대해 적극적으로 질문한다.

⑤ 내용뿐만 아니라 말하는 사람의 모든 것에 집중해서 듣는다.

04 다음은 문서 작성 시 유의해야 할 한글 맞춤법 및 어법에 따른 표기이다. 표기가 적절하지 않은
것은?

> **〈한글 맞춤법 및 어법〉**
>
> 1) 고 / 라고
> 앞말이 직접 인용되는 말임을 나타내는 조사는 '라고'이다. '고'는 앞말이 간접 인용되는 말임을
> 나타내는 격조사이다.
> 2) 로써 / 로서
> 지위나 신분 또는 자격을 나타내는 격조사는 '로서'이며, '로써'는 어떤 일의 수단이나 도구를 나타
> 내는 격조사이다.
> 3) 율 / 률
> 받침이 있는 말 뒤에서는 '렬, 률', 받침이 없는 말이나 'ㄴ' 받침으로 끝나는 말 뒤에서는 '열,
> 율'로 적는다.
> 4) 년도 / 연도
> 한자음 '녀, 뇨, 뉴, 니'가 단어 첫머리에 올 때는 두음 법칙에 따라 '여, 요, 유, 이'로 적는다.
> 단, 의존 명사의 경우 두음 법칙을 적용하지 않는다.
> 5) 연월일의 표기
> 아라비아 숫자만으로 연월일을 표시할 경우 마침표는 연월일 다음에 모두 사용해야 한다.

① 이사장은 "이번 기회를 통해 소중함을 깨닫게 되었으면 좋겠다."라고 말했다.

② 모든 것이 말로써 다 표현되는 것은 아니다.

③ 올해의 상반기 목표 성장률을 달성하기 위해서는 모두가 함께 노력해야 한다.

④ 노인 일자리 추가 지원 사업을 시작한 지 반 연도 되지 않아 지원이 끝이 났다.

⑤ 시험 원서 접수는 2023. 03. 01.(수)에 마감됩니다.

05 A사원은 직장 내에서의 의사소통능력 향상 방법에 대한 강연을 들으면서 다음과 같이 메모하였다. A사원이 잘못 작성한 내용은 모두 몇 개인가?

〈2023년 3월 10일 의사소통능력 향상 방법 강연을 듣고...〉

• 의사소통의 저해 요인

··· 중략 ···

• 의사소통에 있어 자신이나 타인의 느낌을 건설적으로 처리하는 방법
 ㉠ 얼굴을 붉히는 것과 같은 간접적 표현을 피한다.
 ㉡ 자신의 감정을 주체하지 못하고 과격한 행동을 하지 않는다.
 ㉢ 자신의 감정 상태에 대한 책임을 타인에게 전가하지 않는다.
 ㉣ 자신의 감정을 조절하기 위하여 상대방으로 하여금 그의 행동을 변하도록 강요하지 않는다.
 ㉤ 자신의 감정을 명확하게 하지 못할 경우라도 즉각적인 의사소통이 될 수 있도록 노력한다.

---

① 1개
② 2개
③ 3개
④ 4개
⑤ 5개

06 공문서는 결재권자가 해당 문서에 결재함으로써 성립하고, 성립한 문서는 입법주의에 따라 문서의 종류마다 효력이 다르게 발생한다. 다음 〈보기〉는 문서의 효력 발생에 대한 입법주의를 설명한 내용일 때, 바르게 짝지어진 것은?

> **보기**
>
> (가) 성립한 문서가 상대방에게 발신된 때 효력이 발생한다는 견해로, 신속한 거래에 적합하며 다수에게 동일한 통지를 해야 할 경우 획일적으로 효력을 발생하게 할 수 있다는 장점이 있다.
>
> (나) 상대방이 문서의 내용을 알게 되었을 때에 효력이 발생한다는 견해로, 상대방의 부주의나 고의 등으로 인해 내용을 알 수 없을 경우 발신자가 불이익을 감수해야 하는 폐단이 발생할 수 있다.
>
> (다) 문서가 상대방에게 도달해야 효력이 발생한다는 견해로, 이때 도달은 문서가 상대방의 지배범위 내에 들어가 사회 통념상 그 문서의 내용을 알 수 있는 상태가 되었다고 인정되는 것을 의미한다.
>
> (라) 문서가 성립한 때, 즉 결재로써 문서의 작성이 끝났을 때에 효력이 발생한다는 견해로, 문서발신 지연 등 발신자의 귀책사유로 인한 불이익을 상대방이 감수해야 하는 부당함이 발생하기도 한다.

	(가)	(나)	(다)	(라)
①	표백주의	도달주의	요지주의	발신주의
②	도달주의	요지주의	발신주의	표백주의
③	도달주의	표백주의	발신주의	요지주의
④	발신주의	표백주의	도달주의	요지주의
⑤	발신주의	요지주의	도달주의	표백주의

07 기술보증기금의 이부장은 신입사원을 대상으로 OJT를 진행하고 있다. 이번 주에는 문서 종류에 따른 작성법에 대해 교육하려고 자료를 준비하였다. 다음 중 수정해야 할 내용은 무엇인가?

구분	작성법
공문서	• 회사 외부로 전달되는 문서이기 때문에 누가, 언제, 어디서, 무엇을, 어떻게(혹은 왜)가 드러나도록 작성함 • 날짜는 연도와 월일을 반드시 함께 기입함 • 한 장에 담아내는 것이 원칙 … ① • 마지막엔 반드시 '끝'자로 마무리 • 내용이 복잡할 경우 '-다음-' 또는 '-아래-'와 같은 항목을 만들어 구분함 • 장기간 보관되므로 정확하게 기술함
설명서	• 명령문보다 평서문으로 작성함 • 상품이나 제품에 대해 설명하는 글이므로 정확하게 기술함 • 정확한 내용 전달을 위해 간결하게 작성함 … ② • 전문용어는 이해하기 어렵기 때문에 가급적 사용하지 않음 … ③ • 복잡한 내용은 도표를 통해 시각화함 • 동일한 문장 반복을 피하고 다양한 표현을 이용함 … ④
기획서	• 기획서의 목적을 달성할 수 있는 핵심 사항이 정확하게 기입되었는지 확인함 • 상대가 채택하게끔 설득력을 갖춰야 하므로, 상대가 요구하는 것이 무엇인지 고려하여 작성함 • 내용이 한눈에 파악되도록 체계적으로 목차를 구성함 • 핵심 내용의 표현에 신경을 써야 함 • 효과적인 내용 전달을 위해 내용에 적합한 표나 그래프를 활용하여 시각화함 • 충분히 검토를 한 후 제출함 • 인용한 자료의 출처가 정확한지 확인함
보고서	• 업무 진행 과정에서 쓰는 보고서인 경우, 진행 과정에 대한 핵심 내용을 구체적으로 제시함 • 내용의 중복을 피하고, 핵심 사항만 산뜻하고 간결하게 작성함 • 복잡한 내용일 때는 도표나 그림을 활용함 • 개인의 능력을 평가하는 기본 요소이므로 제출하기 전에 반드시 최종 점검함 • 참고자료는 정확하게 제시함 • 마지막엔 반드시 '끝'으로 마무리함 … ⑤ • 내용에 대한 예상 질문을 사전에 추출해 보고 그에 대한 답을 미리 준비함

08 다음 글의 각 문단에 대한 설명으로 적절하지 않은 것은?

> (가) 질서란 무엇인가? 질서란 어떻게 생겨나는 것인가? 사전적인 의미에서 본 질서는 '사물 또는 사회가 올바른 상태를 유지하기 위해서 지켜야 할 일정한 차례나 규칙'을 말한다. 여기서 질서는 이상적인 상태나 상황을 가정하고 이것을 달성하기 위한 행동 규율이나 규범을 뜻한다.
>
> (나) 이 같은 의미에서 질서에 가장 적합한 사례로 교통질서를 들 수 있다. 교통질서에는 모든 사람이 이루고 싶어 하는 바람직하고 이상적인 상태나 상황이 존재한다. 교통질서의 바람직한 상태란 보행자나 운전자가 교통 법규를 잘 지켜 교통사고가 없고, 교통 흐름이 원활하게 이루어지는 상태를 말한다. 바람직한 교통질서를 이루기 위해 우리는 무엇을 하는가? 사람들은 바람직한 교통질서를 이루기 위해 여러 가지 제도나 규칙을 만든다. 그리고 정해진 법규를 지키도록 유도하거나 공권력을 동원해 이를 지키도록 강요한다.
>
> (다) 시장질서도 교통질서와 비슷한 것일까? 시장질서가 목표로 하는 바람직하고 이상적인 상태나 상황이 존재하는 것일까? 시장 경제의 참여자가 지켜야 할 규칙은 존재하는 것일까? 만약 규칙이 존재한다면, 이것은 인간들이 인위적으로 만들어 낸 것일까? 시장질서는 시장에 참여하고 있는 사람들이 자신이 할 수 없는 행동 영역을 제외한 범위 내에서 가장 유리한 행동을 선택한 결과 자연스럽게 이루어진 질서이다. 따라서 시장질서는 흔히 자발적이고 자연스럽게 만들어진 질서라는 의미에서 '자생적 혹은 자발적 질서'라고 부른다.
>
> (라) 교통질서와 시장질서는 몇 가지 점에서 뚜렷하게 구분된다. 우선 교통질서에는 대부분의 사람들이 합의하는 바람직한 상태나 상황이 존재한다. 하지만 시장질서는 바람직한 상태나 상황을 정확하게 정의하기에는 너무나 복잡하다. 시장질서는 시장에 참여한 수많은 사람들의 상호 작용의 결과로 생겨나는 것이기 때문에 우리의 한정된 이성(理性)으로 이상적인 상태나 상황을 가정하기에는 너무 복잡하다.
>
> (마) 물론 교통질서와 시장질서는 공통점도 가지고 있다. 시장에 참여한 사람들은 무한한 자유를 가질 수 없다. 그들 역시 교통질서를 이루는 데 참여한 사람들처럼 일정한 규칙을 준수해야 한다. 따라서 시장 경제에 참여한 사람들이 누리는 자유는 '절제된 자유' 혹은 '규율이 있는 자유'라 할 수 있으며, 이는 존재하는 규칙을 준수하는 범위 내에서의 자유라 할 수 있다. 교통질서나 시장질서에 참여한 모든 사람들의 자유는 일정한 규칙을 준수한다는 의미에서 비슷하다.

① (가) : 질서의 특징에 대해 구체적 예를 들어 설명하고 있다.
② (나) : 질서의 개념에 대해 교통질서를 연결시켜 설명하고 있다.
③ (다) : 시장질서의 형성 과정을 문답식으로 설명하고 있다.
④ (라) : 교통질서와 시장질서의 차이점을 비교하고 있다.
⑤ (마) : 교통질서와 시장질서의 공통점을 비교하고 있다.

다음 글의 내용으로 적절하지 않은 것은?

> 기업은 많은 이익을 남기길 원하고, 소비자는 좋은 제품을 저렴하게 구매하길 원한다. 그 과정에서 힘이 약한 저개발국가의 농민, 노동자, 생산자들은 무역상품의 가격 결정 과정에 참여하지 못하고, 자신이 재배한 식량과 상품을 매우 싼값에 팔아 겨우 생계를 유지한다. 그 결과, 세계 인구의 20% 정도가 우리 돈 약 1,000원으로 하루를 살아가고, 세계 노동자의 40%가 하루 2,000원 정도의 소득으로 살아가고 있다.
>
> 이러한 무역 거래의 한계를 극복하고자 공평하고 윤리적인 무역 거래를 통해 저개발국가 농민, 노동자, 생산자들이 겪고 있는 빈곤 문제를 해결하기 위해 공정무역이 생겨났다. 공정무역은 기존 관행 무역으로부터 소외당하며 불이익을 받고 있는 생산자와 지속가능한 파트너십을 통해 공정하게 거래하는 것으로, 생산자들과 공정무역 단체의 직거래를 통한 거래 관계에서부터 단체나 제품 등에 대한 인증시스템까지 모두 포함하는 무역을 의미한다.
>
> 이와 같은 공정무역은 국제 사회 시민운동의 일환으로, 1946년 미국의 시민단체 '텐사우전드빌리지(Ten Thousand Villages)'가 푸에르토리코의 자수 제품을 구매하고, 1950년대 후반 영국의 '옥스팜(Oxfam)'이 중국 피난민들의 수공예품과 동유럽국가의 수공예품을 팔면서 시작되었다. 이후 1960년대에는 여러 시민 단체들이 조직되어 아프리카, 남아메리카, 아시아의 빈곤한 나라에서 본격적으로 활동을 전개하였다. 이 단체들은 가난한 농부와 노동자들이 스스로 조합을 만들어 환경친화적으로 농산물을 생산하도록 교육하고, 이에 필요한 자금 등을 지원했다. 2000년대에는 자본주의의 대안활동으로 여겨지며 공정무역이 급속도로 확산되었고, 공정무역 단체나 회사가 생겨남에 따라 저개발국가 농부들의 농산물이 공정한 값을 받고 거래되었다. 이러한 과정에서 공정무역은 저개발국 생산자들의 삶을 개선하기 위한 중요한 시장 메커니즘으로 주목을 받게 된 것이다.

① 기존 관행 무역에서는 저개발국가의 농민, 노동자, 생산자들이 무역상품의 가격 결정 과정에 참여하지 못했다.

② 세계 노동자의 40%가 하루 2,000원 정도의 소득으로 살아가며, 세계 인구의 20%는 약 1,000원으로 하루를 살아간다.

③ 공정무역에서는 저개발국가의 생산자들과 지속가능한 파트너십을 통해 그들을 무역 거래 과정에서 소외시키지 않는다.

④ 공정무역은 1946년에 시작되었고, 1960년대 조직된 여러 시민 단체들이 본격적으로 활동을 전개하였다.

⑤ 시민 단체들은 조합을 만들어 환경친화적인 농산물을 직접 생산하고, 이를 회사에 공정한 값으로 판매하였다.

10 다음 글에서 〈보기〉의 문장이 들어갈 위치로 바르게 짝지어진 것은?

사람들의 커뮤니케이션에 대한 관점은 다르기 때문에 메시지 내용의 구성에 있어서도 매우 차이가 나는 것을 볼 수 있다. 메시지 구성논리(Message Design Logic)는 사람들이 자신의 생각과 메시지의 구성을 연결하는 커뮤니케이션에 대하여 가지는 믿음 체계라고 볼 수 있다. 다시 말해 커뮤니케이션의 기능이나 특성에 대한 사람들의 차별적인 관점이 메시지 구성에서 차별화를 보여 준다는 것이다. 이러한 차별적 메시지 구성은 사람들이 갈등적 관계에 있을 때 특히 명확하게 드러난다. 오키프는 다음과 같은 세 가지 종류의 메시지 구성논리를 주장하고 있다.

첫 번째, 표현적 메시지 구성논리(Expressive Message Design Logic)는 송신자 중심의 패턴이라고 볼 수 있다. 이러한 패턴을 사용하는 사람들은 기본적으로 자신의 표현(Self-expression)을 가장 중요하게 생각한다. _____(가)_____ 표현적 메시지 구성논리를 사용하는 사람들은 자신의 생각의 표현을 억제하는 것이 힘들며, 생각하는 것을 곧바로 입으로 표현하고자 한다. 이러한 사람들은 커뮤니케이션에서 솔직함이나 개방성, 명쾌함 등을 중요한 가치로 생각하며, 의도적이고 전략적으로 말을 하는 사람들을 신뢰하지 않는다. 마음에 있는 것들을 곧바로 말하고 싶은 충동을 갖고 있는 것이다. 메시지 내용의 대부분은 송신자가 무엇을 느끼고 있는가에 초점이 맞춰져 있는 것이다.

두 번째는 인습적 메시지 구성논리(Conventional Message Design Logic)이다. 메시지 구성 논리를 사용하는 사람들은 커뮤니케이션을 협동적으로 이뤄지는 게임으로 간주한다. 따라서 이러한 사람들은 커뮤니케이션에서 적절함에 관심을 가지며, 대화의 맥락, 역할, 관계 등을 중요하게 생각한다. _____(나)_____ 그들은 공손하려고 애쓰며, 사회적 규칙 등을 암시적으로 언급하는 사람들이다. 다른 사람이 사회적으로 잘못했을 경우 그 사람의 행동이 부적절했음을 지적할 뿐만 아니라 상대방의 사회적 위치가 무엇인지를 지적하는 사람인 것이다.

마지막으로 세 번째 구성논리는 수사적 메시지 구성논리(Rhetorical Message Design Logic)이다. _____(다)_____ 이러한 사고방식은 커뮤니케이션의 기술적 능력과 세심함과 함께 유연성을 특히 강조하고 있다. 수사적 메시지 구성논리를 중심으로 하는 사람들은 상대방의 관점을 이해하기 위하여 상대방과의 커뮤니케이션의 내용에 주목한다. 서로 간에 이익이 되는 상황으로 기존의 상황을 재정의함으로써 문제를 예방하려고 한다.

보기

㉠ 이러한 구성논리를 사용하는 사람들은 커뮤니케이션을 상황을 만들고 복수(자신과 상대방)의 목표를 타협하는 도구로 간주한다.
㉡ 커뮤니케이션이란 송신자의 생각이나 감정을 전달하는 수단으로 간주되는 것이다.
㉢ 주어진 상황에서 올바른 것을 말하고 행하는 것에 관심을 갖는 것이다.

	(가)	(나)	(다)
①	㉠	㉡	㉢
②	㉠	㉢	㉡
③	㉡	㉠	㉢
④	㉡	㉢	㉠
⑤	㉢	㉡	㉠

11 Q사원은 자동차를 타고 시속 60km로 출근하던 중 15분이 지난 시점에서 중요한 서류를 집에 두고 나온 사실을 알았다. Q사원은 처음 출근했을 때의 1.5배의 속력으로 다시 돌아가 서류를 챙긴 후 지각하지 않기 위해 서류를 가지러 갔을 때의 1.2배의 속력으로 다시 회사로 향했다. Q사원이 출근하는 데 소비한 전체 시간이 50분이라고 할 때, Q사원의 집에서 회사까지의 거리는?(단, 서류를 챙기는 데 걸린 시간은 고려하지 않는다)

① 40km   ② 45km

③ 50km   ④ 55km

⑤ 60km

12 기술보증기금은 2023년도 상반기 우수사원들에게 부상으로 순금을 수여하기로 하였다. 수상자는 1 ～ 3등 각 1명씩이며, 1등에게는 5돈 순금 두꺼비를 수여하고, 2등과 3등에게는 10g의 순금 열쇠를 하나씩 수여하기로 하였다. 부상 제작에 필요한 순금은 총 몇 kg인가?(단, 한 돈은 3.75g이다)

① 0.3875kg   ② 0.03875kg

③ 0.2875kg   ④ 0.02875kg

⑤ 3.8750kg

13 4월 19일이 수요일이라면, 30일 후는 무슨 요일인가?

① 수요일   ② 목요일

③ 금요일   ④ 토요일

⑤ 일요일

14 다음은 지역별 의료인력 분포 현황을 나타낸 자료이다. 이에 대한 설명으로 옳지 않은 것은?

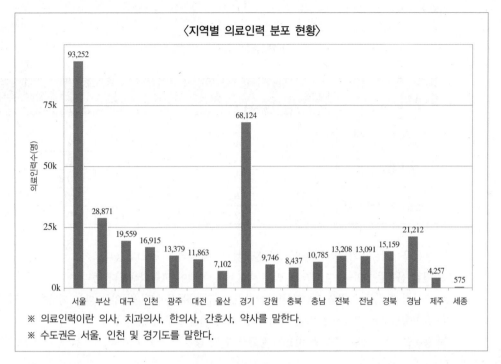

〈지역별 의료인력 분포 현황〉

※ 의료인력이란 의사, 치과의사, 한의사, 간호사, 약사를 말한다.
※ 수도권은 서울, 인천 및 경기도를 말한다.

① 의료인력은 수도권에 편중된 불균형상태를 보이고 있다.
② 수도권에서 경기가 차지하는 비중은 인천이 차지하는 비중의 4배 미만이다.
③ 서울과 경기를 제외한 나머지 지역 중 의료인력수가 가장 많은 지역과 가장 적은 지역의 차는 경남의 의료인력수보다 크다.
④ 의료인력수가 많을수록 의료인력 비중이 고르다고 말할 수 없다.
⑤ 의료인력수가 두 번째로 적은 지역은 도서지역이다.

15 다음은 청소년의 경제의식에 대한 설문조사 결과를 정리한 자료이다. 이에 대한 설명으로 옳은 것은?

<경제의식에 대한 설문조사 결과>

(단위 : %)

설문 내용	구분	전체	성별		학교별	
			남	여	중학교	고등학교
용돈을 받는지 여부	예	84.2	82.9	85.4	87.6	80.8
	아니오	15.8	17.1	14.6	12.4	19.2
월간 용돈 금액	5만 원 미만	75.2	73.9	76.5	89.4	60
	5만 원 이상	24.8	26.1	23.5	10.6	40
금전출납부 기록 여부	기록한다.	30	22.8	35.8	31	27.5
	기록 안 한다.	70	77.2	64.2	69.0	72.5

① 용돈을 받는 남학생의 비율이 용돈을 받는 여학생의 비율보다 높다.

② 월간 용돈을 5만 원 미만으로 받는 비율은 중학생이 고등학생보다 높다.

③ 고등학생 전체 인원을 100명이라 한다면, 월간 용돈을 5만 원 이상 받는 학생은 40명이다.

④ 금전출납부는 기록하는 비율이 기록 안 하는 비율보다 높다.

⑤ 용돈을 받지 않는 중학생 비율이 용돈을 받지 않는 고등학생 비율보다 높다.

※ 다음은 기술보증기금의 성과급 지급방법에 대한 자료이다. 이어지는 질문에 답하시오. **[16~17]**

〈성과급 지급방법〉

가. 성과급 지급은 성과평가 결과와 연계한다.

나. 성과평가 점수는 유용성, 안전성, 서비스 만족도의 총합으로 평가한다. 단, 유용성, 안전성, 서비스 만족도의 가중치를 각각 0.4, 0.4, 0.2로 부여한다.

다. 성과평가 결과를 활용한 성과급 지급기준

성과평가 점수	성과평가 등급	분기별 성과급 지급액	비고
9.0 이상	A	100만 원	성과평가 등급이 A이면 직전 분기 차감금의 50%를 가산하여 지급
8.0 이상 9.0 미만	B	90만 원(10만 원 차감)	
7.0 이상 8.0 미만	C	80만 원(20만 원 차감)	
7.0 미만	D	40만 원(60만 원 차감)	

---

16 기술보증기금 기획팀의 성과평가 결과가 다음과 같다. 성과급 지급방법을 참고할 때, 기획팀에 지급되는 1년 성과급의 총 금액은?

(단위 : 점)

구분	1/4분기	2/4분기	3/4분기	4/4분기
유용성	8	8	10	8
안전성	8	6	8	8
서비스 만족도	6	8	10	8

① 350만 원 ② 355만 원
③ 360만 원 ④ 365만 원
⑤ 375만 원

---

17 3/4분기에 평가등급이 A였던 마케팅팀, B였던 전략팀, C였던 영업팀이 4/4분기에서는 모두 A등급을 받았다. 세 팀의 4/4분기 성과급 지급액을 모두 더한 금액은 얼마인가?

① 315만 원 ② 320만 원
③ 325만 원 ④ 330만 원
⑤ 335만 원

18 다음은 K연구소에서 제습기 A ~ E의 습도별 연간소비전력량을 측정한 자료이다. 〈보기〉 중 옳은 것을 모두 고르면?

〈제습기 A ~ E의 습도별 연간소비전력량〉

(단위 : kWh)

제습기 \ 습도	40%	50%	60%	70%	80%
A	550	620	680	790	840
B	560	640	740	810	890
C	580	650	730	800	880
D	600	700	810	880	950
E	660	730	800	920	970

보기

ㄱ. 습도가 70%일 때 연간소비전력량이 가장 적은 제습기는 A이다.

ㄴ. 각 습도에서 연간소비전력량이 많은 제습기부터 순서대로 나열하면, 습도가 60%일 때와 습도가 70%일 때의 순서는 동일하다.

ㄷ. 습도가 40%일 때 제습기 E의 연간소비전력량은 습도가 50%일 때 제습기 B의 연간소비전력량보다 많다.

ㄹ. 제습기 각각에서 연간소비전력량은 습도가 80%일 때가 40%일 때의 1.5배 이상이다.

① ㄱ, ㄴ
② ㄱ, ㄷ
③ ㄴ, ㄹ
④ ㄱ, ㄷ, ㄹ
⑤ ㄴ, ㄷ, ㄹ

19 다음은 생명공학기술의 기술분야별 특허건수와 점유율에 대한 자료이다. 〈조건〉에 근거하여 A ~ D에 해당하는 기술분야를 바르게 나열한 것은?

〈생명공학기술의 기술분야별 특허건수와 점유율〉

(단위 : 건, %)

기술분야 \ 구분	전세계 특허건수	미국 점유율	한국 특허건수	한국 점유율
생물공정기술	75,823	36.8	4,701	6.2
A	27,252	47.6	1,880	( )
생물자원탐색기술	39,215	26.1	6,274	16.0
B	170,855	45.6	7,518	( )
생물농약개발기술	8,122	42.8	560	6.9
C	20,849	8.1	4,295	( )
단백질체기술	68,342	35.1	3,622	5.3
D	26,495	16.8	7,127	( )

※ [해당국의 점유율(%)] = $\dfrac{(해당국의 \ 특허건수)}{(전세계 \ 특허건수)} \times 100$

조건

• 발효식품개발기술과 환경생물공학기술은 미국보다 한국의 점유율이 높다.
• 동식물세포배양기술에 대한 미국 점유율은 생물농약 개발기술에 대한 미국 점유율보다 높다.
• 유전체기술에 대한 한국 점유율과 미국 점유율의 차이는 41%p 이상이다.
• 환경생물공학기술에 대한 한국의 점유율은 25% 이상이다.

	A	B	C	D
①	동식물세포배양기술	유전체기술	발효식품개발기술	환경생물공학기술
②	동식물세포배양기술	유전체기술	환경생물공학기술	발효식품개발기술
③	발효식품개발기술	유전체기술	동식물세포배양기술	환경생물공학기술
④	유전체기술	동식물세포배양기술	발효식품개발기술	환경생물공학기술
⑤	유전체기술	동식물세포배양기술	환경생물공학기술	발효식품개발기술

PART 3

20 다음은 K국에 출원된 의약품 특허출원에 대한 자료이다. 이를 바탕으로 작성된 보고서의 내용 중 옳은 것을 모두 고르면?

<표 1> 의약품별 특허출원 현황

(단위 : 건)

구분＼연도	2020년	2021년	2022년
완제의약품	7,137	4,394	2,999
원료의약품	1,757	797	500
기타 의약품	2,236	1,517	1,220
계	11,130	6,708	4,719

<표 2> 의약품별 특허출원 중 다국적기업 출원 현황

(단위 : 건)

구분＼연도	2020년	2021년	2022년
완제의약품	404	284	200
원료의약품	274	149	103
기타 의약품	215	170	141
계	893	603	444

<표 3> 완제의약품 특허출원 중 다이어트제 출원 현황

(단위 : 건)

구분＼연도	2020년	2021년	2022년
출원 건수	53	32	22

〈보고서〉

㉠ 2020년부터 2022년까지 의약품의 특허출원은 매년 감소하였다. 그러나 기타 의약품이 전체 의약품 특허출원에서 차지하는 비중은 매년 증가하여 ㉡ 2022년 전체 의약품 특허출원의 30% 이상이 기타 의약품 특허출원이었다. 다국적기업의 의약품 특허출원 현황을 보면, 원료의약품에서 다국적기업 특허출원이 차지하는 비중이 다른 의약품에 비해 매년 높아 ㉢ 2022년 원료의약품 특허출원의 20% 이상이 다국적기업 특허출원이었다. 한편, ㉣ 2022년 다국적기업에서 출원한 완제의약품 특허출원 중 다이어트제 특허출원은 11%였다.

① ㉠, ㉡
② ㉠, ㉢
③ ㉡, ㉣
④ ㉠, ㉢, ㉣
⑤ ㉡, ㉢, ㉣

※ K사는 모든 임직원에게 다음과 같은 규칙으로 사원번호를 부여한다. 다음 자료를 보고 이어지는 질문에 답하시오. [21~22]

〈사원번호 부여 기준〉

M	0	1	2	3	0	1	0	1
성별	부서		입사년도		입사월		입사순서	

- 사원번호 부여 순서 : [성별] – [부서] – [입사년도] – [입사월] – [입사순서]
- 성별 구분

남성	여성
M	W

- 부서 구분

총무부	인사부	기획부	영업부	생산부
01	02	03	04	05

- 입사년도 : 연도별 끝자리를 2자리 숫자로 기재(예 2023년 – 23)
- 입사월 : 2자리 숫자로 기재(예 5월 – 05)
- 입사순서 : 해당 월의 누적 입사순서(예 해당 월의 3번째 입사자 – 03)
※ K사에 같은 날 입사자는 없다.

21 다음 중 사원번호가 'W05210401'인 사원에 대한 설명으로 옳지 않은 것은?

① 생산부서 최초의 여직원이다.
② 2021년에 입사하였다.
③ 4월에 입사한 여성이다.
④ 'M03210511'인 사원보다 입사일이 빠르다.
⑤ 생산부서로 입사하였다.

22 다음 K사의 2022년 하반기 신입사원 명단을 참고할 때, 기획부에 입사한 여성은 모두 몇 명인가?

M01220903	W03221005	M05220912	W05220913	W01221001	W04221009
W02220901	M04221101	W01220905	W03220909	M02221002	W03221007
M03220907	M01220904	W02220902	M04221008	M05221107	M01221103
M03220908	M05220910	M02221003	M01220906	M05221106	M02221004
M04221101	M05220911	W03221006	W05221105	W03221104	M05221108

① 2명
② 3명
③ 4명
④ 5명
⑤ 6명

23 빨간색, 파란색, 노란색, 초록색의 화분에 빨강, 파랑, 노랑, 초록 꽃씨를 심으려고 하는데, 다음 〈조건〉에 따라 심는다고 한다. 이때 〈보기〉를 평가한 내용으로 옳은 것은?

> **조건**
>
> • 각각의 화분에 화분과 같은 색깔의 꽃씨는 심을 수 없다.
> • 빨강 꽃씨를 노란 화분에 심을 수 없으며, 노랑 꽃씨를 빨간 화분에 심지 못한다.
> • 파랑 꽃씨를 초록 화분에 심을 수 없으며, 초록 꽃씨를 파란 화분에 심지 못한다.

> **보기**
>
> 초록 화분과 노란 화분에 심을 수 있는 꽃씨의 종류는 같다.

① 확실히 틀리다.
② 확실하지 않지만 틀릴 확률이 높다.
③ 확실하지 않지만 맞을 확률이 높다.
④ 확실히 맞다.
⑤ 알 수 없다.

24 다음은 기술보증기금 직원들의 이번 주 추가근무 계획표이다. 하루에 3명 이상 추가근무를 할 수 없고, 직원들은 각자 일주일에 6시간을 초과하여 추가근무를 할 수 없다. 다음 중 추가근무 일정을 수정해야 하는 사람은 누구인가?

〈일주일 추가근무 일정〉

성명	추가근무 일정	성명	추가근무 일정
유진실	금요일 3시간	민윤기	월요일 2시간
김은선	월요일 6시간	김남준	일요일 4시간, 화요일 3시간
이영희	토요일 4시간	전정국	토요일 6시간
최유화	목요일 1시간	정호석	화요일 4시간, 금요일 1시간
김석진	화요일 5시간	김태형	수요일 6시간
박지민	수요일 3시간, 일요일 2시간	박시혁	목요일 1시간

① 김은선
③ 박지민
⑤ 정호석

② 김석진
④ 김남준

25 월요일부터 금요일까지 진료를 하는 의사는 다음 〈조건〉에 따라 진료일을 정한다. 의사가 목요일에 진료를 하지 않았다면, 월요일부터 금요일 중 진료한 날은 총 며칠인가?

> **조건**
> • 월요일에 진료를 하면 수요일에는 진료를 하지 않는다.
> • 월요일에 진료를 하지 않으면 화요일이나 목요일에 진료를 한다.
> • 화요일에 진료를 하면 금요일에는 진료를 하지 않는다.
> • 수요일에 진료를 하지 않으면 목요일 또는 금요일에 진료를 한다.

① 0일　　　　　　　　　　　② 1일
③ 2일　　　　　　　　　　　④ 3일
⑤ 4일

26 다음 글과 상황을 근거로 판단할 때, 출장을 함께 갈 수 있는 직원들의 조합으로 가능한 것은?

> K은행 B지점에서는 3월 11일 회계감사 관련 서류 제출을 위해 본점으로 출장을 가야 한다. 오전 08시 정각 출발이 확정되어 있으며, 출발 후 B지점에 복귀하기까지 총 8시간이 소요된다. 단, 비가 오는 경우 1시간이 추가로 소요된다.
> • 출장인원 중 한 명이 직접 운전하여야 하며, '운전면허 1종 보통' 소지자만 운전할 수 있다.
> • 출장시간에 사내 업무가 겹치는 경우에는 출장을 갈 수 없다.
> • 출장인원 중 부상자가 포함되어 있는 경우, 서류 박스 운반 지연으로 인해 30분이 추가로 소요된다.
> • 차장은 책임자로서 출장인원에 적어도 한 명 포함되어야 한다.
> • 주어진 조건 외에는 고려하지 않는다.

〈상황〉

• 3월 11일은 하루 종일 비가 온다.
• 3월 11일 당직 근무는 17시 10분에 시작한다.

직원	직급	운전면허	건강상태	출장 당일 사내 업무
갑	차장	1종 보통	부상	없음
을	차장	2종 보통	건강	17시 15분 계약업체 면담
병	과장	없음	건강	17시 35분 고객 상담
정	과장	1종 보통	건강	당직 근무
무	대리	2종 보통	건강	없음

① 갑, 을, 병　　　　　　　　② 갑, 병, 정
③ 을, 병, 무　　　　　　　　④ 을, 정, 무
⑤ 병, 정, 무

PART 3

※ 기술보증기금은 사내 장기자랑을 위해 조를 편성하기로 하였다. 다음 자료를 참고하여 이어지는 질문에 답하시오. [27~28]

〈조 편성 조건〉

- 2명씩 총 5개 조를 편성한다.
- 같은 팀끼리 같은 조가 될 수 없다.
- 남녀 조는 하나이다.
- 20대는 20대끼리, 30대는 30대끼리 조를 편성한다.
- 조원 간 나이 차는 5세 이내로 제한한다.

〈기술보증기금 직원 명단〉

(단위 : 세)

	이름	전현무	김기안	이시언	방성훈	김충재
남	나이	39	27	36	29	24
	소속	안전관리팀	기술팀	인사팀	기획팀	총무팀
	이름	한혜진	박나래	안화사	정려원	김사랑
여	나이	35	30	23	32	37
	소속	인사팀	기술팀	총무팀	안전관리팀	기획팀

27 다음 중 조원이 될 수 있는 사람끼리 바르게 짝지은 것은?

① 김충재, 김기안
② 안화사, 김충재
③ 정려원, 한혜진
④ 이시언, 방성훈
⑤ 김사랑, 정려원

28 세대 간 화합을 위해 다음과 같이 〈조건〉을 변경하기로 하였다. 이때 조원이 될 수 있는 사람끼리 바르게 짝지은 것은?

조건
- 2명씩 조를 편성한다.
- 가장 나이 차가 많이 나는 조합부터 조를 편성한다(가장 나이가 어린 사람과 가장 나이가 많은 사람이 한 조가 된다).

① 정려원, 김사랑
② 전현무, 김충재
③ 한혜진, 방성훈
④ 김기안, 박나래
⑤ 안화사, 이시언

29 다음 글과 상황을 근거로 판단할 때, K복지관에 채용될 2명의 후보자는?

K복지관은 청소년업무 담당자 2명을 채용하고자 한다. 청소년업무 담당자들은 심리상담, 위기청소년지원, 진학지도, 지역안전망구축 등 4가지 업무를 수행해야 한다. 채용되는 2명은 서로 다른 업무를 맡아 4가지 업무를 빠짐없이 분담해야 한다.

4가지 업무에 관련된 직무역량으로는 의사소통역량, 대인관계역량, 문제해결역량, 정보수집역량, 자원관리역량 5가지가 있다. 각 업무를 수행하기 위해서는 반드시 해당 업무에 필요한 직무역량을 모두 갖춰야 한다. 아래는 이를 표로 정리한 것이다.

업무	필요 직무역량
심리상담	의사소통역량, 대인관계역량
위기청소년지원	의사소통역량, 문제해결역량
진학지도	문제해결역량, 정보수집역량
지역안전망구축	대인관계역량, 자원관리역량

〈상황〉

- K복지관의 채용후보자는 4명(갑, 을, 병, 정)이며, 각 채용후보자는 5가지 직무역량 중 3가지씩을 갖추고 있다.
- 자원관리역량은 병을 제외한 모든 채용후보자가 갖추고 있다.
- 정이 진학지도업무를 제외한 모든 업무를 수행하려면, 의사소통역량만 추가로 갖추면 된다.
- 갑은 심리상담업무를 수행할 수 있고, 을과 병은 진학지도업무를 수행할 수 있다.
- 대인관계역량을 갖춘 채용후보자는 2명이다.

① 갑, 을
② 갑, 병
③ 을, 병
④ 을, 정
⑤ 병, 정

30 다음 자료와 상황을 근거로 판단할 때, 〈보기〉 중 옳은 것을 모두 고르면?

〈공공도서관 시설 및 도서관 자료 구비 기준〉

봉사대상 인구(명)	시설		도서관 자료	
	건물면적(m²)	열람석(석)	기본장서(권)	연간증서(권)
10만 이상 30만 미만	1,650 이상	350 이상	30,000 이상	3,000 이상
30만 이상 50만 미만	3,300 이상	800 이상	90,000 이상	9,000 이상
50만 이상	4,950 이상	1,200 이상	150,000 이상	15,000 이상

1. 봉사대상 인구란 도서관이 설치되는 해당 시의 인구를 말한다. 연간증서(年間增書)는 설립 다음 해부터 매년 추가로 늘려야 하는 장서로서 기본장서에 포함된다.
2. 전체 열람석의 10% 이상을 노인과 장애인 열람석으로 할당하여야 한다.
3. 공공도서관은 기본장서 외에 다음 각 목에서 정하는 자료를 갖추어야 한다.
   가. 봉사대상 인구 1천 명당 1종 이상의 연속간행물
   나. 봉사대상 인구 1천 명당 10종 이상의 시청각자료

〈상황〉

신도시인 K시에 2024년 상반기 개관을 목표로 공공도서관 건설을 추진 중이다. K시의 예상 인구 추계는 다음과 같다.

구분	2022년	2025년	2030년	2040년
예상 인구(명)	13만	15만	30만	50만

※ K시 도서관은 예정대로 개관한다.
※ 2022년 인구는 실제 인구이며, 인구는 해마다 증가한다고 가정한다.

보기

ㄱ. K시 도서관 개관 시 확보해야 할 최소 기본장서는 30,000권이다.
ㄴ. K시의 예상 인구 추계자료와 같이 인구가 증가한다면, 2025년에는 노인 및 장애인 열람석을 2024년에 비해 35석 추가로 더 확보해야 한다.
ㄷ. K시의 예상 인구 추계자료와 같이 인구가 증가하고, 2025 ~ 2030년에 매년 같은 수로 인구가 늘어난다면, 2028년에는 최소 240종 이상의 연속간행물과 2,400종 이상의 시청각자료를 보유해야 한다.
ㄹ. 2030년 실제 인구가 예상 인구의 80% 수준에 불과하다면, 개관 이후 2030년 말까지 추가로 보유해야 하는 총 연간증서는 최소 18,000권이다.

① ㄱ, ㄴ   ② ㄱ, ㄷ
③ ㄴ, ㄹ   ④ ㄱ, ㄷ, ㄹ
⑤ ㄴ, ㄷ, ㄹ

31 귀하는 최근 회사 내 업무용 개인 컴퓨터의 보안을 강화하기 위하여 다음과 같은 메일을 받았다. 이를 토대로 귀하가 취해야 할 행동으로 적절하지 않은 것은?

발신 : 전산보안팀

수신 : 전 임직원

제목 : 업무용 개인 컴퓨터 보안대책 공유

내용 :
안녕하십니까. 전산팀장입니다.
최근 개인정보 유출 등 전산보안 사고가 자주 발생하고 있어 각별한 주의가 필요한 상황입니다. 이에 따라 자사에서도 업무상 주요 정보가 유출되지 않도록 보안프로그램을 업그레이드하는 등 전산보안을 더욱 강화하고 있습니다.
무엇보다 업무용 개인 컴퓨터를 사용하는 분들이 특히 신경을 많이 써주셔야 철저한 보안이 실천됩니다. 번거로우시더라도 다음과 같은 사항을 따라주시길 바랍니다.

- 인터넷 익스플로러를 종료할 때마다 검색기록이 삭제되도록 설정해 주세요.
- 외출 또는 외근으로 장시간 컴퓨터를 켜두어야 하는 경우에는 인터넷 검색기록을 직접 삭제해 주세요.
- 인터넷 검색기록 삭제 시 기본 설정되어 있는 항목 외에도 '다운로드 기록', '양식 데이터', '암호', '추적방지, ActiveX 필터링 및 Do Not Track 데이터'를 모두 체크하여 삭제해 주세요(단, 즐겨찾기 웹 사이트 데이터 보존 부분은 체크 해제할 것).
- 인터넷 익스플로러에서 방문한 웹 사이트 목록을 저장하는 기간을 5일로 변경해 주세요.
- 자사에서 제공 중인 보안프로그램은 항시 업데이트하여 최신 상태로 유지해 주세요.

위 사항을 적용하는 데 어려움이 있을 경우에는 첨부파일에 이미지와 함께 친절하게 설명되어 있으니 참고바랍니다.

〈첨부〉 업무용 개인 컴퓨터 보안대책 적용 방법 설명(이미지).zip

---

① 인터넷 익스플로러에서 [도구(또는 톱니바퀴 모양)]를 클릭하여 [인터넷 옵션]의 '일반' 카테고리에 있는 [종료할 때 검색 기록 삭제]를 체크한다.
② 장시간 외출할 경우에는 [인터넷 옵션]의 '일반' 카테고리에 있는 [삭제]를 클릭해 직접 삭제한다.
③ 검색기록 삭제 시 [인터넷 옵션]의 '일반' 카테고리에 있는 [삭제]를 클릭하여 기존에 설정되어 있는 항목을 포함한 모든 항목을 체크하여 삭제한다.
④ [인터넷 옵션]의 '일반' 카테고리 중 검색기록 부분에서 [설정]을 클릭하고, '기록' 카테고리의 [페이지 보관일수]를 5일로 설정한다.
⑤ 자사의 보안프로그램을 실행하고 [설정]에서 업데이트를 실행한다.

※ A사원은 지점별 매출 및 매입 현황을 정리하고 있다. 다음 자료를 참고하여 이어지는 질문에 답하시오.
[32~33]

	A	B	C	D	E	F
1	지점명	매출	매입			
2	주안점	2,500,000	1,700,000			
3	동암점	3,500,000	2,500,000		최대 매출액	
4	간석점	7,500,000	5,700,000		최소 매출액	
5	구로점	3,000,000	1,900,000			
6	강남점	4,700,000	3,100,000			
7	압구정점	3,000,000	1,500,000			
8	선학점	2,500,000	1,200,000			
9	선릉점	2,700,000	2,100,000			
10	교대점	5,000,000	3,900,000			
11	서초점	3,000,000	1,900,000			
12	합계					

32 다음 중 매출과 매입의 합계를 출력하기 위해 사용해야 할 함수로 옳은 것은?

① REPT ② CHOOSE

③ SUM ④ AVERAGE

⑤ DSUM

33 다음 중 [F3] 셀에 입력해야 할 최대 매출액을 출력하는 함수식으로 옳은 것은?

① =MIN(B2:B11) ② =MAX(B2:C11)

③ =MIN(C2:C11) ④ =MAX(C2:C11)

⑤ =MAX(B2:B11)

34 다음 중 정보의 가공 및 활용에 대한 설명으로 적절하지 않은 것은?

① 정보는 원형태 그대로 혹은 가공하여 활용할 수 있다.

② 수집된 정보를 가공하여 다른 형태로 재표현하는 방법도 가능하다.

③ 정적정보의 경우, 이용한 이후에도 장래활용을 위해 정리하여 보존한다.

④ 비디오테이프에 저장된 영상정보는 동적정보에 해당된다.

⑤ 동적정보는 입수하여 처리 후에는 해당 정보를 즉시 폐기해도 된다.

35 기술보증기금에 근무하는 B대리는 방대한 양의 자료를 한눈에 파악할 수 있게 데이터를 요약하라는 상사의 지시를 받았다. 이러한 상황에 대응하기 위해 이용해야 할 엑셀의 기능으로 옳은 것은?

① 매크로 기능을 이용한다.

② 조건부 서식 기능을 이용한다.

③ 피벗 테이블 기능을 이용한다.

④ 유효성 검사 기능을 이용한다.

⑤ 필터 검사 기능을 이용한다.

36 다음 〈보기〉 중 정보관리에 대한 설명으로 적절하지 않은 것은?

> **보기**
>
> ㉠ 목록을 이용하여 정보를 관리하는 경우, 중요한 항목을 찾아 정리하는 과정으로 이루어진다.
> ㉡ 정보 내에 포함된 키워드 등 세부요소를 찾고자 하는 경우, 목록을 이용한 정보관리가 효율적이다.
> ㉢ 색인을 이용해 정보를 관리하는 경우, 색인은 색인어와 위치정보로 구성된다.

① ㉠   ② ㉡

③ ㉠, ㉡   ④ ㉡, ㉢

⑤ ㉠, ㉡, ㉢

※ 다음은 자료, 정보, 지식을 구분한 자료이다. 이와 같은 과정을 거쳐 정보가 되고 지식이 된다고 할 때, 이어지는 질문에 답하시오. [37~38]

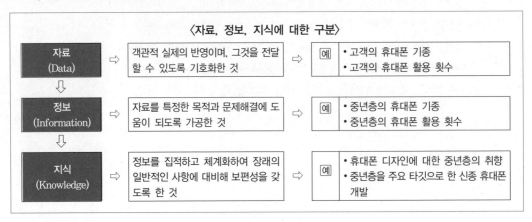

37 다음 〈보기〉 중 정보(Information)에 대한 사례를 모두 고르면?

> **보기**
> ㉠ 라면 종류별 전체 판매량 ㉡ 1인 가구의 인기 음식
> ㉢ 남성을 위한 고데기 개발 ㉣ 다큐멘터리와 예능 시청률
> ㉤ 만보기 사용 횟수 ㉥ 5세 미만 아동들의 선호 색상

① ㉠, ㉢
② ㉡, ㉣
③ ㉡, ㉥
④ ㉢, ㉥
⑤ ㉣, ㉤

38 다음 〈보기〉에 나열되어 있는 자료(Data)를 통해 추론할 수 있는 지식(Knowledge)으로 옳지 않은 것은?

> **보기**
> • 연령대별 선호 운동 • 직장인 평균 퇴근 시간
> • 실내운동과 실외운동의 성별 비율 • 운동의 목적에 대한 설문조사 자료
> • 선호하는 운동 부위의 성별 비율 • 운동의 실패 원인에 대한 설문조사 자료

① 퇴근 후 부담없이 운동 가능한 운동기구 개발
② 20 · 30대 남성들을 위한 실내체육관 개설 계획
③ 요일마다 특정 운동부위 발달을 위한 운동 가이드 채널 편성
④ 다이어트에 효과적인 식이요법 자료 발행
⑤ 목적에 맞는 운동 프로그램 계획 설계

39 다음 〈보기〉 중 정보 검색 연산자의 기호와 연산자, 검색조건의 연결이 옳지 않은 것을 모두 고르면?

| 보기 |

연번	기호	연산자	검색조건
ㄱ	*, &	AND	두 단어가 모두 포함된 문서를 검색
ㄴ	−, !	OR	두 단어가 모두 포함되거나, 두 단어 중 하나만 포함된 문서를 검색
ㄷ	l	NOT	'−' 기호나 '!' 기호 다음에 오는 단어는 포함하지 않는 문서를 검색
ㄹ	~, near	인접검색	앞/뒤의 단어가 가깝게 인접해 있는 문서를 검색

① ㄱ, ㄴ　　　　　　　　　　② ㄱ, ㄷ
③ ㄴ, ㄷ　　　　　　　　　　④ ㄴ, ㄹ
⑤ ㄷ, ㄹ

PART 3

40 K사는 자동차 관련 부품을 개발하고 있으며, 다음은 K사의 내부회의 내용이다. 밑줄 친 부분 중 정보의 특성을 고려할 때 적절한 것을 모두 고르면?

> 김팀장 : 이번 K프로젝트는 기한이 3월 30일까지입니다.
> 최대리 : T사에서 차량 외부차양 개발에 대한 안을 요청했습니다. 외부차양이 내부차양에 비해 실용적인지 자료가 필요합니다.
> 김팀장 : 시간이 없네. 효율적으로 찾아봐야 하니 박주임은 1차 자료보다는 ⊙ 2차 자료를 찾아보도록 해요.
> 박주임 : 네, 그럼 성능 비교에 대한 ⓒ 논문을 찾아보겠습니다.
> 김팀장 : 김대리는 B프로젝트를 맡았으니, 기온에 따른 냉방 효과를 예측할 수 있는 ⓒ 인포메이션(Information)을 만들어보도록 해요.
> 김대리 : 네, 알겠습니다.

① ⊙　　　　　　　　　　　② ⓒ
③ ⊙, ⓒ　　　　　　　　　④ ⓒ, ⓒ
⑤ ⊙, ⓒ, ⓒ

41 다음 중 탁월한 조직을 만드는 원칙을 통해 유추할 수 있는 내용으로 적절하지 않은 것은?

〈탁월한 조직을 만드는 원칙〉

• 리더의 단결을 구축하고 유지하라.
• 조직의 비전을 명확히 하라.
• 조직의 비전에 대해 자주 의사소통하라.
• 인력시스템 구축으로 조직의 비전을 강화하라.

---

① 조직의 비전에 대한 내용을 직원들에게 전달할 경우 세부적으로 자세하게 설명해야 한다.
② 조직구성원 모두에게 필요하다고 판단될 때는 채용되고, 관리되고, 보수를 받고, 해고될 수 있다는 사실을 분명히 밝혀야 한다.
③ '어떤 차별화된 전략으로 사업에 임하고 있는가?'와 같은 질문에 대답할 수 있어야 한다.
④ 비전이 명확한 조직은 구성원들이 회사의 가치관, 목표와 전략 등에 대해 같은 입장을 취한다.
⑤ 리더의 단결을 위해서는 조직 내 정치적 행동이 없어져야 한다.

42 다음 〈보기〉 중 문화충격에 대한 설명으로 적절한 것을 모두 고르면?

보기

ㄱ. 문화충격은 한 문화권에 속한 사람이 해당 문화 내에서 경험하는 문화적 충격을 의미한다.
ㄴ. 문화충격은 한 개인이 체화되지 않은 문화를 접하며 이질감을 경험하게 되어 겪는 심리적 부적응 상태를 의미한다.
ㄷ. 문화충격에 대비하기 위해서는 타 문화와 자신이 속한 문화의 차이점을 명확히 인지하고 보수적 태도를 고수하는 것이 좋다.

---

① ㄴ   ② ㄷ
③ ㄱ, ㄴ   ④ ㄱ, ㄷ
⑤ ㄴ, ㄷ

43 다음 사례에서 볼 수 있는 조직의 특성으로 가장 적절한 것은?

> 기술보증기금의 사내 봉사 동아리에 소속된 70여 명의 임직원이 연탄 나르기 봉사 활동을 펼쳤다.
> 이날 임직원들은 지역 주민들이 보다 따뜻하게 겨울을 날 수 있도록 연탄 3,000장과 담요를 직접
> 전달했다. 사내 봉사 동아리에 소속된 김대리는 "매년 진행하는 연말 연탄 나눔 봉사활동을 통해
> 지역사회에 도움의 손길을 전할 수 있어 기쁘다."라며, "오늘의 작은 손길이 큰 불씨가 되어 많은
> 분들이 따뜻한 겨울을 보내길 바란다."고 말했다.

① 인간관계에 따라 형성된 자발적인 조직
② 이윤을 목적으로 하는 조직
③ 규모와 기능 그리고 규정이 조직화되어 있는 조직
④ 조직구성원들의 행동을 통제할 장치가 마련되어 있는 조직
⑤ 공익을 요구하지 않는 조직

44 김팀장은 매주 화요일 팀원이 모두 참여하는 팀 회의를 통해 중요한 사항에 대해 함께 결정한다.
처음에는 회의로 인해 개인 업무를 처리할 시간이 줄어들 것이라는 팀원들의 걱정도 있었지만,
우려와 달리 많은 장점을 발견하게 되었다. 다음 중 김팀장이 발견한 조직 내 집단의사결정의 장점
으로 적절하지 않은 것은?

① 각자 다른 시각으로 문제를 바라봄에 따라 다양한 견해를 가지고 접근할 수 있다.
② 결정된 사항에 대하여 구성원들이 보다 수월하게 수용할 수 있다.
③ 구성원 간 의사소통의 기회가 향상된다.
④ 더 많은 지식과 정보로 효과적인 결정을 하도록 돕는다.
⑤ 의견이 서로 불일치하더라도 빠르게 의사결정을 완료할 수 있다.

45 귀하는 6개월간의 인턴 기간을 마치고 정규직 채용 면접에 참가했다. 면접 당일, 면접관이 인턴을
하는 동안 우리 조직에 대해서 알게 된 것을 말해보라는 질문을 던졌다. 다음 중 귀하가 면접관에게
말할 항목으로 적절하지 않은 것은?

① 조직의 구조   ② 주요 업무 내용
③ 사무실의 구조   ④ 업무 환경
⑤ 업무 처리 과정

46 K부서의 A부장은 직원들의 업무 효율성이 많이 떨어졌다는 생각이 들어 각자의 의견을 들어 보고자 회의를 열었다. 회의에서 나온 다음 의견 중 적절하지 않은 것은?

① B대리 : 요즘 업무 외적인 통화에 시간을 낭비하는 경우가 많은 것 같습니다. 확실한 목표업무량을 세우고 목표량 달성 후 퇴근을 하는 시스템을 운영하면 개인 활동으로 낭비되는 시간이 줄어 생산성이 높아지지 않을까요?

② C주임 : 여유로운 일정이 주원인이라고 생각합니다. 1인당 최대 작업량을 잡아 업무를 진행하면 업무 효율성이 극대화될 것입니다.

③ D대리 : 계획을 짜면 업무를 체계적으로 진행할 수 있다는 의미에서 C주임의 말에 동의하지만, 갑자기 발생할 수 있는 일에 대해 대비해야 한다고 생각합니다. 어느 정도 여유 있게 계획을 짜는 게 좋지 않을까요?

④ E사원 : 목표량 설정 이외에도 업무 진행과정에서 체크리스트를 사용해 기록하고 전체적인 상황을 파악할 수 있게 하면 효율이 높아질 것입니다.

⑤ F사원 : 업무시간 내에 끝내지 못한 일이 있다면 무리해서 하는 것보다 다음날 예정사항에 적어놓고 차후에 적절히 시간을 분배해 마무리하면 작업 능률이 더 오를 것입니다.

47 다음 중 조직에 대한 설명으로 적절하지 않은 것은?

① 어떤 기능을 수행하도록 협동해나가는 체계이다.
② 생산조직, 정치조직 등이 있다.
③ 조직은 공식조직과 비공식조직으로 구분된다.
④ 조직은 비공식조직으로부터 공식조직으로 발전하였다.
⑤ 병원은 영리조직에 속한다.

48 다음 글의 밑줄 친 ㉠, ㉡에 대한 설명으로 가장 적절한 것은?

> 조직구조는 조직마다 다양하게 이루어지며, 조직목표의 효과적 달성에 영향을 미친다. 조직구조에 대한 많은 연구를 통해 조직구조에 영향을 미치는 요인으로는 조직의 전략, 규모, 기술, 환경 등이 있음을 확인할 수 있으며, 이에 따라 ㉠ 기계적 조직 혹은 ㉡ 유기적 조직으로 설계된다.

① ㉠은 의사결정 권한이 조직의 하부구성원들에게 많이 위임되어 있다.
② ㉡은 상하 간의 의사소통이 공식적인 경로를 통해 이루어진다.
③ ㉠은 규제나 통제의 정도가 낮아, 의사소통 결정이 쉽게 변할 수 있다.
④ ㉡은 구성원들의 업무가 분명하게 정의된다.
⑤ 안정적이고 확실한 환경에서는 ㉠이, 급변하는 환경에서는 ㉡이 적합하다.

49 다음은 조직의 문화를 기준을 통해 4가지 문화로 구분한 자료이다. (가) ~ (라)에 대한 설명으로 적절하지 않은 것은?

	유연성, 자율성 강조 (Flexibility & Discretion)		
내부지향성, 통합 강조 (Internal Focus & Integration)	(가)	(나)	외부지향성, 차별 강조 (External Focus & Differentiation)
	(다)	(라)	
	안정, 통제 강조 (Stability & Control)		

① (가)는 조직구성원 간 인화단결, 협동, 팀워크, 공유가치, 사기, 의사결정과정에 참여 등을 중요시한다.
② (나)는 규칙과 법을 준수하고, 관행과 안정, 문서와 형식, 명확한 책임소재 등을 강조하는 관리적 문화의 특징을 가진다.
③ (다)는 조직내부의 통합과 안정성을 확보하고, 현상유지 차원에서 계층화되는 조직문화이다.
④ (라)는 실적을 중시하고, 직무에 몰입하며, 미래를 위한 계획을 수립하는 것을 강조한다.
⑤ (가)는 개인의 능력개발에 대한 관심이 높고, 조직구성원에 대한 인간적 배려와 가족적인 분위기를 만들어내는 특징을 가진다.

50 다음 글의 밑줄 친 ㉠에 대한 설명으로 가장 적절한 것은?

> 산업민주주의의 발달과 함께 근로자 또는 노동조합을 경영의 파트너로 인정하는 협력적 노사관계가
> 중시됨에 따라 이들을 조직의 경영의사결정 과정에 참여시키는 ㉠ 경영참가제도가 논의되고 있다.
> 특히 최근에는 국제경쟁의 가속화와 저성장, 급격한 기술발전과 같은 환경변화에 따라 대립적인 노
> 사관계만으로는 한계가 있다고 지적되면서 점차 경영참가의 중요성이 커지고 있다.

① 경영자의 고유한 권리인 경영권이 강화될 수 있다.

② 모든 근로자의 참여로 보다 합리적인 의사결정이 가능하다.

③ 분배 문제를 해결함으로써 노동조합의 단체교섭 기능이 강화된다.

④ 가장 큰 목적은 경영의 민주성을 제고하는 것이다.

⑤ 경영자의 일방적인 의사결정보다 빠른 의사결정이 가능하다.

PART 4

채용 가이드

01 | 블라인드 채용 소개

1. 블라인드 채용이란?

채용 과정에서 편견이 개입되어 불합리한 차별을 야기할 수 있는 출신지, 가족관계, 학력, 외모 등의 편견요인은 제외하고, 직무능력만을 평가하여 인재를 채용하는 방식입니다.

2. 블라인드 채용의 필요성

- 채용의 공정성에 대한 사회적 요구
  - 누구에게나 직무능력만으로 경쟁할 수 있는 균등한 고용기회를 제공해야 하나 아직도 채용의 공정성에 대한 불신이 존재
  - 채용상 차별금지에 대한 법적 요건이 권고적 성격에서 처벌을 동반한 의무적 성격으로 강화되는 추세
  - 시민의식과 지원자의 권리의식 성숙으로 차별에 대한 법적 대응 가능성 증가
- 우수 인재 채용을 통한 기업의 경쟁력 강화 필요
  - 직무능력과 무관한 학벌, 외모 위주의 선발로 우수인재 선발기회 상실 및 기업경쟁력 약화
  - 채용 과정에서 차별 없이 직무능력중심으로 선발한 우수인재 확보 필요
- 공정한 채용을 통한 사회적 비용 감소 필요
  - 편견에 의한 차별적 채용은 우수인재 선발을 저해하고 외모·학벌 지상주의 등의 심화로 불필요한 사회적 비용 증가
  - 채용에서의 공정성을 높여 사회의 신뢰수준 제고

3. 블라인드 채용의 특징

편견 요인을 요구하지 않는 대신 직무능력을 평가합니다.

※ 직무능력중심 채용이란?
기업의 역량기반 채용, NCS기반 능력중심 채용과 같이 직무수행에 필요한 능력과 역량을 평가하여 선발하는 채용방식을 통칭합니다.

4. 블라인드 채용의 평가요소

직무수행에 필요한 지식, 기술, 태도 등을 과학적인 선발기법을 통해 평가합니다.

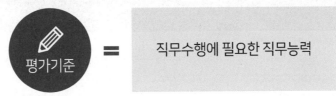

평가기준 ＝ 직무수행에 필요한 직무능력

※ 과학적 선발기법이란?
　직무분석을 통해 도출된 평가요소를 서류, 필기, 면접 등을 통해 체계적으로 평가하는 방법으로 입사지원서, 자기소개서,
　직무수행능력평가, 구조화 면접 등이 해당됩니다.

5. 블라인드 채용 주요 도입 내용

- 입사지원서에 인적사항 요구 금지
  - 인적사항에는 출신지역, 가족관계, 결혼여부, 재산, 취미 및 특기, 종교, 생년월일(연령), 성별, 신장 및 체중, 사진, 전공, 학교명, 학점, 외국어 점수, 추천인 등이 해당
  - 채용 직무를 수행하는 데 있어 반드시 필요하다고 인정될 경우는 제외
    예 특수경비직 채용 시 : 시력, 건강한 신체 요구
    　　연구직 채용 시 : 논문, 학위 요구 등
- 블라인드 면접 실시
  - 면접관에게 응시자의 출신지역, 가족관계, 학교명 등 인적사항 정보 제공 금지
  - 면접관은 응시자의 인적사항에 대한 질문 금지

6. 블라인드 채용 도입의 효과성

- 구성원의 다양성과 창의성이 높아져 기업 경쟁력 강화
  - 편견을 없애고 직무능력 중심으로 선발하므로 다양한 직원 구성 가능
  - 다양한 생각과 의견을 통하여 기업의 창의성이 높아져 기업경쟁력 강화
- 직무에 적합한 인재선발을 통한 이직률 감소 및 만족도 제고
  - 사전에 지원자들에게 구체적이고 상세한 직무요건을 제시함으로써 허수 지원이 낮아지고, 직무에 적합한 지원자 모집 가능
  - 직무에 적합한 인재가 선발되어 직무이해도가 높아져 업무효율 증대 및 만족도 제고
- 채용의 공정성과 기업이미지 제고
  - 블라인드 채용은 사회적 편견을 줄인 선발 방법으로 기업에 대한 사회적 인식 제고
  - 채용과정에서 불합리한 차별을 받지 않고 실력에 의해 공정하게 평가를 받을 것이라는 믿음을 제공하고, 지원자들은 평등한 기회와 공정한 선발과정 경험

02 | 서류전형 가이드

01 채용공고문

1. 채용공고문의 변화

기존 채용공고문	변화된 채용공고문
• 취업준비생에게 불충분하고 불친절한 측면 존재 • 모집분야에 대한 명확한 직무관련 정보 및 평가기준 부재 • 해당분야에 지원하기 위한 취업준비생의 무분별한 스펙 쌓기 현상 발생	• NCS 직무분석에 기반한 채용공고를 토대로 채용전형 진행 • 지원자가 입사 후 수행하게 될 업무에 대한 자세한 정보 공지 • 직무수행내용, 직무수행 시 필요한 능력, 관련된 자격, 직업기초능력 제시 • 지원자가 해당 직무에 필요한 스펙만을 준비할 수 있도록 안내
• 모집 부문 및 응시자격 • 지원서 접수 • 전형절차 • 채용조건 및 처우 • 기타사항	• 채용절차 • 채용유형별 선발분야 및 예정인원 • 전형방법 • 선발분야별 직무기술서 • 우대사항

2. 지원 유의사항 및 지원요건 확인

채용 직무에 따른 세부사항을 공고문에 명시하여 지원자에게 저격한 지원 기회를 부여함과 동시에 채용과정에서의 공정성과 신뢰성을 확보합니다.

구성	내용	확인사항
모집분야 및 규모	고용형태(인턴 계약직 등), 모집분야, 인원, 근무지역 등	채용직무가 여러 개일 경우 본인이 해당되는 직무의 채용규모 확인
응시자격	기본 자격사항, 지원조건	지원을 위한 최소자격요건을 확인하여 불필요한 지원을 예방
우대조건	법정·특별·자격증 가점	본인의 가점 여부를 검토하여 가점 획득을 위한 사항을 사실대로 기재
근무조건 및 보수	고용형태 및 고용기간, 보수, 근무지	본인이 생각하는 기대수준에 부합하는지 확인하여 불필요한 지원을 예방
시험방법	서류·필기·면접전형 등의 활용방안	전형방법 및 세부 평가기법 등을 확인하여 지원전략 준비
전형일정	접수기간, 각 전형 단계별 심사 및 합격자 발표일 등	본인의 지원 스케줄을 검토하여 차질이 없도록 준비
제출서류	입사지원서(경력·경험기술서 등), 각종 증명서 및 자격증 사본 등	지원요건 부합 여부 및 자격 증빙서류 사전에 준비
유의사항	임용취소 등의 규정	임용취소 관련 법적 또는 기관 내부 규정을 검토하여 해당여부 확인

02   직무기술서

직무기술서란 직무수행의 내용과 필요한 능력, 관련 자격, 직업기초능력 등을 상세히 기재한 것으로 입사 후 수행하게 될 업무에 대한 정보가 수록되어 있는 자료입니다.

1. 채용분야

[설명] NCS 직무분류 체계에 따라 직무에 대한 「대분류 – 중분류 – 소분류 – 세분류」 체계를 확인할 수 있습니다. 채용직무에 대한 모든 직무기술서를 첨부하게 되며 실제 수행 업무를 기준으로 세부적인 분류정보를 제공합니다.

채용분야	분류체계			
사무행정	대분류	중분류	소분류	세분류
분류코드	02. 경영·회계·사무	03. 재무·회계	01. 재무	01. 예산
				02. 자금
			02. 회계	01. 회계감사
				02. 세무

2. 능력단위

[설명] 직무분류 체계의 세분류 하위능력단위 중 실질적으로 수행할 업무의 능력만 구체적으로 파악할 수 있습니다.

능력단위	(예산)	03. 연간종합예산수립 05. 확정예산 운영	04. 추정재무제표 작성 06. 예산실적 관리
	(자금)	04. 자금운용	
	(회계감사)	02. 자금관리 05. 회계정보시스템 운용 07. 회계감사	04. 결산관리 06. 재무분석
	(세무)	02. 결산관리 07. 법인세 신고	05. 부가가치세 신고

3. 직무수행내용

[설명] 세분류 영역의 기본정의를 통해 직무수행내용을 확인할 수 있습니다. 입사 후 수행할 직무내용을 구체적으로 확인할 수 있으며, 이를 통해 입사서류 작성부터 면접까지 직무에 대한 명확한 이해를 바탕으로 자신의 희망직무인지 아닌지, 해당 직무가 자신이 알고 있던 직무가 맞는지 확인할 수 있습니다.

직무수행내용	(예산) 일정기간 예상되는 수익과 비용을 편성, 집행하며 통제하는 일
	(자금) 자금의 계획 수립, 조달, 운용을 하고 발생 가능한 위험 관리 및 성과평가
	(회계감사) 기업 및 조직 내·외부에 있는 의사결정자들이 효율적인 의사결정을 할 수 있도록 유용한 정보를 제공, 제공된 회계정보의 적정성을 파악하는 일
	(세무) 세무는 기업의 활동을 위하여 주어진 세법범위 내에서 조세부담을 최소화시키는 조세전략을 포함하고 정확한 과세소득과 과세표준 및 세액을 산출하여 과세당국에 신고·납부하는 일

4. 직무기술서 예시

태도	(예산) 정확성, 분석적 태도, 논리적 태도, 타 부서와의 협조적 태도, 설득력
	(자금) 분석적 사고력
	(회계 감사) 합리적 태도, 전략적 사고, 정확성, 적극적 협업 태도, 법률준수 태도, 분석적 태도, 신속성, 책임감, 정확한 판단력
	(세무) 규정 준수 의지, 수리적 정확성, 주의 깊은 태도
우대 자격증	공인회계사, 세무사, 컴퓨터활용능력, 변호사, 워드프로세서, 전산회계운용사, 사회조사분석사, 재경관리사, 회계관리 등
직업기초능력	의사소통능력, 문제해결능력, 자원관리능력, 대인관계능력, 정보능력, 조직이해능력

5. 직무기술서 내용별 확인사항

항목	확인사항
모집부문	해당 채용에서 선발하는 부문(분야)명 확인 [예] 사무행정, 전산, 전기
분류체계	지원하려는 분야의 세부직무군 확인
주요기능 및 역할	지원하려는 기업의 전사적인 기능과 역할, 산업군 확인
능력단위	지원분야의 직무수행에 관련되는 세부업무사항 확인
직무수행내용	지원분야의 직무군에 대한 상세사항 확인
전형방법	지원하려는 기업의 신입사원 선발전형 절차 확인
일반요건	교육사항을 제외한 지원 요건 확인(자격요건, 특수한 경우 연령)
교육요건	교육사항에 대한 지원요건 확인(대졸 / 초대졸 / 고졸 / 전공 요건)
필요지식	지원분야의 업무수행을 위해 요구되는 지식 관련 세부항목 확인
필요기술	지원분야의 업무수행을 위해 요구되는 기술 관련 세부항목 확인
직무수행태도	지원분야의 업무수행을 위해 요구되는 태도 관련 세부항목 확인
직업기초능력	지원분야 또는 지원기업의 조직원으로서 근무하기 위해 필요한 일반적인 능력사항 확인

1. 입사지원서의 변화

기존지원서		능력중심 채용 입사지원서
직무와 관련 없는 학점, 개인신상, 어학점수, 자격, 수상경력 등을 나열하도록 구성	VS	해당 직무수행에 꼭 필요한 정보들을 제시할 수 있도록 구성

기존지원서		능력중심 채용 입사지원서	
직무기술서		인적사항	성명, 연락처, 지원분야 등 작성 (평가 미반영)
직무수행내용		교육사항	직무지식과 관련된 학교교육 및 직업교육 작성
요구지식 / 기술	➡	자격사항	직무관련 국가공인 또는 민간자격 작성
관련 자격증		경력 및 경험사항	조직에 소속되어 일정한 임금을 받거나(경력) 임금 없이(경험) 직무와 관련된 활동 내용 작성
사전직무경험			

2. 교육사항

- 지원분야 직무와 관련된 학교 교육이나 직업교육 혹은 기타교육 등 직무에 대한 지원자의 학습 여부를 평가하기 위한 항목입니다.
- 지원하고자 하는 직무의 학교 전공교육 이외에 직업교육, 기타교육 등을 기입할 수 있기 때문에 전공 제한 없이 직업교육과 기타교육을 이수하여 지원이 가능하도록 기회를 제공합니다.
(기타교육 : 학교 이외의 기관에서 개인이 이수한 교육과정 중 지원직무와 관련이 있다고 생각되는 교육내용)

구분	교육과정(과목)명	교육내용	과업(능력단위)

3. 자격사항

- 채용공고 및 직무기술서에 제시되어 있는 자격 현황을 토대로 지원자가 해당 직무를 수행하는 데 필요한 능력을 가지고 있는지를 평가하기 위한 항목입니다.
- 채용공고 및 직무기술서에 기재된 직무관련 필수 또는 우대자격 항목을 확인하여 본인이 보유하고 있는 자격사항을 기재합니다.

자격유형	자격증명	발급기관	취득일자	자격증번호

4. 경력 및 경험사항

- 직무와 관련된 경력이나 경험 여부를 표현하도록 하여 직무와 관련한 능력을 갖추었는지를 평가하기 위한 항목입니다.
- 해당 기업에서 직무를 수행함에 있어 필요한 사항만을 기록하게 되어 있기 때문에 직무와 무관한 스펙을 갖추지 않아도 됩니다.
- 경력 : 금전적 보수를 받고 일정기간 동안 일했던 경우
- 경험 : 금전적 보수를 받지 않고 수행한 활동

※ 기업에 따라 경력 / 경험 관련 증빙자료 요구 가능

구분	조직명	직위 / 역할	활동기간(년 / 월)	주요과업 / 활동내용

Tip

입사지원서 작성 방법
○ 경력 및 경험사항 작성
- 직무기술서에 제시된 지식, 기술, 태도와 지원자의 교육사항, 경력(경험)사항, 자격사항과 연계하여 개인의 직무역량에 대해 스스로 판단 가능
○ 인적사항 최소화
- 개인의 인적사항, 학교명, 가족관계 등을 노출하지 않도록 유의

부적절한 입사지원서 작성 사례
- 학교 이메일을 기입하여 학교명 노출
- 거주지 주소에 학교 기숙사 주소를 기입하여 학교명 노출
- 자기소개서에 부모님이 재직 중인 기업명, 직위, 직업을 기입하여 가족관계 노출
- 자기소개서에 석·박사 과정에 대한 이야기를 언급하여 학력 노출
- 동아리 활동에 대한 내용을 학교명과 더불어 언급하여 학교명 노출

1. 자기소개서의 변화

- 기존의 자기소개서는 지원자의 일대기나 관심 분야, 성격의 장·단점 등 개괄적인 사항을 묻는 질문으로 구성되어 지원자가 자신의 직무능력을 제대로 표출하지 못합니다.
- 능력중심 채용의 자기소개서는 직무기술서에 제시된 직업기초능력(또는 직무수행능력)에 대한 지원자의 과거 경험을 기술하게 함으로써 평가 타당도의 확보가 가능합니다.

1. 우리 회사와 해당 지원 직무분야에 지원한 동기에 대해 기술해 주세요.
2. 자신이 경험한 다양한 사회활동에 관해 기술해 주세요.
3. 지원 직무에 대한 전문성을 키우기 위해 받은 교육과 경험 및 경력사항에 대해 기술해 주세요.
4. 인사업무 또는 팀 과제 수행 중 발생한 갈등을 원만하게 해결해 본 경험이 있습니까? 당시 상황에 대한 설명과 갈등의 대상이 되었던 상대방을 설득한 과정 및 방법을 하단에 기술해 주세요.
5. 과거에 있었던 일 중 가장 어려웠었던(힘들었었던) 상황을 고르고, 어떤 방법으로 그 상황을 해결했는지를 하단에 기술해 주세요.

PART 4

Tip

자기소개서 작성 방법
① 자기소개서 문항이 묻고 있는 평가 역량 추측하기

> 예시
>
> • 팀 활동을 하면서 갈등 상황 시 상대방의 니즈나 의도를 명확히 파악하고 해결하여 목표 달성에 기여했던 경험에 대해서 작성해 주시기 바랍니다.
> • 다른 사람이 생각해내지 못했던 문제점을 찾고 이를 해결한 경험에 대해 작성해 주시기 바랍니다.

② 해당 역량을 보여줄 수 있는 소재 찾기(시간×역량 매트릭스)

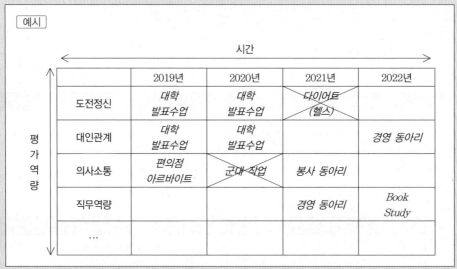

예시

시간 →

평가역량		2019년	2020년	2021년	2022년
	도전정신	대학 발표수업	대학 발표수업	~~다이어트 (헬스)~~	
	대인관계	대학 발표수업	대학 발표수업		경영 동아리
	의사소통	편의점 아르바이트	~~군대 작업~~	봉사 동아리	
	직무역량			경영 동아리	Book Study
	…				

③ 자기소개서 작성 Skill 익히기
- 두괄식으로 작성하기
- 구체적 사례를 사용하기
- '나'를 중심으로 작성하기
- 직무역량 강조하기
- 경험 사례의 차별성 강조하기

03 | 인성검사 소개 및 모의테스트

01 인성검사 유형

인성검사는 지원자의 성격특성을 객관적으로 파악하고 그것이 각 기업에서 필요로 하는 인재상과 가치에 부합하는가를 평가하기 위한 검사입니다. 인성검사는 KPDI(한국인재개발진흥원), K-SAD(한국사회적성개발원), KIRBS(한국행동과학연구소), SHR(에스에이치알) 등의 전문기관을 통해 각 기업의 특성에 맞는 검사를 선택하여 실시합니다. 대표적인 인성검사의 유형에는 크게 다음과 같은 세 가지가 있으며, 채용 대행업체에 따라 달라집니다.

1. KPDI 검사

조직적응성과 직무적합성을 알아보기 위한 검사로, 인성검사, 인성역량검사, 인적성검사, 직종별 인적성검사 등의 다양한 검사 도구를 구현합니다. KPDI는 성격을 파악하고 정신건강 상태 등을 측정하고, 직무검사는 해당 직무를 수행하기 위해 기본적으로 갖추어야 할 인지적 능력을 측정합니다. 역량검사는 특정 직무 역할을 효과적으로 수행하는 데 직접적으로 관련 있는 개인의 행동, 지식, 스킬, 가치관 등을 측정합니다.

2. KAD(Korea Aptitude Development) 검사

K-SAD(한국사회적성개발원)에서 실시하는 적성검사 프로그램입니다. 개인의 성향, 지적 능력, 기호, 관심, 흥미도를 종합적으로 분석하여 적성에 맞는 업무가 무엇인가 파악하고, 직무수행에 있어서 요구되는 기초능력과 실무능력을 분석합니다.

3. SHR 직무적성검사

직무수행에 필요한 종합적인 사고 능력을 다양한 적성검사(Paper and Pencil Test)로 평가합니다. SHR의 모든 직무능력검사는 표준화 검사입니다. 표준화 검사는 표본집단의 점수를 기초로 규준이 만들어진 검사이므로 개인의 점수를 규준에 맞추어 해석·비교하는 것이 가능합니다. S(Standardized Tests), H(Hundreds of Version), R(Reliable Norm Data)을 특징으로 하며, 직군·직급별 특성과 선발 수준에 맞추어 검사를 적용할 수 있습니다.

02　인성검사와 면접

인성검사는 특히 면접질문과 관련성이 높습니다. 면접관은 지원자의 인성검사 결과를 토대로 질문을 하기 때문입니다. 일관적이고 이상적인 답변을 하는 것이 가장 좋지만, 실제 시험은 매우 복잡하여 전문가라 해도 일정 성격을 유지하면서 답변을 하는 것이 힘듭니다. 또한, 인성검사에는 라이 스케일(Lie Scale) 설문이 전체 설문 속에 교묘하게 섞여 들어가 있으므로 겉치레적인 답을 하게 되면 회답태도의 허위성이 그대로 드러나게 됩니다. 예를 들어 '거짓말을 한 적이 한 번도 없다.'에 '예'로 답하고, '때로는 거짓말을 하기도 한다.'에 '예'라고 답하여 라이 스케일의 득점이 올라가게 되면 모든 회답의 신빙성이 사라지고 '자신을 돋보이게 하려는 사람'이라는 평가를 받을 수 있으므로 주의해야 합니다. 따라서 모의테스트를 통해 인성검사의 유형과 실제 시험 시 어떻게 문제를 풀어야 하는지 연습해 보고 체크한 부분 중 자신의 단점과 연결되는 부분은 면접에서 질문이 들어왔을 때 어떻게 대처해야 하는지 생각해 보는 것이 좋습니다.

03　유의사항

1. 기업의 인재상을 파악하라!

인성검사를 통해 개인의 성격 특성을 파악하고 그것이 기업의 인재상과 가치에 부합하는지를 평가하는 시험이기 때문에 해당 기업의 인재상을 먼저 파악하고 시험에 임하는 것이 좋습니다. 모의테스트에서 인재상에 맞는 가상의 인물을 설정하고 문제에 답해 보는 것도 많은 도움이 됩니다.

2. 일관성 있는 대답을 하라!

짧은 시간 안에 다양한 질문에 답을 해야 하는데, 그 안에는 중복되는 질문이 여러 번 나옵니다. 이때 앞서 자신이 체크했던 대답을 잘 기억해뒀다가 일관성 있는 답을 하는 것이 중요합니다.

3. 모든 문항에 대답하라!

많은 문제를 짧은 시간 안에 풀려다 보니 다 못 푸는 경우도 종종 생깁니다. 하지만 대답을 누락하거나 끝까지 다 못했을 경우 좋지 않은 결과를 가져올 수도 있으니 최대한 주어진 시간 안에 모든 문항에 답할 수 있도록 해야 합니다.

※ 모의테스트는 질문 및 답변 유형 연습을 위한 것으로 실제 시험과 다를 수 있습니다.

번호	내용	예	아니요
001	나는 솔직한 편이다.	☐	☐
002	나는 리드하는 것을 좋아한다.	☐	☐
003	법을 어겨서 말썽이 된 적이 한 번도 없다.	☐	☐
004	거짓말을 한 번도 한 적이 없다.	☐	☐
005	나는 눈치가 빠르다.	☐	☐
006	나는 일을 주도하기보다는 뒤에서 지원하는 것을 선호한다.	☐	☐
007	앞일은 알 수 없기 때문에 계획은 필요하지 않다.	☐	☐
008	거짓말도 때로는 방편이라고 생각한다.	☐	☐
009	사람이 많은 술자리를 좋아한다.	☐	☐
010	걱정이 지나치게 많다.	☐	☐
011	일을 시작하기 전 재고하는 경향이 있다.	☐	☐
012	불의를 참지 못한다.	☐	☐
013	처음 만나는 사람과도 이야기를 잘 한다.	☐	☐
014	때로는 변화가 두렵다.	☐	☐
015	나는 모든 사람에게 친절하다.	☐	☐
016	힘든 일이 있을 때 술은 위로가 되지 않는다.	☐	☐
017	결정을 빨리 내리지 못해 손해를 본 경험이 있다.	☐	☐
018	기회를 잡을 준비가 되어 있다.	☐	☐
019	때로는 내가 정말 쓸모없는 사람이라고 느낀다.	☐	☐
020	누군가 나를 챙겨주는 것이 좋다.	☐	☐
021	자주 가슴이 답답하다.	☐	☐
022	나는 내가 자랑스럽다.	☐	☐
023	경험이 중요하다고 생각한다.	☐	☐
024	전자기기를 분해하고 다시 조립하는 것을 좋아한다.	☐	☐
025	감시받고 있다는 느낌이 든다.	☐	☐

PART 4

026	난처한 상황에 놓이면 그 순간을 피하고 싶다.	☐	☐
027	세상엔 믿을 사람이 없다.	☐	☐
028	잘못을 빨리 인정하는 편이다.	☐	☐
029	지도를 보고 길을 잘 찾아간다.	☐	☐
030	귓속말을 하는 사람을 보면 날 비난하고 있는 것 같다.	☐	☐
031	막무가내라는 말을 들을 때가 있다.	☐	☐
032	장래의 일을 생각하면 불안하다.	☐	☐
033	결과보다 과정이 중요하다고 생각한다.	☐	☐
034	운동은 그다지 할 필요가 없다고 생각한다.	☐	☐
035	새로운 일을 시작할 때 좀처럼 한 발을 떼지 못한다.	☐	☐
036	기분 상하는 일이 있더라도 참는 편이다.	☐	☐
037	업무능력은 성과로 평가받아야 한다고 생각한다.	☐	☐
038	머리가 맑지 못하고 무거운 느낌이 든다.	☐	☐
039	가끔 이상한 소리가 들린다.	☐	☐
040	타인이 내게 자주 고민상담을 하는 편이다.	☐	☐

※ 모의테스트는 질문 및 답변 유형 연습을 위한 것으로 실제 시험과 다를 수 있습니다.

※ 이 성격검사의 각 문항에는 서로 다른 행동을 나타내는 네 개의 문장이 제시되어 있습니다. 이 문장들을 비교하여, 자신의 평소 행동과 가장 가까운 문장을 'ㄱ' 열에 표기하고, 가장 먼 문장을 'ㅁ' 열에 표기하십시오.

01 나는 _____

	ㄱ	ㅁ
A. 실용적인 해결책을 찾는다.	☐	☐
B. 다른 사람을 돕는 것을 좋아한다.	☐	☐
C. 세부 사항을 잘 챙긴다.	☐	☐
D. 상대의 주장에서 허점을 잘 찾는다.	☐	☐

02 나는 _____

	ㄱ	ㅁ
A. 매사에 적극적으로 임한다.	☐	☐
B. 즉흥적인 편이다.	☐	☐
C. 관찰력이 있다.	☐	☐
D. 임기응변에 강하다.	☐	☐

03 나는 _____

	ㄱ	ㅁ
A. 무서운 영화를 잘 본다.	☐	☐
B. 조용한 곳이 좋다.	☐	☐
C. 가끔 울고 싶다.	☐	☐
D. 집중력이 좋다.	☐	☐

04 나는 _____

	ㄱ	ㅁ
A. 기계를 조립하는 것을 좋아한다.	☐	☐
B. 집단에서 리드하는 역할을 맡는다.	☐	☐
C. 호기심이 많다.	☐	☐
D. 음악을 듣는 것을 좋아한다.	☐	☐

05   나는 _____

	ㄱ	ㅁ
A. 타인을 늘 배려한다.	☐	☐
B. 감수성이 예민하다.	☐	☐
C. 즐겨하는 운동이 있다.	☐	☐
D. 일을 시작하기 전에 계획을 세운다.	☐	☐

06   나는 _____

	ㄱ	ㅁ
A. 타인에게 설명하는 것을 좋아한다.	☐	☐
B. 여행을 좋아한다.	☐	☐
C. 정적인 것이 좋다.	☐	☐
D. 남을 돕는 것에 보람을 느낀다.	☐	☐

07   나는 _____

	ㄱ	ㅁ
A. 기계를 능숙하게 다룬다.	☐	☐
B. 밤에 잠이 잘 오지 않는다.	☐	☐
C. 한 번 간 길을 잘 기억한다.	☐	☐
D. 불의를 보면 참을 수 없다.	☐	☐

08   나는 _____

	ㄱ	ㅁ
A. 종일 말을 하지 않을 때가 있다.	☐	☐
B. 사람이 많은 곳을 좋아한다.	☐	☐
C. 술을 좋아한다.	☐	☐
D. 휴양지에서 편하게 쉬고 싶다.	☐	☐

09 나는 _____

	ㄱ	ㅁ
A. 뉴스보다는 드라마를 좋아한다.	☐	☐
B. 길을 잘 찾는다.	☐	☐
C. 주말엔 집에서 쉬는 것이 좋다.	☐	☐
D. 아침에 일어나는 것이 힘들다.	☐	☐

10 나는 _____

	ㄱ	ㅁ
A. 이성적이다.	☐	☐
B. 할 일을 종종 미룬다.	☐	☐
C. 어른을 대하는 게 힘들다.	☐	☐
D. 불을 보면 매혹을 느낀다.	☐	☐

11 나는 _____

	ㄱ	ㅁ
A. 상상력이 풍부하다.	☐	☐
B. 예의 바르다는 소리를 자주 듣는다.	☐	☐
C. 사람들 앞에 서면 긴장한다.	☐	☐
D. 친구를 자주 만난다.	☐	☐

12 나는 _____

	ㄱ	ㅁ
A. 나만의 스트레스 해소 방법이 있다.	☐	☐
B. 친구가 많다.	☐	☐
C. 책을 자주 읽는다.	☐	☐
D. 활동적이다.	☐	☐

PART 4

04 | 면접전형 가이드

01 면접유형 파악

1. 면접전형의 변화

기존 면접전형에서는 일상적이고 단편적인 대화나 지원자의 첫인상 및 면접관의 주관적인 판단 등에 의해서 입사 결정 여부를 판단하는 경우가 많았습니다. 이러한 면접전형은 면접 내용의 일관성이 결여되거나 직무 관련 타당성이 부족하였고, 면접에 대한 신뢰도에 영향을 주었습니다.

기존 면접(전통적 면접)		능력중심 채용 면접(구조화 면접)
• 일상적이고 단편적인 대화 • 인상, 외모 등 외부 요소의 영향 • 주관적인 판단에 의존한 총점 부여 ⇩ • 면접 내용의 일관성 결여 • 직무관련 타당성 부족 • 주관적인 채점으로 신뢰도 저하	VS	• 일관성 – 직무관련 역량에 초점을 둔 구체적 질문 목록 – 지원자별 동일 질문 적용 • 구조화 – 면접 진행 및 평가 절차를 일정한 체계에 의해 구성 • 표준화 – 평가 타당도 제고를 위한 평가 Matrix 구성 – 척도에 따라 항목별 채점, 개인 간 비교 • 신뢰성 – 면접진행 매뉴얼에 따라 면접위원 교육 및 실습

2. 능력중심 채용의 면접 유형

① 경험 면접
- 목적 : 선발하고자 하는 직무 능력이 필요한 과거 경험을 질문합니다.
- 평가요소 : 직업기초능력과 인성 및 태도적 요소를 평가합니다.

② 상황 면접
- 목적 : 특정 상황을 제시하고 지원자의 행동을 관찰함으로써 실제 상황의 행동을 예상합니다.
- 평가요소 : 직업기초능력과 인성 및 태도적 요소를 평가합니다.

③ 발표 면접
- 목적 : 특정 주제와 관련된 지원자의 발표와 질의응답을 통해 지원자 역량을 평가합니다.
- 평가요소 : 직무수행능력과 인지적 역량(문제해결능력)을 평가합니다.

④ 토론 면접
- 목적 : 토의과제에 대한 의견수렴 과정에서 지원자의 역량과 상호작용능력을 평가합니다.
- 평가요소 : 직무수행능력과 팀워크를 평가합니다.

1. 경험 면접

① 경험 면접의 특징

- 주로 직업기초능력에 관련된 지원자의 과거 경험을 심층 질문하여 검증하는 면접입니다.

> - 능력요소, 정의, 심사 기준
>   - 평가하고자 하는 능력요소, 정의, 심사기준을 확인하여 면접위원이 해당 능력요소 관련 질문을 제시합니다.
> - Opening Question
>   - 능력요소에 관련된 과거 경험을 유도하기 위한 시작 질문을 합니다.
> - Follow-up Question
>   - 지원자의 경험 수준을 구체적으로 검증하기 위한 질문입니다.
>   - 경험 수준 검증을 위한 상황(Situation), 임무(Task), 역할 및 노력(Action), 결과(Result) 등으로 질문을 구분합니다.

경험 면접의 형태

[면접관 1]　[면접관 2]　[면접관 3]　　　[면접관 1]　[면접관 2]　[면접관 3]

[지원자]　　　　　　[지원자 1]　[지원자 2]　[지원자 3]

〈일대다 면접〉　　　　　　　〈다대다 면접〉

- 직무능력과 관련된 과거 경험을 평가하기 위해 심층 질문을 하며, 이 질문은 지원자의 답변에 대하여 '꼬리에 꼬리를 무는 형식'으로 진행됩니다.

② 경험 면접의 구조

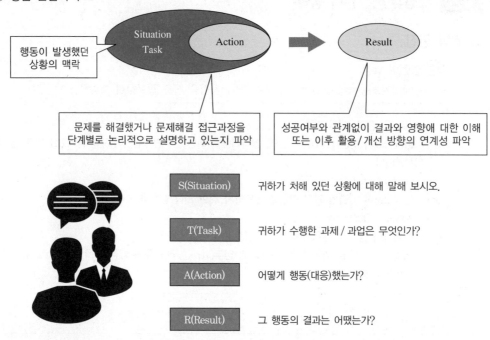

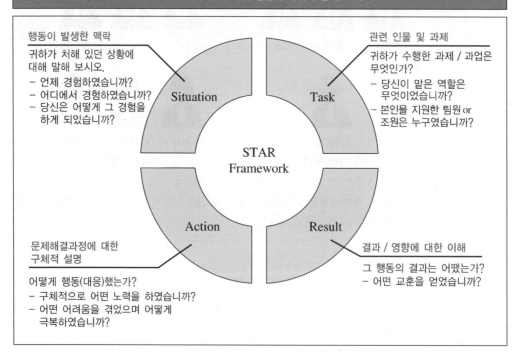

③ 경험 면접 질문 예시(직업윤리)

시작 질문	
1	남들이 신경 쓰지 않는 부분까지 고려하여 절차대로 업무(연구)를 수행하여 성과를 낸 경험을 구체적으로 말해 보시오.
2	조직의 원칙과 절차를 철저히 준수하며 업무(연구)를 수행한 것 중 성과를 향상시킨 경험에 대해 구체적으로 말해 보시오.
3	세부적인 절차와 규칙에 주의를 기울여 실수 없이 업무(연구)를 마무리한 경험을 구체적으로 말해 보시오.
4	조직의 규칙이나 원칙을 고려하여 성실하게 일했던 경험을 구체적으로 말해 보시오.
5	타인의 실수를 바로잡고 원칙과 절차대로 수행하여 성공적으로 업무를 마무리하였던 경험에 대해 말해 보시오.

후속 질문		
상황 (Situation)	상황	구체적으로 언제, 어디에서 경험한 일인가?
		어떤 상황이었는가?
	조직	어떤 조직에 속해 있었는가?
		그 조직의 특성은 무엇이었는가?
		몇 명으로 구성된 조직이었는가?
	기간	해당 조직에서 얼마나 일했는가?
		해당 업무는 몇 개월 동안 지속되었는가?
	조직규칙	조직의 원칙이나 규칙은 무엇이었는가?
임무 (Task)	과제	과제의 목표는 무엇이었는가?
		과제에 적용되는 조직의 원칙은 무엇이었는가?
		그 규칙을 지켜야 하는 이유는 무엇이었는가?
	역할	당신이 조직에서 맡은 역할은 무엇이었는가?
		과제에서 맡은 역할은 무엇이었는가?
	문제의식	규칙을 지키지 않을 경우 생기는 문제점 / 불편함은 무엇인가?
		해당 규칙이 왜 중요하다고 생각하였는가?
역할 및 노력 (Action)	행동	업무 과정의 어떤 장면에서 규칙을 철저히 준수하였는가?
		어떻게 규정을 적용시켜 업무를 수행하였는가?
		규정은 준수하는 데 어려움은 없었는가?
	노력	그 규칙을 지키기 위해 스스로 어떤 노력을 기울였는가?
		본인의 생각이나 태도에 어떤 변화가 있었는가?
		다른 사람들은 어떤 노력을 기울였는가?
	동료관계	동료들은 규칙을 철저히 준수하고 있었는가?
		팀원들은 해당 규칙에 대해 어떻게 반응하였는가?
		규칙에 대한 태도를 개선하기 위해 어떤 노력을 하였는가?
		팀원들의 태도는 당신에게 어떤 자극을 주었는가?
	업무추진	주어진 업무를 추진하는 데 규칙이 방해되진 않았는가?
		업무수행 과정에서 규정을 어떻게 적용하였는가?
		업무 시 규정을 준수해야 한다고 생각한 이유는 무엇인가?

결과 (Result)	평가	규칙을 어느 정도나 준수하였는가?
		그렇게 준수할 수 있었던 이유는 무엇이었는가?
		업무의 성과는 어느 정도였는가?
		성과에 만족하였는가?
		비슷한 상황이 온다면 어떻게 할 것인가?
	피드백	주변 사람들로부터 어떤 평가를 받았는가?
		그러한 평가에 만족하는가?
		다른 사람에게 본인의 행동이 영향을 주었다고 생각하는가?
	교훈	업무수행 과정에서 중요한 점은 무엇이라고 생각하는가?
		이 경험을 통해 느낀 바는 무엇인가?

2. 상황 면접

① 상황 면접의 특징

직무 관련 상황을 가정하여 제시하고 이에 대한 대응능력을 직무관련성 측면에서 평가하는 면접입니다.

- 상황 면접 과제의 구성은 크게 2가지로 구분
  - 상황 제시(Description) / 문제 제시(Question or Problem)
- 현장의 실제 업무 상황을 반영하여 과제를 제시하므로 직무분석이나 직무전문가 워크숍 등을 거쳐 현장성을 높임
- 문제는 상황에 대한 기본적인 이해능력(이론적 지식)과 함께 실질적 대응이나 변수 고려능력(실천적 능력) 등을 고르게 질문해야 함

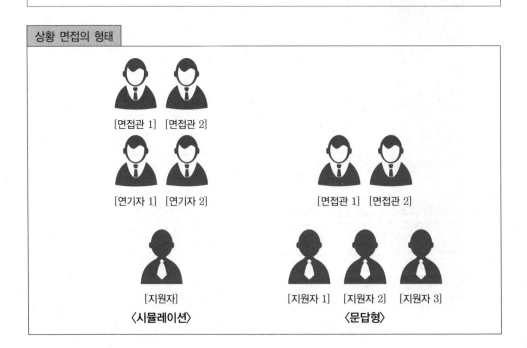

상황 면접의 형태

[면접관 1] [면접관 2]

[연기자 1] [연기자 2]

[면접관 1] [면접관 2]

[지원자]

〈시뮬레이션〉

[지원자 1] [지원자 2] [지원자 3]

〈문답형〉

② 상황 면접 예시

상황 제시	인천공항 여객터미널 내에는 다양한 용도의 시설(사무실, 통신실, 식당, 전산실, 창고 면세점 등)이 설치되어 있습니다.	실제 업무 상황에 기반함
	금년에 소방배관의 누수가 잦아 메인 배관을 교체하는 공사를 추진하고 있으며, 당신은 이번 공사의 담당자입니다.	배경 정보
	주간에는 공항 운영이 이루어져 주로 야간에만 배관 교체 공사를 수행하던 중, 시공하는 기능공의 실수로 배관 연결 부위를 잘못 건드려 고압배관의 소화수가 누출되는 사고가 발생하였으며, 이로 인해 인근 시설물에 누수에 의한 피해가 발생하였습니다.	구체적인 문제 상황
문제 제시	일반적인 소방배관의 배관연결(이음)방식과 배관의 이탈(누수)이 발생하는 원인에 대해 설명해 보시오.	문제 상황 해결을 위한 기본 지식 문항
	담당자로서 본 사고를 현장에서 긴급히 처리하는 프로세스를 제시하고, 보수완료 후 사후적 조치가 필요한 부분 및 재발방지 방안에 대해 설명해 보시오.	문제 상황 해결을 위한 추가 대응 문항

3. 발표 면접

① 발표 면접의 특징
- 직무관련 주제에 대한 지원자의 생각을 정리하여 의견을 제시하고, 발표 및 질의응답을 통해 지원자의 직무능력을 평가하는 면접입니다.
- 발표 주제는 직무와 관련된 자료로 제공되며, 일정 시간 후 지원자가 보유한 지식 및 방안에 대한 발표 및 후속 질문을 통해 직무적합성을 평가합니다.

- 주요 평가요소
  - 설득적 말하기 / 발표능력 / 문제해결능력 / 직무관련 전문성
- 이미 언론을 통해 공론화된 시사 이슈보다는 해당 직무분야에 관련된 주제가 발표면접의 과제로 선정되는 경우가 최근 들어 늘어나고 있음
- 짧은 시간 동안 주어진 과제를 빠른 속도로 분석하여 발표문을 작성하고 제한된 시간 안에 면접관에게 효과적인 발표를 진행하는 것이 핵심

발표 면접의 형태

[면접관 1] [면접관 2]   [면접관 1] [면접관 2]

[지원자]   [지원자 1] [지원자 2] [지원자 3]

〈개별과제 발표〉   〈팀 과제 발표〉

※ 면접관에게 시각적 효과를 사용하여 메시지를 전달하는 쌍방향 커뮤니케이션 방식
※ 심층면접을 보완하기 위한 방안으로 최근 많은 기업에서 적극 도입하는 추세

② 발표 면접 예시

1. 지시문

당신은 현재 A사에서 직원들의 성과평가를 담당하고 있는 팀원이다. 인사팀은 지난주부터 사내 조직문화관련 인터뷰를 하던 도중 성과평가제도에 관련된 개선 니즈가 제일 많다는 것을 알게 되었다. 이에 팀장님은 인터뷰 결과를 종합하려 성과평가제도 개선 아이디어를 A4용지에 정리하여 신속 보고할 것을 지시하셨다. 당신에게 남은 시간은 1시간이다. 자료를 준비하는 대로 당신은 팀원들이 모인 회의실에서 5분 간 발표할 것이며, 이후 질의응답을 진행할 것이다.

2. 배경자료

〈성과평가제도 개선에 대한 인터뷰〉

최근 A사는 회사 사세의 급성장으로 인해 작년보다 매출이 두 배 성장하였고, 직원 수 또한 두 배로 증가하였다. 회사의 성장은 임금, 복지에 대한 상승 등 긍정적인 영향을 주었으나 업무의 불균형 및 성과보상의 불평등 문제가 발생하였다. 또한 수시로 입사하는 신입직원과 경력직원, 퇴사하는 직원들까지 인원들의 잦은 변동으로 인해 평가해야 할 대상이 변경되어 현재의 성과평가제도로는 공정한 평가가 어려운 상황이다.

[생산부서 김상호]
우리 팀은 지난 1년 동안 생산량이 급증했기 때문에 수십 명의 신규인력이 급하게 채용되었습니다. 이 때문에 저희 팀장님은 신규 입사자들의 이름조차 기억 못할 때가 많이 있습니다. 성과평가를 제대로 하고 있는지 의문이 듭니다.

[마케팅 부서 김흥민]
개인의 성과평가의 취지는 충분히 이해합니다. 그러나 현재 평가는 실적기반이나 정성적인 평가가 많이 포함되어 있어 객관성과 공정성에는 의문이 드는 것이 사실입니다. 이러한 상황에서 평가제도를 재수립하지 않고, 인센티브에 계속 반영한다면, 평가제도에 대한 반감이 커질 것이 분명합니다.

[교육부서 홍경민]
현재 교육부서는 인사팀과 밀접하게 일하고 있습니다. 그럼에도 인사팀에서 실시하는 성과평가제도에 대한 이해가 부족한 것 같습니다.

[기획부서 김경호 차장]
저는 저의 평가자 중 하나가 연구부서의 팀장님인데, 일 년에 몇 번 같이 일하지 않는데 어떻게 저를 평가할 수 있을까요? 특히 연구팀은 저희가 예산을 배정하는데, 저에게는 좋지만….

4. 토론 면접

① 토론 면접의 특징

- 다수의 지원자가 조를 편성해 과제에 대한 토론(토의)을 통해 결론을 도출해가는 면접입니다.
- 의사소통능력, 팀워크, 종합인성 등의 평가에 용이합니다.

> 1. 주요 평가요소
>   – 설득적 말하기, 경청능력, 팀워크, 종합인성
> 2. 의견 대립이 명확한 주제 또는 채용분야의 직무 관련 주요 현안을 주제로 과제 구성
> 3. 제한된 시간 내 토론을 진행해야 하므로 적극적으로 자신 있게 토론에 임하고 본인의 의견을 개진할 수 있어야 함

토론 면접의 형태

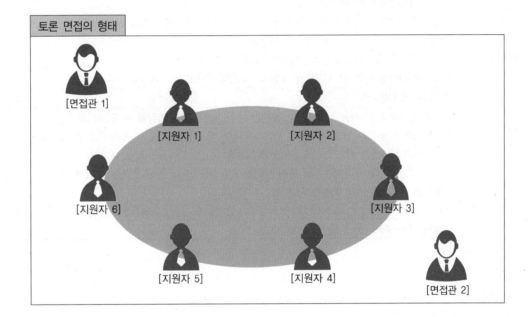

② 토론 면접 예시

고객 불만 고충처리

1. 들어가며

최근 우리 상품에 대한 고객 불만의 증가로 고객고충처리 TF가 만들어졌고 당신은 여기에 지원해 배치받았다. 당신의 업무는 불만을 가진 고객을 만나서 애로사항을 듣고 처리해 주는 일이다. 주된 업무로는 고객의 니즈를 파악해 방향성을 제시해 주고 그 해결책을 마련하는 일이다. 하지만 경우에 따라서 고객의 주관적인 의견으로 인해 제대로 된 방향으로 의사결정을 하지 못할 때가 있다. 이럴 경우 설득이나 논쟁을 해서라도 의견을 관철시키는 것이 좋을지 아니면 고객의 의견대로 진행하는 것이 좋을지 결정해야 할 때가 있다. 만약 당신이라면 이러한 상황에서 어떤 결정을 내릴 것인지 여부를 자유롭게 토론해 보시오.

2. 1분 자유 발언 시 준비사항

• 당신은 의견을 자유롭게 개진할 수 있으며 이에 따른 불이익은 없습니다.
• 토론의 방향성을 이해하고, 내용의 장점과 단점이 무엇인지 문제를 명확히 말해야 합니다.
• 합리적인 근거에 기초하여 개선방안을 명확히 제시해야 합니다.
• 제시한 방안을 실행 시 예상되는 긍정적·부정적 영향요인도 동시에 고려할 필요가 있습니다.

3. 토론 시 유의사항

• 토론 주제문과 제공해드린 메모지, 볼펜만 가지고 토론장에 입장할 수 있습니다.
• 사회자의 지정 또는 발표자가 손을 들어 발언권을 획득할 수 있으며, 사회자의 통제에 따릅니다.
• 토론회가 시작되면, 팀의 의견과 논거를 정리하여 1분간의 자유발언을 할 수 있습니다. 순서는 사회자가 지정합니다. 이후에는 자유롭게 상대방에게 질문하거나 답변을 하실 수 있습니다.
• 핸드폰, 서적 등 외부 매체는 사용하실 수 없습니다.
• 논제에 벗어나는 발언이나 지나치게 공격적인 발언을 할 경우, 위에서 제시한 유의사항을 지키지 않을 경우 불이익을 받을 수 있습니다.

1. 면접 Role Play 편성

- 교육생끼리 조를 편성하여 면접관과 지원자 역할을 교대로 진행합니다.
- 지원자 입장과 면접관 입장을 모두 경험해 보면서 면접에 대한 적응력을 높일 수 있습니다.

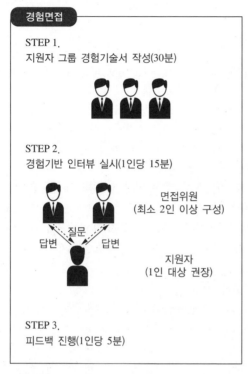

경험면접

STEP 1.
지원자 그룹 경험기술서 작성(30분)

STEP 2.
경험기반 인터뷰 실시(1인당 15분)

면접위원
(최소 2인 이상 구성)

질문
답변   답변

지원자
(1인 대상 권장)

STEP 3.
피드백 진행(1인당 5분)

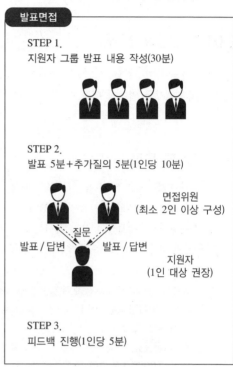

발표면접

STEP 1.
지원자 그룹 발표 내용 작성(30분)

STEP 2.
발표 5분+추가질의 5분(1인당 10분)

면접위원
(최소 2인 이상 구성)

질문
발표 / 답변   발표 / 답변

지원자
(1인 대상 권장)

STEP 3.
피드백 진행(1인당 5분)

> **Tip**
>
> 면접 준비하기
> 1. 면접 유형 확인 필수
>   - 기업마다 면접 유형이 상이하기 때문에 해당 기업의 면접 유형을 확인하는 것이 좋음
>   - 일반적으로 실무진 면접, 임원면접 2차례를 거쳐 면접을 실시하는 기업이 많고 실무진 면접과 임원 면접에서 평가 요소가 다르기 때문에 유형에 맞는 준비방법이 필요
> 2. 후속 질문에 대한 사전 점검
>   - 블라인드 채용 면접에서는 주요 질문과 함께 후속 질문을 통해 지원자의 직무능력을 판단
>   → STAR 기법을 통한 후속 질문을 미리 대비하는 것이 필요

05 | 신용보증기금&기술보증기금 면접 기출질문

| 01 | 신용보증기금

신용보증기금의 면접전형은 과제수행(20점)+실무(40점)+심층(40점) 총 3단계에 걸쳐 진행된다. 직무적합성과 신용보증기금 업무에 대한 이해, 가치관 등을 종합적으로 평가한다.

1. 과제수행 면접

두 조가 함께 들어가서 주어진 주제와 제시문을 읽고 조별로 논의한 뒤에 주제, 목적, 내용 등을 요약하여 해결방법을 써서 발표한다. 두 조의 발표가 모두 끝난다면 상대 조에게 질문을 하고 토론을 하며 면접관들도 질문한다. 발표시간이 그리 길지는 않고 시간이 넘어간다면 더 이상 듣지 않고 발표를 멈추게 하니 조원들과 요점만 간략히 전달하는 것이 중요하다.

- 최근 금융시장의 문제점과 해결방안에 대해 토론하시오.
- 기업의 부실징후는 무엇을 보면 파악할 수 있는지 토론하시오.
- 보증료율을 높여야 하는지, 낮춰야 하는지 토론하시오.
- 최저임금 상승에 대해 찬반을 나누어 토론하시오.
- 사립유치원에 국가관리 회계 시스템(에듀파인)을 적용하는 것이 바람직하다고 생각하는가?
- 종교인 과세에 대해 찬반을 나누어 토론하시오.
- 교육 평등주의에 대해 찬반을 나누어 토론하시오.
- 보증기업 사장에게 한도 축소를 통보할 때 어떻게 해야 하는가?
- 전사적 차원에서 신용보증과 신용보험을 어떠한 비중으로 분배해야 하는가?
- 클라우드 컴퓨팅을 신용보증기금에 적용해야 하는가? 적용해야 한다면 그 이유는 무엇인가?
- 금융정책기관으로서 신용보증기금이 확대·강화해야 할 업무영역은 무엇인가?
- 연대보증 폐기에 대한 본인의 생각은 무엇인가?
- 우버택시의 도입에 대해 찬반을 나누어 토론하시오.
- SNS소통에 대해 긍정적인가 부정적인가?
- 전업주부 영유아 어린이집 이용제한에 대해 찬반을 나누어 토론하시오.
- 벤처 창업자에 대한 병역혜택을 찬반을 나누어 토론하시오.

2. 실무 면접

실무진들과 조가 다대다로 진행한다. 공통질문과 개인질문으로 나뉘는데, 신용보증기금에서 진행하고 있는 프로젝트나 전공에 관련된 질문이 많다. 만약 지원자가 예전에 했던 프로젝트가 있다면 그것과 관련된 구체적인 설명을 요구하기도 한다.

- 신생기업이 새로운 사업을 시작할 때 고려할 점이 무엇인지 말해 보시오.
- DBM이란 무엇인가?
- OSI 7계층은 무엇인가?
- TCP는 몇 계층인지 알고 있는가?
- 공통키, 대칭키 방식에 대하여 설명해 보시오.
- 유동화증권에 대하여 설명해 보시오.
- 후순위채권은 누가 매입하는지 알고 있는가?
- 후순위채권 매입 시 회계처리 과정에 대하여 알고 있는가?
- M&A 보증 시 꼭 진행해야 하는 상법적 절차에 대하여 알고 있는가?
- 중소기업의 재무제표를 볼 때, 수익성을 보기 위해서는 어떤 계정과목 혹은 재무비율을 보아야 하는가?
- 자산담보부증권에 대하여 알고 있는가?
- 본인이 알고 있는 자산담보부증권에 대하여 말해 보시오.
- 기업가치평가 기법에 대하여 설명해 보시오.
- 블록 체인이 무엇인지 알고 있는가?
- 보증심사 시 고려해야 할 사항을 말해 보시오.
- 본인이 생각하는 가장 소중한 물건에 대하여 말해 보시오.
- 팔로우십에 대한 생각을 말해 보시오.
- 팔로우십에서 가장 중요한 가치가 무엇이라고 생각하는가?
- 매출채권보험에 대하여 설명해 보시오.
- 보험과 보증의 차이를 알고 있는가?
- 직접 금융 활성화 방안에 대하여 말해 보시오.
- 신용 보증에 대해 아는 것을 설명해 보시오.
- 삼성 바이오로직스 사태를 설명할 수 있겠는가?
- 공모전 수상 내역이 있는데 어떤 내용인가?
- 신용보증기금이 하는 일이 어떤 일이라고 생각하는가?
- 대민 업무를 함에 있어서 본인의 단점은 무엇인가?
- 민원고객이 몰려든다면 어떻게 하겠는가?
- 시각장애인에게 파란색을 설명해 보시오.
- 이자보상비율이란 무엇인가?
- SMART 융합 보증이란 무엇인가?
- 신용보증기금과 기술보증기금의 차이는 무엇인가?

- 영업점에서 민원이 심하게 발생할 경우 이에 대한 대처방법을 말해 보시오.
- 투자옵션부 보증이란 무엇인가?
- 본인의 장점을 한 가지 말해 보시오.
- 동대구역의 가치를 계산해 보시오.
- 4차 산업혁명에 대해 말해 보시오.
- 보증 기한 연장이 불가능한 기업의 대표가 연장 신청을 해달라고 할 경우 어떻게 할 것인가?
- 제조업, 도소매업에 대한 부채비율을 어느 정도로 관리하는 것이 바람직한가?
- 한계기업의 정의에 대해 설명해 보시오.
- 마포 사옥을 창업자들을 위한 공간으로 조성하려 하는데 어떻게 차별화할 수 있겠는가?
- 리플레이션에 대해 아는가?
- 메인비즈, 이노비즈의 개념에 대해 아는 사람이 있으면 답변해 보시오.
- 30초 내로 간단한 자기소개를 하시오.
- 중요도가 낮은 업무의 경우 상사에게 일일이 보고하고 일을 처리할 것인가?
- 보증과 보험의 차이를 설명해 보시오.
- 보험의 경우 부보율이 얼마나 되는가?
- 재무·비재무적 요소 중 중요하게 보아야 할 것은 무엇인가?
- 사모펀드에 대해 어떻게 규제해야 하는가?
- 중소기업의 사업실패 요인은 무엇이라고 생각하는가?
- 최근 미국, 일본, 유럽 등의 통화정책 차이로 환율 등의 대외여건이 변화하고 있는데, 본인이 중소기업 사장이라면 어떻게 대응하겠는가?
- 본인이 신용보증기금에 입사하기 위하여 노력한 것은 무엇인가?
- 결혼과 직장의 공통점 및 차이점은 무엇인가?
- 최근 읽었던 신용보증기금 관련 기사는 무엇인가?
- 신용보증기금이 본인을 뽑아야 하는 이유가 무엇인가?

3. 심층 면접

실무 면접과 비슷하지만, 임원들이 인성적인 질문을 한다. 자기소개서를 바탕으로 지원자의 기본적인 인성 및 가치관, 도전의식 및 열정, 윤리의식·사회적 책임감을 중점으로 평가한다.

- 실제 경영자와 대표자가 다를 경우 어떻게 할 것인지 말해 보시오.
- 신용보증기금에 입사하기 위해 얼마나 준비했는지 말해 보시오.
- 새로운 환경에 적응할 때 어려움을 극복한 방법에 대하여 말해 보시오.
- 신용보증기금에 입사하여 얻고 싶은 점을 말해 보시오.
- 무엇인가를 성공했던 경험에 대하여 말해 보시오.
- 책임감을 발휘한 경험에 대하여 말해 보시오.
- 본인의 롤 모델에 대하여 말해 보시오.
- 상사가 부당한 업무를 지시했을 때, 어떻게 대처하겠는가?
- 본인의 직업관은 무엇인가?
- 신용보증기금의 최근 이슈에 대해 아는 것이 있는가?
- 중소기업의 자생력을 높이기 위한 방안을 설명할 수 있는가?
- 자격증과 교육훈련이 업무를 수행하면서 어떤 도움이 되겠는가?
- 본인의 단점이 무엇이며 어떻게 극복하여 업무에 활용할 것인가?
- 4차 산업혁명과 같은 기술발전으로 인한 명과 암에 대해 말해 보시오.
- 약속이 있는 날, 오늘 꼭 처리해야만 하는 업무가 생겼다. 어떤 선택을 할 것인가?
- 국보 1호가 왜 국보 1호로 지정되었는지 아는가?
- 직장상사가 사내결혼에 대해 심한 선입견을 가지고 있고, 본인은 사내연애 중이며 결혼을 생각하고 있다. 상사의 선입견을 풀기 위해 어떻게 할 것인가?
- 황제경영을 해결하기 위한 방안은 무엇인가?
- 신용보증기금에 입사 후 본인이 생각하는 본인의 모습을 말해 보시오.
- 신용보증기금이 나아가야 할 방향은 무엇이라고 생각하는가?
- 대기업의 한식 사업 진출에 대해 어떻게 생각하는가?
- 식물 혹은 동물로 태어난다면 무엇이 되고 싶은가?
- 본인이 가진 역량 말고 가치관은 무엇인가?
- 사회양극화의 원인과 해소방안은 무엇이라고 생각하는가?
- 기술금융이 활성화되지 않는 원인과 해결방안은 무엇이라 생각하는가?
- IT 업계가 아닌 신용보증기금에 지원한 이유는 무엇인가?
- 공기업과 사기업의 차이를 설명해 보시오.
- 경력 프로젝트 관련 구체적인 설명을 해 보시오.

| 02 | 기술보증기금

기술보증기금의 면접전형은 1차 면접과 2차 면접으로 총 2단계에 걸쳐 진행된다. 1차 면접은 조직접합성과 직무적합성, 토론을 합산하여 평가하며, 2차 면접은 종합적합성과 1차 면접 전형의 점수, 필기전형의 점수를 합산하여 평가한다.

1. 1차 면접 : 조직적합성 면접(인성 면접)

다대다로 이뤄지며 지원자의 자기소개서를 기반으로 진행된다. 제출한 자기소개서의 내용에 대한 숙지와 함께 기술보증기금의 핵심가치를 반영한 답변을 준비할 필요가 있고 모순되지 않은 솔직한 답변을 하도록 주의가 필요하다.

- 마지막으로 하고 싶은 말을 해 보시오.
- 본인이 원하지 않는 직무에 배정될 경우 어떻게 할 것인가?
- 현재를 개선하기 위해 했던 노력에 대하여 말해 보시오.
- 30초간 자기소개를 해 보시오.
- 어떤 상사가 좋은 상사라고 생각하는가?
- 전국 순환근무에 적응할 자신이 있는가?
- 금융기관 직원으로서 지녀야 할 중요한 덕목은 무엇이라고 생각하는가?
- 창의력을 키우기 위한 본인만의 노력이 있는가?
- 본인의 스트레스 해소방법은 무엇인가?
- 마지막으로 20초간 맺음말을 해 보시오.
- 여러 금융기관 중 기술보증기금에 지원한 이유가 무엇인가?
- 기술보증기금의 핵심가치와 본인의 가치관이 어떻게 부합하는가?
- 기술보증기금이 여성을 배려하고 있는 점에 대하여 아는 것이 있는가?
- 다른 사람들이 생각하는 본인의 모습 중 본인의 생각과 다른 점이 있었는가?
- 인턴생활을 하면서 힘들었던 점을 말해 보시오.
- 희망근무지역을 부산으로 했는데, 주소는 서울이다. 왜 이런 선택을 했는가?
- 부모님과 요즘 하는 이야기는 무엇인가?
- 연수원까지 오면서 어떤 생각을 했는가?
- 전 직장에서 구체적으로 어떤 일을 했는가?
- 본인의 강점은 무엇이고 그것을 기술보증기금에서 어떻게 활용할 것인가?
- 동아리 활동을 했다고 기록했는데, 어떤 활동을 했는가?
- 조직과 개인 중 어느 것이 더 중요하다고 생각하는가?
- 만약 상사로부터 부당한 대우를 받는다면 어떻게 할 것인가?
- 기술보증기금에 지원하게 된 동기가 무엇인가?

- 블랙 컨슈머도 고객으로 보아야 한다고 생각하는가?
- 기술보증기금의 핵심 가치 3가지 중 본인을 잘 표현할 수 있는 키워드 한 가지와 관련된 경험에 대해 말해 보시오.
- 공기업으로서 나아가야 할 방향은 무엇이라고 생각하는가?
- 토끼와 거북이 이야기에서 어떤 동물이 낫다고 생각하는가?
- 기업의 사회적 책임과 노블리스 오블리주에 대해 어떻게 생각하는가?
- 경제 민주화란 무엇이고, 본인의 생각은 무엇인가?
- 자기소개서에는 취업을 위해 많은 것을 준비한 것 같은데, 학창시절에 대한 이야기가 없는 것 같다. 학창시절 중 가장 기억에 남는 일은 무엇인가?
- 가장 기억에 남는 여행과 그곳에서 배운 교훈은?
- 올해 목표 중 본인이 이루고 싶은 가장 큰 목표는 무엇인가? 단, 취업과 관련이 없는 것만 이야기해 보시오.
- 본인이 최근 읽은 책 중 기억에 남는 책과 그것에서 얻은 교훈은 무엇인가?

2. 1차 면접 : 직무적합성 면접(PT 면접)

지원자 1명과 면접관 다수로 이뤄지는 발표와 질의응답으로 구성되는 면접인데, 시사관련 주제가 나오기도 하기 때문에 기업, 비즈니스, 4차 산업혁명, 기술보증기금의 사업과 관련된 것을 알고 가는 것이 좋다. 처음 보는 단어라도 문제지에 쓰인 뜻을 보고 차분히 생각해서 발표 내용을 구상해야 한다.

- 문화 콘텐츠 보증에 대하여 발표하시오.
- 최신 IT 기술을 기술보증기금 업무에 적용할 방안에 대하여 발표하시오.
- 문화 콘텐츠(영화, 드라마, 게임, 캐릭터 등) 평가 방안에 대하여 발표하시오.
- 대기업의 중소기업 기술탈취에 대해 어떻게 생각하는가?
- 기금의 경제 활성화 방안에 대하여 설명하시오.
- 금리 인하로 인한 우리 정부의 앞으로의 방향은 어떠한지 말해 보시오.
- 빅데이터에 3V가 있는데 4V, 5V에 V가 무엇인지 아는가?
- 본인이 생각하기에 기술평가에서 중요하게 생각할 요소와 각 비중을 정해 설명하시오.
- 기술평가와 관련하여 어떤 경험과 역량을 쌓아왔는가?
- 실제 기술평가 시 어떤 평가요소를 중점적으로 평가할 것인가?
- CAMP에서 베타는 어떻게 구하는가?
- 기술이 눈에 보이지 않는데 어떻게 이를 증명할 것인가?
- 성적이 좋은데 대학원에 갈 생각은 없는가?
- 동아리 활동 경험에 대해 이야기해 보시오.

3. 1차 면접 : 토론 면접

한 조로 이루어진 4명의 지원자들 간에 주어진 주제에 대해 토론하는 형식으로 진행된다. 주로 시사와 관련된 주제 및 창의력, 업무 전공에 관련한 주제가 주어진다. 자기 자신의 주장을 강하게 밀어붙이는 것보다는 다른 토론자들의 의견을 경청하여 덧붙이는 태도가 중요하다. 상대방을 이기기보다는 서로 이야기를 하면서 협의점을 찾는 것을 목적으로 생각해야 한다.

- 연대보증에 대하여 찬반 여부를 토론하시오.

4. 2차 면접 : 임원 면접

약 30분간 다대다로 이뤄지는 종합적합성면접으로, 공통질문 2개와 개인질문 2개 정도를 물어보는 형식으로 진행된다.

- 남들이 생각하는 본인의 모습 중 본인의 생각과 다른 것이 있는가?
- 기금의 경제 활성화 방안에 대하여 설명해 보시오.
- 본인이 생각하는 기술금융이란 무엇인가?
- 기술보증기금의 보증절차에 대해 설명해 보시오.
- 본인이 지원한 직무에서 가장 중요하다고 생각하는 점은 무엇인가?
- 거주하고 있는 지역 외 근무를 하게 돼도 괜찮은가?
- 자기소개를 20초 내로 하시오.
- 남들보다 경쟁력이 있다고 생각하는 것은 무엇인가?
- 조직융화와 전문성 중에 어떤 것을 중시하는가?
- 본인과 닮은 동물과 그 동물을 선택한 이유를 말해 보시오.
- 진상 고객이 왔을 때 어떻게 대처할 것인가?
- 일하면서 동료와 갈등이 있을 때, 어떻게 할 것인가?
- 학창시절에 기억에 남는 경험을 말해 보시오.
- 중소기업에서 일했던 경험이 있던데, 어떤 고충이 있었나?
- 마지막으로 하고 싶은 말을 한 문장으로 말해 보시오.

신용보증기금 NCS 답안카드

성 명	
지원 분야	

문제지 형별기재란	
(형)영	Ⓐ Ⓑ

수험번호

⓪	⓪	⓪	⓪	⓪	⓪	⓪
①	①	①	①	①	①	①
②	②	②	②	②	②	②
③	③	③	③	③	③	③
④	④	④	④	④	④	④
⑤	⑤	⑤	⑤	⑤	⑤	⑤
⑥	⑥	⑥	⑥	⑥	⑥	⑥
⑦	⑦	⑦	⑦	⑦	⑦	⑦
⑧	⑧	⑧	⑧	⑧	⑧	⑧
⑨	⑨	⑨	⑨	⑨	⑨	⑨

감독위원 확인

(인)

번호	①	②	③	④	⑤
1	①	②	③	④	⑤
2	①	②	③	④	⑤
3	①	②	③	④	⑤
4	①	②	③	④	⑤
5	①	②	③	④	⑤
6	①	②	③	④	⑤
7	①	②	③	④	⑤
8	①	②	③	④	⑤
9	①	②	③	④	⑤
10	①	②	③	④	⑤
11	①	②	③	④	⑤
12	①	②	③	④	⑤
13	①	②	③	④	⑤
14	①	②	③	④	⑤
15	①	②	③	④	⑤
16	①	②	③	④	⑤
17	①	②	③	④	⑤
18	①	②	③	④	⑤
19	①	②	③	④	⑤
20	①	②	③	④	⑤

※ 본 답안카드는 마킹연습용 모의 답안카드입니다.

〈절취선〉

신용보증기금 NCS 답안카드

1	①	②	③	④	⑤	
2	①	②	③	④	⑤	
3	①	②	③	④	⑤	
4	①	②	③	④	⑤	
5	①	②	③	④	⑤	
6	①	②	③	④	⑤	
7	①	②	③	④	⑤	
8	①	②	③	④	⑤	
9	①	②	③	④	⑤	
10	①	②	③	④	⑤	
11	①	②	③	④	⑤	
12	①	②	③	④	⑤	
13	①	②	③	④	⑤	
14	①	②	③	④	⑤	
15	①	②	③	④	⑤	
16	①	②	③	④	⑤	
17	①	②	③	④	⑤	
18	①	②	③	④	⑤	
19	①	②	③	④	⑤	
20	①	②	③	④	⑤	

성 명

지원 분야

문제지 형별기재란

Ⓐ
Ⓑ
( )형

수 험 번 호

⓪	①	②	③	④	⑤	⑥	⑦	⑧	⑨
⓪	①	②	③	④	⑤	⑥	⑦	⑧	⑨
⓪	①	②	③	④	⑤	⑥	⑦	⑧	⑨
⓪	①	②	③	④	⑤	⑥	⑦	⑧	⑨
⓪	①	②	③	④	⑤	⑥	⑦	⑧	⑨
⓪	①	②	③	④	⑤	⑥	⑦	⑧	⑨
⓪	①	②	③	④	⑤	⑥	⑦	⑧	⑨

감독위원 확인

(인)

※ 본 답안지는 마킹연습용 모의 답안지입니다.

기출보충기금 NCS 답안카드

성 명

지원 분야

문제지 형별기재란

( )형 Ⓐ Ⓑ

수험번호

⓪	⓪	⓪	⓪	⓪	⓪	⓪	
①	①	①	①	①	①	①	
②	②	②	②	②	②	②	
③	③	③	③	③	③	③	
④	④	④	④	④	④	④	
⑤	⑤	⑤	⑤	⑤	⑤	⑤	
⑥	⑥	⑥	⑥	⑥	⑥	⑥	
⑦	⑦	⑦	⑦	⑦	⑦	⑦	
⑧	⑧	⑧	⑧	⑧	⑧	⑧	
⑨	⑨	⑨	⑨	⑨	⑨	⑨	

감독위원 확인

(인)

번호	답란	번호	답란	번호	답란
1	① ② ③ ④ ⑤	21	① ② ③ ④ ⑤	41	① ② ③ ④ ⑤
2	① ② ③ ④ ⑤	22	① ② ③ ④ ⑤	42	① ② ③ ④ ⑤
3	① ② ③ ④ ⑤	23	① ② ③ ④ ⑤	43	① ② ③ ④ ⑤
4	① ② ③ ④ ⑤	24	① ② ③ ④ ⑤	44	① ② ③ ④ ⑤
5	① ② ③ ④ ⑤	25	① ② ③ ④ ⑤	45	① ② ③ ④ ⑤
6	① ② ③ ④ ⑤	26	① ② ③ ④ ⑤	46	① ② ③ ④ ⑤
7	① ② ③ ④ ⑤	27	① ② ③ ④ ⑤	47	① ② ③ ④ ⑤
8	① ② ③ ④ ⑤	28	① ② ③ ④ ⑤	48	① ② ③ ④ ⑤
9	① ② ③ ④ ⑤	29	① ② ③ ④ ⑤	49	① ② ③ ④ ⑤
10	① ② ③ ④ ⑤	30	① ② ③ ④ ⑤	50	① ② ③ ④ ⑤
11	① ② ③ ④ ⑤	31	① ② ③ ④ ⑤		
12	① ② ③ ④ ⑤	32	① ② ③ ④ ⑤		
13	① ② ③ ④ ⑤	33	① ② ③ ④ ⑤		
14	① ② ③ ④ ⑤	34	① ② ③ ④ ⑤		
15	① ② ③ ④ ⑤	35	① ② ③ ④ ⑤		
16	① ② ③ ④ ⑤	36	① ② ③ ④ ⑤		
17	① ② ③ ④ ⑤	37	① ② ③ ④ ⑤		
18	① ② ③ ④ ⑤	38	① ② ③ ④ ⑤		
19	① ② ③ ④ ⑤	39	① ② ③ ④ ⑤		
20	① ② ③ ④ ⑤	40	① ② ③ ④ ⑤		

기술보증기금 NCS 답안카드

성 명	

지원분야	

문제지 형별기재란	
(　　)형	Ⓐ Ⓑ

수 험 번 호

0	①	②	③	④	⑤	⑥	⑦	⑧	⑨
0	①	②	③	④	⑤	⑥	⑦	⑧	⑨
0	①	②	③	④	⑤	⑥	⑦	⑧	⑨
0	①	②	③	④	⑤	⑥	⑦	⑧	⑨
0	①	②	③	④	⑤	⑥	⑦	⑧	⑨
0	①	②	③	④	⑤	⑥	⑦	⑧	⑨
0	①	②	③	④	⑤	⑥	⑦	⑧	⑨

감독위원 확인	
	⑨

1	① ② ③ ④ ⑤	21	① ② ③ ④ ⑤	41	① ② ③ ④ ⑤
2	① ② ③ ④ ⑤	22	① ② ③ ④ ⑤	42	① ② ③ ④ ⑤
3	① ② ③ ④ ⑤	23	① ② ③ ④ ⑤	43	① ② ③ ④ ⑤
4	① ② ③ ④ ⑤	24	① ② ③ ④ ⑤	44	① ② ③ ④ ⑤
5	① ② ③ ④ ⑤	25	① ② ③ ④ ⑤	45	① ② ③ ④ ⑤
6	① ② ③ ④ ⑤	26	① ② ③ ④ ⑤	46	① ② ③ ④ ⑤
7	① ② ③ ④ ⑤	27	① ② ③ ④ ⑤	47	① ② ③ ④ ⑤
8	① ② ③ ④ ⑤	28	① ② ③ ④ ⑤	48	① ② ③ ④ ⑤
9	① ② ③ ④ ⑤	29	① ② ③ ④ ⑤	49	① ② ③ ④ ⑤
10	① ② ③ ④ ⑤	30	① ② ③ ④ ⑤	50	① ② ③ ④ ⑤
11	① ② ③ ④ ⑤	31	① ② ③ ④ ⑤		
12	① ② ③ ④ ⑤	32	① ② ③ ④ ⑤		
13	① ② ③ ④ ⑤	33	① ② ③ ④ ⑤		
14	① ② ③ ④ ⑤	34	① ② ③ ④ ⑤		
15	① ② ③ ④ ⑤	35	① ② ③ ④ ⑤		
16	① ② ③ ④ ⑤	36	① ② ③ ④ ⑤		
17	① ② ③ ④ ⑤	37	① ② ③ ④ ⑤		
18	① ② ③ ④ ⑤	38	① ② ③ ④ ⑤		
19	① ② ③ ④ ⑤	39	① ② ③ ④ ⑤		
20	① ② ③ ④ ⑤	40	① ② ③ ④ ⑤		

※ 본 답안지는 마킹연습용 모의 답안지입니다.

현재 나의 실력을 객관적으로 파악해 보자!

모바일 OMR
답안채점 / 성적분석 서비스

도서에 수록된 모의고사에 대한 객관적인 결과(정답률, 순위)를 종합적으로 분석하여 제공합니다.

OMR 입력

성적분석

채점결과

※OMR 답안채점 / 성적분석 서비스는 등록 후 30일간 사용 가능합니다.

참여방법

도서 내 모의고사 우측 상단에 위치한 QR코드 찍기 → 로그인 하기 → '시작하기' 클릭 → '응시하기' 클릭 → 나의 답안을 모바일 OMR 카드에 입력 → '성적분석 & 채점결과' 클릭 → 현재 내 실력 확인하기

SD
에듀

2024 최신판

신용보증기금 &
기술보증기금

정답 및 해설

2023년 공기업 기출복원문제

NCS 대표유형 + 전공

모의고사 3회

판매량 **1위**

신보 & 기보
YES24
2017 ~ 2023년
★★★★

신보 & 기보
봉투모의고사와
100%
다른 문제

+ **안심도서**
평균**99.9%**

SDC

SDC는 SD에듀 데이터 센터의 약자로
약 30만 개의 NCS · 적성 문제 데이터를
바탕으로 최신출제경향을 반영하여
문제를 출제합니다.

SD에듀
(주)시대고시기획

Add+

특별부록

01 | 2023년 주요 공기업
NCS 기출복원문제

01	02	03	04	05	06	07	08	09	10	11	12	13	14	15	16	17	18	19	20
④	③	③	③	③	①	②	⑤	⑤	④	④	②	⑤	④	①	②	④	④	①	④
21	22	23	24	25	26	27	28	29	30	31	32	33	34	35	36	37	38	39	40
③	③	③	②	②	①	④	③	①	②	③	④	①	④	⑤	②	④	④	①	②
41	42	43	44	45	46	47	48	49	50										
④	②	⑤	④	④	⑤	④	④	⑤	③										

01
정답 ④

제시문은 위성영상지도 서비스인 구글어스로 건조지대에도 많은 숲이 존재한다는 사실을 발견했다는 내용이다. 첫 문장에서 구글어스가 세계 환경의 보안관 역할을 톡톡히 하고 있다고 하였으므로, 글의 제목으로는 ④가 가장 적절하다.

02
정답 ③

(마름모의 넓이)=(한 대각선의 길이)×(다른 대각선의 길이)×$\frac{1}{2}$

따라서 두 마름모의 넓이의 차는 $\left(9 \times 6 \times \frac{1}{2}\right) - \left(4 \times 6 \times \frac{1}{2}\right) = 27 - 12 = 15$이다.

03
정답 ③

5장의 카드에서 2장을 뽑아 두 자리 정수를 만드는 모든 경우의 수는 $4 \times 4 = 16$가지(∵ 십의 자리에는 0이 올 수 없다)이므로, 십의 자리가 홀수일 때와 짝수일 때를 나누어 생각하면 다음과 같다.
• 십의 자리가 홀수, 일의 자리가 짝수인 경우의 수 : $2 \times 3 = 6$가지
• 십의 자리가 짝수, 일의 자리가 짝수인 경우의 수 : $2 \times 2 = 4$가지

따라서 구하는 확률은 $\frac{6+4}{16} = \frac{5}{8}$이다.

04
정답 ③

브레인스토밍(Brainstorming)
• 한 사람이 생각하는 것보다 다수가 생각하는 것이 아이디어가 많다.
• 아이디어 수가 많을수록 질적으로 우수한 아이디어가 나올 수 있다.
• 아이디어는 비판이 가해지지 않으면 많아진다.

오답분석
① 스캠퍼(Scamper) 기법 : 창의적 사고를 유도하여 신제품이나 서비스 등을 생각하는 발상 도구이다.

② 여섯 가지 색깔 모자(Six Thinking Hats) : 각각 중립적, 감정적, 부정적, 낙관적, 창의적, 이성적 사고를 뜻하는 여섯 가지 색의 모자를 차례대로 바꾸어 쓰면서 모자 색깔이 뜻하는 유형대로 생각하는 방법이다.

④ TRIZ(Teoriya Resheniya Izobretatelskikh Zadatch) : 문제에 대하여 이상적인 결과를 정하고, 그 결과를 얻는 데 모순이 되는 것을 찾아 모순을 극복할 수 있는 해결안을 찾는 40가지 방법에 대한 이론이다.

05 정답 ③

조건에 따르면 A씨가 쓸 수 있는 항공료는 최대 450,000원이다. 2인 왕복 항공료와 지원율을 반영해 실제 쓸 돈을 계산하면 다음과 같다.

- 중국 : $130,000 \times 2 \times 2 \times 0.9 = 468,000$원
- 일본 : $125,000 \times 2 \times 2 \times 0.7 = 350,000$원
- 싱가포르 : $180,000 \times 2 \times 2 \times 0.65 = 468,000$원

최대 항공료를 고려하면 A씨는 일본 여행만 가능하다. 또한 8월 3 ~ 4일은 현장답사로 휴가가 불가능하다고 하였으므로, A씨가 선택할 수 있는 여행기간은 16 ~ 19일이다. 따라서 여행지와 여행기간이 바르게 연결된 것은 ③이다.

06 정답 ①

제시문은 '유비쿼터스(Ubiquitous)'에 대한 설명이다.

오답분석

② AI(Artificial Intelligence) : 인간과 같이 사고하고, 생각하고, 학습하고, 판단하는 논리적인 방식을 사용하는 인간의 지능을 본 딴 컴퓨터 시스템을 말한다.

③ 딥 러닝(Deep Learning) : 컴퓨터가 여러 데이터를 이용해 마치 사람처럼 스스로 학습할 수 있게 하기 위해 인공 신경망(ANN; Artificial Neural Network)을 기반으로 구축한 기계 학습 기술을 의미한다.

④ 블록체인(Block Chain) : 누구나 열람할 수 있는 장부에 거래 내역을 투명하게 기록하고, 여러 대의 컴퓨터에 이를 복제해 저장하는 분산형 데이터 저장기술이다.

07 정답 ②

전자우편을 사용할 때는 정확한 전달을 위해 가능한 짧게 요점만 작성해야 한다.

오답분석

① 인터넷 이용 예절을 가리키는 용어인 '네티켓(Netiquette)'은 네트워크(Network)와 에티켓(Etiquette)의 합성어이다.

③ 온라인 채팅은 용도에 맞게 대화 목적으로 사용하여야 한다.

④ '네티켓'은 법제화된 규율은 아니며, 사이버 공간상의 비공식적 규약이다.

08 정답 ⑤

제시문의 세 번째 문단에 따르면 스마트 글라스 내부 센서를 통해 충격과 기울기를 감지할 수 있어, 작업자에게 위험한 상황이 발생할 경우 통보 시스템을 통해 바로 파악할 수 있게 되었음을 알 수 있다.

오답분석

① 첫 번째 문단에 따르면 스마트 글라스를 통한 작업자의 음성인식만으로 철도시설물 점검이 가능해졌음을 알 수 있지만, 다섯 번째 문단에 따르면 아직 철도시설물 보수 작업은 가능하지 않음을 알 수 있다.

② 첫 번째 문단에 따르면 스마트 글라스의 도입 이후에도 사람의 작업이 필요함을 알 수 있다.

③ 세 번째 문단에 따르면 스마트 글라스의 도입으로 추락 사고나 그 밖의 위험한 상황을 미리 예측할 수 있어 이를 방지할 수 있게 되었음을 알 수 있지만, 실제로 안전사고 발생 횟수가 감소하였는지는 알 수 없다.

④ 두 번째 문단에 따르면 여러 단계를 거치던 기존 작업 방식에서 스마트 글라스의 도입으로 작업을 한 번에 처리할 수 있게 된 것을 통해 작업 시간이 단축되었음을 알 수 있지만, 작업 인력의 감소 여부는 알 수 없다.

09

제시문의 네 번째 문단에 따르면 인공지능 등의 스마트 기술 도입으로 까치집 검출 정확도는 95%까지 상승하였으므로 까치집 제거율 또한 상승할 것임을 예측할 수 있으나, 근본적인 문제인 까치집 생성의 감소를 기대할 수는 없다.

[오답분석]
① 세 번째 문단과 네 번째 문단에 따르면 정확도가 65%에 불과했던 인공지능의 까치집 식별 능력이 딥러닝 방식의 도입으로 95%까지 상승했음을 알 수 있다.
② 세 번째 문단에서 시속 150km로 빠르게 달리는 열차에서의 까치집 식별 정확도는 65%에 불과하다는 내용으로 보아, 빠른 속도에서는 인공지능의 사물 식별 정확도가 낮음을 알 수 있다.
③ 네 번째 문단에 따르면 작업자의 접근이 어려운 곳에는 드론을 띄워 까치집을 발견 및 제거하는 기술도 시범 운영하고 있다고 하였다.
④ 세 번째 문단에 따르면 '실시간 까치집 자동 검출 시스템' 개발로 실시간으로 위험 요인의 위치와 이미지를 작업자에게 전달할 수 있게 되었다.

10

제시문의 두 번째 문단에 따르면 CCTV는 열차 종류에 따라 운전실에서 실시간으로 상황을 파악할 수 있는 '네트워크 방식'과 각 객실에서의 영상을 저장하는 개별 독립 방식으로 설치된다고 하였다. 따라서 개별 독립 방식으로 설치된 일부 열차에서는 각 객실의 상황을 실시간으로 파악하지 못할 수 있다.

[오답분석]
① 첫 번째 문단에 따르면 2023년까지 현재 운행하고 있는 열차의 모든 객실에 CCTV를 설치하겠다는 내용으로 보아, 현재 모든 열차의 모든 객실에 CCTV가 설치되지 않았음을 유추할 수 있다.
② 첫 번째 문단에 따르면 2023년까지 모든 열차 승무원에게 바디캠을 지급하겠다고 하였다. 이에 따라 승객이 승무원을 폭행하는 등의 범죄 발생 시 해당 상황을 녹화한 바디캠 영상이 있어 수사의 증거자료로 사용할 수 있게 되었다.
③ 두 번째 문단에 따르면 CCTV는 사각지대 없이 설치되며 일부는 휴대 물품 보관대 주변에도 설치된다고 하였다. 따라서 인적 피해와 물적 피해 모두 예방할 수 있게 되었다.
⑤ 세 번째 문단에 따르면 CCTV 제품 품평회와 시험을 통해 제품의 형태와 색상, 재질, 진동과 충격 등에 대한 적합성을 고려한다.

11

작년 K대학교의 재학생 수는 6,800명이고 남학생 수와 여학생 수의 비가 8 : 9이므로, 남학생 수는 $6,800 \times \dfrac{8}{8+9} = 3,200$명이고, 여학생 수는 $6,800 \times \dfrac{9}{8+9} = 3,600$명이다. 올해 줄어든 남학생 수와 여학생 수의 비가 12 : 13이므로 올해 K대학교에 재학 중인 남학생 수와 여학생 수의 비는 $(3,200-12k) : (3,600-13k) = 7 : 8$이다.

$7 \times (3,600-13k) = 8 \times (3,200-12k)$
$\rightarrow 25,200 - 91k = 25,600 - 96k$
$\rightarrow 5k = 400$
$\therefore k = 80$

따라서 올해 K대학교에 재학 중인 남학생 수는 $3,200 - 12 \times 80 = 2,240$명이고, 여학생 수는 $3,600 - 13 \times 80 = 2,560$명이므로 올해 K대학교의 전체 재학생 수는 $2,240 + 2,560 = 4,800$명이다.

12

마일리지 적립 규정에 회원 등급과 관련된 내용은 없으며, 마일리지 적립은 지불한 운임의 액수, 더블적립 열차 탑승 여부, 선불형 교통카드 Rail+ 사용 여부에 따라서만 결정된다.

[오답분석]
① KTX 마일리지는 KTX 열차 이용 시에만 적립된다.

③ 비즈니스 등급은 기업회원 여부와 관계없이 최근 1년간의 활동내역을 기준으로 부여된다.
④ 반기 동안 추석 및 설 명절 특별수송기간 탑승 건을 제외하고 4만 점을 적립하면 VIP 등급을 부여받는다.
⑤ VVIP 등급과 VIP 등급 고객은 한정된 횟수 내에서 무료 업그레이드 쿠폰으로 KTX 특실을 KTX 일반실 가격에 구매할 수 있다.

13

 정답 ⑤

K공사를 통한 예약 접수는 온라인 쇼핑몰 홈페이지를 통해서만 가능하며, 오프라인(방문) 접수는 W·N은행의 창구를 통해서만 이루어진다.

[오답분석]
① 구매자를 대한민국 국적자로 제한한다는 내용은 없다.
② 단품으로 구매 시 1인당 화종별 최대 3장으로 총 9장, 세트로 구매할 때도 1인당 최대 3세트로 총 9장까지 신청이 가능하며, 세트와 단품은 중복신청이 가능하므로 1인당 구매 가능한 최대 개수는 18장이다.
③ W·N은행의 계좌가 없다면, K공사 온라인 쇼핑몰을 이용하거나 W·N은행에 직접 방문하여 구입할 수 있다.
④ 총발행량은 예약 주문 이전부터 화종별 10,000장으로 미리 정해져 있다.

14

 정답 ④

W·N은행 계좌 미보유자인 외국인 A씨가 예약 신청을 할 수 있는 방법은 두 가지이다. 하나는 신분증인 외국인등록증을 지참하고 W·N은행의 지점을 방문하여 신청하는 것이고, 다른 하나는 K공사 온라인 쇼핑몰에서 가상계좌 방식으로 신청하는 것이다.

[오답분석]
① A씨는 외국인이므로 창구 접수 시 지참해야 하는 신분증은 외국인등록증이다.
② K공사 온라인 쇼핑몰에서는 가상계좌 방식을 통해서만 예약 신청이 가능하다.
③ 홈페이지를 통한 신청이 가능한 은행은 W은행과 N은행뿐이다.
⑤ W·N은행의 홈페이지를 통해 예약 접수를 하려면 해당 은행에 미리 계좌가 개설되어 있어야 한다.

15

정답 ①

3종 세트는 186,000원, 단품은 각각 63,000원이므로 5명의 구매 금액을 계산하면 다음과 같다.
• A : $(186,000 \times 2) + 63,000 = 435,000$원
• B : $63,000 \times 8 = 504,000$원
• C : $(186,000 \times 2) + (63,000 \times 2) = 498,000$원
• D : $186,000 \times 3 = 558,000$원
• E : $186,000 + (63,000 \times 4) = 438,000$원
따라서 가장 많은 금액을 지불한 사람은 D이며, 구매 금액은 558,000원이다.

16

 정답 ②

허리디스크는 디스크의 수핵이 탈출하여 생긴 질환이므로 허리를 굽히거나 앉아 있을 때 디스크에 가해지는 압력이 높아져 통증이 더 심해진다. 반면 척추관협착증의 경우 서 있을 때 척추관이 더욱 좁아지게 되어 통증이 더욱 심해진다.

[오답분석]
① 허리디스크는 디스크의 탄력 손실이나 갑작스런 충격으로 인해 균열이 생겨 발생하고, 척추관협착증은 오랜 기간 동안 황색 인대가 두꺼워져 척추관에 변형이 일어나 발생하므로 허리디스크가 더 급작스럽게 증상이 나타난다.
③ 허리디스크는 자연치유가 가능하지만, 척추관협착증은 불가능하다. 따라서 허리디스크는 주로 통증을 줄이고 안정을 취하는 보존치료를 하지만, 척추관협착증은 변형된 부분을 제거하는 외과적 수술을 한다.
④ 허리디스크와 척추관협착증 모두 척추 중앙의 신경 다발(척수)이 압박받을 수 있으며, 심할 경우 하반신 마비 증세를 보일 수 있으므로 빠른 치료를 받는 것이 중요하다.

17

고령인 사람이 서 있을 때 통증이 나타난다면 퇴행성 척추질환인 척추관협착증(요추관협착증)일 가능성이 높다. 반면 허리디스크(추간판탈출증)는 젊은 나이에도 디스크에 급격한 충격이 가해지면 발생할 수 있고, 앉아 있을 때 통증이 심해진다. 따라서 ㉠에는 척추관협착증, ㉡에는 허리디스크가 들어가야 한다.

18

제시문은 장애인 건강주치의 시범사업을 소개하며 3단계 시범사업에서 기존과 달라지는 내용을 위주로 설명하고 있다. 따라서 가장 처음에 와야 할 문단은 3단계 장애인 건강주치의 시범사업을 소개하는 (마) 문단이다. 이어서 장애인 건강주치의 시범사업 세부 서비스를 소개하는 문단이 와야 하는데, 서비스 종류를 소개하는 문장이 있는 (다) 문단이 이어지는 것이 가장 적절하다. 그리고 2번째 서비스인 주장애관리를 소개하는 (가) 문단이 와야 하며, 그 다음으로 3번째 서비스인 통합관리 서비스와 추가적으로 방문 서비스를 소개하는 (라) 문단이 오는 것이 적절하다. 마지막으로 장애인 건강주치의 시범사업에 신청하는 방법을 소개하며 글을 끝내는 것이 적절하므로 (나) 문단이 이어져야 한다. 따라서 글의 순서를 바르게 나열하면 (마) – (다) – (가) – (라) – (나)이다.

19

- 2019년 직장가입자 및 지역가입자 건강보험금 징수율
  - 직장가입자 : $\frac{6,698,187}{6,706,712} \times 100 ≒ 99.87\%$
  - 지역가입자 : $\frac{886,396}{923,663} \times 100 ≒ 95.97\%$
- 2020년 직장가입자 및 지역가입자 건강보험금 징수율
  - 직장가입자 : $\frac{4,898,775}{5,087,163} \times 100 ≒ 96.3\%$
  - 지역가입자 : $\frac{973,681}{1,003,637} \times 100 ≒ 97.02\%$
- 2021년 직장가입자 및 지역가입자 건강보험금 징수율
  - 직장가입자 : $\frac{7,536,187}{7,763,135} \times 100 ≒ 97.08\%$
  - 지역가입자 : $\frac{1,138,763}{1,256,137} \times 100 ≒ 90.66\%$
- 2022년 직장가입자 및 지역가입자 건강보험금 징수율
  - 직장가입자 : $\frac{8,368,972}{8,376,138} \times 100 ≒ 99.91\%$
  - 지역가입자 : $\frac{1,058,943}{1,178,572} \times 100 ≒ 89.85\%$

따라서 직장가입자 건강보험금 징수율이 가장 높은 해는 2022년이고, 지역가입자 건강보험금 징수율이 가장 높은 해는 2020년이다.

20

이뇨제의 1인 투여량은 60mL/일이고 진통제의 1인 투여량은 60mg/일이므로 이뇨제를 투여한 환자 수와 진통제를 투여한 환자 수의 비는 이뇨제 사용량과 진통제 사용량의 비와 같다.

- 2018년 : $3,000 \times 2 < 6,720$
- 2019년 : $3,480 \times 2 = 6,960$
- 2020년 : $3,360 \times 2 < 6,840$
- 2021년 : $4,200 \times 2 > 7,200$
- 2022년 : $3,720 \times 2 > 7,080$

따라서 2018년과 2020년에 진통제를 투여한 환자 수는 이뇨제를 투여한 환자 수의 2배보다 많다.

① 2022년에 전년 대비 사용량이 감소한 의약품은 이뇨제와 진통제로, 이뇨제의 사용량 감소율은 $\frac{3,720-4,200}{4,200} \times 100 ≒$

-11.43%이고, 진통제의 사용량 감소율은 $\frac{7,080-7,200}{7,200} \times 100 ≒ -1.67\%$이다. 따라서 전년 대비 2022년 사용량 감소율이

가장 큰 의약품은 이뇨제이다.

② 5년 동안 지사제 사용량의 평균은 $\frac{30+42+48+40+44}{5}=40.8$정이고, 지사제의 1인 1일 투여량은 2정이다. 따라서 지사제

를 투여한 환자 수의 평균은 $\frac{40.8}{2}=20.4$이므로 18명 이상이다.

③ 이뇨제 사용량은 매년 '증가 – 감소 – 증가 – 감소' 추세이다.

21

분기별 사회복지사 인력의 합은 다음과 같다.
• 2022년 3분기 : 391+670+1,887=2,948명
• 2022년 4분기 : 385+695+1,902=2,982명
• 2023년 1분기 : 370+700+1,864=2,934명
• 2023년 2분기 : 375+720+1,862=2,957명
분기별 전체 보건인력 중 사회복지사 인력의 비율은 다음과 같다.

• 2022년 3분기 : $\frac{2,948}{80,828} \times 100 ≒ 3.65\%$

• 2022년 4분기 : $\frac{2,982}{82,582} \times 100 ≒ 3.61\%$

• 2023년 1분기 : $\frac{2,934}{86,236} \times 100 ≒ 3.40\%$

• 2023년 2분기 : $\frac{2,957}{86,707} \times 100 ≒ 3.41\%$

따라서 옳지 않은 것은 ③이다.

22

건강생활실천지원금제 신청자 목록에 따라 신청자별로 확인하면 다음과 같다.
• A : 주민등록상 주소지가 시범지역에 속하지 않는다.
• B : 주민등록상 주소지는 관리형에 속하지만, 고혈압 또는 당뇨병 진단을 받지 않았다.
• C : 주민등록상 주소지는 예방형에 속하고, 체질량지수와 혈압이 건강관리가 필요한 사람이므로 예방형이다.
• D : 주민등록상 주소지는 관리형에 속하고, 고혈압 진단을 받았으므로 관리형이다.
• E : 주민등록상 주소지는 예방형에 속하고, 체질량지수와 공복혈당 건강관리가 필요한 사람이므로 예방형이다.
• F : 주민등록상 주소지가 시범지역에 속하지 않는다.
• G : 주민등록상 주소지는 관리형에 속하고, 당뇨병 진단을 받았으므로 관리형이다.
• H : 주민등록상 주소지가 시범지역에 속하지 않는다.
• I : 주민등록상 주소지는 예방형에 속하지만, 필수조건인 체질량지수가 정상이므로 건강관리가 필요한 사람에 해당하지 않는다.
따라서 예방형 신청이 가능한 사람은 C, E이고, 관리형 신청이 가능한 사람은 D, G이다.

23

출산장려금 지급 시기의 가장 우선순위인 임신일이 가장 긴 임산부는 B, D, E임산부이다. 이 중에서 만 19세 미만인 자녀 수가 많은 임산부는 D, E임산부이고, 소득 수준이 더 낮은 임산부는 D임산부이다. 따라서 D임산부가 가장 먼저 출산장려금을 받을 수 있다.

24

정답 ②

제시문은 행위별수가제에 대한 것으로 환자, 의사, 건강보험 재정 등 많은 곳에서 한계점이 있다고 설명하면서 건강보험 고갈을 막기 위해 다양한 지불방식을 도입하는 등 구조적인 개편이 필요함을 설명하고 있다. 따라서 글의 주제로 '행위별수가제의 한계점'이 가장 적절하다.

25

정답 ②

- 구상(求償) : 무역 거래에서 수량·품질·포장 따위에 계약 위반 사항이 있는 경우, 매주(賣主)에게 손해 배상을 청구하거나 이의를 제기하는 일
- 구제(救濟) : 자연적인 재해나 사회적인 피해를 당하여 어려운 처지에 있는 사람을 도와줌

26

정답 ①

- (운동에너지)$=\dfrac{1}{2}\times$(질량)$\times$(속력)$^2=\dfrac{1}{2}\times2\times4^2=16\mathrm{J}$
- (위치에너지)$=$(질량)$\times$(중력가속도)$\times$(높이)$=2\times10\times0.5=10\mathrm{J}$
- (역학적 에너지)$=$(운동에너지)$+$(위치에너지)$=16+10=26\mathrm{J}$

공의 역학적 에너지는 26J이고, 튀어 오를 때 가장 높은 지점에서 운동에너지가 0이므로 역학적 에너지는 위치에너지와 같다. 따라서 공이 튀어 오를 때 가장 높은 지점에서의 위치에너지는 26J이다.

27

정답 ④

출장지까지 거리는 $200\times1.5=300$km이므로 시속 60km의 속력으로 달릴 때 걸리는 시간은 5시간이고, 약속시간보다 1시간 늦게 도착하므로 약속시간은 4시간 남았다. 300km를 시속 60km의 속력으로 달리다 도중에 시속 90km의 속력으로 달릴 때 약속시간보다 30분 일찍 도착했으므로, 이때 걸린 시간은 $4-\dfrac{1}{2}=\dfrac{7}{2}$시간이다.

시속 90km의 속력으로 달린 거리를 $x$km라 하면 다음 식이 성립한다.

$$\dfrac{300-x}{60}+\dfrac{x}{90}=\dfrac{7}{2}$$
$$\rightarrow 900-3x+2x=630$$
$$\therefore x=270$$

따라서 A부장이 시속 90km의 속력으로 달린 거리는 270km이다.

28

정답 ③

G와 B의 자리를 먼저 고정하고, 양 끝에 앉을 수 없는 A의 위치를 토대로 경우의 수를 계산하면 다음과 같다.

- G가 가운데에 앉고, B가 G의 바로 왼쪽에 앉는 경우의 수

	A	B	G		
		B	G	A	
		B	G		A

$3\times4!=72$가지

- G가 가운데에 앉고, B가 G의 바로 오른쪽에 앉는 경우의 수

	A		G	B	
		A	G	B	
			G	B	A

$3\times4!=72$가지

따라서 조건과 같이 앉을 때 가능한 경우의 수는 $72+72=144$가지이다.

29

상품의 원가를 x원이라 하면 처음 판매가격은 $1.23x$원이다.

여기서 1,300원을 할인하여 판매했을 때 얻은 이익은 원가의 10%이므로 다음 식이 성립한다.

$(1.23x - 1,300) - x = 0.1x$

$\rightarrow 0.13x = 1,300$

$\therefore x = 10,000$

따라서 상품의 원가는 10,000원이다.

30

정답 ②

유치원생이 11명일 때 평균 키는 113cm이므로 유치원생 11명의 키의 합은 $113 \times 11 = 1,243$cm이다.

키가 107cm인 유치원생이 나갔으므로 남은 유치원생 10명의 키의 합은 $1,243 - 107 = 1,136$cm이다.

따라서 남은 유치원생 10명의 평균 키는 $\dfrac{1,136}{10} = 113.6$cm이다.

31

정답 ③

'우회수송'은 사고 등의 이유로 직통이 아닌 다른 경로로 우회하여 수송한다는 뜻이기 때문에 '우측 선로로 변경'은 순화한 내용으로 적절하지 않다.

오답분석

① '열차시격'에서 '시격'이란 '사이에 뜬 시간'이라는 뜻의 한자어로, 열차와 열차 사이의 간격, 즉 배차간격으로 순화할 수 있다.

② '전차선'이란 선로를 의미하고, '단전'은 전기의 공급이 중단됨을 말하므로, 선로 전기 공급 중단으로 순화할 수 있다.

④ '핸드레일(Handrail)'은 난간을 뜻하는 영어 단어로, 우리말로는 안전손잡이로 순화할 수 있다.

⑤ '키스 앤 라이드(Kiss and Ride)'는 헤어질 때 키스를 하는 영미권 문화에서 비롯된 용어로, 환승정차구역을 지칭한다.

32

정답 ④

세 번째 문단을 통해 정부가 철도 중심 교통체계 구축을 위해 노력하고 있음을 알 수는 있으나, 구체적으로 시행된 조치는 언급되지 않았다.

오답분석

① 첫 번째 문단을 통해 전 세계적으로 탄소중립이 주목받자 이에 대한 방안으로 등장한 것이 철도 수송임을 알 수 있다.

② 첫 번째 문단과 두 번째 문단을 통해 철도 수송의 확대가 온실가스 배출량의 획기적인 감축을 가져올 것임을 알 수 있다.

③ 네 번째 문단을 통해 '중앙선 안동 ~ 영천 간 궤도' 설계 시 탄소 감축 방안으로 저탄소 자재인 유리섬유 보강근이 철근 대신 사용되었음을 알 수 있다.

⑤ 네 번째 문단을 통해 S철도공단은 철도 중심 교통체계 구축을 위해 건설 단계에서부터 친환경·저탄소 자재를 적용하였고, 탄소 감축을 위해 2025년부터는 모든 철도건축물을 일정한 등급 이상으로 설계하기로 결정하였음을 알 수 있다.

33

정답 ①

제시문을 살펴보면 먼저 첫 번째 문단에서는 이산화탄소로 메탄올을 만드는 곳이 있다며 관심을 유도하고, 두 번째 문단에서 메탄올을 어떻게 만들고 어디에서 사용하는지 구체적으로 설명함으로써 탄소 재활용의 긍정적인 측면을 부각하고 있다. 하지만 세 번째 문단에서는 앞선 내용과 달리 이렇게 만들어진 메탄올의 부정적인 측면을 설명하고, 네 번째 문단에서는 이와 같은 이유로 탄소 재활용에 대한 결론이 나지 않았다며 글을 마무리하고 있다. 따라서 글의 주제로 적절한 것은 탄소 재활용의 이면을 모두 포함하는 내용인 ①이다.

② 두 번째 문단에 한정된 내용이므로 글의 전체를 다루는 주제로 보기에는 적절하지 않다.

③ 지열발전소의 부산물을 통해 메탄올이 만들어진 것은 맞지만, 새롭게 탄생된 연료로 보기는 어려우며, 글의 전체를 다루는 주제로 보기에도 적절하지 않다.

④ · ⑤ 제시문의 첫 번째 문단과 두 번째 문단에서는 버려진 이산화탄소 및 부산물의 재활용을 통해 '메탄올'을 제조함으로써 미래 원료를 해결할 수 있을 것처럼 보이지만, 이어지는 세 번째 문단과 네 번째 문단에서는 이렇게 만들어진 '메탄올'이 과연 미래 원료로 적합한지 의문점이 제시되고 있다. 따라서 글의 주제로 보기에는 적절하지 않다.

34
정답 ④

A ~ C철도사의 차량 1량당 연간 승차인원 수는 다음과 같다.

• 2020년

- A철도사 : $\frac{775,386}{2,751} ≒ 281.86$천 명

- B철도사 : $\frac{26,350}{103} ≒ 255.83$천 명

- C철도사 : $\frac{35,650}{185} ≒ 192.7$천 명

• 2021년

- A철도사 : $\frac{768,776}{2,731} ≒ 281.5$천 명

- B철도사 : $\frac{24,746}{111} ≒ 222.94$천 명

- C철도사 : $\frac{33,130}{185} ≒ 179.08$천 명

• 2022년

- A철도사 : $\frac{755,376}{2,710} ≒ 278.74$천 명

- B철도사 : $\frac{23,686}{113} ≒ 209.61$천 명

- C철도사 : $\frac{34,179}{185} ≒ 184.75$천 명

따라서 3년간 차량 1량당 연간 평균 승차인원 수는 C철도사가 가장 적다.

① 2020 ~ 2022년의 C철도사 차량 수는 185량으로 변동이 없다.

② 2020 ~ 2022년의 연간 승차인원 비율은 모두 A철도사가 가장 높다.

③ A ~ C철도사의 2020년의 전체 연간 승차인원 수는 775,386+26,350+35,650=837,386천 명, 2021년의 전체 연간 승차인원 수는 768,776+24,746+33,130=826,652천 명, 2022년의 전체 연간 승차인원 수는 755,376+23,686+34,179=813,241천 명으로 매년 감소하였다.

⑤ 2020 ~ 2022년의 C철도사 차량 1량당 연간 승차인원 수는 각각 192.7천 명, 179.08천 명, 184.75천 명이므로 모두 200천 명 미만이다.

35
정답 ⑤

2018년 대비 2022년에 석유 생산량이 감소한 국가는 C, F이며, 석유 생산량 감소율은 다음과 같다.

• C : $\frac{4,025,936-4,102,396}{4,102,396} \times 100 ≒ -1.9\%$

• F : $\frac{2,480,221-2,874,632}{2,874,632} \times 100 ≒ -13.7\%$

따라서 석유 생산량 감소율이 가장 큰 국가는 F이다.

① 석유 생산량이 매년 증가한 국가는 A, B, E, H로 총 4개이다.

② 2018년 대비 2022년에 석유 생산량이 증가한 국가의 석유 생산량 증가량은 다음과 같다.

- A : $10,556,259-10,356,185=200,074$bbl/day
- B : $8,567,173-8,251,052=316,121$bbl/day
- D : $5,422,103-5,321,753=100,350$bbl/day
- E : $335,371-258,963=76,408$bbl/day
- G : $1,336,597-1,312,561=24,036$bbl/day
- H : $104,902-100,731=4,171$bbl/day

따라서 석유 생산량 증가량이 가장 많은 국가는 B이다.

③ E국가의 연도별 석유 생산량을 H국가의 연도별 석유 생산량과 비교하면 다음과 같다.

- 2018년 : $\frac{258,963}{100,731}≒2.6$bbl/day
- 2019년 : $\frac{273,819}{101,586}≒2.7$bbl/day
- 2020년 : $\frac{298,351}{102,856}≒2.9$bbl/day
- 2021년 : $\frac{303,875}{103,756}≒2.9$bbl/day
- 2022년 : $\frac{335,371}{104,902}≒3.2$bbl/day

따라서 2022년 E국가의 석유 생산량은 H국가의 석유 생산량의 약 3.2배이므로 옳지 않다.

④ 석유 생산량 상위 2개국은 매년 A, B이며, 매년 석유 생산량의 차이는 다음과 같다.

- 2018년 : $10,356,185-8,251,052=2,105,133$bbl/day
- 2019년 : $10,387,665-8,297,702=2,089,963$bbl/day
- 2020년 : $10,430,235-8,310,856=2,119,379$bbl/day
- 2021년 : $10,487,336-8,356,337=2,130,999$bbl/day
- 2022년 : $10,556,259-8,567,173=1,989,086$bbl/day

따라서 A와 B국가의 석유 생산량의 차이는 '감소 – 증가 – 증가 – 감소' 추세를 보이므로 옳지 않다.

36 정답 ②

제시된 법률에 따라 공무원인 친구가 받을 수 있는 선물의 최대 금액은 1회에 100만 원이다.

$12x<100 → x<\frac{100}{12}=\frac{25}{3}≒8.33$

따라서 A씨는 수석을 최대 8개 보낼 수 있다.

37 정답 ④

거래처로 가기 위해 C와 G를 거쳐야 하므로, C를 먼저 거치는 최소 이동거리와 G를 먼저 거치는 최소 이동거리를 비교해 본다.

- 본사 – C – D – G – 거래처
  $6+3+3+4=16$km
- 본사 – E – G – D – C – F – 거래처
  $4+1+3+3+3+4=18$km

따라서 최소 이동거리는 16km이다.

38 정답 ④

- 볼펜을 30자루 구매하면 개당 200원씩 할인되므로 $800×30=24,000$원이다.
- 수정테이프를 8개 구매하면 $2,500×8=20,000$원이지만, 10개를 구매하면 개당 1,000원이 할인되어 $1,500×10=15,000$원이므로 10개를 구매하는 것이 더 저렴하다.
- 연필을 20자루 구매하면 연필 가격의 25%가 할인되므로 $400×20×0.75=6,000$원이다.
- 지우개를 5개 구매하면 $300×5=1,500$원이며 지우개에 대한 할인은 적용되지 않는다.

그러므로 총금액은 24,000+15,000+6,000+1,500=46,500원이고 3만 원을 초과했으므로 10% 할인이 적용되어 46,500×0.9 =41,850원이다. 또한 할인 적용 전 금액이 5만 원 이하이므로 배송료 5,000원이 추가로 부과되어 41,850+5,000=46,850원이 된다. 그런데 만약 비품을 3,600원어치 추가로 주문하면 46,500+3,600=50,100원이므로 할인 적용 전 금액이 5만 원을 초과하여 배송료가 무료가 되고, 총금액이 3만 원을 초과했으므로 지불할 금액은 10% 할인이 적용된 50,100×0.9=45,090원이 된다. 따라서 지불 가능한 가장 저렴한 금액은 45,090원이다.

39

A ~ E직원이 받는 성과급을 구하면 다음과 같다.

구분	직책	매출 순이익	기여도	성과급 비율	성과급
A직원	팀장	4,000만 원	25%	매출 순이익의 5%	1.2×4,000×0.05=240만 원
B직원	팀장	2,500만 원	12%	매출 순이익의 2%	1.2×2,500×0.02=60만 원
C직원	팀원	1억 2,500만 원	3%	매출 순이익의 1%	12,500×0.01=125만 원
D직원	팀원	7,500만 원	7%	매출 순이익의 3%	7,500×0.03=225만 원
E직원	팀원	800만 원	6%	-	0원

따라서 가장 많은 성과급을 받는 직원은 A직원이다.

40

N사에서 A지점으로 가려면 1호선으로 역 2개를 지난 후 2호선으로 환승하여 역 5개를 더 가야 한다.
따라서 편도로 이동하는 데 걸리는 시간은 (2×2)+3+(2×5)=17분이므로 왕복하는 데 걸리는 시간은 17×2=34분이다.

41

- A지점 : (900×2)+(950×5)=6,550m
- B지점 : 900×8=7,200m
- C지점 : (900×2)+(1,300×4)=7,000m 또는 (900×5)+1,000+1,300=6,800m
- D지점 : (900×5)+(1,000×2)=6,500m 또는 (900×2)+(1,300×3)+1,000=6,700m

따라서 이동거리가 가장 짧은 지점은 D지점이다.

42

- A지점 : 이동거리는 6,550m이고 기본요금 및 거리비례 추가비용은 2호선 기준이 적용되므로 1,500+100=1,600원이다.
- B지점 : 이동거리는 7,200m이고 기본요금 및 거리비례 추가비용은 1호선 기준이 적용되므로 1,200+50×4=1,400원이다.
- C지점 : 이동거리는 7,000m이고 기본요금 및 거리비례 추가비용은 4호선 기준이 적용되므로 2,000+150=2,150원이다.
  또는 이동거리가 6,800m일 때, 기본요금 및 거리비례 추가비용은 4호선 기준이 적용되므로 2,000+150=2,150원이다.
- D지점 : 이동거리는 6,500m이고 기본요금 및 거리비례 추가비용은 3호선 기준이 적용되므로 1,800+100×3=2,100원이다.
  또는 이동거리가 6,700m일 때, 기본요금 및 거리비례 추가비용은 4호선 기준이 적용되므로 2,000+150=2,150원이다.

따라서 이동하는 데 드는 비용이 가장 적은 지점은 B지점이다.

43

미국 컬럼비아 대학교에서 만들어낸 치즈케이크는 7가지의 반죽형 식용 카트리지로 만들어졌다. 따라서 페이스트를 층층이 쌓아서 만드는 FDM 방식을 사용하여 제작하였음을 알 수 있다.

① PBF / SLS 방식 3D 푸드 프린터는 설탕 같은 분말 형태의 재료를 접착제나 레이저로 굳혀 제작하는 것이므로 설탕케이크 장식을 제작하기에 적절한 방식이다.
② 3D 푸드 프린터는 질감을 조정하거나, 맛을 조정하여 음식을 제작할 수 있으므로 식감 등으로 발생하는 편식을 줄일 수 있다.
③ 3D 푸드 프린터는 음식을 제작할 때 개인별로 필요한 영양소를 첨가하는 등 사용자 맞춤 식단을 제공할 수 있다는 장점이 있다.
④ 네 번째 문단에서 현재 3D 푸드 프린터의 한계점을 보면 디자인적·심리적 요소로 인해 3D 푸드 프린터로 제작된 음식에 거부감이 들 수 있다고 하였다.

44
정답 ④

(라) 문장이 포함된 문단은 3D 푸드 프린터의 장점에 대해 설명하는 문단이며, 특히 대체육 프린팅의 장점에 대해 소개하고 있다. 그러나 (라) 문장은 대체육의 단점에 대해 서술하고 있으므로 네 번째 문단에 추가로 서술하거나 삭제하는 것이 적절하다.

① (가) 문장은 컬럼비아 대학교에서 3D 푸드 프린터로 만들어 낸 치즈케이크의 특징을 설명하는 문장이므로 적절하다.
② (나) 문장은 현재 주로 사용되는 3D 푸드 프린터의 작동 방식을 설명하는 문장이므로 적절하다.
③ (다) 문장은 3D 푸드 프린터의 장점을 소개하는 세 번째 문단의 중심내용이므로 적절하다.
⑤ (마) 문장은 3D 푸드 프린터의 한계점인 '디자인으로 인한 심리적 거부감'을 서술하고 있으므로 적절하다.

45
정답 ④

네 번째 문단은 3D 푸드 프린터의 한계 및 개선점을 설명한 문단으로, 3D 푸드 프린터의 장점을 설명한 세 번째 문단과 역접관계에 있다. 따라서 ⓐ에는 '그러나'가 적절한 접속부사이다.

① ㉠ 앞에서 서술된 치즈케이크의 특징이 대체육과 같은 다른 관련 산업에서 주목하게 된 이유가 되므로 '그래서'는 적절한 접속부사이다.
② ㉡ 앞의 문장은 3D 푸드 프린터의 장점을 소개하는 세 번째 문단의 중심내용이고 뒤의 문장은 이에 대한 예시를 설명하고 있으므로 '예를 들어'는 적절한 접속부사이다.
③ ㉢의 앞과 뒤는 다른 내용이지만 모두 3D 푸드 프린터의 장점을 나열한 것이므로 '또한'은 적절한 접속부사이다.
⑤ ㉤의 앞과 뒤는 다른 내용이지만 모두 3D 푸드 프린터의 단점을 나열한 것이므로 '게다가'는 적절한 접속부사이다.

46
정답 ⑤

2023년 6월의 학교폭력 신고 누계 건수는 7,530+1,183+557+601=9,871건으로, 10,000건 미만이다.

① • 2023년 1월의 학교폭력 상담 건수 : 9,652-9,195=457건
　 • 2023년 2월의 학교폭력 상담 건수 : 10,109-9,652=457건
　 따라서 2023년 1월과 2023년 2월의 학교폭력 상담 건수는 같다.
② 학교폭력 상담 건수와 신고 건수 모두 2023년 3월에 가장 많다.
③ 전월 대비 학교폭력 상담 건수가 가장 크게 감소한 때는 2023년 5월이지만, 학교폭력 신고 건수가 가장 크게 감소한 때는 2023년 4월이다.
④ 전월 대비 학교폭력 상담 건수가 증가한 월은 2022년 9월과 2023년 3월이고, 이때 학교폭력 신고 건수 또한 전월 대비 증가하였다.

47

연도별 전체 발전량 대비 유류·양수 자원 발전량은 다음과 같다.

- 2018년 : $\dfrac{6,605}{553,256} \times 100 ≒ 1.2\%$

- 2019년 : $\dfrac{6,371}{537,300} \times 100 ≒ 1.2\%$

- 2020년 : $\dfrac{5,872}{550,826} \times 100 ≒ 1.1\%$

- 2021년 : $\dfrac{5,568}{553,900} \times 100 ≒ 1\%$

- 2022년 : $\dfrac{5,232}{593,958} \times 100 ≒ 0.9\%$

따라서 2022년의 유류·양수 자원 발전량은 전체 발전량의 1% 미만이다.

[오답분석]

① 원자력 자원 발전량과 신재생 자원 발전량은 매년 증가하였다.
② 연도별 석탄 자원 발전량의 전년 대비 감소폭은 다음과 같다.
- 2019년 : $226,571 - 247,670 = -21,099$GWh
- 2020년 : $221,730 - 226,571 = -4,841$GWh
- 2021년 : $200,165 - 221,730 = -21,565$GWh
- 2022년 : $198,367 - 200,165 = -1,798$GWh

따라서 석탄 자원 발전량의 전년 대비 감소폭이 가장 큰 해는 2021년이다.
③ 연도별 신재생 자원 발전량 대비 가스 자원 발전량은 다음과 같다.

- 2018년 : $\dfrac{135,072}{36,905} \times 100 ≒ 366\%$

- 2019년 : $\dfrac{126,789}{38,774} \times 100 ≒ 327\%$

- 2020년 : $\dfrac{138,387}{44,031} \times 100 ≒ 314\%$

- 2021년 : $\dfrac{144,976}{47,831} \times 100 ≒ 303\%$

- 2022년 : $\dfrac{160,787}{50,356} \times 100 ≒ 319\%$

따라서 연도별 신재생 자원 발전량 대비 가스 자원 발전량이 가장 큰 해는 2018년이다.
⑤ 전체 발전량이 증가한 해는 2020 ~ 2022년이며, 그 증가폭은 다음과 같다.
- 2020년 : $550,826 - 537,300 = 13,526$GWh
- 2021년 : $553,900 - 550,826 = 3,074$GWh
- 2022년 : $593,958 - 553,900 = 40,058$GWh

따라서 전체 발전량의 전년 대비 증가폭이 가장 큰 해는 2022년이다.

48

네 번째 조건을 제외한 모든 조건과 그 대우를 논리식으로 표현하면 다음과 같다.
- $\sim(D \lor G) \rightarrow F$ / $\sim F \rightarrow (D \land G)$
- $F \rightarrow \sim E$ / $E \rightarrow \sim F$
- $\sim(B \lor E) \rightarrow \sim A$ / $A \rightarrow (B \land E)$

네 번째 조건에 따라 A가 투표를 하였으므로, 세 번째 조건의 대우에 의해 B와 E 모두 투표를 하였다. 또한 E가 투표를 하였으므로, 두 번째 조건의 대우에 따라 F는 투표하지 않았으며, F가 투표하지 않았으므로 첫 번째 조건의 대우에 따라 D와 G는 모두 투표하였다. A, B, D, E, G 5명이 모두 투표하였으므로 네 번째 조건에 따라 C는 투표하지 않았다.
따라서 투표를 하지 않은 사람은 C와 F이다.

49

VLOOKUP 함수는 열의 첫 열에서 수직으로 검색하여 원하는 값을 출력하는 함수이다. 함수의 형식은 「=VLOOKUP(찾을 값, 범위, 열 번호, 찾기 옵션)」이며 이 중 근삿값을 찾기 위해서는 찾기 옵션에 1을 입력해야 하고, 정확히 일치하는 값을 찾기 위해서는 0을 입력해야 한다. 상품코드 S3310897의 값을 일정한 범위에서 찾아야 하는 것이므로 범위는 절대참조로 지정해야 하며, 크기 '중'은 범위 중 3번째 열에 위치하고, 정확히 일치하는 값을 찾아야 하므로 입력해야 하는 함수식은 「=VLOOKUP("S3310897", $B$2:$E$8, 3, 0)」이다.

[오답분석]

①·② HLOOKUP 함수를 사용하려면 찾고자 하는 값은 '중'이고, [B2:E8] 범위에서 찾고자 하는 행 'S3310897'은 6번째 행이므로 「=HLOOKUP("중", $B$2:$E$8, 6, 0)」을 입력해야 한다.

③·④ '중'은 테이블 범위에서 3번째 열이다.

50

Windows Game Bar로 녹화한 영상의 저장 위치는 파일 탐색기를 사용하여 [내 PC] - [동영상] - [캡처] 폴더를 원하는 위치로 옮겨 변경할 수 있다.

02 | 2023년 주요 공기업
전공 기출복원문제

01 경영

01	02	03	04	05	06	07	08	09	10
⑤	②	①	④	④	①	②	①	③	④
11	12	13	14	15					
④	③	④	④	②					

01
정답 ⑤

페이욜은 기업활동을 기술활동, 영업활동, 재무활동, 회계활동, 관리활동, 보전활동 6가지 분야로 구분하였다.

오답분석

② 차별 성과급제, 기능식 직장제도, 과업관리, 계획부 제도, 작업지도표 제도 등은 테일러의 과학적 관리법을 기본이론으로 한다.

③ 포드의 컨베이어 벨트 시스템은 생산원가를 절감하기 위해 표준 제품을 정하고 대량생산하는 방식을 정립한 것이다.

④ 베버의 관료제 조직은 계층에 의한 관리, 분업화, 문서화, 능력주의, 사람과 직위의 분리, 비개인성의 6가지 특징을 가지며, 이를 통해 조직을 가장 합리적이고 효율적으로 운영할 수 있다고 주장한다.

02
정답 ②

논리적인 자료 제시를 통해 높은 이해도를 이끌어 내는 것은 이성적 소구에 해당된다.

오답분석

① 감성적 소구는 감정전이형 광고라고도 하며, 브랜드 이미지 제고, 호의적 태도 등을 목표로 한다.

③ 감성적 소구 방법으로 유머 소구, 공포 소구, 성적 소구 등이 해당된다.

④ 이성적 소구는 자사 제품이 선택되어야만 하는 이유 또는 객관적 근거를 제시하고자 하는 방법이다.

⑤ 이성적 소구는 위험성이 있거나 새로운 기술이 적용된 제품 등의 지식과 정보를 제공함으로써 표적소비자들이 제품을 선택할 수 있게 한다.

03
정답 ①

가치사슬은 미시경제학 또는 산업조직론을 기반으로 하는 분석 도구이다.

오답분석

② 가치사슬은 기업의 경쟁우위를 강화하기 위한 기본적 분석 도구로, 기업이 수행하는 활동을 개별적으로 나누어 분석한다.

③ 구매, 제조, 물류, 판매, 서비스 등을 기업의 본원적 활동으로 정의한다.

④ 인적자원 관리, 인프라, 기술개발, 조달활동 등을 기업의 지원적 활동으로 정의한다.

⑤ 각 가치사슬의 이윤은 전체 수입에서 가치창출을 위해 발생한 모든 비용을 제외한 값이다.

04
정답 ④

ⓒ 자동화 기계 도입에 따른 다기능공 활용이 늘어나면, 작업자는 여러 기능을 숙달해야 하는 부담이 증가한다.

ⓔ 혼류 생산을 통해 공간 및 설비 이용률을 향상시킨다.

오답분석

ⓐ 현장 낭비 제거를 통해 원가를 낮추고 생산성을 향상시킬 수 있다.

ⓒ 소 LOT 생산을 통해 재고율을 감소시켜 재고비용, 공간 등을 줄일 수 있다.

05
정답 ④

주식회사 발기인의 인원 수는 별도의 제한이 없다.

오답분석

① 주식회사의 법인격에 대한 설명이다.

② 출자자의 유한책임에 대한 설명이다(상법 제331조).

③ 주식은 자유롭게 양도할 수 있는 것이 원칙이다.

⑤ 주식회사는 사원(주주)의 수가 다수인 경우가 많기 때문에 사원이 직접 경영에 참여하기보다는 이사회로 경영권을 위임한다.

06

ELS는 주가연계증권으로, 사전에 정해진 조건에 따라 수익률이 결정되며 만기가 있다.

오답분석

② 주가연계파생결합사채(ELB)에 대한 설명이다.
③ 주가지수연동예금(ELD)에 대한 설명이다.
④ 주가연계신탁(ELT)에 대한 설명이다.
⑤ 주가연계펀드(ELF)에 대한 설명이다.

07

블룸의 기대이론에 대한 설명으로, 기대감, 수단성, 유의성을 통해 구성원의 직무에 대한 동기 부여를 결정한다고 주장하였다.

오답분석

① 허즈버그의 2요인이론에 대한 설명이다.
③ 매슬로의 욕구 5단계이론에 대한 설명이다.
④ 맥그리거의 XY이론에 대한 설명이다.
⑤ 로크의 목표설정이론에 대한 설명이다.

08

시장세분화 단계에서는 시장을 기준에 따라 세분화하고, 각 세분시장의 고객 프로필을 개발하여 차별화된 마케팅을 실행한다.

오답분석

②·③ 표적시장 선정 단계에서는 각 세분시장의 매력도를 평가하여 표적시장을 선정한다.
④ 포지셔닝 단계에서는 각각의 시장에 대응하는 포지셔닝을 개발하고 전달한다.
⑤ 재포지셔닝 단계에서는 자사와 경쟁사의 경쟁위치를 분석하여 포지셔닝을 조정한다.

09

- (당기순이익)=(총수익)－(총비용)=35억－20억=15억 원
- (기초자본)=(기말자본)－(당기순이익)=65억－15억
  =50억 원
- (기초부채)=(기초자산)－(기초자본)=100억－50억
  =50억 원

10

상위에 있는 욕구를 충족시키지 못하면 하위에 있는 욕구는 더욱 크게 증가하여, 하위욕구를 충족시키기 위해 훨씬 더 많은 노력이 필요하게 된다.

오답분석

① 심리학자 앨더퍼가 인간의 욕구에 대해 매슬로의 욕구 5단계설을 발전시켜 주장한 이론이다.
②·③ 존재욕구를 기본적 욕구로 정의하며, 관계욕구, 성장욕구로 계층화하였다.

11

사업 다각화는 무리하게 추진할 경우 수익성에 악영향을 줄 수 있다는 단점이 있다.

오답분석

① 지속적인 성장을 추구하여 미래 유망산업에 참여하고, 구성원에게 더 많은 기회를 줄 수 있다.
② 기업이 한 가지 사업만 영위하는 데 따르는 위험에 대비할 수 있다.
③ 보유자원 중 남는 자원을 활용하여 범위의 경제를 실현할 수 있다.

12

종단분석은 시간과 비용의 제약으로 인해 표본 규모가 작을수록 좋으며, 횡단분석은 집단의 특성 또는 차이를 분석해야 하므로 표본이 일정 규모 이상일수록 정확하다.

13

채권이자율이 시장이자율보다 높아지면 채권가격은 액면가보다 높은 가격에 거래된다. 단, 만기에 가까워질수록 채권가격이 하락하여 가격위험에 노출된다.

오답분석

①·②·③ 채권이자율이 시장이자율보다 낮은 할인채에 대한 설명이다.

14

물음표(Question Mark) 사업은 신규 사업 또는 현재 시장점유율은 낮으나, 향후 성장 가능성이 높은 사업이다. 기업 경영 결과에 따라 개(Dog) 사업 또는 스타(Star) 사업으로 바뀔 수 있다.

오답분석

① 스타(Star) 사업 : 성장률과 시장점유율이 모두 높아서 계속 투자가 필요한 유망 사업이다.
② 현금젖소(Cash Cow) 사업 : 높은 시장점유율로 현금창출은 양호하나, 성장 가능성은 낮은 사업이다.
③ 개(Dog) 사업 : 성장률과 시장점유율이 모두 낮아 철수가 필요한 사업이다.

15

정답 ②

테일러의 과학적 관리법에서는 작업에 사용하는 도구 등을 표준화하여 관리 비용을 낮추고 효율성을 높이는 것을 추구한다.

오답분석
① 과학적 관리법의 특징 중 표준화에 대한 설명이다.
③ 과학적 관리법의 특징 중 동기부여에 대한 설명이다.
④ 과학적 관리법의 특징 중 통제에 대한 설명이다.

02 경제

01	02	03	04	05	06	07	08	09	10
⑤	②	①	④	⑤	①	④	③	③	④
11	12	13	14	15					
④	③	①	③	④					

01

정답 ⑤

가격탄력성이 1보다 크면 탄력적이라고 할 수 있다.

오답분석
①・② 수요의 가격탄력성은 가격의 변화에 따른 수요의 변화를 의미하며, 분모는 상품 가격의 변화량을 상품 가격으로 나눈 값이며, 분자는 수요량의 변화량을 수요량으로 나눈 값이다.
③ 대체재가 많을수록 해당 상품 가격 변동에 따른 수요의 변화는 더 크게 반응하게 된다.

02

정답 ②

GDP 디플레이터는 명목 GDP를 실질 GDP로 나누어 물가상승 수준을 예측할 수 있는 물가지수로, 국내에서 생산된 모든 재화와 서비스 가격을 반영한다. 따라서 GDP 디플레이터를 구하는 계산식은 (명목 GDP)÷(실질 GDP)×100이다.

03

정답 ①

한계소비성향은 소비의 증가분을 소득의 증가분으로 나눈 값으로, 소득이 1,000만 원 늘었을 때 현재 소비자들의 한계소비성향이 0.7이므로 소비는 700만 원이 늘었다고 할 수 있다. 따라서 소비의 변화폭은 700이다.

04

정답 ④

㉠ 환율이 상승하면 제품을 수입하기 위해 더 많은 원화를 필요로 하고, 이에 따라 수입이 감소하게 되므로 순수출이 증가한다.
㉡ 국내이자율이 높아지면 국내자산 투자수익률이 좋아져 해외로부터 자본유입이 확대되고, 이에 따라 환율은 하락한다.
㉢ 국내물가가 상승하면 상대적으로 가격이 저렴한 수입품에 대한 수요가 늘어나 환율은 상승한다.

05

정답 ⑤

독점적 경쟁시장은 광고, 서비스 등 비가격경쟁이 가격경쟁보다 더 활발히 진행된다.

06

정답 ①

케인스학파는 경기침체 시 정부가 적극적으로 개입하여 총수요의 증대를 이끌어야 한다고 주장하였다.

오답분석
② 고전학파의 거시경제론에 대한 설명이다.
③ 케인스학파의 거시경제론에 대한 설명이다.
④ 고전학파의 이분법에 대한 설명이다.
⑤ 케인스학파의 화폐중립성에 대한 설명이다.

07

정답 ④

오답분석
① 매몰비용의 오류 : 이미 투입한 비용과 노력 때문에 경제성이 없는 사업을 지속하여 손실을 키우는 것을 의미한다.
② 감각적 소비 : 제품을 구입할 때, 품질, 가격, 기능보다 디자인, 색상, 패션 등을 중시하는 소비 패턴을 의미한다.
③ 보이지 않는 손 : 개인의 사적 영리활동이 사회 전체의 공적 이익을 증진시키는 것을 의미한다.
⑤ 희소성 : 사람들의 욕망에 비해 그 욕망을 충족시켜 주는 재화나 서비스가 부족한 현상을 의미한다.

08

정답 ③

• (실업률)=(실업자)÷(경제활동인구)×100
• (경제활동인구)=(취업자)+(실업자)
∴ $5,000÷(20,000+5,000)×100=20\%$

09

정답 ③

- (한계비용)=(총비용 변화분)÷(생산량 변화분)
- 생산량이 50일 때 총비용 : 16(평균비용)×50(생산량)
  =800
- 생산량이 100일 때 총비용 : 15(평균비용)×100(생산량)
  =1,500

따라서 한계비용은 700÷50=14이다.

10

정답 ④

A국은 노트북을 생산할 때 기회비용이 더 크기 때문에 TV 생산에 비교우위가 있고, B국은 TV를 생산할 때 기회비용이 더 크기 때문에 노트북 생산에 비교우위가 있다.

구분	노트북 1대	TV 1대
A국	TV 0.75대	노트북 약 1.33대
B국	TV 1.25대	노트북 0.8대

11

정답 ④

다이내믹 프라이싱의 단점은 소비자 후생이 감소해 소비자의 만족도가 낮아진다는 것이다. 이로 인해 기업이 소비자의 불만에 직면할 수 있다는 리스크가 발생한다.

12

정답 ③

ⓛ 빅맥 지수는 동질적으로 판매되는 상품의 가치는 동일하다는 가정하에 나라별 화폐로 해당 제품의 가격을 평가하여 구매력을 비교하는 것이다.
ⓒ 맥도날드의 대표적 햄버거인 빅맥 가격을 기준으로 한 이유는 전 세계에서 가장 동질적으로 판매되고 있기 때문이며, 이처럼 품질, 크기, 재료가 같은 물건이 세계 여러 나라에서 팔릴 때 나라별 물가를 비교하기 수월하다.

오답분석

㉠ 빅맥 지수는 영국 경제지인 이코노미스트에서 최초로 고안하였다.
㉣ 빅맥 지수에 사용하는 빅맥 가격은 제품 가격만 반영하고 서비스 가격은 포함하지 않기 때문에 나라별 환율에 대한 상대적 구매력 평가 외에 다른 목적으로 사용하기에는 측정값이 정확하지 않다.

13

정답 ①

확장적 통화정책은 국민소득을 증가시켜 이에 따른 보험료 인상 등 세수확대 요인으로 작용한다.

오답분석

② 이자율이 하락하고, 소비 및 투자가 증가한다.
③·④ 긴축적 통화정책이 미치는 영향이다.

14

정답 ③

토지, 설비 등이 부족하면 한계 생산가치가 떨어지기 때문에 노동자를 많이 고용하는 게 오히려 손해이다. 따라서 노동 수요곡선은 왼쪽으로 이동한다.

오답분석

① 노동 수요는 재화에 대한 수요가 아닌 재화를 생산하기 위해 파생되는 수요이다.
② 상품 가격이 상승하면 기업은 더 많은 제품을 생산하기 위해 노동자를 더 많이 고용한다.
④ 노동에 대한 인식이 긍정적으로 변화하면 노동시장에 더 많은 노동력이 공급된다.

15

정답 ④

S씨가 달리기를 선택할 경우 기회비용은 1(순편익)+8(암묵적 기회비용)=9로 가장 작다.

오답분석

① 헬스를 선택할 경우 기회비용
  : 2(순편익)+8(암묵적 기회비용)=10
② 수영을 선택할 경우 기회비용
  : 5(순편익)+8(암묵적 기회비용)=13
③ 자전거를 선택할 경우 기회비용
  : 3(순편익)+7(암묵적 기회비용)=10

03 법

01	02	03	04	05	06	07	08	09
④	①	③	⑤	②	④	④	①	③

01

정답 ④

근로자참여 및 협력증진에 관한 법은 집단적 노사관계법으로, 노동조합과 사용자단체 간의 노사관계를 규율한 법이다. 노동조합 및 노동관계조정법, 근로자참여 및 협력증진에 관한 법, 노동위원회법, 교원의 노동조합설립 및 운영 등에 관한 법률, 공무원직장협의회법 등이 이에 해당한다.

나머지는 근로자와 사용자의 근로계약을 체결하는 관계에 대해 규율한 법으로, 개별적 근로관계법이라고 한다. 근로기준법, 최저임금법, 산업안전보건법, 직업안정법, 남녀고용평등법, 선원법, 산업재해보상보험법, 고용보험법 등이 이에 해당한다.

02

정답 ①

용익물권은 타인의 토지나 건물 등 부동산의 사용가치를 지배하는 제한물권으로, 민법상 지상권, 지역권, 전세권이 이에 속한다.

용익물권의 종류
- 지상권 : 타인의 토지에 건물이나 수목 등을 설치하여 사용하는 물권
- 지역권 : 타인의 토지를 자기 토지의 편익을 위하여 이용하는 물권
- 전세 : 전세금을 지급하고 타인의 토지 또는 건물을 사용·수익하는 물권

03

정답 ③

- 선고유예 : 형의 선고유예를 받은 날로부터 2년이 경과한 때에는 면소된 것으로 간주한다(형법 제60조).
- 집행유예 : 양형의 조건을 참작하여 그 정상에 참작할 만한 사유가 있는 때에는 1년 이상 5년 이하의 기간 형의 집행을 유예할 수 있다(형법 제62조 제1항).

04

정답 ⑤

몰수의 대상(형법 제48조 제1항)
1. 범죄행위에 제공하였거나 제공하려고 한 물건
2. 범죄행위로 인하여 생겼거나 취득한 물건
3. 제1호 또는 제2호의 대가로 취득한 물건

05

정답 ②

상법상 법원에는 상사제정법(상법전, 상사특별법령, 상사조약), 상관습법, 판례, 상사자치법(회사의 정관, 이사회 규칙), 보통거래약관, 조리 등이 있다. 조례는 해당되지 않는다.

06

정답 ④

촉법소년의 적용 연령은 10세 이상 14세 미만이고, 우범소년의 적용 연령은 10세 이상의 소년(19세 미만)이다.

보호의 대상과 송치 및 통고(소년법 제4조 제1항)
다음 각 호의 어느 하나에 해당하는 소년은 소년부의 보호사건으로 심리한다.
1. 죄를 범한 소년(범죄소년)
2. 형벌 법령에 저촉되는 행위를 한 10세 이상 14세 미만인 소년(촉법소년)
3. 다음 각 목에 해당하는 사유가 있고 그의 성격이나 환경에 비추어 앞으로 형벌 법령에 저촉되는 행위를 할 우려가 있는 10세 이상인 소년(우범소년)

  가. 집단으로 몰려다니며 주위 사람들에게 불안감을 조성하는 성벽이 있는 것
  나. 정당한 이유 없이 가출하는 것
  다. 술을 마시고 소란을 피우거나 유해환경에 접하는 성벽이 있는 것

07

정답 ④

환경보전의 의무는 국민뿐만 아니라 국가에도 적용되는 기본 의무이다.

헌법에 명시된 기본 의무
- 교육의 의무 : 모든 국민은 그 보호하는 자녀에게 적어도 초등교육과 법률이 정하는 교육을 받게 할 의무를 진다(헌법 제31조 제2항).
- 근로의 의무 : 모든 국민은 근로의 의무를 진다. 국가는 근로의 의무의 내용과 조건을 민주주의 원칙에 따라 법률로 정한다(헌법 제32조 제2항).
- 환경보전의 의무 : 모든 국민은 건강하고 쾌적한 환경에서 생활할 권리를 가지며, 국가와 국민은 환경보전을 위하여 노력하여야 한다(헌법 제35조 제1항).
- 납세의 의무 : 모든 국민은 법률이 정하는 바에 의하여 납세의 의무를 진다(헌법 제38조).
- 국방의 의무 : 모든 국민은 법률이 정하는 바에 의하여 국방의 의무를 진다(헌법 제39조 제1항).

08

정답 ①

행정청의 처분의 효력 유무 또는 존재 여부를 확인하는 심판은 행정심판의 종류 중 무효등확인심판에 해당한다(행정심판법 제5조 제2호).

헌법 제111조 제1항
헌법재판소는 다음 사항을 관장한다.
1. 법원의 제청에 의한 법률의 위헌 여부 심판
2. 탄핵의 심판
3. 정당의 해산 심판
4. 국가기관 상호 간, 국가기관과 지방자치단체 간 및 지방자치단체 상호 간의 권한쟁의에 관한 심판
5. 법률이 정하는 헌법소원에 관한 심판

09

정답 ③

채권·재산권의 소멸시효(민법 제162조)
① 채권은 10년간 행사하지 아니하면 소멸시효가 완성한다.
② 채권 및 소유권 이외의 재산권은 20년간 행사하지 아니하면 소멸시효가 완성한다.

PART 1

직업기초능력

01 | 의사소통능력
기출예상문제

01	02	03	04	05	06	07	08	09	10
③	②	⑤	②	④	③	③	⑤	③	④
11	12	13	14	15	16	17	18	19	20
①	⑤	①	③	③	②	③	③	③	②

01

정답 ③

보라는 여러 힘든 일로 인해 지쳐 있는 상태이나, 정식이 느끼는 보라의 상태는 이와 전혀 다르다. 이는 감정 또는 느낌은 사람에 대하여 근본적으로 측정할 수 없음을 나타내는 측정불가능성을 나타낸다.

[오답분석]

① 반성적 사고 : 자신의 사고 내용이나 사고 과정을 인지할 수 있는 것을 의미한다.
② 고유성 : 고유한 성질이나 속성으로 다른 것으로 대체할 수 없음을 의미한다.
④ 대화가능성 : 언어로 불리고 말해질 때, 언어로 반응할 수 있는 것을 의미한다.
⑤ 체계성 : 일정한 원리에 따라 짜임새 있게 조직되어 통일된 전체를 이루는 것을 의미한다.

02

정답 ②

인상적인 의사소통이란 의사소통 과정에서 상대방에게 같은 내용을 전달해도 이야기를 새롭게 부각시켜 인상을 주는 것을 의미한다.

[오답분석]

① 상대가 어느 정도 예측했다는 반응을 나타나게 하는 것이 아니라 상대방으로 하여금 감탄하게 만드는 것이다.
③ 자신에게 익숙한 말이나 표현만을 사용하면 전달하고자 하는 이야기의 내용에 신선함과 풍부함 등이 떨어져 의사소통에 집중하기 어렵다.
④ 회사 내에서만 생활하는 직업인의 경우 인상적인 의사소통의 중요성을 잊기 쉽다.
⑤ 인상적 의사소통에서는 선물 포장처럼 자신의 의견도 적절히 꾸미고 포장하는 것이 필요하다.

03

정답 ⑤

의미 전달에 중요하지 않은 경우에는 한자 사용을 자제하도록 하며, 상용한자의 범위 내에서 사용하여야 상대방의 문서이해에 도움이 된다.

04

정답 ②

B대리는 상대방이 제시한 아이디어를 비판하고 있다. 따라서 브레인스토밍에 적절하지 않은 태도를 보였다.

브레인스토밍
• 다른 사람이 아이디어를 제시할 때 비판하지 않는다.
• 문제에 대한 제안은 자유롭게 이루어질 수 있다.
• 아이디어는 많이 나올수록 좋다.
• 모든 아이디어가 제안되고 나면 이를 결합하고 해결책을 마련한다.

05

정답 ④

제시된 문장의 '묘사(描寫)'는 '어떤 대상이나 현상 따위를 있는 그대로 언어로 서술하거나 그림으로 그려서 나타내는 것'이다. 그러므로 보기의 앞에는 어떤 모습이나 장면이 나와야 한다. 또한, 보기에서 묘사는 '본 사람이 무엇을 중요하게 판단하고, 무엇에 흥미를 가졌느냐에 따라 크게 다르다.'라고 했으므로 보기 뒤에는 '어느 부분에 주목하고, 또 어떻게 그것을 해석했는지에 따라 즐겁기도 하고 무섭기도 하다.'라는 내용이 오는 것이 적절하다. 따라서 보기는 (라)에 위치하는 것이 자연스럽다.

06

정답 ③

제시문은 '디드로 효과'라는 개념에 대해 설명하는 글로, 디드로가 친구로부터 받은 실내복을 입게 되면서 벌어진 일련의 일들에 대하여 '친구로부터 실내복을 받음 → 옛 실내복을 버림 → 실내복에 어울리게끔 책상을 바꿈 → 서재의 벽장식을 바꿈 → 결국 모든 걸 바꾸게 됨'의 과정으로 인과관계에 따라 서술하고 있다. 친구로부터 실내복을 받은 것이 첫 번째 원인이 되고 그 이후의 일들은 그것의 결과이자 새로운 원인이 되어 일어나게 된다.

07

정답 ③

중궁전은 궁궐 남쪽이 아닌 궁궐 중앙부의 가장 깊숙한 곳에 위치한다. 궁궐은 남쪽에서 북쪽에 걸쳐 외전, 내전(궁궐 중앙부), 후원의 순서로 구성되므로, 궁궐 남쪽에서 공간적으로 가장 멀리 위치한 곳은 후원에 속한 어느 공간일 것이다.

오답분석

① 내농포는 왕이 직접 농사를 체험하는 소규모 논으로서 후원에 위치한다. 후원은 금원이라고도 불렸으므로 옳은 내용이다.
② 내전은 왕과 왕비의 공식 활동과 일상적인 생활이 이루어지는 곳이라고 하였으므로 옳은 내용이다.
④ 외전은 왕이 의례, 외교, 연회 등의 정치 행사를 공식적으로 치르는 공간이므로 외국 사신 응대 의식도 외전에서 거행되었을 것이다.
⑤ 동궁은 차기 왕위 계승자인 세자의 활동 공간이며 세자를 '떠오르는 해'라는 의미로 '동궁'이라고 부르기도 했다는 점에서 옳은 내용이다.

08

정답 ⑤

담당자의 E-mail과 연락처는 이미 5번에 명시되어 있으므로 추가할 내용으로 적절하지 않다.

09

정답 ③

제한된 증거를 가지고 결론을 도출하는 '성급한 일반화의 오류'의 사례로 볼 수 있다.

오답분석

① 대중에 호소하는 오류로 볼 수 있다. 소비자의 80%가 사용하고 있다는 점과 세탁기의 성능은 논리적으로 연결되지 않는다.
② 권위에 호소하는 오류로 볼 수 있다. 도서 디자인과 무관한 인사부 최부장님의 견해를 신뢰하여 발생하는 오류로 볼 수 있다.
④ 인신공격의 오류로 볼 수 있다. 기획서 내용을 반박하면서 이와 무관한 K사원의 성격을 근거로 사용하여 발생하는 오류로 볼 수 있다.
⑤ 대중에 호소하는 오류로 볼 수 있다. 대마초 허용에 많은 사람들이 찬성했다는 이유만으로 대마초와 관련된 의약개발 투자를 주장하여 발생하는 오류로 볼 수 있다.

10

정답 ④

제시문의 핵심 내용은 '기본 모델'에서는 증권시장에서 주식의 가격이 '기업의 내재적인 가치'라는 객관적인 기준에 근거하여 결정된다고 보지만, '자기참조 모델'에서는 주식의 가격이 증권시장에 참여한 사람들의 여론에 의해, 즉 인간의 주관성에 의해 결정된다고 본다는 것이다. 따라서 제시문은 주가 변화의 원리에 초점을 맞추어 다른 관점들을 대비하고 있다.

11

정답 ①

글쓴이는 객관적인 기준을 중시하는 기본 모델은 주가 변화를 제대로 설명하지 못하지만, 인간의 주관성을 중시하는 자기 참조 모델은 주가 변화를 제대로 설명하고 있다고 보고 있다. 따라서 증권시장의 객관적인 기준이 인간의 주관성보다 합리적임을 보여준다는 진술은 제시문의 내용과 다르다.

12

정답 ⑤

'자기참조 모델'에서는 투자자들이 객관적인 기준에 따르기보다는 여론을 모방하여 주식을 산다고 본다. 그 모방은 합리적이라고 인정되는 다수의 비전인 '묵계'에 의해 인정된다. 증권시장은 이러한 묵계를 조성하고 유지해 가면서 경제를 자율적으로 평가할 수 있는 힘을 가진다. 따라서 증권시장은 '투자자들이 묵계를 통해 자본의 가격을 산출해 내는 제도적 장치'인 것이다.

13

정답 ①

'본받다'는 '본을 받다'에서 목적격 조사가 생략되고, 명사 '본'과 동사 '받다'가 결합한 합성어이다. 즉, 하나의 단어로 '본받는'이 옳은 표기이다.

14

정답 ③

제시문의 핵심 논지는 4차 산업혁명의 신기술로 인해 금융의 종말이 올 것임을 예상하는 것이다. 따라서 앞으로도 기술 발전은 금융업의 본질을 바꾸지 못할 것임을 나타내는 ③이 비판 내용으로 가장 적절하다.

15

정답 ③

제시문은 태양의 온도를 일정하게 유지해 주는 에너지원에 대한 설명이다. 태양의 온도가 일정하게 유지되는 이유는 태양 중심부의 온도가 올라가 핵융합 에너지가 늘어나면 에너지의 압력으로 수소를 밖으로 밀어내어 중심부의 밀도와 온도를 낮춰주기 때문이다. 즉, 태양 내부에서 중력과 핵융합 반응의 평형상태가 유지되기 때문에 태양은 50억 년간 빛을 낼 수 있었고, 앞으로도 50억 년 이상 더 빛날 수 있는 것이다. 따라서 빈칸에 들어갈 내용으로는 '태양이 오랫동안 안정적으로 빛을 낼 수 있게 된다.'가 가장 적절하다.

16

제시문은 세 가지 입장에 대해서 말하고 있는데, 첫 번째 입장은 이른바 '계몽의 변증법'이라는, 과거 우리가 잘 모른다고 생각한 상태에서 계몽주의에 이르기까지, 그리고 이를 넘어서 인간의 '이성'이 어떤 양태를 보여 왔는지에 대해서 서술하고 있다. 두 번째 입장은 인간의 역사성을 역설하며, 인간을 이해하기 위해서는 그의 존재 지평에서 이탈한 독자적인 존재로서의 대상으로 되어서는 안 된다고 한다. 세 번째 입장은 일반적으로 지식이 권력에 대항한다는 인식을 뒤집어, 권력 그리고 권력과 지식의 관계를 재정의하는 작업이다.

- (가) : 계몽의 작업이 공포를 몰아내는 작업이라는 것이 명시되어 있듯이, ⓒ은 인간의 계몽 작업이 왜 이루어져 왔는지를 요약하는 문장이다.
- (나) : 이해가 역사 속에서 가능하다는 ㉠은 두 번째 입장을 잘 요약하고 있는 문장이다.
- (다) : 권력과 지식의 관계가 대립이 아니라는 세 번째 입장에 비추어 볼 때, ㉡이 적절하다.

17

놀이공원이나 휴대전화 요금제 등을 미루어 생각해 볼 때, 이부가격제는 이윤 추구를 최대화하려는 기업의 가격 제도이다.

18

탑승자가 1명이라면 우선순위인 인명 피해 최소화의 규칙 2에 따라 아이 2명의 목숨을 구하기 위해 자율주행 자동차는 오른쪽 또는 왼쪽으로 방향을 바꿀 것이다. 이때 다음 순위인 교통 법규 준수의 규칙 3에 따라 교통 법규를 준수하게 되는 오른쪽으로 방향을 바꿀 것이다.

오답분석
①·⑤ 탑승자 보호의 규칙 1이 인명 피해 최소화의 규칙 2보다 높은 순위라면 자율주행 자동차는 탑승자를 보호하기 위해 직진을 하였을 것이다.
② 탑승자 2명과 아이 2명으로 피해 인원수가 동일하기 때문에 마지막 순위인 탑승자 보호의 규칙 1에 따라 탑승자를 보호하기 위해 자율주행 자동차는 직진하였을 것이다.
④ 탑승자가 2명이라면 인명 피해를 최소화하기 위해 오른쪽이 아닌 왼쪽으로 방향을 바꿔 오토바이와 충돌하였을 것이다.

19

ⓒ의 '이율배반적 태도'를 통해 인명 피해를 최소화하도록 설계된 자율주행 자동차가 도로에 많아지는 것을 선호하는 대다수의 사람들이 실제로는 이와 다른 태도를 보여준다는 것을 예측할 수 있다. 따라서 빈칸에는 사람들이 '아니다'라는 대답을 통해 실제로 자율주행 자동차에 대한 부정적인 태도를 보여줄 수 있는 질문이 들어가기에 적절하다. 자동차 탑승자 자신을 희생하더라도 보다 많은 사람의 목숨을 구하도록 설계된 자율주행 자동차의 실제 구매 의향을 묻는 ③에 대한 '아니다'라는 대답은 결국 탑승자 본인의 희생은 원하지 않는 이율배반적 태도를 보여준다.

오답분석
① 사람들이 직접 운전하는 것을 선호하지 않는다면 도로에 자율주행 자동차가 많아지게 될 것이므로 적절하지 않다.
② 자율주행 자동차가 낸 교통사고에 대한 탑승자의 책임과 자율주행 자동차에 대한 이율배반적 태도는 관련이 없다.
④·⑤ '아니다'라고 대답할 경우 인명 피해를 최소화하도록 설계된 자율주행 자동차를 선호한다는 의미가 되므로 이율배반적 태도를 보여주지 않는다.

20

채집음식이란 재배한 식물이 아닌 야생에서 자란 음식재료를 활용하여 만든 음식을 의미한다.

오답분석
① 로가닉의 희소성은 루왁 커피를 사례로 봄으로써 까다로운 채집과정과 인공의 힘으로 불가능한 생산과정을 거치면서 나타남을 알 수 있다.
③ 로가닉은 '천연상태의 날 것'을 유지한다는 점에서 기존의 오가닉과 차이를 가짐을 알 수 있다.
④ 소비자들이 로가닉 제품의 스토리텔링에 만족한다면 높은 가격은 더 이상 매출 상승의 장애 요인이 되지 않을 것으로 보고 있다.
⑤ '로가닉 조리법'을 활용한 외식 프랜차이즈 브랜드가 꾸준히 인기를 끌고 있음을 확인할 수 있다.

02 | 수리능력
기출예상문제

01	02	03	04	05	06	07	08	09	10	11	12	13	14	15	16	17	18	19	20
③	④	①	⑤	①	⑤	②	①	②	①	③	②	②	②	②	②	④	③	④	⑤

01

정답 ③

1년 후의 개체 수는 $\left(\dfrac{12}{10}x-1,000\right)$ 마리이므로 2년 후의 개체 수는 $\dfrac{12}{10}\left(\dfrac{12}{10}x-1,000\right)-1,000=\left(\dfrac{36}{25}x-2,200\right)$ 마리다.

02

정답 ④

할인받기 전 종욱이가 지불할 금액은 $25,000\times2+8,000\times3=74,000$원이다. 통신사 할인과 깜짝 할인을 적용한 후의 금액은 $(25,000\times2\times0.85+8,000\times3\times0.75)\times0.9=54,450$원이다. 따라서 총 할인된 금액은 $74,000-54,450=19,550$원이다.

03

정답 ①

전체 월급을 1이라고 하자.
- 저금한 나머지 : $1-\dfrac{1}{4}=\dfrac{3}{4}$
- 모임회비와 월세 : $\dfrac{3}{4}\times\dfrac{1}{4}+\dfrac{3}{4}\times\dfrac{2}{3}=\dfrac{11}{16}$
- 모임회비와 월세를 낸 후 나머지 : $\dfrac{3}{4}-\dfrac{11}{16}=\dfrac{1}{16}$
- 부모님 용돈 : $\dfrac{1}{16}\times\dfrac{1}{2}=\dfrac{1}{32}$
- 생활비 : $\dfrac{1}{16}-\dfrac{1}{32}=\dfrac{1}{32}$

04

정답 ⑤

아버지, 은서, 지은이의 나이를 각각 x세, $\dfrac{1}{2}x$세, $\dfrac{1}{7}x$세라고 하자.

$\dfrac{1}{2}x-\dfrac{1}{7}x=15 \rightarrow 7x-2x=210$

$\therefore x=42$

05

정답 ①

어른의 좌석 수를 x개, 어린이의 좌석 수를 y개라 하자.

$9,000x+3,000y=3,300,000 \rightarrow 3x+y=1,100$

$\rightarrow y=1,100-3x \cdots \bigcirc$

550개의 좌석 중 빈 좌석이 1개 이상 있었으므로 $x+y \leq 549 \cdots \bigcirc$

$\bigcirc$을 $\bigcirc$에 대입하면, $1,100-2x \leq 549 \rightarrow x \geq 275.5$

따라서 뮤지컬을 관람한 어른의 수는 최소 276명이다.

06

정답 ⑤

(세 번 안에 승패가 가려질 확률)=1-(세 번 모두 승패가 가려지지 않을 확률)이다.

한 번의 가위바위보에서 세 사람이 낼 수 있는 경우의 수는 $3 \times 3 \times 3=27$가지이고, 그중 승패가 나오지 않는 경우의 수는 모두 같은 것을 내는 경우(3가지), 모두 다른 것을 내는 경우(6가지)로 9가지이다. 그러므로 한 번의 시행에서 승패가 가려지지 않을

확률은 $\dfrac{9}{27}=\dfrac{1}{3}$이다. 따라서 세 번 안에 승자와 패자가 가려질 확률은 $1-\left(\dfrac{1}{3}\right)^3=\dfrac{26}{27}$이다.

07

정답 ②

6개의 숫자를 가지고 여섯 자리 수를 만드는 경우의 수는 6!인데, 그중 1이 3개, 2가 2개로 중복되어 $3! \times 2!$의 경우가 겹친다.

따라서 가능한 모든 경우의 수는 $\dfrac{6!}{3! \times 2!}=60$가지이다.

08

정답 ①

대두의 대미 수입규모는 전체의 43.9%이지만, 주어진 자료만 가지고 세계에서 가장 규모가 큰지는 알 수 없다.

오답분석

② 곡류는 3,872백만 달러로, 수입 금액이 가장 크다.

③ 치즈의 대미 수입 비중은 전체의 50%이므로 가장 크다.

④ 밀의 전체 수입규모는 4,064천 톤으로, 미국에서 수입하는 밀의 규모인 1,165천 톤의 세 배가 넘는다.

⑤ 돼지고기는 축산물 중 물량이 가장 많고, 쇠고기는 금액이 가장 높다.

09

정답 ②

기원이의 체중이 11kg 증가하면 71+11=82kg이다. 이 경우 비만도는 $\dfrac{82}{73.8} \times 100 \fallingdotseq 111\%$이므로 과체중에 도달한다. 따라서

기원이가 과체중이 되기 위해서는 11kg 이상 체중이 증가하여야 한다.

오답분석

① • 혜지의 표준체중 : $(158-100) \times 0.9=52.2$kg

   • 기원이의 표준체중 : $(182-100) \times 0.9=73.8$kg

③ • 혜지의 비만도 : $\dfrac{58}{52.2} \times 100 \fallingdotseq 111\%$

   • 기원이의 비만도 : $\dfrac{71}{73.8} \times 100 \fallingdotseq 96\%$

   • 용준이의 표준체중 : $(175-100) \times 0.9=67.5$kg

   • 용준이의 비만도 : $\dfrac{96}{67.5} \times 100 \fallingdotseq 142\%$

90% 이상 110% 이하이면 정상체중이므로 3명의 학생 중 정상체중인 학생은 기원이뿐이다.
④ 용준이가 정상체중 범주에 속하려면 비만도가 110% 이하여야 한다.

$$\frac{x}{67.5} \times 100 \leq 110\% \rightarrow x \leq 74.25$$

즉, 현재 96kg에서 정상체중이 되기 위해서는 약 22kg 이상 감량을 해야 한다.
⑤ 혜지의 현재체중과 표준체중의 비만도 차이는 111%−100%로 11%p이다. 용준이의 현재체중과 표준체중의 비만도 차이는 142%−100%=42%p이다. 혜지의 비만도 차이에 4배를 한 값은 44%p이므로 용준이의 비만도 차이 값인 42%p보다 더 크다.

10

주어진 자료의 수치는 비율뿐이므로 실업자의 수는 알 수 없다.

오답분석

② 2021년 대비 2022년 실업자의 비율은 2%p 증가하였다.
③ 2021년 대비 2022년 경제활동인구 비율은 80%에서 70%로 감소하였다.
④ 2021년 대비 2022년 취업자 비율은 12%p 감소한 반면, 실업자 비율은 2%p 증가하였기 때문에 취업자 비율의 증감폭이 더 크다.
⑤ 2021년 대비 2022년 비경제활동인구 비율은 20%에서 30%로 증가하였다.

11

정답 ③

대치동의 증권자산은 23.0−17.7−3.1=2.2조 원이고, 서초동의 증권자산은 22.6−16.8−4.3=1.5조 원이므로 옳은 설명이다.

오답분석

① 압구정동의 가구 수는 $\frac{14.4}{12.8} \fallingdotseq 1.13$가구, 여의도동의 가구 수는 $\frac{24.9}{26.7} \fallingdotseq 0.93$가구이므로 옳지 않은 설명이다.
② 이촌동의 가구 수가 2만 가구 이상이라면, 총자산이 7.4×20,000억=14.8조 원 이상이어야 한다. 그러나 이촌동은 총자산이 14.4조 원인 압구정동보다 순위가 낮으므로 이촌동의 가구 수는 2만 가구 미만인 것을 추론할 수 있다.
④ 여의도동의 부동산자산은 12.3조 원 미만이다. 여의도동의 부동산자산을 12.2조 원이라고 가정하면, 여의도동의 증권자산은 최대 24.9−12.2−9.6=3.1조 원이므로 옳지 않은 설명이다.
⑤ 도곡동의 총자산 대비 부동산자산의 비율은 $\frac{12.3}{15.0} \times 100 = 80\%$이고, 목동의 총자산 대비 부동산자산의 비율은 $\frac{13.7}{15.5} \times 100 \fallingdotseq 88.4\%$이므로 옳지 않은 설명이다.

12

정답 ②

2014 ~ 2018년 전통사찰 지정·등록 수의 평균은 (17+15+12+7+4)÷5=11개소이므로 옳은 설명이다.

오답분석

① 2019년 전통사찰 지정·등록 수는 전년 대비 동일하고, 2022년 전통사찰 지정·등록 수는 전년 대비 증가했으므로 옳지 않은 설명이다.
③ 2016년 전년 대비 지정·등록 감소폭은 3개소, 2020년 전년 대비 지정·등록 감소폭은 2개소이므로 옳지 않은 설명이다.
④ 주어진 자료만으로는 2022년 전통사찰 총 등록현황을 파악할 수 없다.
⑤ 2016년 전통사찰 지정·등록 수는 전년 대비 3개소 감소했으므로 옳지 않은 설명이다.

13

2021년과 2022년 총 매출액에 대한 비율은 차이가 없는 기타 영역이 가장 적다.

오답분석

① 2022년 총 매출액은 2021년 총 매출액보다 $2,544-1,903=641$억 원 더 많다.
③ 애니메이션 영역의 매출액 비중은 전년 대비 2022년에 $12.6-9.7=2.9$%p 감소하였고, 게임 영역의 매출액 비중은 전년 대비 2022년에 $56.2-51.4=4.8$%p 감소하였으므로 옳은 설명이다.
④ 2021년과 2022년 모두 매출액에서 게임 영역이 차지하는 비율은 각각 56.2%, 51.4%이므로 옳은 설명이다.
⑤ 모든 분야의 2022년 매출액은 각각 전년 대비 증가한 것을 확인할 수 있다.

14

전국 컴퓨터 대수 중 스마트폰 비율은 8.7%로, 전체 컴퓨터 대수 중 노트북 비율의 30%인 $20.5\times0.3\fallingdotseq6.15$% 이상이다.

오답분석

① 서울 업체가 보유한 노트북 수는 $605,296\times0.224\fallingdotseq135,586$대이므로 20만 대 미만이다.
③ 대전 업체가 보유한 데스크톱 수는 $68,270\times0.662\fallingdotseq45,195$대, 울산은 $42,788\times0.675\fallingdotseq28,882$대이고, 전국 데스크톱 대수는 $2,597,791\times0.594\fallingdotseq1,543,088$대이다. 따라서 대전과 울산 업체가 보유한 데스크톱이 전체에서 차지하는 비율은 $\dfrac{45,195+28,882}{1,543,088}\times100\fallingdotseq4.9$%이므로 옳은 설명이다.
④ PDA 보유 대수는 전북이 $88,019\times0.003\fallingdotseq264$대이며, 전남의 15%인 $91,270\times0.015\times0.15\fallingdotseq205$대 이상이므로 옳은 설명이다.
⑤ 강원 업체의 태블릿 PC 대수는 $97,164\times0.04\fallingdotseq3,887$대이고, 경북의 노트북 대수는 $144,644\times0.069\fallingdotseq9,980$대이다. 따라서 경북의 노트북 보유 대수가 강원의 태블릿 PC 보유 대수보다 $9,980-3,887=6,093$대 더 많다.

15

'SOC, 산업·중소기업, 통일·외교, 공공질서·안전, 기타'의 5개 분야가 전년 대비 재정지출액이 증가하지 않은 해가 있다.

오답분석

① 교육 분야의 전년 대비 재정지출 증가율은 다음과 같다.

- 2019년 : $\dfrac{27.6-24.5}{24.5}\times100\fallingdotseq12.7$%p
- 2020년 : $\dfrac{28.8-27.6}{27.6}\times100\fallingdotseq4.3$%p
- 2021년 : $\dfrac{31.4-28.8}{28.8}\times100\fallingdotseq9.0$%p
- 2022년 : $\dfrac{35.7-31.4}{31.4}\times100\fallingdotseq13.7$%p

따라서 교육 분야의 전년 대비 재정지출 증가율이 가장 높은 해는 2022년이다.
③ 2018년에는 기타 분야가 예산에서 차지하고 있는 비율이 더 높았다.
④ 'SOC(-8.6%), 산업·중소기업(2.5%), 환경(5.9%), 기타(-2.9%)' 분야가 해당한다.
⑤ 통일·외교 분야는 '증가 – 증가 – 감소 – 증가'이고, 기타 분야는 '감소 – 감소 – 증가 – 증가'로 두 분야의 증감추이는 동일하지 않다.

16

• 사회복지·보건 분야의 2020년 대비 2021년 재정지출 증감률 : $\frac{61.4-56.0}{56.0} \times 100 ≒ 9.6\%$p

• 공공질서·안전 분야의 2020년 대비 2021년 재정지출 증감률 : $\frac{10.9-11.0}{11.0} \times 100 ≒ -0.9\%$p

따라서 두 분야의 2020년 대비 2021년 재정지출 증감률 차이는 $9.6-(-0.9)=10.5\%$p이다.

17

정답 ④

ㄱ. 초등학생의 경우 남성의 스마트폰 중독 비율이 33.35%이므로 29.58%인 여성보다 높은 것을 알 수 있지만, 중·고생의 경우
남성의 스마트폰 중독 비율이 32.71%이므로 32.72%인 여성보다 0.01%p가 낮다.

ㄷ. 대도시에 사는 초등학생 수를 a명, 중·고생 수를 b명, 전체 인원을 $(a+b)$명이라고 하면, 대도시에 사는 학생 중 스마트폰
중독 인원에 관한 방정식은 다음과 같다.

$30.80 \times a + 32.40 \times b = 31.95 \times (a+b)$

$\rightarrow 1.15 \times a = 0.45 \times b \rightarrow b ≒ 2.6a$

따라서 대도시에 사는 중·고생 수가 초등학생 수보다 2.6배 많다.

ㄹ. 초등학생의 경우 기초수급가구의 경우 스마트폰 중독 비율이 30.35%이므로, 31.56%인 일반 가구의 경우보다 스마트폰 중독
비율이 낮다. 중·고생의 경우에도 기초수급가구의 경우 스마트폰 중독 비율이 31.05%이므로, 32.81%인 일반가구의 경우보
다 스마트폰 중독 비율이 낮다.

오답분석

ㄴ. 한부모·조손 가족의 스마트폰 중독 비율은 초등학생의 경우가 28.83%로, 중·고생의 70%인 $31.79 \times 0.7 ≒ 22.3\%$ 이상이므
로 옳은 설명이다.

18

정답 ③

2011년 이후 매년 엔젤계수가 엥겔계수보다 큰 비율을 차지한다.

오답분석

① 2017년 엔젤계수의 전년 대비 상승폭은 1.8%p이며, 2018년도에는 전년 대비 0.4%p 상승했다.

② 2009년 대비 2019년, 엥겔계수 하락폭은 $16.6-12.2=4.4\%$p로, 엔젤계수 상승폭인 $20.1-14.4=5.7\%$p보다 작다.

④ 2013 ~ 2017년 동안 매년 18세 미만 자녀에 대한 보육·교육비 대비 식료품비의 비율은 $\frac{(엥겔계수)}{(엔젤계수)}$이며, 분모인 엔젤계수는

계속 증가하고 분자인 엥겔계수는 계속 감소하거나 엔젤계수의 증가폭에 못미치게 증가하기 때문에 비율은 감소한다.

⑤ 엔젤계수는 가장 높은 해는 2018년 20.5%이고, 가장 낮은 해는 2009년 14.4%이므로 두 비율의 차이는 6.1%p이다.

19

정답 ④

2022년 OECD 국가의 자동차 연료별 상대가격에 대한 자료는 보고서를 작성하는 데 활용되지 않았다.

오답분석

① '국내 자동차 등록 대수는 매년 꾸준히 증가하여 2022년 1,732만 대를 넘어섰다.'라는 부분을 작성하는 데 활용된 자료이다.

② '2021년 기준으로 국내 대기오염물질 배출량 중 자동차 배기가스가 차지하는 비중은 일산화탄소(CO) 67.5%, 질소산화물(NOx)
41.7%, 미세먼지(PM10) 23.5%이다.'라는 부분을 작성하는 데 활용된 자료이다.

③ '운송수단별 수송분담률에서도 자동차가 차지하는 비중은 2022년 75% 이상이다.'라는 부분을 작성하는 데 활용된 자료이다.

⑤ '한편 2022년 자동차 1대당 인구는 2.9명으로 미국에 비해 2배 이상이다.'라는 부분을 작성하는 데 활용된 자료이다.

20

⑤

1인당 GDP 순위는 E>C>B>A>D이다. 그런데 1인당 GDP가 가장 큰 E국은 1인당 GDP가 2위인 C국보다 1%p 정도밖에 높지 않은 반면, 인구는 C국의 $\frac{1}{10}$ 이하이므로 총 GDP 역시 C국보다 작다. 따라서 1인당 GDP 순위와 총 GDP 순위는 일치하지 않는다.

오답분석

① 경제성장률이 가장 큰 국가는 D국이고, 5개국의 총 GDP는 다음과 같다.
- A국 : 27,214×50.6=1,377,028.4백만 달러
- B국 : 32,477×126.6=4,111,588.2백만 달러
- C국 : 55,837×321.8=17,968,346.6백만 달러
- D국 : 25,832×46.1=1,190,855.2백만 달러
- E국 : 56,328×24=1,351,872백만 달러

따라서 경제성장률이 가장 큰 D국의 총 GDP가 가장 작다.

② 총 GDP가 가장 큰 국가는 C국이고, 가장 작은 국가는 D국이다. C국의 총 GDP는 D국의 총 GDP보다 $\frac{17,968,346.6}{1,190,855.2} ≒ 15$배이므로 옳은 설명이다.

③ 수출 및 수입 규모에 따른 순위는 각각 C>B>A>D>E이므로 옳은 설명이다.

④ A국의 총 GDP는 1,377,028.4백만 달러, E국의 총 GDP는 1,351,872백만 달러이므로 A국의 총 GDP가 더 크다.

01	02	03	04	05	06	07	08	09	10	11	12	13	14	15	16	17	18	19	20
⑤	③	④	④	③	⑤	③	③	②	②	④	③	①	②	④	①	①	②	②	①

01
정답 ⑤

학생을 A ~ F로 하고, 주어진 조건을 표로 정리하면 다음과 같다.

구분	A	B	C	D	E	F
아침	된장찌개	된장찌개	된장찌개	김치찌개	김치찌개	김치찌개
점심	김치찌개	김치찌개	된장찌개	된장찌개	된장찌개	김치찌개
저녁	김치찌개	김치찌개	김치찌개	된장찌개	된장찌개	된장찌개

따라서 김치찌개는 총 9그릇이 필요하다.

02
정답 ③

조건을 바탕으로 비싼 순서로 나열하면 구두>운동화>슬리퍼>부츠 순서이다. 따라서 A와 B 모두 옳은 내용이다.

03
정답 ④

주어진 조건에 따라 면접 순서를 정리하면 다음과 같다.

구분	1번	2번	3번	4번	5번	6번
경우 1	F	B	C	A	D	E
경우 2	F	E	C	A	D	B
경우 3	F	C	A	D	E	B
경우 4	E	F	C	A	D	B

따라서 모두 4가지 경우가 가능하다.

04
정답 ④

어떠한 경우에도 F는 항상 C보다 일찍 면접을 본다.

[오답분석]
① 경우 1에서 D는 B보다 늦게 면접을 본다.
② 경우 1, 2, 4에서 C는 세 번째로 면접을 본다.
③ 경우 1, 3, 4에서 A는 E보다 일찍 면접을 본다.
⑤ 경우 1, 3에서 E는 D보다 늦게 면접을 본다.

05

정답 ③

어떠한 경우에도 D는 항상 오후에 면접을 본다.

06

정답 ⑤

가장 높은 등급을 1등급, 가장 낮은 등급을 5등급이라 하면 네 번째 조건에 의해 A는 3등급을 받는다. 또한 첫 번째 조건에 의해 E는 4등급 또는 5등급이다. 이때, 두 번째 조건에 의해 C가 5등급, E가 4등급을 받고, 세 번째 조건에 의해 B는 1등급, D는 2등급을 받는다. 따라서 발송 대상자는 등급이 가장 낮은 2명인 C와 E이다.

07

정답 ③

B가 위촉되지 않는다면 첫 번째 조건의 대우에 의해 A는 위촉되지 않는다. A가 위촉되지 않으므로 두 번째 조건에 의해 D가 위촉된다. D가 위촉되므로 다섯 번째 조건에 의해 F도 위촉된다. 세 번째 조건과 네 번째 조건의 대우에 의해 C나 E 중 한 명이 위촉된다. 따라서 위촉되는 사람은 모두 3명이다.

08

정답 ③

스크린을 바라보는 방향을 기준으로 왼쪽부터 차례대로 1 ~ 7번 좌석이라고 하자.

비상구	7번	6번	5번	4번	3번	2번	1번	비상구
스크린								

다섯 번째 조건에 따라 G는 왼쪽이 비어있는 1번 좌석에 앉고, 여섯 번째 조건에 따라 C는 3번 좌석에 앉는다. 만약 A와 B가 4번 좌석, 6번 좌석 또는 5번 좌석, 7번 좌석에 앉는다면, D와 F가 나란히 앉을 수 없으므로 A와 B는 2번 좌석, 4번 좌석에 앉는다. 남은 5 ~ 7번 좌석 중 D와 F는 5, 6번 좌석 또는 6, 7번 좌석에 앉게 되고, 나머지 한 좌석에 E가 앉는다.

오답분석
①·②·④ E가 5번 좌석, D가 6번 좌석, F가 7번 좌석에 앉으면 성립하지 않는다.
⑤ B는 2번 좌석 또는 4번 좌석에 앉는다.

09

정답 ②

첫 번째, 네 번째 조건에 의해 A는 F와 함께 가야 한다. 그러면 두 번째 조건에 의해 B는 D와 함께 가야 하고, 세 번째 조건에 의해 C는 E와 함께 가야 한다.

10

정답 ②

등급별 환산점수로 총점을 구하고, 총점이 높은 순서대로 순위를 정한다. 이때, 상여금 지급규정에 따라 동순위자 발생 시 A등급의 빈도가 높은 순서대로 동순위자를 조정하여 다시 순서를 정한다. 이를 정리하면 다음과 같다.

성명	업무등급	소통등급	자격등급	총점	순위	동순위 조정	상여금(만 원)
유수연	100	90	90	280	2	2	150
최혜수	70	80	90	240	7	8	20
이명희	80	100	90	270	3	4	100
한승엽	100	100	70	270	3	3	150
이효연	90	90	80	260	5	6	20
김은혜	100	70	70	240	7	7	20
박성진	100	100	100	300	1	1	150
김민영	70	70	70	210	10	10	20
박명수	70	100	90	260	5	5	100
김신애	80	70	70	220	9	9	20

따라서 박성진, 유수연, 한승엽이 150만 원으로 가장 많은 상여금을 받는다.

11

박명수의 소통등급과 자격등급이 C로 정정되어 박명수의 총점은 70+80+80=230점이고, 총점 240점인 김은혜와 최혜수보다 낮은 순위로 내려간다. 따라서 이효연, 김은혜, 최혜수의 순위가 하나씩 올라가며, 박명수는 8위가 되므로 박명수를 제외한 3명의 순위변동이 발생한다.

12

• 비밀번호를 구성하는 숫자는 소수가 아니므로 [0, 1, 4, 6, 8, 9] 중에서 4자리 조합이다.
  소수 : 1과 자기 자신만으로 나누어지는 1보다 큰 양의 정수(예 2, 3, 5, 7…)
• 비밀번호는 짝수로 시작하며 가장 큰 수부터 차례로 4가지 숫자가 나열되므로, 9는 제외되고 8 또는 6으로 시작한다.
• 단, 8과 6은 단 하나만 비밀번호에 들어가므로 서로 중복하여 사용할 수 없다.
따라서 비밀번호는 8410 또는 6410 두 가지 숫자의 조합밖에 나오지 않는다.

[오답분석]
① 두 비밀번호 모두 0으로 끝나므로 짝수이다.
② 두 비밀번호의 앞에서 두 번째 숫자는 4이다.
④ 두 비밀번호 모두 1을 포함하지만 9는 포함하지 않는다.
⑤ 두 비밀번호 중에서 작은 수는 6410이다.

13

주어진 조건에 따라 직원 A~H가 앉을 수 있는 경우는 A-B-D-E-C-F-H-G이다. 여기서 D와 E의 자리를 서로 바꿔도 모든 조건이 성립하고, A-G-H와 D-E-C를 통째로 바꿔도 모든 조건이 성립한다. 따라서 가능한 경우의 수는 2×2=4가지이다.

14

F는 C와 함께 근무해야 한다. 수요일은 C가 근무할 수 없으므로 불가능하고, 토요일과 일요일은 E가 오전과 오후에 근무하므로, 2명씩 근무한다는 조건에 위배되어 C와 함께 근무할 수 없다. 따라서 가능한 요일은 월요일, 화요일, 목요일, 금요일로 총 4일이다.

15

정답 ④

수요일, 토요일, 일요일은 다음과 같이 근무조가 확정된다. 월요일, 화요일, 목요일, 금요일은 항상 C와 F가 근무하고, B와 C는 2일 이상, D는 3일 이상 근무해야 한다. 그리고 A는 오전에 근무하지 않고, D는 오전에만 근무가 가능하므로 수요일을 제외한 평일에 C와 F는 오전에 1일, 오후에 3일 근무하고, D는 오전에 3일 근무해야 한다. 이때, D는 B와 함께 근무하게 된다. 나머지 평일 오후는 A와 B가 함께 근무한다. 이를 정리하면 다음과 같다.

구분		월요일	화요일	수요일	목요일	금요일	토요일	일요일
경우 1	오전	C, F	B, D	B, D	B, D	B, D	C, E	C, E
	오후	A, B	C, F	A, B	C, F	C, F	A, E	A, E
경우 2	오전	B, D	C, F	B, D	B, D	B, D	C, E	C, E
	오후	C, F	A, B	A, B	C, F	C, F	A, E	A, E
경우 3	오전	B, D	B, D	B, D	C, F	B, D	C, E	C, E
	오후	C, F	C, F	A, B	A, B	C, F	A, E	A, E
경우 4	오전	B, D	B, D	B, D	B, D	C, F	C, E	C, E
	오후	C, F	C, F	A, B	C, F	A, B	A, E	A, E

따라서 B는 수요일에 오전, 오후에 2회 근무하므로 옳지 않은 설명이다.

오답분석

① C와 F는 월요일, 화요일, 목요일, 금요일 중 하루를 오전에 함께 근무한다.
②·⑤ ①의 경우를 제외한 평일 오전에는 D가 항상 B와 함께 근무한다.
③ E는 토요일, 일요일에 A, C와 2번씩 근무하고 주어진 조건으로부터 A는 오전에 근무하지 않는다고 하였으므로 옳은 설명이다.

16

정답 ①

모든 조건을 고려하면 A의 고향은 부산, B의 고향은 춘천, E의 고향은 대전이고, C, D의 고향은 각각 대구 또는 광주이다. 탑승자에 따라 열차의 경유지를 나타내면 다음과 같이 두 가지 경우가 나온다.

구분		대전	대구	부산	광주	춘천	탑승자
경우 1	열차 1	○	○	○			A, D, E
	열차 2	○		○		○	B
	열차 3	○			○		C
경우 2	열차 1	○		○	○		A, D, E
	열차 2	○		○		○	B
	열차 3	○	○				C

따라서 E의 고향은 대전이다.

17

정답 ①

열차 2는 대전, 부산, 춘천을 경유하므로 16번으로부터 열차 2를 탈 수 있는 사람은 A, B, E이다.

18

정답 ②

열차 1이 광주를 경유하면 16번으로부터 경우 2에 해당하므로 C의 고향은 대구이며, 열차 3은 대구를 경유한다.

19

초순수를 생산하기 위해서 용존산소 탈기, 한외여과의 공정과정을 거친다.

[오답분석]

① RO수를 생산하기 위해서 다중여과탑, 활성탄흡착, RO막 공정이 필요하다.

③ 이온교환, CO_2 탈기 공정을 통해 CO_2와 미량이온까지 제거해 순수를 생산한다.

④ 침전수는 10^{-6}m 크기의 물질까지 제거한다.

⑤ 석유화학에는 RO수를 제공하지만, RO수는 미량이온까지 제거하지 않은 산업용수이다.

20

• 모모 : 역사 안에는 자연의 힘으로 벌어지는 일과 지성과 사랑의 힘에 의해 일어나는 일이 있으며, 자연의 힘으로 벌어지는 일에는 선과 악이 없지만, 지성과 사랑의 힘에 의해 일어나는 일에는 선과 악이 있다. 따라서 역사 안에서 일어나는 일 가운데는 선과 악이 있는 일도 존재하게 되는 것이라고 하였으므로 모두 참이 된다.

[오답분석]

• 나나 : 자연의 힘으로 벌어지는 모든 일에는 선과 악이 없으므로 자연의 힘만으로 전개되는 역사 안에서 일어나는 모든 일에는 선과 악이 없지만, 개인이 선할 가능성은 남아 있다고 하였다. 그러나 개인은 역사 바깥에 나가지도 못하고, 자연의 힘을 벗어날 수도 없다고 하였으므로 결국 개인이 선할 가능성은 없으므로 이는 모순이 된다.

• 수수 : 역사 중에는 지성과 사랑의 역사가 있으나 그것을 포함한 모든 역사는 자연의 힘만으로 벌어지며, 자연의 힘만으로 벌어지는 모든 일에는 선과 악이 없다. 즉, 자연의 힘만으로 인간 지성과 사랑이 출연한 일에도 선과 악이 존재할 수 없는 것이다. 그러나 인간 지성과 사랑이 출현한 일에 선이 있음이 분명하다고 하였으므로 이는 모순이 된다.

04 | 정보능력 기출예상문제

01	02	03	04	05	06	07	08	09	10
④	②	④	④	①	⑤	④	③	③	①
11	12	13	14	15	16	17	18	19	20
①	⑤	②	②	④	③	①	③	③	③

01　　정답 ④

ROUND 함수, ROUNDUP 함수, ROUNDDOWN 함수의 기능은 다음과 같다.
- ROUND(인수, 자릿수) 함수 : 인수를 지정한 자릿수로 반올림한 값을 구한다.
- ROUNDUP(인수, 자릿수) 함수 : 인수를 지정한 자릿수로 올림한 값을 구한다.
- ROUNDDOWN(인수, 자릿수) 함수 : 인수를 지정한 자릿수로 내림한 값을 구한다.

함수에서 각 단위별 자릿수는 다음과 같다.

만 단위	천 단위	백 단위	십 단위	일 단위	소수점 첫째 자리	소수점 둘째 자리	소수점 셋째 자리
-4	-3	-2	-1	0	1	2	3

[B9] 셀에 입력된 1,260,000 값은 [B2] 셀에 입력된 1,252,340의 값을 만 단위로 올림하여 나타낸 것임을 알 수 있다. 따라서 [B9] 셀에 입력된 함수는 ROUNDUP 함수로 볼 수 있으며, 만 단위를 나타내는 자릿수는 -4이므로 ④가 적절하다.

02　　정답 ②

데이터 계열은 3개(국어, 영어, 수학)로 구성되어 있다.

03　　정답 ④

스타일 적용 시에는 항상 범위를 설정할 필요가 없다. 특정 부분의 스타일을 변경하고 싶은 경우에만 범위를 설정하고 바꿀 스타일로 설정하면 된다.

04　　정답 ④

⊞(플러스) 버튼을 누를 경우 슬라이드가 확대된다. 모든 슬라이드를 보기 위해서는 ⊟(하이픈, 마이너스) 버튼을 눌러야 한다.

05　　정답 ①

Windows [제어판]의 [접근성 센터]에는 돋보기, 내레이터, 화상 키보드, 고대비 설정과 같은 시각 장애에 도움을 줄 수 있는 기능이 포함되어 있다.

06　　정답 ⑤

ㄱ. 공용 서버 안의 모든 바이러스를 치료한 후에 접속하는 모든 컴퓨터를 대상으로 바이러스 검사를 하고 치료해야 한다.
ㄷ. 쿠키는 공용으로 사용하는 PC로 인터넷에 접속했을 때 개인 정보 유출을 방지하기 위해 삭제한다.

오답분석

ㄴ. 다운로드 받은 감염된 파일을 모두 실행하면 바이러스가 더욱 확산된다.

07　　정답 ④

오답분석

① 영역형 차트 : 시간에 따른 변화를 보여 주며 합계값을 추세와 함께 볼 수 있고, 각 값의 합계를 표시하여 전체에 대한 부분의 관계도 보여준다.
② 분산형 차트 : 가로·세로값 축이 있으며, 각 축의 값이 단일 데이터 요소로 결합되어 일정하지 않은 간격이나 그룹으로 표시된다. 과학, 통계 및 공학 데이터에 이용된다.
③ 꺾은선형 차트 : 항목 데이터는 가로축을 따라 일정 간격으로 표시되고 모든 값 데이터는 세로축을 따라 표시된다. 월, 분기, 회계 연도 등과 같은 일정 간격에 따라 데이터의 추세를 표시하는 데 유용하다.
⑤ 표면형 차트 : 두 데이터 집합 간의 최적 조합을 찾을 때 유용하며, 지형도에서 색과 무늬는 같은 값 범위에 있는 지역을 나타낸다. 항목과 데이터 계열이 숫자 값일 때 이용가능하다.

08

〈Ctrl〉+〈3〉은 글꼴 스타일에 기울임꼴을 적용하는 바로가기 키이다. 〈Ctrl〉+〈4〉를 입력해야 선택한 셀에 밑줄이 적용된다.

09

정보의 사용 절차는 전략적으로 기획하여 필요한 정보를 수집하고, 수집된 정보를 필요한 시점에 사용될 수 있도록 관리하여 정보를 활용하는 것이다.

10

정보관리의 3원칙
• 목적성 : 사용목표가 명확해야 한다.
• 용이성 : 쉽게 작업할 수 있어야 한다.
• 유용성 : 즉시 사용할 수 있어야 한다.

11

엑셀에서 기간을 구하는 함수는 DATEDIF(시작일,종료일,구분 "Y/M/D") 함수로, 재직연수를 출력해야 하므로 구분에는 연도로 나타내주는 "Y"를 입력해야 한다. 현재로부터 재직기간을 출력해야 하므로 현재의 날짜를 나타내는 TODAY() 함수를 사용해도 되고, 현재 날짜와 시간까지 출력하는 NOW() 함수를 사용해도 된다. 조건에 맞는 셀의 개수를 출력하는 함수는 COUNTIF(범위,조건) 함수이고, 8년 이상의 재직자를 출력해야 하므로 조건에는 ">=8"이 입력되어야 한다.

12

세액은 공급가액의 10%이므로 (수기종이계산서의 공급가액)×0.1이다. 따라서 [F4] 셀에는 「=E4*0.1」을 입력해야 한다.

13

[G5] 셀을 채우기 위해서는 함수식 「=SUM(G3:G4)」 또는 「=SUM(E5:F5)」가 입력되어야 하고, 총 합계인 결괏값은 12,281,889이다.

[오답분석]
①・③ AVERAGE 함수는 평균을 출력하는 함수이다.
④・⑤ 범위는 G3부터 G4까지 지정해야 한다. 이때 결괏값은 12,281,889이다.

14

MOD 함수를 통해 「=MOD(숫자, 2)=1」 형식이면 홀수이고, 「=MOD(숫자,2)=0」 형식이면 짝수와 같이 홀수와 짝수를 구분할 수 있다. ROW 함수는 현재 위치한 '행'의 번호를, COLUMN 함수는 현재 위치한 '열'의 번호를 출력한다.

15

[틀 고정] 기능은 선택한 셀을 기준으로 좌측과 상단의 모든 셀을 고정하게 된다. 따라서 A열과 1행을 고정하기 위해서는 [B2] 셀을 클릭한 후 틀 고정을 해야 한다.

16

핀테크(Fintech)는 금융(Financial)과 기술(Technology)의 합성어로, 금융과 IT의 융합을 통한 금융서비스 및 산업의 변화를 말한다.

[오답분석]
① P2P : 'Peer to Peer network'의 약자로, 기존의 서버와 클라이언트 개념이나 공급자와 소비자 개념에서 벗어나 개인 컴퓨터끼리 직접 연결하고 검색함으로써 모든 참여자가 공급자인 동시에 수요자가 되는 형태이다.
② O2O : 'Online to Offline'의 약자로, 정보 유통 비용이 저렴한 온라인과 실제 소비가 일어나는 오프라인의 장점을 접목해 새로운 시장을 만들어 보자는 데서 나온 말이다.
④ IoT : 'Internet of Things' 또는 사물인터넷이라고 하며, 사물에 센서를 부착해 실시간으로 데이터를 인터넷으로 주고받는 기술이나 환경을 일컫는다.
⑤ 클라우드 : 사용하려고 하는 자료와 소프트웨어를 인터넷상의 서버에 저장하고, 인터넷에 접속하기만 하면 언제 어디서든 자료를 사용할 수 있는 컴퓨터 환경을 말한다.

17

'AVERAGE(B3:E3)' 함수식은 [B3:E3] 범위의 평균을 출력한다. 그리고 IF 함수는 논리 검사를 수행하여 TRUE나 FALSE에 해당하는 값을 반환해 주는 함수이다. 따라서 「=IF(AVERAGE(B3:E3)>=90,"합격","불합격")」 함수식은 [B3:E3] 범위의 평균이 90 이상일 경우 '합격', 그렇지 않을 경우 '불합격'이 출력된다. [F3]~[F6]의 각 셀에 출력되는 [B3:E3], [B4:E4], [B5:E5], [B6:E6] 영의 평균값은 83, 87, 91, 92.5이므로 [F3]~[F6] 셀의 결괏값으로 옳은 것은 ①이다.

18

정답 ③

정보를 관리하지 않고 그저 머리 속에만 기억해두는 것은 정보관리에 대한 허술한 사례이다.

오답분석

① · ④ 정보검색의 바람직한 사례이다.
② 정보전파의 바람직한 사례이다.
⑤ 정보관리의 바람직한 사례이다.

19

정답 ③

자료에는 제품에 대한 연령별 선호와 제품에 대한 각 매장의 만족도만 나와 있고, 구입처의 정보를 알 수 없기 때문에 구입 처별 주력 판매 고객 설정은 처리할 수 없다.

20

정답 ③

사내 명절선물은 주로 부모나 친지들의 선물로 보내는 경우가 많기 때문에 사내의 연령 분포를 조사하는 것은 다른 정보에 비해 추가 정보 수집으로 적절하지 않다.

05 | 조직이해능력
기출예상문제

01	02	03	04	05	06	07	08	09	10
③	④	⑤	②	⑤	⑤	①	①	④	①
11	12	13	14	15	16	17	18	19	20
②	④	⑤	②	③	①	④	④	⑤	②

01　　정답 ③

티베트의 문화를 존중하고, 대접을 받는 손님의 입장에서 볼 때, 차를 마실 때 다 비우지 말고 입에 살짝 대는 것이 가장 적절한 행동이다.

[오답분석]
① 주인이 권하는 차를 거절하면 실례가 되므로 적절하지 않다.
② 대접받는 손님의 입장에서 자리를 피하는 것은 적절하지 않다.
④ 힘들다는 자신의 감정이 드러날 수 있으므로 적절하지 않다.
⑤ 차 대접을 받는 상황에서 찻잔을 숨기는 것은 적절하지 않다.

02　　정답 ④

미국 정부의 전자여행허가제(ESTA)
대한민국 국민으로서 관광 및 상용 목적으로 90일 이내의 기간 동안 미국을 방문하고자 하는 경우, 2008년 11월 17일부터 원칙적으로 비자 없이 미국 입국이 가능하지만, 미 정부의 전자여행허가제에 따라 승인을 받아야만 한다.

03　　정답 ⑤

효과적인 회의의 5가지 원칙 중 E사원은 매출성장이라는 목표를 공유하여 긍정적 어법으로 회의에 임하였다. 또한, 주제를 벗어나지 않고 적극적으로 임하였으므로 가장 효과적으로 회의에 임한 사람은 E사원이다.

[오답분석]
① 부정적인 어법을 사용하고 있다.
② 적극적인 참여가 부족하다.
③ 주제와 벗어난 이야기를 하고, 좋지 못한 분위기를 조성하고 있다.
④ 적극적인 참여를 하지 못하고, 회의 안건을 미리 준비하지 않았다.

04　　정답 ②

시각, 청각, 후각, 촉각, 미각의 다섯 가지 감각을 통해 만들어진 감각 마케팅의 사례로, 개인화 마케팅의 사례로 보기는 어렵다.

[오답분석]
① 고객들의 개인적인 사연을 기반으로 광고 서비스를 제공함으로써 개인화 마케팅의 사례로 적절하다.
③ 고객들이 자신이 직접 사과를 받는 듯한 효과를 얻게 됨으로써 개인화 마케팅의 사례로 적절하다.
④ 댓글 작성자의 이름을 기반으로 이벤트를 진행함으로써 개인화 마케팅의 사례로 적절하다.
⑤ 고객의 이름을 불러주고 서비스를 제공해 줌으로써 개인화 마케팅의 사례로 적절하다.

05　　정답 ⑤

필리핀에서 한국인을 대상으로 범죄가 이루어지고 있다는 것은 심각하게 고민해야 할 사회문제이지만, 그렇다고 우리나라로 취업하기 위해 들어오려는 필리핀 사람들을 막는 것은 적절하지 않은 행동이다.

06　　정답 ⑤

조직은 영리성을 기준으로 영리조직과 비영리조직으로 구분할 수 있다. 영리조직은 기업과 같이 이윤을 목적으로 하는 조직이며, 비영리조직은 공익을 추구하는 시민단체, 종교단체 등이 해당한다. 따라서 ⑤는 옳지 않은 설명이다.

07　　정답 ①

대인적 역할에는 외형적 대표자로서의 역할, 리더로서의 역할, 연락자로서의 역할이 있다.

08　　정답 ①

조직변화의 과정
1. 환경변화 인지
2. 조직변화 방향 수립
3. 조직변화 실행
4. 변화결과 평가

09 정답 ④

조직목표의 기능
- 조직이 존재하는 정당성과 합법성 제공
- 조직이 나아갈 방향 제시
- 조직구성원의 의사결정의 기준
- 조직구성원 행동수행의 동기유발
- 수행평가의 기준
- 조직설계의 기준

10 정답 ①

고객만족경영의 3C는 고객(Customer), 변화(Change), 경쟁(Competition)이다.

11 정답 ②

팀장의 답변을 통해 S사원은 자신이 생각하는 방안에 대해 회사의 규정을 반영하지 않았음을 확인할 수 있다. 조직에서 업무의 효과성을 높이기 위해서는 조직에 영향을 미치는 조직의 목표, 구조, 문화, 규칙과 규정 등 모든 체제요소를 고려해야 한다.

12 정답 ④

홈페이지 운영 등은 정보사업팀에서 한다.

오답분석
① 감사실(1개)과 11개의 팀으로 이루어져 있다.
② 예산기획과 경영평가는 전략기획팀에서 관리한다.
③ 경영평가(전략기획팀), 성과평가(인재개발팀), 품질평가(평가관리팀) 등 다른 팀에서 담당한다.
⑤ 감사실을 두어 감사, 부패방지 및 지도점검을 하게 하였다.

13 정답 ⑤

품질평가 관련 민원은 평가관리팀이 담당하고 있다.

14 정답 ②

경영활동을 구성하는 요소는 경영목적, 인적자원, 자금, 경영전략이다. (나)의 경우와 같이 봉사활동을 수행하는 일은 목적과 인력, 자금 등이 필요한 일이지만, 정해진 목표를 달성하기 위한 조직의 관리, 전략, 운영활동이라고 볼 수 없으므로 경영활동이 아니다.

15 정답 ③

경영전략 추진과정
- 전략목표 설정 : 비전설정, 미션설정
- 환경분석 : 내부환경분석, 외부환경분석
- 경영전략 도출 : 조직전략, 사업전략 등
- 경영전략 실행 : 경영목적 달성
- 평가 및 피드백 : 경영전략 결과, 전략목표 및 경영전략 재조정

16 정답 ①

①은 스톡옵션제도에 대한 설명으로, 자본참가 유형에 해당된다.

오답분석
② 스캔론플랜에 대한 설명으로, 성과참가 유형에 해당된다.
③ 럭커플랜에 대한 설명으로, 성과참가 유형에 해당된다.
④ 노사협의제도에 대한 설명으로, 의사결정참가 유형에 해당된다.
⑤ 노사공동결정제도에 대한 설명으로, 의사결정참가 유형에 해당된다.

17 정답 ④

델파이 기법은 반복적인 설문 조사를 통해 의견 차이를 좁혀 합의를 도출하는 방식으로, 이를 순서대로 바르게 나열한 것은 ④이다.

18 정답 ④

조직의 구조, 기능, 규정 등이 조직화되어 있는 것은 공식조직이며, 비공식조직은 개인들의 협동과 상호작용에 따라 형성된 자발적인 집단으로 볼 수 있다. 공식조직은 인간관계에 따라 형성된 비공식조직으로부터 시작되지만, 조직의 규모가 커지면서 점차 조직구성원들의 행동을 통제할 장치를 마련하게 되고, 이를 통해 공식화된다.

19 정답 ⑤

비영리조직은 공익을 추구하는 특징을 가진다. 기업은 이윤을 목적으로 하는 영리조직이다.

20 정답 ②

이사원에게 현재 가장 긴급한 업무는 미팅 장소를 변경해야 하는 것이다. 미리 안내했던 장소를 사용할 수 없으므로 11시에 사용 가능한 다른 회의실을 예약해야 한다. 그 후 바로 거래처 직원에게 미팅 장소가 변경된 점을 안내해야 하므로 ⓒ이 ⓒ보다 먼저 이루어져야 한다. 거래처 직원과의 11시 미팅 이후에는 오후 2시에 예정된 김팀장과의 면담이 이루어져야 한다. 김팀장과의 면담 시간은 미룰 수 없으므로 이미 예정되었던 시간에 맞춰 면담을 진행한 후 부서장이 요청한 문서 작업 업무를 처리하는 것이 적절하다. 따라서 이사원은 ⓒ - ⓒ - ㉠ - ㉢ - ㉣의 순서로 업무를 처리해야 한다.

PART 2

직무수행능력

01 | 경영 기출예상문제

01	02	03	04	05	06	07	08	09	10
⑤	③	⑤	⑤	⑤	④	①	①	③	②
11	12	13	14	15	16	17	18	19	20
③	③	②	④	⑤	④	②	③	③	①
21	22	23	24	25	26	27	28	29	30
④	②	①	⑤	③	③	⑤	①	⑤	②
31	32	33	34	35	36	37	38	39	40
⑤	①	④	⑤	②	④	③	③	①	②
41	42	43	44	45	46	47	48	49	50
③	①	④	⑤	①	①	⑤	④	③	②

01
정답 ⑤

마이클 포터(Michael Porter)의 산업구조 분석모델은 산업에 참여하는 주체를 기존기업(산업 내 경쟁자), 잠재적 진입자(신규 진입자), 대체재, 공급자, 구매자로 나누고 이들 간의 경쟁 우위에 따라 기업 등의 수익률이 결정되는 것으로 본다.

오답분석
① 정부의 규제 완화 : 정부의 규제 완화는 시장 진입장벽이 낮아지게 만들며, 신규 진입자의 위협으로 볼 수 있다.
② 고객 충성도 : 고객의 충성도 정도에 따라 진입자의 위협도가 달라진다.
③ 공급업체의 규모 : 공급업체의 규모에 따라 공급자의 교섭력에 영향을 준다.
④ 가격의 탄력성 : 소비자들은 가격에 민감할 수도, 둔감할 수도 있기에 구매자 교섭력에 영향을 준다.

02
정답 ③

트러스트는 경제적 자립권과 독립성을 둘 다 포기한 채 시장독점이라는 하나의 목적으로 여러 기업이 뭉쳐서 이뤄진 하나의 통일체이다.

오답분석
① 카르텔(Kartell) : 기업연합을 의미하는 용어로, 동종 산업에 종사하는 다수의 기업들이 서로 경제적인 자립권과 법률상 독립권을 유지한 채 시장독점을 목적으로 한 연합체이다.
② 신디케이트(Syndicate) : 공동판매 카르텔. 가장 고도화된 카르텔의 형태로 생산은 독립성을 유지하나, 판매는 공동판매회사를 통해서 이루어진다.
④ 콘체른(Konzern) : 법률상의 독립권만 유지되는 형태의 기업연합이다.
⑤ 콩글로머리트(Conglomerate) : 합병 또는 매수에 의해서 상호 관련 없는 이종기업을 결합하는 기업집중형태이다.

03
정답 ⑤

GE 매트릭스는 기업이 그리드에서의 위치에 따라 제품 라인이나 비즈니스 유닛을 전략적으로 선택하는 데 사용하는 다중요인 포트폴리오 매트릭스라고도 부른다.

04
정답 ⑤

ESG 경영의 주된 목적은 착한 기업을 키우는 것이 아니라 불확실성 시대의 환경, 사회, 지배구조라는 복합적 리스크에 얼마나 잘 대응하고 지속적 경영으로 이어나갈 수 있느냐 하는 것이다.

05
정답 ⑤

목표관리는 목표의 설정뿐 아니라 성과평가 과정에도 부하직원이 참여하는 관리기법이다.

오답분석
① 목표설정 이론은 명확하고 도전적인 목표가 성과에 미치는 영향을 분석한다.
② 목표는 지시적 목표, 자기설정 목표, 참여적 목표로 구분되고, 이 중 참여적 목표가 종업원의 수용성이 가장 높다.
③ 조직의 상·하 구성원이 모두 협의하여 목표를 설정한다.
④ 조직의 목표를 부서별, 개인별 목표로 전환하여 조직 구성원 각자의 책임을 정하고, 조직의 효율성을 향상시킬 수 있다.

06 　　　정답 ④

홉스테드의 문화차원이론은 어느 사회의 문화가 그 사회 구성원의 가치관에 미치는 영향과 그 가치관과 행동의 연관성을 요인분석으로 구조를 통하여 설명하는 이론으로, 개인주의-집단주의(Individualism-Collectivism), 불확실성 회피성(Uncertainty avoidance), 권력의 거리(Power Distance), 남성성-여성성(Masculinity-Femininity) 등 4가지 차원을 제시하였다.

07 　　　정답 ①

기계적 조직과 유기적 조직의 비교

구분	전문화	공식화	집권화
기계적 조직	고	고	고
유기적 조직	저	저	저

08 　　　정답 ①

평가센터법이란 주로 관리자들의 선발(Selection)과 개발(Development), 적성·능력 등의 진단(Inventory)을 위하여 실시된 평가방법 중 하나이다. 일반적으로 2~3일 동안 외부와 차단된 별도의 교육장소에서 다수의 평가자(인사 분야 전문가, 교수, 실무 담당자 등)가 일정한 기준을 가지고 평가를 실시하며, 평가를 실행함에 있어 시간과 비용이 크기 때문에 한 번에 다수의 피평가자들이 참여하며 다수의 평가자들이 평가한다.

09 　　　정답 ③

수요예측기법은 수치를 이용한 계산방법 적용 여부에 따라 정성적 기법과 정량적 기법으로 구분할 수 있다. 정성적 기법은 개인의 주관이나 판단 또는 여러 사람의 의견에 의하여 수요를 예측하는 방법으로서 델파이 기법, 역사적 유추법, 시장조사법, 라이프사이클 유추법 등이 있다. 정량적 기법은 수치로 측정된 통계자료에 기초하여 계량적으로 예측하는 방법으로, 사건에 대하여 시간의 흐름에 따라 기록한 시계열 데이터를 바탕으로 분석하는 시계열 분석 방법이 이에 해당한다.

[오답분석]
① 델파이 기법 : 여러 전문가의 의견을 되풀이해 모으고 교환하고 발전시켜 미래를 예측하는 방법이다.
② 역사적 유추법 : 수요 변화에 관한 과거 유사한 제품의 패턴을 바탕으로 유추하는 방법이다.
④ 시장조사법 : 시장에 대해 조사하려는 내용의 가설을 세운 뒤 소비자 의견을 조사하여 가설을 검증하는 방법이다.
⑤ 라이프사이클 유추법 : 제품의 라이프사이클을 분석하여 수요를 예측하는 방법이다.

10 　　　정답 ②

소비자의 구매의사결정 과정
문제인식(Problem Recognition) → 정보탐색(Information Search) → 대안의 평가(Evaluation of Alternatives) → 구매의사결정(Purchase Decision) → 구매 후 행동(Post-Purchase Behavior)

11 　　　정답 ③

ⓑ 명성가격은 가격이 높으면 품질이 좋다고 판단하는 경향으로 인해 설정되는 가격이다.
ⓒ 단수가격은 가격을 단수(홀수)로 적어 소비자에게 싸다는 인식을 주는 가격이다(예 9,900원).

[오답분석]
ⓐ 구매자가 어떤 상품에 대해 지불할 용의가 있는 최고가격은 유보가격이다.
ⓓ 심리적으로 적당하다고 생각하는 가격 수준은 준거가격이라고 한다. 최저수용가격이란 소비자들이 품질에 대해 의심 없이 구매할 수 있는 가장 낮은 가격을 의미한다.

12 　　　정답 ③

수직적 통합은 원료를 공급하는 기업이 생산기업을 통합하는 등의 전방 통합과 유통기업이 생산기업을 통합하거나 생산기업이 원재료 공급기업을 통합하는 등의 후방 통합이 있으며, 원료 독점으로 경쟁자 배제, 원료 부문에서의 수익, 원료부터 제품까지의 기술적 일관성 등의 장점이 있다.

[오답분석]
①·②·⑤ 수평적 통합은 동일 업종의 기업이 동등한 조건 하에서 합병·제휴하는 일로, 수평적 통합의 장점이다.
④ 대규모 구조조정은 수직적 통합의 이유와 관련이 없다.

13 　　　정답 ②

최소여유시간(STR)이란 남아있는 납기일수와 작업을 완료하는 데 소요되는 일수와의 차이를 여유시간이라고 할 때, 여유시간이 짧은 것부터 순서대로 처리하는 것이다.

14 　　　정답 ④

자재소요계획은 생산 일정계획의 완제품 생산일정(MPS)과 자재명세서(BOM), 재고기록철(IR)에 대한 정보를 근거로 MRP를 수립하여 재고 관리를 모색한다.

① MRP는 푸시 생산방식(Push System)이다.
② MRP는 종속수요를 갖는 부품들의 생산수량과 생산시기를 결정하는 방법이다.
③ 각 부품별 계획 주문 발주시기는 MRP의 결과물이다.
⑤ 필요할 때마다 요청해서 생산하는 방식은 풀 생산방식(Pull System)이다.

15

정답 ⑤

- $EOQ = \sqrt{\dfrac{2 \times (연간\ 수요량) \times (1회\ 주문비)}{(재고유지비용)}}$

$= \sqrt{\dfrac{2 \times 1,000 \times 200}{40}} = 100$

- $(연간\ 재고유지비용) = \dfrac{EOQ}{2} \times (단위당\ 연간\ 재고유지비)$

$= \dfrac{100}{2} \times 40 = 2,000원$

- $(연간\ 주문비용) = \dfrac{(연간수요)}{EOQ} \times (단위당\ 주문비)$

$= \dfrac{1,000}{100} \times 200 = 2,000원$

(총재고비용)=(연간 재고유지비용)+(연간 주문비용)

∴ 2,000+2,000=4,000원

16

정답 ④

계속기업의 가정이란 보고기업이 예측 가능한 미래에 영업을 계속하여 영위할 것이라는 가정이다. 기업이 경영활동을 청산 또는 중단할 의도가 있다면, 계속기업의 가정이 아닌 청산가치 등을 사용하여 재무제표를 작성한다.

① 재무제표는 재무상태표, 포괄손익계산서, 자본변동표, 현금흐름표, 그리고 주석으로 구성된다. 법에서 이익잉여금처분계산서 등의 작성을 요구하는 경우는 주석으로 공시한다.
② 원칙적으로 최소 1년에 한 번씩은 작성해야 한다.
③ 현금흐름표 등 현금흐름에 관한 정보는 현금주의에 기반한다.
⑤ 역사적원가는 측정일의 조건을 반영하지 않고, 현행가치는 측정일의 조건을 반영한다. 현행가치는 다시 현행원가, 공정가치, 사용가치(이행가치)로 구분된다.

17

정답 ②

S회사가 지급한 현금을 구해 보면 470,000(기계장치)+340,000+10,000(처분손실)−800,000=20,000원이다.

18

정답 ③

- (지방자치단체로부터 차입한 자금의 공정가치)

=100,000원×0.7350=73,500원

- 지방자치단체로부터 100,000원을 차입하였으므로 공정가치보다 초과 지급한 금액이 정부보조금이 된다. 따라서 정부보조금은 26,500원이다.

- (2022년 말 장부금액)=100,000−25,000(감가상각누계액)−19,875(정부보조금 잔액)=55,125원이다.

19

정답 ③

ISO 14000 시리즈는 환경경영에 대한 국제표준으로 기업이 환경보호 및 환경관리개선을 위한 환경경영체제의 기본 요구사항을 갖추고 규정된 절차에 따라 체계적으로 환경경영을 하고 있음을 인증해주는 제도이다.

20

정답 ①

- $P_0 = D_1 \div (k-g)$에서 $g = b \times r = 0.3 \times 0.1 = 0.03$
- $D_0 = (주당순이익) \times [1-(사내유보율)]$

$= 3,000 \times (1-0.3) = 2,100원$
- $D_1 = D_0 \times (1+g) = 2,100 \times (1+0.03) = 2,163원$
- $P = 2,163 \div (0.2-0.03) = 12,723원$

21

정답 ④

① 자기자본이 아닌 타인자본이 차지하는 비율이다.
② 당순자산이 아닌 주당순이익의 변동폭이 확대되어 나타난다.
③ 보통주배당이 아닌 우선주배당이다.
⑤ 주당이익의 변동폭은 그만큼 더 크게 된다.

22

정답 ②

5가지 성격 특성 요소(Big Five Personality Traits)
- 개방성(Openness to Experience) : 상상력, 호기심, 모험심, 예술적 감각 등으로 보수주의에 반대하는 성향
- 성실성(Conscientiousness) : 목표를 성취하기 위해 성실하게 노력하는 성향. 과제 및 목적 지향성을 촉진하는 속성과 관련된 것으로, 심사숙고, 규준이나 규칙의 준수, 계획세우기, 조직화, 과제의 준비 등과 같은 특질을 포함
- 외향성(Extraversion) : 다른 사람과의 사교, 자극과 활력을 추구하는 성향. 사회와 현실 세계에 대해 의욕적으로 접근하는 속성과 관련된 것으로, 사회성, 활동성, 적극성과 같은 특질을 포함
- 수용성(Agreeableness) : 타인에게 반항적이지 않은 협조적인 태도를 보이는 성향. 사회적 적응성과 타인에 대한 공동체적 속성을 나타내는 것으로, 이타심, 애정, 신뢰, 배려, 겸손 등과 같은 특질을 포함

- 안정성(Emotional Stability) : 스트레스를 견디는 개인의 능력. 정서가 안정적인 사람들은 온화하고 자신감이 있음

23 　　　정답 ①

테일러(Tailor)의 과학적 관리론은 노동자의 심리상태와 인격은 무시하고, 노동자를 단순한 숫자 및 부품으로 바라본다는 한계점이 있다. 이러한 한계점으로 인해 직무특성이론과 목표설정이론이 등장하는 배경이 되었다.

24 　　　정답 ⑤

기업의 생산이나 판매과정 전후에 있는 기업 간의 합병으로, 주로 원자재 공급의 안정성 등을 목적으로 하는 것은 수직적 합병이다.
수평적 합병은 동종 산업에서 유사한 생산단계에 있는 기업 간의 합병으로, 주로 규모의 경제적 효과나 시장지배력을 높이기 위해서 이루어진다.

25 　　　정답 ③

맥그리거(Mcgregor)는 두 가지의 상반된 인간관 모형을 제시하고, 인간모형에 따라 조직관리 전략이 달라져야 한다고 주장하였다.
- X이론 : 소극적 · 부정적 인간관을 바탕으로 한 전략 - 천성적 나태, 어리석은 존재, 타율적 관리, 변화에 저항적
- Y이론 : 적극적 · 긍정적 인간관을 특징으로 한 전략 - 변화지향적, 자율적 활동, 민주적 관리, 높은 책임감

26 　　　정답 ③

규범기는 역할과 규범을 받아들이고 수행하며 성과로 이어지는 단계이다.

> **터크만(Tuckman)의 집단 발달의 5단계 모형**
> 1. 형성기(Forming) : 집단의 구조와 목표, 역할 등 모든 것이 불확실한 상태. 상호 탐색 및 방향 설정
> 2. 격동기(Storming) : 소속감, 능력, 영향력은 인식한 상태. 권력분배와 역할분담 등에서 갈등과 해결 과정을 겪음
> 3. 규범기(Norming) : 집단의 구조, 목표, 역할, 규범, 소속감, 응집력 등이 분명한 상태. 협동과 몰입
> 4. 성과달성기(Performing) : 비전 공유 및 원활한 커뮤니케이션으로 집단목표 달성. 자율성, 높은 생산성
> 5. 해체기(Adjourning) : 집단의 수명이 다하여 멤버들은 해산됨

27 　　　정답 ⑤

행동기준고과법은 평가직무에 적용되는 행동패턴을 측정하여 점수화하고 등급을 매기는 방식으로 평가한다. 따라서 등급화하지 않고 개별행위 빈도를 나눠서 측정하는 기법은 옳지 않다. 또한 BARS는 구체적인 행동의 기준을 제시하고 있으므로 향후 종업원의 행동변화를 유도하는 데 도움이 된다.

28 　　　정답 ①

[오답분석]
ⓒ · ⓔ 풀 전략(Pull Strategy)에 대한 설명이다.

29 　　　정답 ⑤

질문지법은 구조화된 설문지를 이용하여 직무에 대한 정보를 얻는 직무분석 방법이다.

30 　　　정답 ②

서브리미널 광고는 자각하기 어려울 정도의 짧은 시간 동안 노출되는 자극을 통하여 잠재의식에 영향을 미치는 현상을 의미하는 서브리미널 효과를 이용한 광고이다.

[오답분석]
① 애드버커시 광고 : 기업과 소비자 사이에 신뢰관계를 회복하려는 광고이다.
③ 리스폰스 광고 : 광고 대상자에게 직접 반응을 얻고자 메일, 통신 판매용 광고전단을 신문 · 잡지에 끼워 넣는 광고이다.
④ 키치 광고 : 설명보다는 기호와 이미지를 중시하는 광고이다.
⑤ 티저 광고 : 소비자의 흥미를 유발시키기 위해 처음에는 상품명 등을 명기하지 않다가 점점 대상을 드러내어 소비자의 관심을 유도하는 광고이다.

31 　　　정답 ⑤

보기의 사례는 기업이 고객의 수요를 의도적으로 줄이는 디마케팅이다. 프랑스 맥도날드사는 청소년 비만 문제에 대한 이슈로 모두가 해당 불매운동에 동감하고 있을 때, 청소년 비만 문제를 인정하며 소비자들의 건강을 더욱 생각하는 회사라는 이미지를 위해 단기적으로는 수요를 하락시킬 수 있는 메시지를 담아 디마케팅을 실시하였다. 결과적으로는 소비자를 더욱 생각하는 회사로 이미지 마케팅에 성공하며, 가장 대표적인 디마케팅 사례로 알려지게 되었다.

32

정답 ①

시장세분화는 수요층별로 시장을 분할해 각 층에 대해 집중적인 마케팅 전략을 펴는 것으로, 인구통계적 세분화는 나이, 성별, 라이프사이클, 가족 수 등을 세분화하여 소비자 집단을 구분하는 데 많이 사용한다.

오답분석

② 사회심리적 세분화는 사회계층, 준거집단, 라이프 스타일, 개성 등으로 시장을 나누는 것이다.
③ 시장표적화는 포지셔닝할 고객을 정하는 단계이다.
④ 시장포지셔닝은 소비자들의 마음속에 자사제품의 바람직한 위치를 형성하기 위하여 제품 효익을 개발하고 커뮤니케이션하는 활동을 의미한다.
⑤ 행동적 세분화는 구매자의 사용상황, 사용경험, 상표애호도 등으로 시장을 나누는 것이다.

33

정답 ④

공급사슬관리(SCM)란 공급자로부터 최종 고객에 이르기까지 자재 조달, 제품 생산, 유통, 판매 등의 흐름을 적절히 관리하는 것이다. 이를 통해 자재의 조달 시간을 단축하고, 재고 비용이나 유통 비용 등을 절감할 수 있다.

오답분석

① 자재소요량계획(MRP)에 대한 설명이다.
② 업무재설계(BPR)에 대한 설명이다.
③ 적시생산방식(JIT)에 대한 설명이다.
⑤ 지식관리시스템(KMS)에 대한 설명이다.

34

정답 ⑤

외부실패비용은 고객에게 판매된 후에 발생하는 비용을 말하며, 대개 고객 서비스와 관련된 비용이다. 외부실패비용에는 반품비용, 보상 위자료, 반환품 비용, 리콜 비용, 품질 보증 클레임 비용 등이 있다.

35

정답 ②

MRPⅡ(Manufacturing Resource PlanningⅡ)는 제조자원을 계획하는 관리시스템이다. 여기에는 자재소요계획(MRP; Material Requirement Planning)과 구별을 위해 Ⅱ를 붙였다.

오답분석

① MRP(Material Requirement Planning) : 자재소요량계획으로서 제품(특히 조립제품)을 생산함에 있어서 부품(자재)이 투입될 시점과 투입되는 양을 관리하기 위한 시스템이다.

③ JIT(Just In Time) : 적기공급생산으로 재고를 쌓아 두지 않고서도 필요한 때 제품을 공급하는 생산방식이다.
④ FMS(Flexible Manufacturing System) : 다품종 소량 생산을 가능하게 하는 생산 시스템으로, 생산 시스템을 자동화하고 무인화하여 다품종 소량 또는 중량 생산에 유연하게 대응하는 시스템이다.
⑤ BPR(Business Process Reengineering) : 경영혁신기법의 하나로, 기업의 활동이나 업무의 전반적인 흐름을 분석하고, 경영 목표에 맞도록 조직과 사업을 최적으로 다시 설계하여 구성한다.

36

정답 ④

증권회사의 상품인 유가증권과 부동산 매매회사가 정상적 영업과정에서 판매를 목적으로 취득한 토지·건물 등은 재고자산으로 처리된다.

오답분석

①·② 선입선출법의 경우에는 계속기록법을 적용하든 실지재고조사법을 적용하든 기말재고자산, 매출원가, 매출총이익 모두 동일한 결과가 나온다.
③ 매입운임은 매입원가에 포함한다.
⑤ 재고자산을 순실현가능가치로 감액한 평가손실과 모든 감모손실은 감액이나 감모가 발생한 기간에 비용으로 인식한다.

37

정답 ③

- (당기법인세부채)
  $=(150,000원+24,000원+10,000원)\times25\%=46,000원$
- (이연법인세자산)$=10,000원\times25\%=2,500원$
- (법인세비용)$=46,000원-2,500원=43,500원$

38

정답 ③

- (만기금액)$=5,000,000원+5,000,000원\times6\%\times6/12$
  $=5,150,000원$
- (할인액)$=5,150,000원\times(할인율)\times3/12$
  $=5,150,000-4,995,500=154,500원$
- (할인율)$=12\%$

39

정답 ①

$Ks=(D_1\div P_0)+g=(2,000\div30,000)+0.04≒10\%$

40

정답 ②

- [재무레버리지도(DFL)]
  =(영업이익)÷[(영업이익)−(이자비용)]
  =40÷(40−30)=4
- [영업레버리지도(DOL)]
  =[(매출액)−(영업변동비)]÷[(매출액)−(영업변동비)
  −(영업고정비)]=(100−30)÷(100−30−30)=1.75
- [결합레버리지도(DCL)]
  =(영업레버리지도)×(재무레버리지도)=4×1.75=7

41

정답 ③

마이클 포터(Michael Porter)의 가치사슬 모형에서 부가가치를 추가하는 기본 활동들은 크게 본원적 활동과 지원적 활동으로 볼 수 있다.

- 본원적 활동(Primary Activities)
  기업의 제품과 서비스의 생산과 분배에 직접적으로 관련되어 있다. 유입 물류, 조업, 산출 물류, 판매와 마케팅, 서비스 등이 포함된다.
- 지원적 활동(Support Activities)
  본원적 활동이 가능하도록 하며 조직의 기반구조(일반관리 및 경영활동), 인적자원관리(직원 모집, 채용, 훈련), 기술(제품 및 생산 프로세스 개선), 조달(자재구매) 등으로 구성된다.

42

정답 ①

카츠(Kartz)는 경영자에게 필요한 능력을 크게 인간적 자질, 전문적 자질, 개념적 자질 3가지로 구분하였다. 그중 인간적 자질은 구성원을 리드하고 관리하며, 다른 구성원들과 함께 일을 할 수 있게 하는 것으로서 모든 경영자가 갖추어야 하는 능력이다. 타인에 대한 이해력과 동기부여 능력은 인간적 자질에 속한다.

오답분석

②·④ 전문적 자질(현장실무)에 해당한다.
③·⑤ 개념적 자질(상황판단)에 해당한다.

43

정답 ④

기업이 글로벌 전략을 수행하면 외국 현지법인과의 커뮤니케이션 비용이 증가하고, 외국의 법률이나 제도 개편 등 기업 운영상 리스크에 대한 본사 차원의 대응 역량이 더욱 요구되므로, 경영상의 효율성은 오히려 낮아질 수 있다.

오답분석

① 글로벌 전략을 통해 대량생산을 통한 원가절감, 즉 규모의 경제를 이룰 수 있다.

② 글로벌 전략을 통해 세계 시장에서 외국 기업들과의 긴밀한 협력이 가능하다.
③ 외국의 무역장벽이 높으면, 국내 생산 제품을 수출하는 것보다 글로벌 전략을 통해 외국에 직접 진출하는 것이 효과적일 수 있다.
⑤ 글로벌 전략을 통해 국내보다 상대적으로 인건비가 저렴한 국가의 노동력을 고용하여 원가를 절감할 수 있다.

44

정답 ⑤

지식경영시스템은 조직 안의 지식자원을 체계화하고 공유하여 기업 경쟁력을 강화하는 기업정보시스템이다. 조직에서 필요한 지식과 정보를 창출하는 연구자, 설계자, 건축가, 과학자, 기술자 등을 반드시 포함하는 것과는 관련이 없다.

45

정답 ①

기능별 조직은 전체 조직을 기능별 분류에 따라 형성시키는 조직의 형태이다. 해당 회사는 수요가 비교적 안정된 소모품을 납품하는 업체이기 때문에 환경적으로도 안정되어 있으며, 부서별 효율성을 추구하므로 기능별 조직이 이 회사의 조직구조로 적합하다.

기능별 조직

구분	내용
적합한 환경	• 조직구조 : 기능조직 • 환경 : 안정적 • 기술 : 일상적이며 낮은 상호의존성 • 조직규모 : 작거나 중간 정도 • 조직목표 : 내적 효율성, 기술의 전문성과 질
장점	• 기능별 규모의 경제 획득 • 기능별 기술개발 용이 • 기능 목표 달성 가능 • 중간 이하 규모의 조직에 적합 • 소품종 생산에 유리
단점	• 환경변화에 대한 대응이 늦음 • 최고경영자의 의사결정이 지나치게 많음 • 부문 간 상호조정 곤란 • 혁신이 어려움 • 전체 조직목표에 대한 제한된 시각

46

정답 ①

집단사고(Groupthink)는 응집력이 높은 집단에서 의사결정을 할 때, 동조압력과 전문가들의 과다한 자신감으로 인해 사고의 다양성이나 자유로운 비판 대신 집단의 지배적인 생각에 순응하여 비합리적인 의사결정을 하게 되는 경향이다.

47

에이전시 숍은 근로자들 중에서 조합가입의 의사가 없는 자에게는 조합가입이 강제되지 않지만, 조합가입에 대신하여 조합에 조합비를 납부함으로써 조합원과 동일한 혜택을 받을 수 있도록 하는 제도이다.

48

근로자가 스스로 계획하고 실행하여 그 결과에 따른 피드백을 수집하고 수정해 나가며, 일의 자부심과 책임감을 가지고 자발성을 높이는 기법은 직무충실화 이론에 해당한다. 직무충실화 이론은 직무확대보다 더 포괄적으로 구성원들에게 더 많은 책임과 더 많은 선택의 자유를 요구하기 때문에 수평적 측면으로는 질적 개선에 따른 양의 증가, 수직적 측면으로는 본래의 질적 개선의 증가로 볼 수 있다.

49

SWOT 분석은 기업을 Strength(강점), Weakness(약점), Opportunities(기회), Threats(위협)의 4가지 요인으로 분석하여 마케팅 전략을 세우는 방법이다. 해외시장의 성장은 Opportunities(외부환경에서 유리한 기회요인), Threats(외부환경에서 불리한 위협요인)에 해당한다.

오답분석

① · ② · ④ · ⑤ Strength(경쟁기업과 비교하여 소비자로부터 강점으로 인식되는 것이 무엇인지)에 해당한다.

50

시계열 분석법은 시계열 자료수집이 용이하고 변화하는 경향이 뚜렷하여 안정적일 때 이를 기초로 미래의 예측치를 구하지만, 과거의 수요 패턴이 항상 계속적으로 유지된다고 할 수 없으므로 주로 중단기 예측에 이용되며, 비교적 적은 자료로도 정확한 예측이 가능하다.

02 | 경제
기출예상문제

01	02	03	04	05	06	07	08	09	10
③	④	①	④	①	②	①	②	②	②
11	12	13	14	15	16	17	18	19	20
④	⑤	④	⑤	②	①	④	⑤	②	①
21	22	23	24	25	26	27	28	29	30
④	③	③	⑤	③	④	④	①	④	①
31	32	33	34	35	36	37	38	39	40
④	②	②	①	①	②	④	②	②	②
41	42	43	44	45	46	47	48	49	50
⑤	⑤	④	①	②	④	④	④	④	①

01
정답 ③

공공재란 재화와 서비스에 대한 비용을 지불하지 않더라도 모든 사람이 공동으로 이용할 수 있는 재화 또는 서비스를 말한다. 공공재는 비경합성과 비배제성을 동시에 가지고 있다. 공공재의 비배제성 성질에 따르면 재화와 서비스에 대한 비용을 지불하지 않더라도 공공재의 이익을 얻을 수 있는 '무임승차의 문제'가 발생한다. 한편, 공공재라도 민간이 생산, 공급할 수 있다.

02
정답 ④

일반적인 폐쇄경제 모형에서 정부저축은 이자율의 함수로 표현되지 않는다. 이자율이 하락할 경우 투자가 증가하지만 $S_P + S_G = I$에 따르면 민간저축이 증가한 상태에서 정부저축이 증가했는지 감소했는지를 단정하기 어렵다.

03
정답 ①

자본투입을 늘리고 노동투입을 줄일 경우 생산성도 높아지고 비용도 줄어들기 때문에 동일한 양의 최종생산물을 산출하면서도 비용을 줄일 수 있다.

04
정답 ④

정액세만 존재하고 한계소비성향(c)이 0.6인 경우 정부지출승수($\frac{dY}{dG}$)와 투자승수($\frac{dY}{dI}$)는 모두 $\frac{1}{1-c} = \frac{1}{1-0.6} = 2.5$로 나타낼 수 있고, 정액조세승수는 $\frac{-c}{1-c} = \frac{-0.6}{1-0.6} = -1.5$이다.

05
정답 ①

솔로우모형은 규모에 대한 보수불변 생산함수를 가정하며, 시간이 흐름에 따라 노동량이 증가하며 기술이 진보하는 것을 고려한 성장모형이다. 솔로우모형은 장기 균형상태에서 더 이상 성장이 발생하지 않으며 자본의 한계생산체감에 의해 일정한 값을 갖게 되는 수렴현상이 발생한다고 설명한다.

06
정답 ②

절대우위는 다른 생산자에 비해 더 적은 생산요소를 투입해 같은 상품을 생산할 수 있는 능력이고 비교우위는 다른 생산자보다 더 적은 기회비용으로 생산할 수 있는 능력이다. K사는 B사보다 모터, 펌프 모두 시간당 최대 생산량이 많으므로 모터, 펌프 모두에 절대우위가 있다. 반면, K사의 펌프 생산 기회비용은 모터 1개이지만 B사의 펌프 생산 기회비용은 모터 2/3개이다. 따라서 B사는 펌프 생산에 비교우위가 있다.

07
정답 ①

완전경쟁기업은 가격과 한계비용이 같아지는(P=MC) 점에서 생산하므로, 주어진 비용함수를 미분하여 한계비용을 구하면 MC=10q이다. 시장전체의 단기공급곡선은 개별 기업의 공급곡선을 수평으로 합한 것이므로 시장전체의 단기공급곡선은 P=$\frac{1}{10}$Q로 도출된다. 이제 시장수요함수와 공급함수를 연립해서 계산하면 350−60P=10P, P=5이다.

08
정답 ②

수요곡선 : $2P=-Q+100$, $P=-\frac{1}{2}Q+50$

공급곡선 : $3P=Q+20$, $P=\frac{1}{3}Q+\frac{20}{3}$

$-\frac{1}{2}Q+50=\frac{1}{3}Q+\frac{20}{3}$

$\frac{5}{6}Q=\frac{130}{3}$, $Q=52$, $P=24$

따라서 물품세 부과 전 균형가격 $P=24$, 균형생산량 $Q=52$

공급자에게 1대당 10의 물품세를 부과하였으므로, 조세부과 후 공급곡선은 $P=\frac{1}{3}Q+\frac{50}{3}$

$-\frac{1}{2}Q+50=\frac{1}{3}Q+\frac{50}{3}$

$\frac{5}{6}Q=\frac{100}{3}$, $Q=40$

조세부과 후 생산량이 40이므로, $Q=40$을 수요곡선에 대입하면 조세부과 후의 균형가격 $P=30$

이와 같이 조세가 부과되면 균형가격은 상승(24 → 30)하고, 균형생산량은 감소(52 → 40)함을 알 수 있으며, 소비자가 실제로 지불하는 가격이 6원 상승하고 있으므로 10의 물품세 중 소비자 부담은 6원, 공급자 부담은 4원임을 알 수 있다. 이때 공급자가 부담하는 총 조세부담액은 (거래량)×(단위당 조세액)=40×4=160이 된다.

09
정답 ②

소득증가비율보다 X재 구입량의 증가율이 더 작으므로 X재는 필수재이다.

10
정답 ②

채권가격 변화에 의한 구축효과의 경로

정부의 국공채 발행 → 채권의 공급 증가 → 채권가격 하락 → 이자율 상승(채권가격과 이자율과는 음의 관계) → 투자 감소

11
정답 ④

오답분석

① (10분위분배율)=$\dfrac{(최하위\ 40\%\ 소득계층의\ 소득)}{(최상위\ 20\%\ 소득계층의\ 소득)}$

$=\dfrac{12\%}{(100-52)\%}=\dfrac{1}{4}$

② 지니계수는 면적 A를 삼각형 OCP 면적(A+B)으로 나눈 값이다. 즉, $\dfrac{(A\ 면적)}{(\triangle OCP\ 면적)}=\dfrac{A}{A+B}$의 값이 지니계수이다.

③ 중산층 붕괴 시 A의 면적은 증가하고, B의 면적은 감소한다.

⑤ 미국의 서브프라임모기지 사태는 로렌츠곡선을 대각선에서 멀리 이동시킨다.

12
정답 ⑤

경기부양을 위해 확장적 재정정책을 과도하게 실행하면 국가의 부채가 증가하여 극심한 재정적자로 정부의 신인도가 하락할 우려가 있으며, 재정적자는 빚을 미래 세대에게 물려주는 결과를 가져온다. 또한 확장적 재정정책은 물가를 상승시키고 통화가치를 하락시키며, 정부의 국채 대량 발행은 이자율 상승을 가져온다.

13
정답 ④

독점시장의 시장가격은 완전경쟁시장의 가격보다 높게 형성되므로 소비자잉여는 줄어든다.

14
정답 ⑤

IS-LM 모형은 이자율과 국민소득과의 관계를 분석하는 경제모형이다. 이 모형은 물가가 고정되어 있다는 한계점을 가지고 있긴 하나, 여전히 유용한 경제모형으로 활용되고 있다. IS 곡선은 생산물시장의 균형을 달성하는 이자율과 국민소득을 나타내며, LM 곡선은 화폐시장의 균형을 달성하는 이자율과 국민소득을 나타낸다. IS-LM에서 균형은 $Y=25$, $r=2.5$이지만, 현재 $Y=30$, $r=2.5$이므로, 현재상태가 IS 곡선 상방에 있어 상품시장에서 초과공급, LM 곡선 하방에 있어 화폐시장에서 초과수요이다.

15
정답 ②

시장구조가 완전경쟁이라고 하더라도 불완전경쟁, 외부성, 공공재 등 시장실패 요인이 존재한다면 파레토 효율적인 자원 배분이 이루어지지 않는다.

16
정답 ①

중첩임금계약은 명목임금이 경직적인 이유를 설명한다. 케인즈 학파는 화폐에 대한 착각현상으로 임금의 경직성이 나타난다고 설명하며, 새 케인즈 학파는 노동자가 합리적인 기대를 가지나 현실적으로는 메뉴비용 등의 존재로 임금 경직성이 발생한다고 설명한다.

17

정답 ④

벤담, 제임스 밀, 존 스튜어트 밀 등이 대표적인 학자인 공리주의는 최대 다수의 최대 행복을 목적으로 한다. 공리주의에 따르면 구성원들의 소득 합이 가장 많아서 효용이 가장 큰 대안을 선택해야 한다. 따라서 A안(13억 원), B안(8억 원), C안(12억 원)이므로 A안을 선택한다.

반면 롤스는 최소 수혜자의 최대 행복을 목적으로 하기 때문에 전체 효용이 아니라 최소 수혜자가 얼마만큼 효용을 얻는지 살펴야 한다. A안은 구성원 2가 0억 원을, B안은 구성원 3이 1억 원을, C안은 구성원 1이 3억 원의 효용을 얻으므로 최소 수혜자가 가장 많은 행복을 얻을 수 있는 C안이 가장 바람직한 선택이다.

결론적으로 공리주의에 따르면 A안, 롤스에 따르면 C안을 선택하는 것이 바람직하다.

18

정답 ⑤

희생비율이란 인플레이션율을 1% 낮추기 위해 감수해야 하는 GDP 감소율을 말한다. 필립스곡선의 기울기가 매우 가파르다면 인플레이션율을 낮추더라도 실업률은 별로 상승하지 않으므로 GDP 감소율이 작아진다. 극단적으로 필립스곡선이 수직선이라면 인플레이션율을 낮추더라도 실업률은 전혀 상승하지 않으므로 GDP 감소율은 0이 되어 희생비율도 0이 된다. 그러므로 필립스곡선의 기울기가 가파를수록 희생비율은 작아진다.

> **오쿤의 법칙(Okun's law)**
> • 미국의 경제학자 오쿤이 발견한 현상으로, 실업률과 GDP의 관계를 나타낸다.
> • 경기회복기에는 고용의 증가속도보다 국민총생산의 증가속도가 더 크고, 불황기에는 고용의 감소속도보다 국민총생산의 감소속도가 더 큰 법칙을 말한다.

19

정답 ②

갑, 을 모두가 전략 A를 선택하는 경우와 모두가 전략 B를 선택하는 경우에 각각 내쉬균형이 성립하므로 내쉬균형은 2개가 존재한다.

[오답분석]

① 우월전략균형은 각 참가자의 우월전략이 만나는 균형을 의미하고, 우월전략은 상대방의 전략과 관계없이 자신의 보수를 가장 크게 하는 전략이다. 갑이 전략 A를 선택하면 을은 전략 A를 선택하는 것이 유리하고, 갑이 전략 B를 선택하면 을도 전략 B를 선택하는 것이 유리하므로 을의 입장에서 우월전략은 존재하지 않는다. 갑의 입장에서도 마찬가지다.

③ 제시된 게임에서 내쉬균형은 두 참가자가 같은 전략을 선택하는 경우에 달성된다.

④ 내쉬균형은 각 참가자의 내쉬전략이 만나는 균형을 의미한다. 내쉬전략은 상대방의 전략이 제시된 상태에서 자신의 보수를 가장 크게 하는 전략으로, 내쉬균형이 달성되면 각 참가자들은 더 이상 전략을 바꿀 필요가 없다.

⑤ 내쉬균형의 달성은 보수를 같은 비율로 줄이거나 늘리는 것과는 관계가 없다.

20

정답 ①

소규모 경제에서 자본이동과 무역이 완전히 자유롭고 변동환율제도를 채택한다면 확대재정정책이 실시되더라도 소득은 불변이고, 이자율의 상승으로 S국 통화는 강세가 된다.

21

정답 ④

이자율 평가설에서는 $i=i^*+\dfrac{f-e}{e}$ 가 성립한다(단, i는 자국이자율, i^*는 외국이자율, f는 연간 선물환율, e는 현물환율이다). 문제에서 주어진 바에 따르면 $i=0.05$, $i^*=0.025$, $e=1,200$이므로 이들을 식에 대입하면 $f=1,230$이 도출된다.

22

정답 ③

[오답분석]

ㄹ. 비용극소화를 통해 도출된 비용함수를 이윤함수에 넣어서 다시 이윤극대화 과정을 거쳐야 하므로 필요조건이기는 하나 충분조건은 아니다.

23

정답 ③

K기업의 수요곡선이 가격(P=500)으로 일정하게 주어진 것은 완전경쟁 시장구조임을 의미한다. 먼저 사적인 이윤극대화 생산량을 구하기 위해 P=MC로 두면 $500=200+\dfrac{1}{3}Q$, $\dfrac{1}{3}Q=300$, Q=900으로 계산된다. 외부한계비용이 20이므로 사적인 한계비용과 외부한계비용을 합한 사회적인 한계비용은 SMC=$220+\dfrac{1}{3}Q$이다. 사회적인 최적생산량을 구하기 위해서는 P=SMC이므로 $500=220+\dfrac{1}{3}Q$, $\dfrac{1}{3}Q=280$, Q=840으로 계산된다.

24
정답 ⑤

한국은행은 고용증진 목표 달성이 아닌 통화정책 운영체제로서 물가안정목표제를 운영하고 있다.

25
정답 ③

$\Pi_t = 0.04$, $\Pi_{t-1} = 0.08$을 $\Pi_t - \Pi_{t-1} = -0.8(U_t - 0.05)$에 대입하면 $U_t = 10\%$가 도출된다. 현재 실업률이 5%이기 때문에 실업률 증가분은 5%p이고 세 번째 가정에 따르면 GDP는 10% 감소한다. 인플레이션율을 4%p 낮출 경우 GDP 변화율(%)이 10%이므로, 인플레이션율을 1%p 낮출 경우 감소되는 GDP 변화율(%)인 희생률은 2.5로 도출된다.

26
정답 ④

생산가능곡선(Production Possibility Curve)이란 두 재화 생산의 등량곡선이 접하는 무수히 많은 점들을 연결한 계약곡선을 재화공간으로 옮겨놓은 것이다. 생산가능곡선상의 모든 점들에서 생산은 파레토 효율적으로 이루어진다. 즉, 경제 내의 모든 생산요소를 가장 효율적으로 투입했을 때 최대로 생산 가능한 재화의 조합을 나타내는 곡선을 '생산가능곡선'(PPC)이라고 한다. 일반적으로 생산가능곡선은 우하향하고 원점에 대해 오목한 형태인데, 그 이유는 X재 생산의 기회비용이 체증하기 때문이다.

27
정답 ④

먼저 정부지출을 1만큼 증가시킬 때 국민소득(Y)이 얼마만큼 증가하는지를 도출해야 한다. $Y = C + I + G + X - M$에서 각 수치들을 대입하면 $Y = 0.5Y + 10 + 0.4Y + 10 + G + X - 0.1Y - 20 \rightarrow 0.2Y = G + X$이다. 따라서 G값을 1만큼 증가시키면 Y값은 5만큼 커지게 된다. 다음으로 커진 국민소득에 대응해서 소비가 얼마만큼 증가하는지를 도출하면 된다. $C = 0.5Y + 10$에서 Y가 5만큼 상승할 때 $C = 2.5$가 상승한다. 따라서 정부지출을 1만큼 증가시키면 소비는 2.5가 상승한다.

28
정답 ①

• 차선이론이란 모든 파레토 효율성 조건이 동시에 충족되지 못하는 상황에서 더 많은 효율성 조건이 충족된다고 해서 더 효율적인 자원배분이라는 보장이 없다는 이론이다. 차선 이론에 따르면 점진적인 제도개혁을 통해서 일부의 효율성 조건을 추가로 충족시킨다고 해서 사회후생이 증가한다는 보장이 없다.

• 후생경제학에서 효율성은 파레토 효율성을 통하여 평가하고, 공평성은 사회후생함수(사회무차별곡선)를 통해 평가한다.
• 후생경제학의 제1정리를 따르면 모든 경제주체가 합리적이고 시장실패 요인이 없으면 완전경쟁시장에서 자원배분은 파레토 효율적이다.

29
정답 ④

총수요의 변동으로 경기변동이 발생하면 경기와 물가는 같은 방향으로 움직이므로 경기 순응적이 된다.

30
정답 ①

수요란 일정기간 주어진 가격으로 소비자들이 구입하고자 의도하는 재화와 서비스의 총량을 의미한다. 수요는 관련재화(대체재, 보완재)의 가격, 소비자의 소득수준, 소비자의 선호 등의 요인에 따라 변화하며, 수요의 변화는 수요곡선 자체를 좌우로 이동시킨다. 그림에서는 수요곡선이 오른쪽으로 이동하고 있으므로 복숭아 수요를 증가시키는 요인이 아닌 것을 고르는 문제이다. 복숭아 가격이 하락하면 복숭아의 수요가 증가하게 되는데, 이는 '수요량의 변화'로서 수요곡선상에서 움직이게 된다.

31
정답 ④

덕선이가 실망노동자가 되면서 실업자에서 비경제활동인구로 바뀌게 되었다.
실업률은 경제활동인구에 대한 실업자의 비율이므로 분자인 실업자보다 분모인 경제활동인구가 큰 상황에서 실업자와 경제활동인구가 동일하게 줄어든다면 실업률은 하락하게 된다.
고용률은 생산가능인구에 대한 취업자의 비율이므로 덕선이가 실망노동자가 되어도 분자인 취업자와 분모인 생산가능인구는 아무런 변화가 없다. 따라서 고용률은 변하지 않는다.

32
정답 ②

과거에는 국민총생산(GNP)이 소득지표로 사용되었으나, 수출품과 수입품의 가격변화에 따른 실질소득의 변화를 제대로 반영하지 못했기 때문에 현재는 국민총소득(GNI)을 소득지표로 사용한다.
명목 GNP는 명목 GDP에 국외순수취요소소득을 더하여 계산하는데, 명목 GDP는 당해연도 생산량에 당해연도의 가격을 곱하여 계산하므로 수출품과 수입품의 가격변화에 따른 실질소득 변화가 모두 반영된다. 즉, 명목으로 GDP를 집계하면 교역조건변화에 따른 실질무역손익이 0이 된다. 다시 말해 명목 GNP는 명목 GNI와 동일하다.

33
정답 ②

오답분석

가. A재에 대한 수요가 증가하면 A재의 생산량이 증가하므로 A재에 특화된 노동에 대한 수요가 증가한다. 그러나 노동공급곡선이 수직선이므로 노동수요가 증가하더라도 고용량은 변하지 않고 임금만 상승하게 된다.

다. 노동공급이 증가하면 임금이 하락하므로 A재의 생산비용이 낮아진다. 이로 인해 A재 시장에서 공급곡선이 오른쪽으로 이동하므로 A재의 가격은 하락하고 거래량은 증가한다.

마. 노동공급이 감소하면 임금이 상승하므로 A재 생산비용이 상승하여 A재의 공급곡선이 왼쪽으로 이동한다.

34
정답 ①

최고가격제에서는 소비자 보호를 위해 최고가격을 시장 균형가격보다 낮은 수준에서 책정하여야 한다. 이 경우 초과수요가 발생하기 때문에 암시장이 나타날 수 있다.

오답분석

③·④ 최저임금제는 정부가 노동시장에 개입하여 임금의 최저수준을 정하는 가격하한제의 한 예이다. 가격하한제란 시장가격보다 높은 수준에서 최저가격을 설정하는 가격규제 방법이다. 최저임금이 시장균형 임금보다 높은 수준에서 책정되면 노동시장에서 초과공급이 발생하고 그만큼의 비자발적 실업이 발생하게 된다. 이 경우 이미 고용된 노동자들은 혜택을 받을 수 있지만 취업 준비생들은 계속 실업자로 남을 가능성이 크다.

⑤ 최저가격제란 공급자를 보호하기 위한 규제로, 수요의 가격탄력성이 탄력적일수록 효과가 미흡해진다.

35
정답 ①

문제에서 주어진 조건으로 보면 S국 구리 생산업체들의 국내 판매의 가격은 4이고 판매량은 4일 것이다. 하지만 국제 시장가격이 5이므로 S국 구리 생산업체들은 국제 시장가격으로 가격과 공급량을 결정할 것이다. 그렇다면 S국 구리 생산업체들의 판매가격은 5, 공급량은 5가 되는데 이때 국내에서도 5의 가격에서 2개의 수요가 있으므로 국내 판매량이 2라고 하면 수출량은 공급량 5에서 국내 판매량 2를 뺀 3이 된다.

36
정답 ②

오답분석

가. 완전경쟁기업이 단기에 초과이윤을 획득하고 있으면, 장기에는 다른 경쟁기업들이 진입하게 되므로 장기에는 모든 완전경쟁기업이 정상이윤만을 획득한다.

라. 초과이윤 상태에서는 한계비용이 평균비용보다 크다. 한계비용과 총평균비용이 일치하는 평균비용의 최소점을 손익분기점이라고 한다.

마. 완전경쟁시장의 이윤극대화 조건에 따라 시장가격과 한계비용은 일치한다.

37
정답 ④

마찰적 실업이란 직업을 탐색하는 과정에서 발생하는 실업으로, 완전고용상태에서도 발생하는 자발적 실업이다. 반면, 구조적 실업은 산업구조의 변화나 기술의 발달로 인해 특정한 기능을 가진 노동자에 대한 수요가 감소함에 따라 발생하는 비자발적 실업이며, 경기적 실업은 경기침체로 인한 총수요의 부족으로 발생하는 비자발적 실업이다.

오답분석

① 주부는 비경제활동인구에 포함된다.

② 실업률은 실업자의 수를 경제활동인구로 나누어 구한다.

⑤ 남녀 차별로 인한 실업은 구조적 실업이다.

38
정답 ②

오답분석

나. 저축률이 높은 나라일수록 1인당 소득은 높은 경향이 있다.

라. 칼도우의 정형화된 사실에 따르면 개발도상국과 선진국 간의 1인당 소득격차는 확대된다.

39
정답 ②

우월전략은 상대방의 전략에 관계없이 항상 자신의 보수가 가장 크게 되는 전략을 말한다.

40
정답 ②

항상소득가설에 의하면 항상소득의 증가는 소비의 증가에 크게 영향을 미치지만, 임시소득의 증가는 소비에 거의 영향을 미치지 않는다. 따라서 항상소득의 한계소비성향은 일시소득의 한계소비성향보다 크다.

41
정답 ⑤

수요의 가격 탄력성이란 어떤 재화의 가격이 변할 때 그 재화의 수요량이 얼마나 변하는지를 나타내는 지표이다. 수요의 가격 탄력성은 수요량의 변화율을 가격의 변화율로 나누고 음의 부호(-)를 부가하여 구할 수 있으며, 이 값이 1보다 큰 경우를 '탄력적'이라고 하고 이는 가격 변화에 수요량이 민감하게 변한다는 것을 의미한다. 이 문제에서 가격 변화율은 10%, 제품 판매량은 5% 감소하였으므로 수요의 가격 탄력성은 $\frac{5\%}{10\%} = 0.5$이다.

42

생산에 투입된 가변요소인 노동의 양이 증가할수록 총생산이 체증적으로 증가하다가 일정 단위를 넘어서면 체감적으로 증가하기 때문에 평균생산과 한계생산은 증가하다가 감소한다. 한계생산물곡선은 평균생산물곡선의 극대점을 통과하므로 한계생산물과 평균생산물이 같은 점에서는 평균생산물이 극대가 된다. 한편, 한계생산물이 0일 때 총생산물이 극대가 된다.

43
정답 ④

산업 내 무역(Intra-industry Trade)은 동일한 산업 내에서 재화의 수출입이 이루어지는 것을 말한다. 산업 내 무역은 시장구조가 독점적 경쟁이거나 규모의 경제가 발생하는 경우에 주로 발생하며, 부존자원의 차이와는 관련이 없다. 산업 내 무역은 주로 경제발전의 정도 혹은 경제 여건이 비슷한 나라들 사이에서 이루어지므로 유럽 연합 국가들 사이의 활발한 무역을 설명할 수 있다.

44
정답 ①

우상향하는 총공급곡선이 왼쪽으로 이동하는 경우는 부정적인 공급충격이 발생하는 경우이다. 따라서 임금이 상승하는 경우 기업의 입장에서는 부정적인 공급충격이므로 총공급곡선이 왼쪽으로 이동하게 된다.

오답분석

② · ③ · ④ 총수요곡선을 오른쪽으로 이동시키는 요인이다.
⑤ 총공급곡선을 오른쪽으로 이동시키는 요인에 해당한다.

45
정답 ②

코즈의 정리란 재산권(소유권)이 명확하게 확립되어 있고, 거래비용 없이도 자유롭게 매매할 수 있다면 권리가 어느 경제주체에 귀속되는가와 상관없이 당사자 간의 자발적 협상에 의한 효율적인 자원배분이 가능해진다는 이론이다. 그러나 현실적으로는 거래비용의 존재, 외부성 측정 어려움, 이해당사자의 모호성, 정보의 비대칭성, 협상능력의 차이 등으로 코즈의 정리로 문제를 해결하는 데는 한계가 있다.

46
정답 ④

IS 곡선이란 생산물시장의 균형이 이루어지는 이자율(r)과 국민소득(Y)의 조합을 나타내는 직선을 말하며, 관계식은 다음과 같다.

$$r = \frac{-1-c(1-t)+m}{b}Y$$
$$+\frac{1}{b}(C_0 - cT_0 + I_0 + G_0 + X_0 - M_0)$$

즉, IS 곡선의 기울기는 투자의 이자율탄력성(b)이 클수록, 한계소비성향(c)이 클수록, 한계저축성향(s)이 작을수록, 세율(t)이 낮을수록, 한계수입성향(m)이 작을수록 완만해진다. 한편, 소비, 투자, 정부지출, 수출이 증가할 때 IS 곡선은 오른쪽으로, 조세, 수입, 저축이 증가할 때 왼쪽으로 수평이동한다. 외국의 한계수입성향이 커지는 경우에는 자국의 수출이 증가하므로 IS 곡선은 오른쪽으로 이동한다.

47
정답 ④

오답분석

가. 여가, 자원봉사 등의 활동은 생산활동이 아니므로 GDP에 포함되지 않는다.
다. GDP는 마약밀수 등의 지하경제를 반영하지 못하는 한계점이 있다.

48
정답 ④

사회후생의 극대화는 자원배분의 파레토 효율성이 달성되는 효용가능경계와 사회무차별곡선이 접하는 점에서 이루어진다. 그러므로 파레토 효율적인 자원배분하에서 항상 사회후생이 극대화되는 것은 아니며, 사회후생 극대화는 무수히 많은 파레토 효율적인 점들 중의 한 점에서 달성된다.

49
정답 ④

오답분석

라. 케인즈는 절대소득가설을 이용하여 승수효과를 설명하였다.

50
정답 ①

오답분석

다. 정부의 지속적인 교육투자정책으로 인적자본축적이 이루어지면 규모에 대한 수확체증이 발생하여 지속적인 성장이 가능하다고 한다.
라. 내생적 성장이론에서는 금융시장이 발달하면 저축이 증가하고 투자의 효율성이 개선되어 지속적인 경제성장이 가능하므로 국가 간 소득수준의 수렴현상이 나타나지 않는다고 본다.

01	02	03	04	05	06	07	08	09	10
④	③	②	⑤	④	②	①	④	③	②
11	12	13	14	15	16	17	18	19	20
③	③	③	④	④	③	③	③	④	⑤
21	22	23	24	25	26	27	28	29	30
④	⑤	①	⑤	③	②	②	①	④	⑤
31	32	33	34	35	36	37	38	39	40
④	③	②	③	①	⑤	②	①	①	④
41	42	43	44	45	46	47	48	49	50
④	③	②	②	①	①	⑤	①	③	③

01 　　　정답 ④

상법은 영리성, 집단성・반복성・획일성・정형성, 공시주의, 기업책임의 가중과 경감, 기업의 유지 강화, 기술성・진보성, 세계성・통일성 등의 특징을 지닌다.

02 　　　정답 ③

주식회사의 지배인 선임방법은 이사회의 결의로 해야 한다.

회사별 지배인 선임방법

합명회사	총사원 과반수의 결의(업무집행사원이 있는 경우에도, 상법 제203조)
합자회사	무한책임사원 과반수의 결의(업무집행사원이 있는 경우에도, 상법 제274조)
주식회사	이사회의 결의(상법 제393조 제1항)
유한회사	이사 과반수의 결의 또는 사원총회의 보통결의(상법 제564조 제1항・제2항)
유한책임회사	정관 또는 총사원의 동의(상법 제287조의19 제2항・제3항)

03 　　　정답 ②

의결권(상법 제369조 제2항)
회사가 가진 자기주식은 의결권이 없다.

오답분석
① 상법 제289조 제1항 제7호
③ 상법 제293조
④ 상법 제312조
⑤ 상법 제292조

04 　　　정답 ⑤

가정법원은 질병, 장애, 노령, 그 밖의 사유로 인한 정신적 제약으로 사무를 처리할 능력이 지속적으로 결여된 사람에 대하여 본인, 배우자, 4촌 이내의 친족, 미성년후견인, 미성년후견감독인, 한정후견인, 한정후견감독인, 특정후견인, 특정후견감독인, 검사 또는 지방자치단체의 장의 청구에 의하여 성년후견개시의 심판을 한다(민법 제9조 제1항). 사무를 처리할 능력이 부족한 사람의 경우에는 한정후견개시의 심판을 한다(민법 제12조 제1항 참고).

05 　　　정답 ④

임시이사의 선임(민법 제63조)
이사가 없거나 결원이 있는 경우에 이로 인하여 손해가 생길 염려 있는 때에는 법원은 이해관계인이나 검사의 청구에 의하여 임시이사를 선임하여야 한다.

06 　　　정답 ②

오답분석
① 미성년자가 법정대리인으로부터 허락을 얻은 특정한 영업에 관하여는 성년자와 동일한 행위능력이 있으므로, 그 영업에 대한 법정대리권은 인정되지 않는다.
③ 한정후견개시의 경우에 제9조 제2항(가정법원은 성년후견개시의 심판을 할 때 본인의 의사를 고려하여야 한다)을 준용한다(민법 제12조 제2항).
④ 특정후견은 본인의 의사에 반하여 할 수 없다(민법 제14조의2 제2항).
⑤ 성년후견제도는 가족관계등록부에 공시되지 않고, 별도의 등기제도로 운영하고 있다.

07
정답 ①

사무관리는 준법률행위인 혼합사실행위이다. 전형계약이란 민법상 규정되어 있는 15종의 계약을 말한다. 증여·매매·교환·소비대차·사용대차·임대차·고용·도급·여행계약·현상광고·위임·임치·조합·종신정기금·화해계약이 전형계약이다. 여행계약은 비전형계약에 속하였으나 민법이 개정되면서 새로이 전형계약이 되었다.

08
정답 ④

보험계약의 의의(상법 제638조)
보험계약은 당사자 일방(보험계약자)이 약정한 보험료를 지급하고 재산 또는 생명이나 신체에 불확정한 사고가 발생할 경우에 상대방(보험자)이 일정한 보험금이나 그 밖의 급여를 지급할 것을 약정함으로써 효력이 생긴다.

09
정답 ③

상법 제4편 제2장의 손해보험에는 화재보험(ㄴ), 운송보험, 해상보험(ㄷ), 책임보험(ㄱ), 자동차보험, 보증보험이 있다. 재보험(ㅂ)은 책임보험의 규정을 준용(상법 제726조)하므로 손해보험에 포함시킨다.

[오답분석]
생명보험(ㄹ), 상해보험(ㅁ)은 인보험에 해당한다.

10
정답 ②

[오답분석]
① 사원총회는 사단법인의 필수기관이다.
③ 총회는 통지한 사항에 관하여서만 결의할 수 있다. 그러나 정관에 다른 규정이 있는 때에는 그 규정에 의한다(민법 제72조).
④ 총회의 소집은 1주간 전에 그 회의의 목적사항을 기재한 통지를 발하고 기타 정관에 정한 방법에 의하여야 한다(민법 제71조).
⑤ 총사원의 5분의 1 이상으로부터 회의의 목적사항을 제시하여 청구한 때에는 이사는 임시총회를 소집하여야 한다. 이 정수는 정관으로 증감할 수 있다(민법 제70조 제2항).

11
정답 ③

[오답분석]
① 채무이행의 불확정한 기한이 있는 경우에는 채무자는 기한이 도래함을 안 때로부터 지체책임이 있다(민법 제387조 제1항).

② 이 사건 부동산에 대한 매매대금 채권이 비록 소유권이전등기청구권과 동시이행의 관계에 있다 할지라도 매도인은 매매대금의 지급기일 이후 언제라도 그 대금의 지급을 청구할 수 있는 것이며, 다만 매수인은 매도인으로부터 그 이전등기에 대한 이행의 제공을 받기까지 그 지급을 거절할 수 있는 데 지나지 아니하므로 매매대금청구권은 그 지급기일 이후 시효의 진행에 걸린다고 할 것이다(대판 1991.3.22. 90다9797).
④ 선택채권의 소멸시효는 그 선택권을 행사할 수 있는 때로부터 진행한다.
⑤ 부작위를 목적으로 하는 채권은 위반행위를 한 때부터 소멸시효가 진행한다.

12
정답 ③

생명침해로 인한 위자료(민법 제752조)
타인의 생명을 해한 자는 피해자의 직계존속, 직계비속 및 배우자에 대하여는 재산상의 손해없는 경우에도 손해배상의 책임이 있다.

[오답분석]
① 민법 제760조 제1항
② 민법 제754조
④ 민법 제751조 제1항
⑤ 민법 제753조

13
정답 ③

상사에 대한 일반적인 법 적용순위를 나열하면 상사자치법(ㅅ) - 상사특별법(ㄴ) - 상법전(ㄹ) - 상관습법(ㄱ) - 민사자치법(ㅂ) - 민사조약(ㄷ) - 민법전(ㅁ) 순으로 볼 수 있다.

14
정답 ④

소상인(상법 제9조)
지배인, 상호, 상업장부와 상업등기에 관한 규정은 소상인에게 적용하지 아니한다.

15
정답 ④

[오답분석]
㉠ 보조적 상행위는 상인이 영업을 위하여 보조적으로 하는 행위이다. 자기명의로 영업성 있는 거래를 하여도 '오로지 임금을 받을 목적으로 물건을 제조하거나 노무에 종사하는 자의 행위'는 상행위가 아니며, 소상인도 아니다.

16

정답 ③

회사의 법인격은 법률이 부여한 것으로, 그의 권리능력은 법률에 의하여 제한을 받는다. 즉, "회사는 다른 회사의 무한책임사원이 되지 못한다(상법 제173조)."는 규정을 두어 정책적 제한을 하고 있다.

17

정답 ③

상법에서 명시적으로 규정하고 있는 회사의 종류는 합명회사, 합자회사, 유한책임회사, 주식회사, 유한회사의 5종이다. 사원의 인적 신용이 회사신용의 기초가 되는 회사를 인적 회사(例 개인주의적 회사, 합명회사 · 합자회사)라 하고, 회사재산이 회사신용의 기초가 되는 회사를 물적 회사(例 단체주의적 회사, 주식회사 · 유한회사)라 한다.

회사의 종류

구분	유형	내용
인적 회사	합명 회사	무한책임사원만으로 구성되는 회사
	합자 회사	무한책임사원과 유한책임사원으로 구성되는 복합적 조직의 회사
물적 회사	유한 회사	사원이 회사에 대하여 출자금액을 한도로 책임을 질 뿐, 회사채권자에 대하여 아무 책임도 지지 않는 사원으로 구성된 회사
	유한 책임 회사	주주들이 자신의 출자금액 한도에서 회사채권자에 대하여 법적인 책임을 부담하는 회사로서 이사, 감사의 선임의무가 없으며 사원 아닌 자를 업무집행자로 선임할 수 있는 회사
	주식 회사	사원인 주주(株主)의 출자로 이루어지며 권리 · 의무의 단위로서의 주식으로 나누어진 일정한 자본을 가지고 모든 주주는 그 주식의 인수가액을 한도로 하는 출자의무를 부담할 뿐, 회사채무에 대하여 아무런 책임도 지지 않는 회사

18

정답 ③

오답분석
① 청약의 상대방은 특정인과 불특정인 모두 유효하다. 반면 승낙은 청약과 달리 반드시 특정인(청약자)에 대하여 해야 한다.
② 승낙자가 청약에 대하여 조건을 붙이거나 변경을 가하여 승낙한 때에는 그 청약의 거절과 동시에 새로 청약한 것으로 본다(민법 제534조).
④ 당사자 간에 동일한 내용의 청약이 상호교차된 경우에는 양 청약이 상대방에게 도달한 때에 계약이 성립한다(민법 제533조).

⑤ 승낙의 기간을 정한 계약의 청약은 청약자가 그 기간 내에 승낙의 통지를 받지 못한 때에는 그 효력을 잃는다(민법 제528조 제1항).

19

정답 ④

임대인의 보존행위, 인용의무(민법 제624조)
임대인이 임대물의 보존에 필요한 행위를 하는 때에는 임차인은 이를 거절하지 못한다.

20

정답 ⑤

부득이한 사유로 인한 계약 해지(민법 제674조의4 제3항)
부득이한 사유로 인한 계약 해지로 인하여 발생하는 추가 비용은 그 해지 사유가 어느 당사자의 사정에 속하는 경우에는 그 당사자가 부담하고, 누구의 사정에도 속하지 아니하는 경우에는 각 당사자가 절반씩 부담한다.

21

정답 ④

주채무자의 부탁으로 보증인이 된 자가 과실없이 변제 기타의 출재로 주채무를 소멸하게 한 때에는 주채무자에 대하여 구상권이 있다(민법 제441조 제1항). 제425조 제2항의 규정은 전항의 경우에 준용한다(동조 제2항). 전항의 구상권은 면책된 날 이후의 법정이자 및 피할 수 없는 비용 기타 손해배상을 포함한다(동법 제425조 제2항).

22

정답 ⑤

추인의 효력(민법 제133조)
추인은 다른 의사표시가 없는 때에는 계약 시에 소급하여 그 효력이 생긴다.

오답분석
① 민법 제116조 제1항
② 민법 제134조
③ 민법 제123조 제1항
④ 민법 제117조

23

정답 ①

한정후견개시의 심판(민법 제12조 제1항)
가정법원은 질병, 장애, 노령, 그 밖의 사유로 인한 정신적 제약으로 사무를 처리할 능력이 부족한 사람에 대하여 본인, 배우자, 4촌 이내의 친족, 미성년후견인, 미성년후견감독인, 성년후견인, 성년후견감독인, 특정후견인, 특정후견감독인, 검사 또는 지방자치단체의 장의 청구에 의하여 한정후견개시의 심판을 한다.

② 민법 제9조 제2항

③ 민법 제10조 제2항

④ 민법 제10조 제4항

⑤ 민법 제11조

5. 회사의 설립 시에 발행하는 주식의 총수

6. 본점의 소재지

7. 회사가 공고를 하는 방법

8. 발기인의 성명·주민등록번호 및 주소

24 정답 ⑤

실종선고는 부재자의 종래의 주소나 거소를 중심으로 한 법률관계의 불확정으로 인하여 이해관계인에게 발생할 수 있는 불이익을 제거하기 위한 제도이지, 실종자로부터 권리능력을 빼앗는 것은 아니다. 따라서 실종자의 종래의 주소 또는 거소를 중심으로 하는 사법적 법률관계만을 종료케 한다. 가령 실종자가 다른 곳에 살고 있다면 그는 실종선고와 무관하게 계속 권리능력을 가지며, 그가 종래의 주소 또는 거소로 돌아온 후의 사법적 법률관계에도 영향을 미치지 않는다.

① 부재자의 생사가 5년간 분명하지 아니한 때에는 법원은 이해관계인이나 검사의 청구에 의하여 실종선고를 하여야 한다(민법 제27조 제1항).

② 실종선고를 받은 자는 전조의 기간이 만료한 때에 사망한 것으로 본다(민법 제28조). 이는 '추정'이 아니라 '간주'에 해당한다.

③ 실종자의 생존한 사실 또는 전조의 규정과 상이한 때에 사망한 사실의 증명이 있으면 법원은 본인, 이해관계인 또는 검사의 청구에 의하여 실종선고를 취소하여야 한다(민법 제29조 제1항). 즉, 취소를 청구할 수 있는 것(재량)이 아니라 취소하여야 한다(기속).

④ 실종선고를 받은 자는 전조의 기간이 만료한 때에 사망한 것으로 본다(민법 제28조). 상속은 피상속자의 사망으로 인하여 개시되므로(민법 제997조), 실종선고의 기간이 만료되는 때에 상속이 개시된다.

25 정답 ③

청산인은 주식회사 정관의 기재사항이 아니고, 법원에 대한 신고사항이다(상법 제532조 참고).

주식회사 설립 시 정관의 절대적 기재사항(상법 제289조 제1항)
발기인은 정관을 작성하여 다음의 사항을 적고 각 발기인이 기명날인 또는 서명하여야 한다.
1. 목적
2. 상호
3. 회사가 발행할 주식의 총수
4. 액면주식을 발행하는 경우 1주의 금액

26 정답 ②

합명회사는 2인 이상의 무한책임사원으로 조직된 회사이다(상법 제178조). 무한책임사원이라 함은 회사에 대하여 출자의무와 회사채무에 대한 직접·연대·무한의 책임을 부담하는 사원을 말한다.

① 상법 제268조 합자회사

③ 상법 제553조 유한회사

④ 상법 제331조 주식회사

⑤ 상법 제287조의11 유한책임회사

27 정답 ②

설립무효, 취소의 소(상법 제184조 제1항)
회사의 설립의 무효는 그 사원에 한하여, 설립의 취소는 그 취소권 있는 자에 한하여 회사성립의 날로부터 2년 내에 소만으로 이를 주장할 수 있다.

28 정답 ①

2인 이상의 무한책임사원으로만 조직된 회사는 합명회사를 말한다.

합명회사의 특징

구분	내용
구성	2인 이상의 무한책임사원으로 조직된 회사이다.
책임	무한책임사원이라 함은 회사에 대하여 출자의무와 아울러 회사채무에 대한 직접·연대·무한의 책임을 부담하는 사원을 말한다(회사의 업무를 직접 집행하고 회사를 대표할 권한을 가짐).
성격	인적 신뢰도가 두터운 조직으로, 사원이 소수임이 보통이고 형식적으로는 사단이지만 실질적으로는 조합에 가까운 성격을 띠고 있다(상법에 특별한 규정이 없는 한, 민법상의 조합의 규정 준용).
사원의 출자	금전, 현물, 노무, 신용 어느 것으로도 출자할 수 있고 사원의 수가 1인이 된 때 회사는 해산하나 다른 사원을 가입시켜 회사를 계속할 수 있다.

29 정답 ④

오답분석

① · ② 상법 제17조 제1항
③ 의무를 위반한 거래행위라도 상거래의 안정을 위하여 거래행위 자체는 유효한 것으로 본다. 단, 영업주는 손해배상청구권, 해임권, 개입권의 행사가 가능하다.
⑤ 상법 제17조 제3항

30 정답 ⑤

격지자 간의 계약성립시기(민법 제531조)

격지자 간의 계약은 승낙의 통지를 발송한 때에 성립한다.

오답분석

① 민법 제534조
② 민법 제530조
③ 민법 제529조
④ 민법 제533조

31 정답 ④

채권자취소권(민법 제406조 제1항)

채무자가 채권자를 해함을 알고 재산권을 목적으로 한 법률행위를 한 때에는 채권자는 그 취소 및 원상회복을 법원에 청구할 수 있다. 그러나 그 행위로 인하여 이익을 받은 자나 전득한 자가 그 행위 또는 전득 당시에 채권자를 해함을 알지 못한 경우에는 그러하지 아니하다.

오답분석

① · ② · ③ · ⑤ 상계권, 계약해제권, 예약완결권, 보증인의 최고 · 검색의 항변권의 행사에는 특별한 제한이 없으므로 재판상, 재판 외 모두 가능하다.

32 정답 ③

수임인의 취득물 등의 인도, 이전의무(민법 제684조 제1항)

수임인은 위임사무의 처리로 인하여 받은 금전 기타의 물건 및 그 수취한 과실을 위임인에게 인도하여야 한다.

오답분석

① 민법 제689조 제2항
② 민법 제690조
④ 민법 제684조 제2항
⑤ 민법 제687조

33 정답 ②

보증채무에 대한 소멸시효가 중단되었다고 하더라도 이로써 주채무에 대한 소멸시효가 중단되는 것은 아니고, 주채무가 소멸시효 완성으로 소멸된 경우에는 보증채무도 그 채무 자체의 시효중단에 불구하고 부종성에 따라 당연히 소멸된다(대판 2002.5.14, 2000다62476).

오답분석

① 민법 제434조
③ 민법 제430조
④ 민법 제442조 제1항 제1호
⑤ 민법 제444조 제1항

34 정답 ③

대물대차(민법 제606조)

금전대차의 경우에 차주가 금전에 갈음하여 유가증권 기타 물건의 인도를 받은 때에는 그 인도 시의 가액으로써 차용액으로 한다.

오답분석

① 대주가 목적물을 차주에게 인도하기 전에 당사자 일방이 파산선고를 받은 때에는 소비대차는 그 효력을 잃는다(민법 제599조).
② 소비대차는 당사자 일방이 금전 기타 대체물의 소유권을 상대방에게 이전할 것을 약정하고 상대방은 그와 같은 종류, 품질 및 수량으로 반환할 것을 약정함으로써 그 효력이 생긴다(민법 제598조).
④ 이자 없는 소비대차의 당사자는 목적물의 인도 전에는 언제든지 계약을 해제할 수 있다. 그러나 상대방에게 생긴 손해가 있는 때에는 이를 배상하여야 한다(민법 제601조).
⑤ 차용한 물건 그 차제를 반환하는 것이 아니라 차용한 물건과 동종, 동질, 동량의 물건을 반환한다(민법 제598조 참고).

35 정답 ①

법률행위의 성립요건은 법률행위 존재의 유 · 무를 결정하고, 효력요건은 기성립된 법률행위의 유효 · 무효를 결정한다. 요물계약에서 물건의 인도는 요물계약이라는 법률행위를 존재하게 하는 성립요건에 해당한다. 물건의 인도가 이뤄지지 않으면 요물계약 자체가 성사되지 않는다. 반면, 대리행위에서 대리권의 존재, 당사자의 의사능력과 행위능력, 조건부 법률행위에서 조건의 성취, 토지거래허가구역 내의 토지거래계약에 대한 관할관청의 허가는 법률행위가 유효한지 무효한지를 결정하는 효력요건에 해당한다.

36 정답 ⑤

임차인의 상환청구권(민법 제626조 제2항)

임차인이 유치물에 대하여 '유익비'를 지출한 때에는 그 가액의 증가가 현존한 경우에 한하여 상환을 청구할 수 있다.

오답분석

① 유치권 성립에 대한 민법의 규정은 임의규정이므로 당사자 간에 유치권의 발생을 배제하는 특약도 유효하다.

② 피담보채권이 변제기에 있어야만 유치권이 성립한다(민법 제320조 제1항).
③ 유치권의 목적물은 동산, 유가증권, 부동산 등이다.
④ 전항의 규정은 그 점유가 불법행위로 인한 경우에 적용하지 아니한다(민법 제320조 제2항).

37 정답 ②

오답분석
① 중개업자(중개인) : 타인 간의 상행위의 중개를 영업으로 하는 자(상법 제93조)
③ 대리상 : 일정한 상인을 위하여 상업사용인이 아니면서 상시 그 영업부류에 속하는 거래의 대리 또는 중개를 영업으로 하는 자(상법 제87조)
④ 운송주선인 : 자기의 명의로 물건운송의 주선을 영업으로 하는 자(상법 제114조)
⑤ 운송인 : 육상 또는 호천, 항만에서 물건 또는 여객의 운송을 영업으로 하는 자(상법 제125조)

38 정답 ①

정관에 특별한 규정이 없는 경우에는 업무집행에 대한 의결기관인 이사회에서 신주발행사항을 결정한다(상법 제416조 참고).

39 정답 ①

상업등기부의 종류에는 상호, 미성년자, 법정대리인, 지배인, 합자조합, 합명회사, 합자회사, 유한책임회사, 주식회사, 유한회사, 외국회사 11종이 있다(상업등기법 제11조 제1항 참고).

40 정답 ④

보험계약은 청약과 승낙이라는 당사자 쌍방의 의사표시의 합치만으로 성립하고, 특별한 방식을 요하지 않는 불요식 낙성계약이다.

41 정답 ④

이자 있는 채권의 이율은 다른 법률의 규정이나 당사자의 약정이 없으면 연 5푼으로 한다(민법 제379조). 상행위로 인한 채무의 법정이율은 연 6푼으로 한다(상법 제54조). 따라서 당사자 간의 채권의 이자율을 약정하지 않았을 경우, 민법은 연 5%의 이율을 적용하지만, 상법은 연 6%의 이율을 적용한다.

42 정답 ③

기한의 이익을 가지는 자
• 채권자만이 갖는 경우 : 무상임치의 임치인
• 채무자만이 갖는 경우 : 무이자 소비대차의 차주, 사용대차의 차주
• 채권자, 채무자 쌍방이 갖는 경우 : 이자 있는 정기예금, 이자부 소비대차

43 정답 ②

ㄱ. 관리할 수 있는 전기는 민법 제98조에 따른 물건으로, 부동산 이외의 물건인 동산이다.
ㄷ. 강제통용력을 상실한 화폐나 기념주화는 단순한 물건으로 취급된다. 즉, 동산이다.

오답분석
ㄴ. 지하수는 토지의 구성부분으로, 동산에 해당하지 않는다.
ㄹ. 토지에 정착된 다리는 토지와 일체인 부동산으로 취급된다.

44 정답 ②

채권자취소권은 재판상 권리를 행사하여야만 효과가 발생한다. 이 외에도 혼인취소권, 친생부인권 등이 재판상의 행사로써 효과가 발생하는 권리이다. 해제권, 환매권, 예약완결권, 상계권은 상대방에 대한 의사표시로써 그 효과가 발생한다.

45 정답 ①

부재자의 재산관리인은 법원의 허가 없이는 보존행위와 대리의 목적인 물건이나 권리의 성질을 변하지 아니하는 범위에서 그 이용 또는 개량하는 행위만 할 수 있다(민법 제118조 제2호). ②, ③, ④, ⑤는 보존 및 범위 내에서 이용・개량하는 행위이지만, 부재자 채무의 담보를 위한 부재자 소유 부동산에 저당권을 설정해주는 행위는 처분행위로서 법원의 허가를 얻어야만 가능하다.

46 정답 ①

채무인수는 채권행위와 처분행위가 결합된 계약으로서 단독행위가 아니다. 추인, 상계, 채무면제, 계약해제는 상대방에게 도달하여야 효력이 발생하는 상대방 있는 단독행위이다.

47

정답 ⑤

오답분석

① 법정대리인 또는 후견인이 하는 추인은 취소의 원인이 소멸되지 않아도 그 효력이 있다(민법 제144조 제2항).

② 당사자가 무효임을 알고 추인한 때에는 새로운 법률행위로 본다(민법 제139조).

③ 법률행위의 일부분이 무효인 때에는 그 전부를 무효로 한다. 그러나 그 무효부분이 없더라도 법률행위를 하였을 것이라고 인정될 때에는 나머지 부분은 무효가 되지 아니한다(민법 제137조).

④ 제한능력자는 선의이든 악의이든 받은 이익이 현존하는 한도에서 상환할 책임이 있다(민법 제141조).

48

정답 ①

보증의 방식(민법 제428조의2 제1항)

보증의 의사가 전자적 형태로 표시된 경우에는 보증의 효력이 없다.

오답분석

② 민법 제428조의3 제1항

③ 민법 제430조

④ 민법 제431조 제1항

⑤ 민법 제436조의2 제1항

49

정답 ③

오답분석

① 사망보험 : 피보험자의 사망을 보험사고로 한다.

② 생존보험 : 일정한 시기에 있어서의 피보험자의 생존을 보험사고로 한다.

④ 책임보험 : 피보험자가 보험기간 중에 발생한 사고로 인하여 제3자에게 손해배상책임을 지는 경우에 보험자가 손해를 보상해 주는 보험이다.

⑤ 종신보험 : 피보험자가 사망하면 보험금을 100% 지급하는 상품으로, 자살 등의 특별한 사유가 없을 경우 사망 시기·원인 등에 관계없이 보험금을 지급한다.

50

정답 ③

공유자는 다른 공유자의 동의 없이 공유물을 처분하거나 변경하지 못한다(민법 제264조). 공유물의 관리에 대한 사항은 공유자 지분의 과반수로써 결정한다(민법 제265조).

오답분석

① 민법 제262조 제2항

② 민법 제265조

④ 민법 제268조 제1항

⑤ 민법 제267조

성공한 사람은 대개 지난번 성취한 것보다 다소 높게,
그러나 과하지 않게 다음 목표를 세운다.
이렇게 꾸준히 자신의 포부를 키워간다.

– 커트 르윈 –

PART 3

최종점검 모의고사

01	02	03	04	05	06	07	08	09	10	11	12	13	14	15	16	17	18	19	20
④	⑤	①	②	④	①	④	②	⑤	①	④	④	③	②	③	④	①	②	③	③

01

정답 ④

성과평가제도가 실현되면 능력 중심의 임금체계 구축과 성과평가가 이루어지게 되므로 청년실업 문제와 일자리 미스매칭 문제가 해결될 수 있다. 따라서 성과평가제도가 불합리하다고 한 이대리의 대답은 적절하지 않다.

02

정답 ⑤

제시된 기사는 첫 직장의 수준이 평생을 좌우하는 한국 취업시장의 현실을 꼬집으며 능력 중심의 평가를 장려하고 있다. 따라서 가장 적절한 제목은 ⑤이다.

03

정답 ①

말하기, 듣기, 쓰기, 읽기를 가로와 세로 방향에 따라 그 특성으로 분류한 것이다. 먼저 세로 방향으로 말하기와 쓰기는 생각이나 느낌 등을 표현하는 것이기 때문에 산출이고, 듣기와 읽기는 타인의 생각이나 느낌 등을 받아들이는 것이기 때문에 수용이다. 가로 방향으로 쓰기와 읽기는 의사소통의 방식으로 문자를 사용한다. 이에 따라 말하기와 듣기는 의사소통 방식으로 음성을 사용하므로 ㉠에 들어갈 것은 ①이다.

04

정답 ②

을은 '행복은 규범적 목표이며, 도덕적 삶이란 전체 삶이 끝나는 순간 달성 여부가 결정되는 규범적 목표이다.'라는 논거를 바탕으로 ㉠과 같이 주장한다. 그러나 이러한 을의 주장에 '다양한 규범적 목표가 있다.'라는 전제를 추가하게 되면, 행복은 도덕적 삶 이외에 또 다른 규범적 목표와 같아질 수 있으므로 ②는 적절하지 않다.

오답분석

① 갑은 '욕구가 더 많이 충족될수록 최고 만족에 더 접근한다.'는 전제를 바탕으로 '행복은 만족이라는 개인의 심리적 상태이다.'를 주장한다. 즉, '행복의 정도가 욕구 충족에 의존한다.'는 의견은 갑의 전제와 일치하므로 적절하다.
③ 병의 주장에 따르면 행복한 사람은 도덕적인 사람이기 때문에 자신의 만족, 즉 개인의 심리적 상태를 위해 부도덕한 행동을 한 사람은 행복한 사람이 아니다. 즉, 도덕성은 개인의 심리적 상태와 별개의 것이므로 행복을 개인의 심리적 상태로 볼 수 없다는 것이다.
④ 정은 역사상 있어온 많은 사회 제도의 개혁들이 개인의 행복 달성에 많은 영향을 주었기 때문에 개인의 도덕성만을 행복 달성의 필요조건으로 보기 어렵다고 주장한다. 즉, 정은 기존의 사회 제도 개혁이 무의미하지 않았다는 것을 전제로 행복 달성에 사회 제도의 개혁도 필요하다는 것을 주장하고 있다.
⑤ 무의 주장에 따르면 사회 복지는 그 사회에 속한 개인의 행복을 달성하기 위한 수단일 뿐이며, 사회 복지가 실현된다고 해서 그 사회에 속한 개인이 반드시 행복해지는 것은 아니다.

05

ㄴ. 을과 병은 행복이 개인의 심리적 상태라는 갑의 주장에 반대한다. B 역시 행복을 심리적 상태로 보기 어렵다고 하고 있으므로 적절하다.

ㄷ. 무는 개인의 도덕성이 행복의 달성에 간접적으로 영향을 준다고 주장하였으므로 개인의 도덕성과 행복은 서로 관련이 없다는 C는 무의 입장을 반박한다. 한편, 갑은 개인의 도덕성에 대해 언급하고 있지 않으므로 C와 관계가 없다. 따라서 C는 갑의 입장을 옹호하지도 반박하지도 않는다.

오답분석

ㄱ. 정은 개인의 도덕성 외에 다른 많은 조건들이 행복 달성에 필요하다고 주장하며, 그 여러 조건 중 하나로 국가와 사회의 제도를 통한 노력을 언급하였다. 따라서 행복의 필요 요소인 건강이 행운의 영향을 받기도 한다는 A가 정의 입장을 반박한다는 것은 적절하지 않다.

06

제시문은 최대수요입지론에 의해 업체가 입지를 선택하는 방법을 설명하는 글로, 최초로 입지를 선택하는 업체와 그다음으로 입지를 선택하는 업체가 입지를 선정하는 기준, 그리고 변인이 생기는 경우 두 업체의 입지를 선정하는 기준을 설명한다. 따라서 '(나) 최대수요입지론에서 입지를 선정할 때 고려하는 요인 → (가) 최초로 입지를 선정하는 업체의 입지 선정법 → (다) 다음으로 입지를 선정하는 업체의 입지 선정법 → (라) 다른 변인이 생기는 경우 두 경쟁자의 입지 선정법' 순으로 나열하여야 한다.

07

제시문에서 '멋'은 파격이면서 동시에 보편적이고 일반적인 기준을 벗어나지 않아야 하는 것임을 강조하고 있다. 따라서 멋은 사회적인 관계에서 생겨나는 것이라는 결론을 얻을 수 있다.

08

황아영의 총점은 $85+82+90=257$점이다. 성수민은 의사소통능력과 수리능력에서 획득한 점수가 각각 93점과 88점이므로 총 181점이다. 따라서 황아영보다 높은 총점을 기록하기 위해서는 $257-181=76$점을 초과하여 획득해야 한다.

09

제시된 자료만으로는 박지호보다 김진원의 총점이 더 높은지 확인할 수 없다.

오답분석

① 의사소통능력과 수리능력 점수의 합은 하정은이 $94+90=184$점으로 가장 높다.

② 하정은의 총점은 $94+90+84=268$점이며, 양현아의 총점은 $88+76+97=261$점이다. $268×0.05=13.4$이므로, 양현아는 하정은의 총점의 95% 이상을 획득했다.

③ 신민경은 수리능력과 문제해결능력에서 각각 91점과 88점을 획득하였고, 의사소통능력에서 얻을 수 있는 최고점은 84점이므로 획득 가능한 총점의 최댓값은 263점이다.

④ 김진원의 의사소통능력 점수는 90점이고, 수리능력과 문제해결능력에서 얻을 수 있는 최고점은 각각 75점, 83점이므로 김진원이 획득 가능한 총점의 최댓값은 248점이다.

10

막내의 나이를 x세, 나이가 같은 3명의 멤버 중 한 명의 나이를 y세라 하면 다음과 같다.

$y=105÷5=21[∵ y=(5명의 평균 나이)]$

$24+3y+x=105 → x+3×21=81$

$∴ x=18$

11

월 급여가 300만 원 미만인 직원은 $1{,}200 \times (0.18+0.35)=636$명, 월 급여가 350만 원 이상인 직원은 $1{,}200 \times (0.12+0.11)=276$명이므로 $\dfrac{636}{276} ≒ 2.30$배이다.

[오답분석]

① 직원 중 4년제 국내 수도권 지역 대학교 졸업자 수는 $1{,}200 \times 0.35 \times 0.45=189$명으로, 전체 직원의 $\dfrac{189}{1{,}200} \times 100=15.75\%$이다.

② 고등학교 졸업의 학력을 가진 직원은 $1{,}200 \times 0.12=144$명, 월 급여 300만 원 미만인 직원은 $1{,}200 \times (0.18+0.35)=636$명이다. 이 인원이 차지하는 비율은 $\dfrac{144}{636} \times 100 ≒ 22.6\%$이다.

③ 4년제 대학교 졸업 이상의 학력을 가진 직원은 $1{,}200 \times 0.35=420$명, 월 급여 300만 원 이상인 직원은 $1{,}200 \times (0.24+0.12+0.11)=564$명이다. 이 인원이 차지하는 비율은 $\dfrac{420}{564} \times 100 ≒ 74.46\%$이므로 78% 이하이다.

⑤ 전체 직원이 1,000명이라면 외국 대학교 졸업의 학력을 가진 직원은 $1{,}000 \times 0.35 \times 0.2=70$명이다.

12

정답 ④

국내 소재 대학 및 대학원 졸업자는 $1{,}200 \times (0.17+0.36)+1{,}200 \times 0.35 \times (0.25+0.45+0.1)=972$명으로, 이들의 25%는 $972 \times 0.25=243$명이다. 월 급여 300만 원 이상인 직원은 $1{,}200 \times (0.24+0.12+0.11)=564$명이므로, 이들이 차지하는 비율은 $\dfrac{243}{564} \times 100 ≒ 43\%$이다.

13

정답 ③

사원수와 임원수를 각각 x명, y명이라고 하자(단, x, y는 자연수이다).
사원 x명을 발탁할 때 업무 효율과 비용은 각각 $3x\,\text{Point}$, $4x\,\text{Point}$이고, 임원 y명을 발탁할 때 업무 효율과 비용은 각각 $4y\,\text{Point}$, $7y\,\text{Point}$이므로 다음과 같다.

$3x+4y=60 \rightarrow x=-\dfrac{4}{3}y+20 \cdots \text{㉠}$

$4x+7y \leq 100 \cdots \text{㉡}$

㉠을 ㉡에 대입하면, $4\left(-\dfrac{4}{3}y+20\right)+7y \leq 100 \rightarrow 5y \leq 60 \rightarrow y \leq 12$

x와 y는 자연수이므로 사원수와 임원수로 가능한 x, y값을 순서쌍으로 나타내면 $(4, 12)$, $(8, 9)$, $(12, 6)$, $(16, 3)$이다.
따라서 사원수와 임원수를 합한 최솟값은 $4+12=16$이다.

14

정답 ②

첫 번째에서 세 번째 자리까지 변경할 수 있는 경우의 수는 0~9의 숫자를 사용하고 중복해서 사용할 수 있으므로 $10 \times 10 \times 10$가지, 네 번째 자리를 변경할 수 있는 경우의 수는 특수기호 #, * 두 가지를 사용하므로 2가지이다. 그러므로 변경할 수 있는 비밀번호의 경우의 수는 $10 \times 10 \times 10 \times 2$가지이다.
변경된 비밀번호와 기존 비밀번호 네 자리 중 자리와 그 문자가 하나만 같은 경우는 비밀번호가 네 자리이므로 모두 4가지이다.
앞서 구한 변경할 수 있는 비밀번호의 경우의 수로 변경된 비밀번호와 기존 비밀번호의 각 자리가 일치할 확률을 구하면 다음과 같다.

• 변경된 비밀번호와 기존 비밀번호의 첫 번째 자리가 일치하는 경우의 수
  변경된 비밀번호와 기존 비밀번호의 첫 번째 자리가 8로 일치하고 나머지 세 자리는 일치하지 않아야 한다. 그러므로 변경된 비밀번호의 두 번째 자리는 기존 비밀번호의 두 번째 자리의 기호였던 6이 될 수 없다. 변경된 비밀번호의 세 번째도 마찬가지로 2를 제외한 기호가 들어갈 수 있다. 마지막 네 번째 자리는 기존 비밀번호의 네 번째 자리의 기호가 #이므로 *이 되어야 한다.
  $\rightarrow 1 \times 9 \times 9 \times 1=81$가지

- 변경된 비밀번호와 기존 비밀번호의 두 번째 자리가 일치하는 경우의 수
  → 9×1×9×1=81가지
- 변경된 비밀번호와 기존 비밀번호의 세 번째 자리가 일치하는 경우의 수
  → 9×9×1×1=81가지
- 변경된 비밀번호와 기존 비밀번호의 네 번째 자리가 일치하는 경우의 수
  → 9×9×9×1=729가지

따라서 변경된 비밀번호가 기존 비밀번호 네 자리 중 한 자리와 그 문자가 같을 확률은 $\dfrac{81+81+81+729}{10\times10\times10\times2}=\dfrac{972}{2,000}=\dfrac{486}{1,000}$ 이다.

15

R대리가 각 교통편 종류를 택할 시 왕복 교통비용을 구하면 다음과 같다.
- 일반버스 : 24,000×2=48,000원
- 우등버스 : 32,000×2×0.99=63,360원
- 무궁화호 : 28,000×2×0.85=47,600원
- 새마을호 : 36,000×2×0.8=57,600원
- KTX : $58,000\times2\times\dfrac{1}{2}=58,000$원

따라서 무궁화호가 47,600원으로 가장 저렴하다.

16
정답 ④

- 과정 1 : (9+8+9+2+5+7)×1+(7+8+9+3+7+8)×3=166
- 과정 2 : 166÷10=16 … 6
- 과정 3 : 6÷2=3

17
정답 ①

S사의 도시락 구매비용을 요일별로 계산하면 다음과 같다.
- 월 : (5,000×3)+(2,900×10)=44,000원
- 화 : (3,900×10)+(4,300×3)=51,900원
- 수 : (3,000×8)+(3,900×2)=31,800원
- 목 : (4,500×4)+(7,900×2)=33,800원
- 금 : (5,500×4)+(4,300×7)=52,100원
- 토 : (3,900×2)+(3,400×10)=41,800원
- 일 : (3,700×10)+(6,000×4)=61,000원

따라서 S사의 지난주 도시락 구매비용은 총 316,400원이다.

18
정답 ②

병역부문에서 채용예정일 이전 전역 예정자는 지원이 가능하다고 제시되어 있다.

오답분석
① 이번 채용에서 행정직에는 학력상의 제한이 없다.
③ 자격증을 보유하고 있더라도 채용예정일 이전 전역 예정자가 아니라면 지원할 수 없다.
④ 지역별 지원 제한은 2022년 신입사원 채용부터 폐지되었다.
⑤ 채용공고에서 외국어 능력 성적 기준 제한에 대한 사항은 없다.

19

정답 ③

채용공고일(2023. 2. 23.) 기준으로 만 18세 이상이어야 지원 자격이 주어진다.

오답분석

① 행정직에는 학력 제한이 없으므로 A는 지원 가능하다.
② 기능직 관련학과 전공자이므로 B는 지원 가능하다.
④ 채용예정일 이전에 전역 예정이므로 D는 지원 가능하다.
⑤ 외국어 능력 성적 보유자에 한해 성적표 제출이므로 현재 외국어 성적을 보유하지 않은 E도 지원 가능하다.

20

정답 ③

제품 특성상 테이크아웃이 불가능했던 위협 요소를 피하기 위해 버거의 사이즈를 줄이는 대신 사이드 메뉴를 무료로 제공하는 것은 독창적인 아이템을 활용하면서도 위협 요소를 보완하는 전략으로 적절하다.

오답분석

① 해당 상점의 강점은 주변 외식업 상권과 차별화된 아이템 선정이다. 그러므로 주변 상권에서 이미 판매하고 있는 상품을 벤치마킹해 판매하는 것은 강점을 활용하는 전략으로 적절하지 않다.
② 높은 재료 단가를 낮추기 위해 유기농 채소와 유기농이 아닌 채소를 함께 사용하는 것은 웰빙을 추구하는 소비 행태가 확산되고 있는 기회를 활용하지 못하는 전략이므로 적절하지 않다.
④ 커스터마이징 형식의 고객 주문 서비스 및 주문 즉시 조리하는 방식은 해당 상점의 강점이다. 약점을 보완하기 위해 강점을 모두 활용하지 못하는 전략이므로 적절하지 않다.
⑤ 커스터마이징 주문 시 치즈의 종류를 다양하게 선택할 수 있게 하는 것은 커스터마이징 주문이라는 강점으로 '치즈 제품을 선호하는 여성 고객들의 니즈'라는 기회를 활용하는 방법이므로 SO전략이다.

01	02	03	04	05	06	07	08	09	10	11	12	13	14	15	16	17	18	19	20
④	④	②	④	①	⑤	⑤	①	⑤	④	②	②	③	②	②	③	①	②	①	②
21	22	23	24	25	26	27	28	29	30	31	32	33	34	35	36	37	38	39	40
①	④	①	④	③	④	⑤	③	②	④	③	③	⑤	④	③	②	③	④	③	①
41	42	43	44	45	46	47	48	49	50										
①	①	①	⑤	③	②	⑤	⑤	②	④										

01
정답 ④

먼저 행동으로 나타나는 '군자의 학문'을 언급한 다음, 말로 표현하고 실천하지 않는 '소인의 학문'을 비판하는 내용이 이어질 것으로 예상할 수 있다.

02
정답 ④

중요한 내용을 글의 앞에서 먼저 언급하는 것(두괄식)이 끝에 두는 것(미괄식)보다 내용 전달에 더 효과적이다.

03
정답 ②

상대방의 이야기를 들을 때 자신의 경험과 연결 지어 생각해보면 이해와 집중에 더 도움이 된다.

04
정답 ④

한자음 '녀'가 단어 첫머리에 올 때는 두음 법칙에 따라 '여'로 적으나, 의존 명사의 경우는 '녀' 음을 인정한다. 해를 세는 단위의 '년'은 의존 명사이므로 ④의 '연'은 '년'으로 적어야 한다.

오답분석
① 이사장의 말을 직접 인용하고 있으므로 '라고'의 쓰임은 적절하다.
② '말'이 표현을 하는 도구의 의미로 사용되었으므로 '로써'의 쓰임은 적절하다.
③ 'ㅇ' 받침으로 끝나는 말 뒤에 쓰였으므로 '률'의 쓰임은 적절하다.
⑤ 아라비아 숫자만으로 연월일을 모두 표시하고 있으므로 마침표의 사용은 적절하다.

05
정답 ①

자신이 전달하고자 하는 의사표현을 명확하고 정확하게 하지 못할 경우에는 자신이 평정을 어느 정도 찾을 때까지 의사소통을 연기해야 한다. 하지만 조직 내에서 의사소통을 무한정으로 연기할 수는 없기 때문에 자신의 분위기와 조직의 분위기를 개선하도록 노력하는 등의 적극적인 자세가 필요하다.

PART 3

06

정답 ⑤

(가) 발신주의(發信主義) : 성립한 문서가 상대방에게 발신된 때 효력이 발생한다.
(나) 요지주의(了知主義) : 상대방이 문서의 내용을 알게 되었을 때에 효력이 발생한다.
(다) 도달주의(到達主義) : 문서가 상대방에게 도달해야 효력이 발생한다.
(라) 표백주의(表白主義) : 결재로써 문서의 작성이 끝났을 때에 효력이 발생한다.

07

정답 ⑤

문서의 마지막에 반드시 '끝'을 붙여서 마무리해야 하는 문서는 보고서가 아니라 공문서이다.

08

정답 ①

(가) 문단은 질서의 사전적 의미를 통해 질서의 개념에 대해 설명하고 있다.

09

정답 ⑤

시민 단체들은 농부와 노동자들이 스스로 조합을 만들어 환경친화적으로 농산물을 생산하도록 교육하고 이에 필요한 자금을 지원하는 역할을 했을 뿐, 이들이 농산물을 직접 생산하고 판매한 것은 아니다.

10

정답 ④

제시문은 사람들이 커뮤니케이션에서 메시지를 전할 때 어떠한 의도로 메시지를 전하는지를 유형별로 구분지어 설명하는 글이다.
- (가) : 표현적 메시지 구성논리는 표현자의 생각의 표현을 가장 중시하는 유형이다. 따라서 송신자의 생각이나 감정을 전달하는 수단이라는 ⓒ이 적절하다.
- (나) : 인습적 메시지 구성논리는 대화의 맥락, 역할, 관계 등을 고려한 커뮤니케이션의 적절함에 관심을 갖는 유형이다. 따라서 주어진 상황에서 올바른 것을 말하려는 ⓒ이 적절하다.
- (다) : 수사적 메시지 구성논리는 커뮤니케이션의 내용에 주목하여 서로 간에 이익이 되는 상황에 초점을 두는 유형이다. 따라서 복수의 목표를 타협한다는 ⓐ이 적절하다.

11

정답 ②

집에서부터 회사까지의 거리를 $x$km라 하면 처음 집을 나온 후 15분이 지났을 때 돌아갔으므로 집과 다시 돌아갔던 지점 사이의 거리는 $60 \times \dfrac{15}{60} = 15$km이다.

다시 집으로 돌아갔을 때의 속력은 $60 \times 1.5 = 90$km/h이고, 집에서 다시 회사로 갈 때의 속력은 $90 \times 1.2 = 108$km/h이다.

출근할 때 소비한 전체 시간이 50분이므로 다음과 같다.

$$\frac{15}{60} + \frac{15}{90} + \frac{x}{108} = \frac{50}{60} \rightarrow 135 + 90 + 5x = 450 \rightarrow 5x = 225$$

$\therefore x = 45$

12

정답 ②

5돈 순금 두꺼비를 제작하는 데 필요한 순금은 $5 \times 3.75 = 18.75$g이고, 2등과 3등의 순금 열쇠를 제작하는 데 필요한 순금은 각각 10g이므로 부상 제작에 필요한 순금은 $18.75 + 10 + 10 = 38.75$g이다. 따라서 38.75g=0.03875kg이다.

13

정답 ③

일주일은 7일이므로, $30 \div 7 = 4 \cdots 2$
즉, 수요일에서 2일 후인 금요일이 된다.

14

정답 ②

• 수도권 지역에서 경기가 차지하는 비중
 93,252(서울)+16,915(인천)+68,124(경기)=178,291천 명

 $\rightarrow \dfrac{68,124}{178,291} \times 100 = 38.21\%$

• 수도권 지역에서 인천이 차지하는 비중

 $\rightarrow \dfrac{16,915}{178,291} \times 100 = 9.49\%$

 $9.49 \times 4 = 37.96\% < 38.21\%$

따라서 수도권 지역에서 경기가 차지하는 비중은 인천이 차지하는 비중의 4배 이상이다.

[오답분석]
① 의료인력이 수도권 지역 특히 서울, 경기에 편중되어 있으므로 불균형상태를 보이고 있다.
③ 서울과 경기를 제외한 나머지 지역 중 의료인력수가 가장 많은 지역은 부산(28,871천 명)이고, 가장 적은 지역은 세종(575천 명)이다. 부산과 세종의 의료인력의 차는 28,296천 명으로, 이는 경남(21,212천 명)보다 크다.
④ 제시된 자료에 의료인력별 수치가 나와 있지 않으므로 의료인력수가 많을수록 의료인력 비중이 고르다고 말할 수는 없다.
⑤ 의료인력수는 세종이 가장 적으며, 두 번째로 적은 곳은 제주이다.

15

정답 ②

월간 용돈을 5만 원 미만으로 받는 비율은 중학생이 89.4%, 고등학생이 60%이므로 중학생이 고등학생보다 높다.

[오답분석]
① 용돈을 받는 남학생과 여학생의 비율은 각각 82.9%, 85.4%이므로 여학생이 더 높다.
③ 고등학교 전체 인원을 100명이라 한다면 그중에 용돈을 받는 학생은 약 80.8명이다. 80.8명 중에 용돈을 5만 원 이상 받는 학생의 비율은 40%이므로 80.8×0.4≒32.3명이다.
④ 전체에서 금전출납부의 기록, 미기록 비율은 각각 30%, 70%이므로 기록하는 비율이 더 낮다.
⑤ 용돈을 받지 않는 중학생과 고등학생 비율은 각각 12.4%, 19.2%이므로 용돈을 받지 않는 고등학생 비율이 더 높다.

16

정답 ③

성과평가 방법 및 기획팀의 성과평가 결과에 따라 기획팀에 지급되는 성과급은 다음과 같다.

(단위 : 점)

구분	1/4분기	2/4분기	3/4분기	4/4분기
유용성	8	8	10	8
안전성	8	6	8	8
서비스 만족도	6	8	10	8
성과평가 점수	7.6	7.2	9.2	8.0
성과평가 등급	C	C	A	B
성과급(만 원)	80	80	100+10(가산금)	90

따라서 기획팀에 지급될 1년 성과급의 총 금액은 80+80+110+90=360만 원이다.

17

성과평가 등급이 A이면 직전 분기 차감액의 50%를 가산하여 지급한다. 마케팅팀은 3/4분기에 평가등급이 A였으므로 가산금 없이 100만 원을 지급받고, B등급 전략팀은 5만 원, C등급 영업팀은 10만 원이 가산되어 성과급을 지급받는다.

따라서 4/4분기의 성과급 지급액은 100(마케팅팀)+[100+5](전략팀)+[100+10](영업팀)=315만 원이다.

18

정답 ②

ㄱ. 습도가 70%일 때 연간소비전력량이 가장 적은 제습기는 A(790kwh)임을 알 수 있으므로 옳은 내용이다.

ㄷ. 습도가 40%일 때 제습기 E의 연간소비전력량은 660kwh이고, 습도가 50%일 때 제습기 B의 연간소비전력량은 640kwh이므로 옳은 내용이다.

[오답분석]

ㄴ. 제습기 D와 E를 비교하면, 60%일 때 D(810kwh)가 E(800kwh)보다 소비전력량이 더 많은 반면, 70%일 때에는 E(920kwh)가 D(880kwh)보다 더 많아 순서가 다르게 되므로 옳지 않은 내용이다.

ㄹ. 제습기 E의 경우 습도가 40%일 때의 연간전력소비량은 660kwh이고, 1.5배는 990kwh이다. 반면 습도가 80%일 때의 연간전력소비량은 970kwh이므로 전자가 후자보다 크다. 따라서 옳지 않은 내용이다.

19

정답 ①

먼저 선택지를 보면 유전체기술이 A 또는 B로 짝지어져 있어, 이 중 세 번째 조건에 부합하는 것을 찾으면 된다. A의 한국 점유율은 $\frac{1,880}{27,252} \times 100 ≒ 6.9\%$로 미국 점유율과 $47.6-6.9=40.7$p 차이가 나고, B의 한국 점유율은 $\frac{7,518}{170,855} \times 100 ≒ 4.4\%$로 미국 점유율과 $45.6-4.4=41.2$p 차이가 난다. 따라서 B가 유전체기술이 된다.

첫 번째 조건에서 미국보다 한국의 점유율이 높은 분야는 발효식품개발기술과 환경생물공학기술로 A, B는 해당이 안 되고, C, D가 해당되어 선택지는 ① 또는 ②가 정답이 될 수 있다.

두 번째 조건에서도 동식물세포배양기술의 미국 점유율은 생물농약 개발기술의 미국 점유율인 42.8%보다 높다고 했으므로 이에 부합하는 것은 A와 B며, B는 유전체기술이므로 A가 동식물세포배양기술임을 알 수 있다.

마지막 조건을 보면 C의 한국 점유율은 $\frac{4,295}{20,849} \times 100 ≒ 20.6\%$, D의 한국 점유율은 $\frac{7,127}{26,495} \times 100 ≒ 26.9\%$이므로 D가 환경생물공학기술이고, C가 발효식품개발기술이 된다.

20

정답 ②

㉠ 표 1에 의하면 의약품의 특허출원은 2020년부터 2022년까지 매년 감소하고 있으므로 옳은 내용이다.

㉢ 2022년 원료의약품 특허출원 건수가 500건이고 이의 20%가 100건인데, 다국적기업이 출원한 것은 103건으로 이보다 많다. 따라서 옳은 내용이다.

[오답분석]

㉡ 2022년 전체 의약품 특허출원의 30%는 약 1,400건인데, 기타 의약품 출원은 1,220건에 불과하므로 옳지 않은 내용이다.

㉣ 표 2를 통해서는 다국적기업이 출원한 원료의약품 특허출원이 몇 건인지를 알 수 있지만, 이 중 다이어트제가 얼마나 되는지는 알 수 없다. 표 3은 다국적기업에 국한된 것이 아닌 전체 기업을 대상으로 한 집계결과이다.

21

정답 ①

입사순서는 해당 월의 누적 입사순서이므로 'W05210401'은 4월의 첫 번째 입사자임을 나타낼 뿐, 해당 사원이 생산부서 최초의 여직원인지는 알 수 없다.

22

M01220903	W03221005	M05220912	W05220913	W01221001	W04221009
M01220903	W03221005	M05220912	W05220913	W01221001	W04221009
W02220901	M04221101	W01220905	W03220909	M02221002	W03221007
M03220907	M01220904	W02220902	M04221008	M05221107	M01221103
M03220908	M05220910	M02221003	M01220906	M05221106	M02221004
M04221101	M05220911	W03221006	W05221105	W03221104	M05221108

따라서 여성(W) 입사자 중 기획부(03)에 입사한 사원은 모두 5명이다.

23

정답 ①

같은 색깔로는 심지 못한다고 할 때 다음의 경우로 꽃씨를 심을 수 있다.
1) 빨간 화분 : 파랑, 노랑, 초록
2) 파란 화분 : 빨강, 노랑, 초록
3) 노란 화분 : 빨강, 파랑, 초록
4) 초록 화분 : 빨강, 파랑, 노랑
나머지 조건을 적용하면 다음과 같은 경우로 꽃씨를 심을 수 있다.
1) 빨간 화분 : 파랑, 초록
2) 파란 화분 : 빨강, 노랑
3) 노란 화분 : 파랑, 초록
4) 초록 화분 : 빨강, 노랑
따라서 초록 화분과 노란 화분에 심을 수 있는 꽃씨의 종류는 다르므로 보기는 확실히 틀린 설명이다.

24

정답 ④

이번 주 추가근무 일정을 요일별로 정리하면 다음과 같다.

구분	월	화	수	목	금	토	일
추가 근무자	김은선, 민윤기	김석진, 김남준, 정호석	박지민, 김태형	최유화, 박시혁	유진실, 정호석	이영희, 전정국	박지민, 김남준

하루에 2명까지 추가근무를 할 수 있는데 화요일에 3명이 추가근무를 하므로, 화요일 추가근무자 중 한 명이 추가근무 일정을 수정해야 한다. 그중 김남준은 일주일 추가근무 시간이 7시간으로 6시간을 초과하였다. 따라서 김남준의 추가근무 일정을 수정하는 것이 적절하다.

25

정답 ③

ⅰ) 월요일에 진료를 하는 경우 첫 번째 조건에 의해, 수요일에 진료를 하지 않는다. 그러면 네 번째 조건에 의해, 금요일에 진료를 한다. 또한 세 번째 조건의 대우에 의해, 화요일에 진료를 하지 않는다. 따라서 월요일과 금요일에 진료를 한다.

ⅱ) 월요일에 진료를 하지 않는 경우 두 번째 조건에 의해, 화요일에 진료를 한다. 그러면 세 번째 조건에 의해, 금요일에 진료를 하지 않는다. 또한 네 번째 조건의 대우에 의해, 수요일에 진료를 한다. 따라서 화요일과 수요일에 진료를 한다.

26

정답 ④

• 을, 정, 무 : 정이 운전을 하고, 을이 차장이고, 부상 중인 사람이 없기 때문에 17:00에 도착하므로 정의 당직 근무에도 문제가 없다. 따라서 가능한 조합이다.

제2회 기술보증기금 최종점검 모의고사 • 73

① 갑, 을, 병 : 갑이 부상인 상태이므로 B지점에 17시 30분에 도착하는데, 을은 17시 15분에 계약업체 면담이 진행될 예정이므로 가능하지 않은 조합이다.
② 갑, 병, 정 : 갑이 부상인 상태이므로 B지점에 17시 30분에 도착하는데, 정이 17시 10분부터 당직 근무가 예정되어 있으므로 가능하지 않은 조합이다.
③ 을, 병, 무 : 1종 보통 운전면허를 소지하고 있는 사람이 없으므로 가능하지 않은 조합이다.
⑤ 병, 정, 무 : 책임자로서 차장 직급이 한 명은 포함되어야 하므로 가능하지 않은 조합이다.

27

같은 조가 될 수 있는 20대는 김기안, 안화사, 방성훈, 김충재이다. 안화사는 김충재와 같은 총무팀이므로 같은 조가 될 수 없고, 김기안과 방성훈 중 나이 차가 5세 이하인 김기안과 같은 조가 되므로, 방성훈과 김충재가 같은 조가 된다. 30대는 전현무, 이시언, 박나래, 김사랑, 한혜진, 정려원이다. 20대 조에서 남녀 조가 나왔기 때문에 나머지는 모두 동성 조가 되어야 하므로 전현무와 이시언이 같은 조가 되고, 나머지(정려원, 한혜진, 박나래, 김사랑)끼리 조를 구성해야 한다. 이때, 박나래와 김사랑은 나이가 7세 차이로 같은 조가 될 수 없다. 즉, 가능한 조 편성은 다음과 같다.
• 경우 1

안화사, 김기안	김충재, 방성훈	전현무, 이시언	박나래, 정려원	김사랑, 한혜진

• 경우 2

안화사, 김기안	김충재, 방성훈	전현무, 이시언	박나래, 한혜진	김사랑, 정려원

28

나이가 많은 순서대로 나열하면 '전현무 > 김사랑 > 이시언 > 한혜진 > 정려원 > 박나래 > 방성훈 > 김기안 > 김충재 > 안화사' 순서이다. 따라서 맨 앞과 맨 뒤에서 차례로 짝을 지어 조를 만들면 전현무(39) – 안화사(23), 김사랑(37) – 김충재(24), 이시언(36) – 김기안(27), 한혜진(35) – 방성훈(29), 정려원(32) – 박나래(30)가 된다.

29

주어진 상황에 따라 갑 ~ 정이 갖춘 직무역량을 정리하면 다음과 같다.

구분	의사소통역량	대인관계역량	문제해결역량	정보수집역량	자원관리역량
갑	○	○	×	×	○
을	×	×	○	○	○
병	○	×	○	○	×
정	×	○	○	×	○

이를 바탕으로 갑 ~ 정의 수행 가능한 업무는 다음과 같다.
• 갑 : 심리상담, 지역안전망구축
• 을 : 진학지도
• 병 : 위기청소년지원, 진학지도
• 정 : 지역안전망구축
따라서 서로 다른 업무를 맡으면서 4가지 업무를 분담할 수 있는 후보자는 갑과 병뿐이므로 K복지관에 채용될 후보자는 갑과 병이다.

30

ㄱ. K시의 2022년 인구는 13만 명이고, 2025년 예상 인구는 15만 명인데, 인구는 해마다 증가한다고 하였으므로 K시 도서관이 실제 개관하게 될 2024년 상반기 K시의 인구는 13만 명 이상 15만 명 미만의 범위 내에 있음을 알 수 있다. 그런데 봉사대상 인구가 10만 명 이상 30만 명 미만인 경우 기존장서는 30,000권 이상이라고 하였으므로 옳은 내용이다.

ㄷ. K시의 인구가 2025 ~ 2030년에 매년 같은 수로 늘어난다면 2028년 K시의 인구는 24만 명이 된다. 그리고 공공도서관은 봉사대상 인구 1천 명당 1종 이상의 연속간행물, 10종 이상의 시청각자료를 보유해야 한다고 하였으므로 각각 최소 240종 이상, 2,400종 이상을 보유해야 한다. 따라서 옳은 내용이다.

ㄹ. 2030년 실제 인구가 예상 인구의 80% 수준인 24만 명이라면, 이때의 연간증서는 3,000권 이상이 된다. 따라서 6년 동안 매년 3,000권 이상씩 추가로 보유해야 하므로 총 연간증서는 최소 18,000권이다. 따라서 옳은 내용이다.

오답분석

ㄴ. 봉사대상 인구가 10만 명 이상 30만 명 미만이라면 열람석은 350석 이상이어야 하고, 이 중 10% 이상을 노인과 장애인 열람석으로 할당하여야 한다. 그런데 2024년 개관 시와 2025년 모두 인구가 이 범위 내에 존재하므로 열람석은 350석 이상만 충족하면 되며 추가로 열람석을 확보해야 할 필요는 없다. 따라서 옳지 않은 내용이다.

31 〔정답〕 ③

메일 내용에서 검색기록 삭제 시 기존에 체크되어 있는 항목 외에도 모든 항목을 체크하라고 되어 있으나, 단서로 '즐겨찾기 웹사이트 데이터 보존 부분은 체크 해제할 것'이라고 명시되어 있으므로 모든 항목을 체크하는 행동은 옳지 않다.

32 〔정답〕 ③

SUM 함수는 인수들의 합을 출력하는 함수이다.
• [B12] : 「=SUM(B2:B11)」
• [C12] : 「=SUM(C2:C11)」

오답분석

① REPT : 텍스트를 지정한 횟수만큼 반복한다.
② CHOOSE : 인수 목록 중에서 하나를 고른다.
④ AVERAGE : 인수들의 평균을 출력한다.
⑤ DSUM : 지정한 조건에 맞는 데이터베이스에서 필드 값들의 합을 출력한다.

33 〔정답〕 ⑤

MAX 함수는 최댓값을 출력하는 함수로, [F3] 셀에 최대 매출액을 출력해야 하므로 지점별 매출의 범위인 [B2:B11] 영역의 최댓값을 출력해야 한다. 따라서 ⑤가 적절하다.

오답분석

MIN 함수는 최솟값을 출력하는 함수이다.

34 〔정답〕 ④

저장매체에 저장된 자료는 시간이 지나도 언제든지 동일한 형태로 재생이 가능하므로 정적정보에 해당된다.

오답분석

① 정보는 원래 형태 그대로 활용하거나 분석, 정리 등 가공하여 활용할 수 있다.
② 정보를 가공하는 것뿐만 아니라, 일정한 형태로 재표현하는 것도 가능하다.
③ 시의성이 사라지면 정보의 가치가 떨어지는 동적정보와 달리, 정적정보는 이용 후에도 장래에 활용을 하기 위해 정리하여 보존하는 것이 좋다.
⑤ 동적정보의 특징은 입수 후 처리한 경우에는 폐기하여도 된다는 것이다. 오히려 시간의 경과에 따라 시의성이 점점 떨어지는 동적정보를 축적하는 것은 비효율적이다.

35

정답 ③

피벗 테이블은 대화형 테이블의 일종으로, 데이터의 나열 형태에 따라 집계나 카운트 등의 계산을 하는 기능을 가지고 있어 방대한 양의 자료를 요약해서 한눈에 파악할 수 있는 형태로 만드는 데 적합하다.

36

정답 ②

정보 내에 포함되어 있는 키워드나 단락과 같은 세부적인 요소나 정보의 주제, 사용했던 용도로 정보를 찾고자 할 때는 목록을 가지고 쉽게 찾을 수가 없다. 이런 문제를 해결하기 위해 주요 키워드나 주제어를 가지고 소장하고 있는 정보원을 관리하는 방식이 색인을 이용한 정보관리이다. 목록은 한 정보원에 하나만 만드는 것이지만, 색인은 여러 개를 추출하여 한 정보원에 여러 색인어를 부여할 수 있다.

오답분석

㉠ 정보목록은 정보에서 중요한 항목을 찾아 기술한 후 정리하면서 만들어진다. 한번 '정보목록'을 만들기 시작한 다음 한글이나 워드, 엑셀 같은 프로그램을 이용해서 목록파일을 저장해 놓으면, 후에 다른 정보를 찾았을 때 기존 목록에 추가하는 작업이 간단해진다.

㉢ 색인은 정보를 찾을 때 쓸 수 있는 키워드인 색인어와 색인어의 출처인 위치정보로 구성된다.

37

정답 ③

'1인 가구의 인기 음식(㉢)'과 '5세 미만 아동들의 선호 색상(㉤)'은 각각 음식과 색상에 대한 자료를 가구, 연령으로 특징 지음으로써 자료를 특정한 목적으로 가공한 정보(Information)로 볼 수 있다.

오답분석

㉠·㉣·㉥ 특정한 목적이 없는 자료(Data)의 사례이다.
㉢ 특정한 목적을 달성하기 위한 지식(Knowledge)의 사례이다.

38

정답 ④

보기는 '운동'을 주제로 나열되어 있는 자료임을 알 수 있다. ①, ②, ③, ⑤는 운동을 목적으로 하는 지식의 사례이지만, ④는 운동이 아닌 '식이요법'을 목적으로 하는 지식의 사례로 볼 수 있다.

39

정답 ③

연번	기호	연산자	검색조건
ㄱ	*, &	AND	두 단어가 모두 포함된 문서를 검색
ㄴ			OR	두 단어가 모두 포함되거나, 두 단어 중 하나만 포함된 문서를 검색
ㄷ	-, !	NOT	'-' 기호나 '!' 기호 다음에 오는 단어는 포함하지 않는 문서를 검색
ㄹ	~, near	인접검색	앞/뒤의 단어가 가깝게 인접해 있는 문서를 검색

40

정답 ①

1차 자료보다는 1차 자료를 가공한 2차 자료가 활용할 때 효율성이 더 높다.

오답분석

정보원은 1차 자료와 2차 자료로 구분된다. 1차 자료는 원래의 연구 성과가 기록된 자료를 의미한다. 2차 자료는 1차 자료를 효과적으로 찾아보기 위한 자료 혹은 1차 자료에 포함되어 있는 정보를 압축·정리해서 읽기 쉬운 형태로 제공하는 자료를 의미한다. 1차 자료로는 단행본, 학술지와 학술지 논문, 학술회의 자료, 연구보고서, 학위논문, 특허 정보, 표준 및 규격 자료, 레터, 출판전 배포 자료, 신문, 잡지, 웹 정보 자원 등이 있다. 2차 자료로는 사전, 백과사전, 편람, 연감, 서지 데이터베이스 등이 있다.

ⓒ 논문은 2차 자료가 아니라 1차 자료에 해당된다.

ⓒ 인포메이션(Information)은 객관적인 단순 정보에 해당되며, 이를 분석 및 가공하여 특정 기능을 하도록 한 것은 인텔리전스(Intelligence)이다. 회의 내용과 같이 예측 기능을 하는 정보는 인텔리전스에 해당된다.

41   정답 ①

조직의 비전에 대해 자주 의사소통하기 위해서는 조직의 비전을 수립하고, 그 내용을 전 직원에게 정확히 전달해야 한다. 이때 메시지는 간단명료해야 하고, 다양한 매체를 통해 반복적으로 전달하는 것이 좋다.

42   정답 ①

개인은 본인이 자란 문화에서 체득한 방식과 상이한 문화를 느끼게 되면 상대 문화에 이질감을 느끼게 되고, 의식적 혹은 무의식적으로 불일치, 위화감, 심리적 부적응 상태를 경험하게 되는데, 이를 문화충격이라고 한다.

[오답분석]

ㄱ. 문화충격은 개인이 자신이 속한 문화 내에서가 아닌 타 문화를 접하였을 때 느끼게 되는 심리적 충격을 가리킨다.

ㄷ. 문화충격에 대비하기 위해서 가장 중요한 것은 다른 문화에 대해 개방적인 태도를 가지는 것이다. 자신이 속한 문화의 기준으로 다른 문화를 평가하지 말고, 자신의 정체성은 유지하되, 새롭고 다른 것을 경험하는 데 즐거움을 느끼도록 적극적 자세를 취하는 것이 바람직하다.

43   정답 ①

사내 봉사 동아리이기 때문에 공식이 아닌 비공식 조직에 해당한다. 비공식 조직의 특징에는 적절한 것은 인간관계에 따라 형성된 자발적인 조직, 내면적·비가시적, 비제도적, 감정적, 사적 목적 추구, 부분적 질서를 위해 활동 등이 있다.

44   정답 ⑤

조직 내 집단이 의사결정을 하는 과정에서 의견이 불일치하는 경우 의사결정을 내리는 데 많은 시간이 소요된다.

집단의사결정의 장·단점
- 장점
  - 한 사람이 가진 지식보다 집단이 가지고 있는 지식과 정보가 더 많아 효과적인 결정을 할 수 있다.
  - 각자 다른 시각으로 문제를 바라봄에 따라 다양한 견해를 가지고 접근할 수 있다.
  - 결정된 사항에 대해 의사결정에 참여한 사람들이 해결책을 수월하게 수용하고, 의사소통의 기회도 향상된다.
- 단점
  - 의견이 불일치하는 경우 의사결정을 내리는 데 시간이 많이 소요된다.
  - 특정 구성원에 의해 의사결정이 독점될 가능성이 있다.

45   정답 ③

면접관의 질문 의도는 단순히 사무실의 구조나 회사 위치 등 눈에 보이는 정보를 묻는 것이 아니라, 실질적으로 회사를 운영하는 내부 조직에 관련된 사항을 알고 있는지를 묻는 것이다. 그러므로 사무실의 구조는 질문의 답변 내용으로 적절하지 않다.

46   정답 ②

C주임은 최대 작업량을 잡아 업무를 진행하면 능률이 오를 것이라는 오해를 하고 있다. 하지만 이럴 경우 시간에 쫓기게 되어 오히려 능률이 떨어질 가능성이 있다. 실현 가능한 목표를 잡고 우선순위를 세워 진행하는 것이 옳다.

47

조직은 영리성을 기준으로 영리조직과 비영리조직으로 구분할 수 있다. 영리조직은 기업과 같이 이윤을 목적으로 하는 조직이며, 비영리조직은 정부조직을 비롯하여 공익을 추구하는 병원, 대학, 시민단체, 종교단체 등이 해당한다. 따라서 ⑤는 옳지 않은 설명이다.

48

기계적 조직과 유기적 조직의 특징을 통해 안정적이고 확실한 환경에서는 기계적 조직이, 급변하는 환경에서는 유기적 조직이 적합함을 알 수 있다.

기계적 조직과 유기적 조직의 특징

기계적 조직	유기적 조직
• 구성원들의 업무가 분명하게 정의된다. • 많은 규칙과 규제들이 있다. • 상하 간 의사소통이 공식적인 경로를 통해 이루어진다. • 엄격한 위계질서가 존재한다. • 대표적인 기계적 조직으로 군대를 볼 수 있다.	• 의사결정 권한이 조직의 하부구성원들에게 많이 위임되어 있다. • 업무가 고정되지 않고, 공유 가능하다. • 비공식적인 상호의사소통이 원활하게 이루어진다. • 규제나 통제의 정도가 낮아 변화에 따라 의사결정이 쉽게 변할 수 있다.

49

규칙과 법을 준수하고, 관행과 안정, 문서와 형식, 명확한 책임소재 등을 강조하는 관리적 문화의 특징을 가진 문화는 (다)이다. (가)는 집단문화, (나)는 개발문화, (다)는 계층문화, (라)는 합리문화이며, 분야별 주요 특징은 다음과 같다.

구분	주요 특징
(가) 집단문화	관계지향적인 문화이며, 조직구성원 간 인간애 또는 인간미를 중시하는 문화로서 조직내부의 통합과 유연한 인간관계를 강조한다. 따라서 조직구성원 간 인화단결, 협동, 팀워크, 공유가치, 사기, 의사결정과정에 참여 등을 중요시하며, 개인의 능력개발에 대한 관심이 높고, 조직구성원에 대한 인간적 배려와 가족적인 분위기를 만들어내는 특징을 가진다.
(나) 개발문화	높은 유연성과 개성을 강조하며, 외부환경에 대한 변화지향성과 신축적 대응성을 기반으로 조직구성원의 도전의식, 모험성, 창의성, 혁신성, 자원획득 등을 중시하며, 조직의 성장과 발전에 관심이 높은 조직문화를 의미한다. 따라서 조직구성원의 업무수행에 대한 자율성과 자유재량권 부여 여부가 핵심 요인이다.
(다) 계층문화	조직내부의 통합과 안정성을 확보하고, 현상유지 차원에서 계층화되고 서열화된 조직구조를 중요시하는 조직문화이다. 즉, 위계질서에 의한 명령과 통제, 업무처리시 규칙과 법을 준수, 관행과 안정, 문서와 형식, 보고와 정보관리, 명확한 책임소재 등을 강조하는 관리적 문화의 특징을 나타내고 있다.
(라) 합리문화	과업지향적인 문화로, 결과지향적인 조직으로써의 업무의 완수를 강조한다. 조직의 목표를 명확하게 설정하여 합리적으로 달성하고, 주어진 과업을 효과적이고 효율적으로 수행하기 위하여 실적을 중시하고, 직무에 몰입하며, 미래를 위한 계획을 수립하는 것을 강조한다. 합리문화는 조직구성원 간의 경쟁을 유도하는 문화이기 때문에 때로는 지나친 성과를 강조하게 되어 조직에 대한 조직구성원들의 방어적인 태도와 개인주의적인 성향을 드러내는 경향을 보인다.

50

경영참가제도의 가장 큰 목적은 경영의 민주성을 제고하는 것이다. 근로자 또는 노동조합이 경영과정에 참여하여 자신의 의사를 반영함으로써 공동으로 문제를 해결하고, 노사 간의 세력균형을 이룰 수 있다.

[오답분석]
① 근로자와 노동조합이 경영과정에 참여함으로써 경영자의 고유한 권리인 경영권은 약화된다.
②·⑤ 경영능력이 부족한 근로자가 경영에 참여할 경우 합리적인 의사결정이 어렵고, 의사결정이 늦어질 수 있다.
③ 노동조합의 대표자가 소속 조합원의 노동조건과 기타 요구조건에 관하여 경영자와 대등한 입장에서 교섭하는 노동조합의 단체교섭 기능은 경영참가제도를 통해 경영자의 고유한 권리인 경영권을 약화시키고, 오히려 경영참가제도를 통해 분배문제를 해결함으로써 노동조합의 단체교섭 기능이 약화될 수 있다.

2024 최신판 SD에듀 신용보증기금 & 기술보증기금 NCS + 전공 + 모의고사 3회 + 무료NCS특강

개정8판1쇄 발행	2024년 04월 15일 (인쇄 2024년 03월 18일)
초 판 발 행	2017년 10월 10일 (인쇄 2017년 09월 08일)
발 행 인	박영일
책 임 편 집	이해욱
편 저	SDC(Sidae Data Center)
편 집 진 행	안희선 · 김내원
표지디자인	조혜령
편집디자인	최미란 · 장성복
발 행 처	(주)시대고시기획
출 판 등 록	제10-1521호
주 소	서울시 마포구 큰우물로 75 [도화동 538 성지 B/D] 9F
전 화	1600-3600
팩 스	02-701-8823
홈 페 이 지	www.sdedu.co.kr
I S B N	979-11-383-6898-8 (13320)
정 가	25,000원

신용보증기금 &
기술보증기금

정답 및 해설